教育学年報15

Annual Book of the Japanese Educational Research 15

生涯学習

Lifelong Learning

丸山英樹・濱中淳子・青木栄一・
石井英真・下司　晶・仁平典宏【編】

世織書房

第一五号の刊行にあたって

『教育学年報』第一五号をお届けします。今号の特集テーマは「生涯学習」としました。研究論文九本、研究ノート一本、展望一本を掲載しました。「I　生涯学習」のうち、正木遥香氏の論考は研究ノートとして、「III　研究論文」のうち馬場大樹氏の論考は論文として、それぞれ編集委員、外部査読者の査読を経て掲載が決定されたものです。

生涯教育・生涯学習は、一九六五年に開催されたユネスコ成人教育推進会議においてフランスの成人教育者ポール・ラングランが提唱した生涯教育論によって注目されるようになりました。ラングランは、第二次世界大戦中のレジスタンス運動に参加した経験から、学校教育を通じて形成される人々の従順さを批判し、成人期の学習によって得られる自律性の重要さを説きました。彼がまとめたユネスコのワーキングペーパー「永続教育」は、生涯にわたる教育機会の提供と生活場面における教育の調和を示したものでした。ユネスコの生涯教育論は、教育の場を学校に限定せず、生活のさまざまな場面で行われる教育・学習を視野に入れたもので、それに応じて一九七〇年には経済協力開発機構（OECD）が生涯教育の戦略としてリカレント教育の考え方を打ち出しました。

もともとリカレント教育とは、教育を労働や余暇や隠退生活などの個人の生涯にわたる諸活動と交錯させながら分散することを意味していました。労働の時期を一時的であっても中断して新たに教育を受け、その教育内容を活かして仕事を継続し、場合によってはある期間を余暇として過ごしながら、教育・労働・余暇を組み合わせることを可能とする教育論でした。教育機会の均等だけでなく職業機会の平等の観点を含め人生後半にフルタイム学生の身分に戻ることも意味しましたが、雇用主や政府にとっては大きな負担となり、本来のリカレント教育の理想は消えました。実際、リカレント教育を制度化できた国は限定的で、しかしながら多様な教育機会の提供の重要性は広く浸透し、多くの国で生涯学習振興のための施策が導入されています。

日本の状況を見渡せば、やや異なる文脈でリカレント教育とリスキリングが政策課題となっています。その主な目的は減少した企業内訓練に代わる職場外での「学び直し」による職業能力の向上で、正規の教育機関と民間サービスによる教育提供が前提となっている点が特徴的です。また、こうした学習継続の必要性を若者たちが自ら内在化し、同時に大学教育において「実社会に役立つ内容」を求めたり、大学は実務家教員を増やすといった捉え方にもつながったりしています。

グローバル競争や個人の責任が問われるようになるにつれ「（経済的）生産性」向上が重視され、生涯学習論で元来重視していた人間的または文化的な豊かさを志向する教養教育や、教育機会の格差是正といった目的の存在感が薄まっているように見受けられます。こうした傾向は世界的にみられ、学校外の教育となるノンフォーマル教育が職業訓練を主に指し、また持続可能な開発目標（ＳＤＧｓ）第四目標「すべての人々に包摂的で公平で質の高い教育を提供し、生涯学習の機会を促進する」も生涯学習を掲げながら、効率性を高める学校の改革の文脈で用いられます。

この数年でみられた学校閉鎖やテクノロジーを活用した教育普及は、世界共通の経験となり、学習者の生涯にわたって影響を与えることになるでしょう。コロナ禍の経験から、学校は多様な機能を持つことが世界中で理解され、通学できなかった子どもたちは長期にわたり影響を受けることが国際調査でも明らかとなっています。同時に、失業者として生活に困窮した、あるいは人生の優先順位を見直した保護者も多く、より新しいスキルを獲得するためにオンライン教育に投資する人も増えました。また、そこにビジネスチャンスを見出す民間教育サービスも広がっています。円安や「低い生産性」を抱える今後の日本社会のために留学生を獲得する動きも強まり、高度なスキルを持つ者が常に求められるようになると、競争はより加熱することが考えられます。そのとき、もし競争から降りる人たちが増えるのであれば、日本は分断された不安定な社会になるかもしれません。加えて、「二〇〇七年に生まれた子供は、一〇七歳まで生きる確率が五〇％ある」とまでいわれる長寿化の影響もはかり知れません。かつてのライフサイクルのように退職後には余暇のみで過ごすことが難しくなり、それなりの年齢になっても生活のためにスキルアップを続けて働き続けるしかないというプレッシャーが大きくなるかもしれません。

一九八〇年代には日本では「社会教育の終焉」が議論されましたが、中教審と臨教審においては政府全体の政策として生涯学習体系の確立を目指しました。理念や用語に変化はあったものの、学習し続けることの価値自体、追い求められ続けたということです。実際、今も社会教育施設などでは学習者が自主的に学習活動しており、日本における公的な生涯学習は社会教育として継続しているとも言えるでしょう。そうした自主的な取り組みの効果として、学習を通した学習者の自己実現のほか、参加者同士による社会的な関係性の構築、学習成果を生かした地域・社会の課題解決が挙げられます。これらは高齢化社会の日本にとって生涯学習は個人の学習成果であると同時に、公共性の高い社会的な成果として捉えることができるとも言えるでしょう。

本書では、「ゆりかごから墓場まで」を射程に捉える生涯学習に関連する課題を、歴史的動向から最新のものまでカバーするよう目指しました。しかし当然のことながら、生涯学習が人の学びすべてを指すことから、あらゆる課題を扱えたわけではありません。読書の皆さんからのフィードバックをいただき、議論のきっかけとなれば嬉しく存じます。

『教育学年報』編集委員一同

教育学年報15

生涯学習

目　次

I

生涯学習

Lifelong Learning

日本における生涯学習政策の展開

澤野由紀子 SAWANO Yukiko

Development of Lifelong Learning Policies in Japan

はじめに：「旅する政策」として見る「生涯学習」

本稿の目的は日本の生涯学習の抱えてきた課題、現在と今後の重要性について総論的レビューを行うことである。日本では二一世紀に入ってから「生涯学習」という用語自体が使われることが少なくなったという印象をもつ方が多い（今西、二〇一七：i／川野辺、二〇二一：三〇）。生涯学習政策が最近は「下火」となっていると述べたり、生涯学習は「お年寄り」がするものと公言したりするような基礎自治体の行政官に遭遇することもある。二〇一五年九月の国連サミットで採択された「持続可能な開発のための二〇三〇アジェンダ」により設定された持続可能な開発目標（ＳＤＧｓ）のゴール４は「すべての人々に包摂的で公平で質の高い教育を提供し、生涯学習の機会を促進する」（外務省、二〇一五）ことだが、公式ロゴは本とペンのピクトグラムとともに「質の高い教育をみんなに」と書かれているだけであるため、大半の人は生涯学習の機会促進が目標に含まれていることに気づいてもいない。

その一方で、生涯学習センターや公民館などの社会教育施設の稼働率が高い地域や、生涯学習によるまちづくりを標榜した条例や行政計画が市民参加のもとに作られている自治体などでは市民主体の「生涯学習」が盛んに行われている。「生涯学習」に取り組んでいるとは意識せずとも、世代を超えて様々に学び合い、教え合いながら、牛き生きと活動する人々も多くみられ、「生涯学習」の考え方と実践がすでに根付いていると感じることもある。本稿では、二〇世紀後半からの日本の生涯教育・生涯学習を推進する政策と実践を振り返りながら、このようなギャップが生じた要因を探っていきたい。

なお、二〇世紀後半からの日本の生涯学習政策の展開については背戸博史（二〇〇八、二〇一〇）、河野和江（二〇一四）、岩崎久美子（二〇二〇、二〇二一）等が既にそれぞれの専門の立場から文献にもとづく緻密な分析を行なっている。そこで、本稿では、比較・国際教育学における「教育政策借用・貸与論」（Steiner-Khamsi, 2004）に依拠しつつ、二〇世紀後半からの日本の生涯学習政策の展開について主な書籍と審議会答申などの政策文書のレビューを通して考察していくこととする。

「生涯教育」および「生涯学習」の概念は、二〇世紀後半からUNESCOやOECDをはじめとする国際機関が、社会・経済と科学・技術の急速な変化に対応するための教育改革のマスターコンセプトとすることを各国に提案し、「旅する政策（traveling policies）」（Silova, 2010）として世界に広まっていった。D. Phillips & K. Ochs（2003）は一国の教育政策形成における政策借用（policy borrowing）もしくは輸入の過程について、（Ⅰ）国家横断的関心（推進力と具体化の可能性の検討）、（Ⅱ）決定、（Ⅲ）導入、（Ⅳ）内部化・土着化の四段階による分析枠組を提案している。第Ⅳ段階の内部化を経て既存のシステムに影響が及ぼされ、評価がなされると、さらなる推進力が生じ新たな第Ⅰ段階のサイクルに発展するというイメージである。

浅井経子・合田隆史・坂口緑・山川肖美（二〇二〇）は、「生涯学習社会・生涯学習振興行政、社会教育・社会教育行政等の時系布置構造化の試み」として、日本の生涯学習社会（行政）の発展段階を《生涯学習社会1・1　導入期》（ユネスコで「生涯教育」の概念が提案された一九六五年から臨時教育審議会が終了する一九八七年頃までの時期。Phillips &

Ochsのいう政策の「導入期」ではなく国境を超えて「生涯教育」の概念が導入された「国家横断的関心」の時期である)、《生涯学習社会1・2　開始期》(一九八八年の文部省生涯学習局創設から一九九一年の生涯学習審議会設置までの時期)、《生涯学習社会1・3　実施期》(生涯学習審議会の始動から二〇〇一年の省庁再編に伴う中央教育審議会生涯学習分科会への再編を経て、二〇〇六年に教育基本法が改正されるまで)、《生涯学習社会1・4　実現期》(二〇〇〇年から二〇一〇年代半ばまで)と四段階に区分し、二〇一八年に文部科学省生涯学習政策局が総合教育政策局に改変されて以降の生涯学習社会は新たな《生涯学習社会2・0　高度生涯学習社会》の段階に入ったとの見解を示しているが、これは前記のPhillips & Ochsの提唱する政策移入の四段階のサイクルにほぼ一致している。浅井らは、「生涯学習社会1・0」を「知識社会型」、「生涯学習社会2・0」は「包摂社会型」とタイプ分けもしている(浅井・合田・坂口・山川、二〇二〇：三二～三三)。

以下この時期区分ごとに、生涯教育・生涯学習の概念と政策の形成過程を振り返ってみたい。

1.《生涯学習社会1・1　導入期》

一九六〇年代後半から一九八〇年代末までの時期は、日本の高度経済成長期であり、高校進学率は一九七四年に九割を超え、大学進学熱も高まっていった時期である。一九六八年のパリ革命を経て学生運動が世界的に広まり、日本においても一九七〇年代まで大学紛争や過激派学生による事件が頻発していた。科学・技術の進歩が著しい一方で、一九七二年にはローマ・クラブが『成長の限界』と題する報告書を発表し、人口増大や環境汚染が続けば一〇〇年以内に地球上の成長は限界に達すると予測して警鐘を鳴らした(メドウズ、D・H、一九七二)。日本の教育研究においては外国文献の翻訳・紹介が盛んだった時期でもある。生涯学習政策に関しては、日本が一九五一年に加盟したユネスコと一九六四年に加盟したOECDの政策文書や、アメリカ、イギリス、フランス、ドイツ、ソ連といった当時「主要国」とみなされていた国々の政策動向への関心が高まり、「生涯教育」および「生涯学習」の概念を移入することによって日本の教育制度全体を見直すマスターコンセプトとなりうるかどうか、研究者と行政官が熱心に検討を行った時期である。

一九六五年一二月にフランス・パリのユネスコ本部で開催された成人教育推進国際委員会第三回委員会にユネスコ教育局継続教育部長のフランス人、ポール・ラングランが執筆して提出した「永続的教育（その後「生涯教育」と翻訳される）」に関するワーキングペーパーを、同委員会に日本代表として参加していた心理学者の波多野完治が日本語に翻訳し、日本ユネスコ国内委員会から『社会教育の新しい方向――ユネスコの国際会議を中心として』として刊行し関係者に配布した。波多野は報告会も行ったことから、日本で「生涯教育」の概念が広く知られることとなった（波多野完治、一九六七）。だが、波多野（一九七二）によれば、日本で「生涯教育」に反応したのは教育界よりも産業界の方が先だったという。職場内の再教育と混同した産業界の議論を受けて、教育界では「生涯教育」に対し賛否両論が生じたようだ。「一方では、職場の再教育というふうに矮小化する方向と、他方では、「生涯教育」を「教育そのもの」とみて、これを極端に「拡散」し、これによって問題の現代的意義をぼやけさせてしまう傾向」が生じてしまい苦悩した、との記述もある（波多野、一九七二：二）。「日本でも、生涯教育という概念をもとに、教育の全体的再構想をおこなう必要がある」（同前）との信念のもとに、波多野は単なる「紹介」ではなく「評釈」として生涯教育論の執筆をライフワークとすることを決意している。

波多野は、ラングランの『生涯教育入門』の翻訳書（ラングラン、一九七一、一九七九）も刊行しているが、ラングラン本人と相談しながら波多野自身の解釈も加えて編集された内容となっている。現在大学や社会教育主事講習等で使われている生涯学習の入門的教科書にはラングランの生涯教育論が日本に入ってきた経緯がよく紹介されているが、一九六五年の成人教育推進国際委員会に提出されたラングラン執筆のワーキングペーパーの内容については概略しか紹介されていないため、ラングランが単著として刊行した『生涯教育入門』の内容との違いが伝わっていない。その全文の波多野による日本語訳は、一九七〇年に初版が刊行された日本で最初の生涯教育の入門書とみなされる森隆夫編著『生涯教育』（帝国地方行政学会）に付録「ポール＝ラングラン著・波多野完治訳「生涯教育について」」として掲載されている。この文書には「生涯永続教育」の体系化について、欧米諸国のほか、ソビエト連邦、ベトナム、マダガスカル、カメルーン等で当時すでに導入されていた教育施策や制度の好事例を参照しながら、初等中等教育、高等教育、学校外教育などのつながりを構築するための具体的な提言がなされている。地域社会に開かれた新しいタイプの学校である「地域社会学校（コミュニティースクール）」の実践が地球上の様々な地域で展開していることについても言及がある。波多野自身は「生涯教育」を「社会教育の現代化」として紹介することが多かったようだが、ユネスコはグローバルな教育変動の状況を視野に社会の急速な変化に対応して教育制度全体を見直すコンセプトとして「生涯教育」を提案し、具体的手段も示していたことがわかる。

このようなユネスコの生涯教育論の影響を受けているとみられる国レベルの政策文書としては、一九七一年四月に社会教育審議会が発表した答申「急激な社会構造の変化に対処する社会教育のあり方について」と、同年七月に中央教育審議会が発表した答申「今後における学校教育の総合的な拡充整備のための基本的施策について」がある。文部大臣がそれぞれに諮問を出したのは、前者が一九六八年七月、後者が一九六七年七月だった。中央教育審議会の審議の方が一年早く始まっており、一九六九年六月の中間報告に学校教育に対する国家社会の要請と教育の機会均等に関する今後の検討課題の一つに「急激な時代の進展に即応して、必要な知識・技術の習得と社会的な適応を容易にするため、あらゆる年齢・職業・地位の国民のための一生を通じて行われる教育（生涯教育）のあり方について検討すること。また、このことと関連して、学校教育の役割と限界および社会教育・家庭教育との関係についても検討すること」が明示されている（中央教育審議会、一九六九：三）。

社会教育審議会答申「急激な社会構造の変化に対処する社会教育のあり方について」は、今後留意すべきことの第1に「今後、生涯教育の観点に立って、学校教育を含めた教育の全体計画を立案することが必要となってくるが、その中において社会教育を正しく位置づけるとともに、生涯教育において社会教育が今後果たすべき役割の重要性にかんがみ、社会教育行政の施策の充実展開を図るべきこと」を挙げている。また生涯教育の概念については「生涯教育の必要は、現代のごとく変動の激しい社会では、いかに高度な学校教育を受けた人であっても、次々に新しく出現する知識や技術を生涯学習しなくてはならないという事実から、直接には意識されたのであるが、生涯教育という考え方はこのように生涯にわたる学習の継続を要求するだけでなく、家庭教育、学校教育、社会教育の三者を有機的に統合することを要求している」と述べている（社会教育審議会、一九七一）。一方、明治初期と第二次世界大戦後の教育改革に続く「第三の教育改革」を提唱した中央教育審議会答申「今後における学校教育の総合的な拡充整備のための基本的施策について」は、その前文で「いわゆる生涯教育の観点から全教育体系を総合的に整備すること」についてはさらに専門的・技術的な検討を要する課題と述べ、社会教育審議会答申のように「生涯教育」の概念そのものの解説は行っていない。

その後、文部省は一九七四年にOECDが前年に発表した報告書『リカレント教育――生涯学習のための戦略』（OECD、一九七三）を翻訳し刊行した。「リカレント教育（recurrent education）」は一九六九年にフランスのベルサイユ宮殿で開催された欧州教育大臣会議で当時スウェーデンの教育大臣だったオロフ・パルメ（一九二七～一九八六）が生涯学習戦略として提案したものをOECDが加盟諸国に普及させたようとした（Bengtson, 2013）。「リカレント教育」は「教育－仕事－レジャー－隠居」という従来の人生の流れを変え、行き止まりの学校制度を改革し、いつでも学校に戻ることができる教育として定義された。スウェーデンで既に導入されていた労働政策と連動し、教育休暇制度や社会人の大学への特別入学制度や奨学金制度などの具体策が教育の提供者側よりも学習者個人を重視し、国の支援の重点を「生涯教育」から「生涯学習」へ移したことも注目された。

また、ユネスコに一九七一年にパリ革命時のフランスの教育大臣でもあったエドガー・フォール（一九〇八～一九八八）を委員長として結成された教育開発国際委員会が一九七二年に発表した報告書〝Learning to be: The world of education today and tomorrow〟（UNESCO, 1972）（通称「フォール・レポート」）は、国立教育研究所内フォール報告書検討委員会（代表：平塚益徳）が翻訳し、一九七五年に『未来の学習』という題名で出版された。一九七〇年代末から一九八〇年代初頭には、市川昭午・潮木守一（一九七九、一九八二）、新井郁男（一九七九、一九八二）らが「フォール・レポート」

にも影響を及ぼした「学習社会論」に関心を示した。「学習社会論」はアメリカの教育哲学者ロバート・ハッチンス（一八九九～一九七七）が一九六九年に刊行した著書“Learning Society”で展開された。ハッチンスは、二一世紀は労働から解放された余暇社会となると予測し、全体主義国家とは異なる民主主義体制のもとでは、マンパワーのための教育からマンフッドのための教育への転換が図られ、誰もが成人となってからも、働くための学習ではなく人間らしく生きるための学習を続けることができる社会となると述べ、当時既に学習社会となっている国としてデンマークをあげている（Hutchins, 1969）。さらに一九七三年にアメリカのカーネギー高等教育審議会が『学習社会をめざして（Toward a Learning Society）』と題する報告書を発表したことから、日本でも学習社会の創造への関心が一層高まることとなった（俵谷、一九七九：二五六）。

このように、「生涯教育」「生涯学習」「学習社会」といった概念が日本の研究者によって詳しく紹介されたことから、日本の教育改革のための新しい観点として取り入れることが各方面から提言されていたが、長きにわたりスローガンに留まってしまい国レベルの具体的政策形成には至らなかった。しかし、地方レベルでは、秋田県のように一九七〇年代初頭からグローバルな教育動向に関心のある小畑勇二郎県知事の主導で地域教育政策として生涯教育推進のための施策を導入し、全国に先駆けて全庁的な生涯教育推進本部や、市民の学びの中心施設として生涯教育センターを創設する自治体が現れていた（小畑、一九七八）。静岡県掛川市では、生涯学習によるまちづくりを標榜する榛村純一市長によって一九七九年に日本で初めて「生涯学習都市宣言」が行われた（榛村、一九八一）。各地でコミュニティーカレッジ、市民大学などの開設が進むのもこの頃である（田中、二〇〇〇）。

国のレベルでも一九八一年六月に中央教育審議会が「生涯教育について」の答申を発表したことによって、ようやく生涯学習が国の政策課題となった。同答申は、「我が国には、個人が人生の比較的早い時期に得た学歴を社会がややもすれば過大に評価する、いわゆる学歴偏重の社会的風潮があり、そのため過度の受験競争をもたらすなど、教育はもとより社会の諸分野に種々のひずみが生じている。今後このような傾向を改め、広く社会全体が生涯教育の考え方に立って、人々の生涯を通ずる自己向上の努力を尊び、それを正当に評価する、いわゆる学習社会の方向を目指すことが望まれる。」（中央教育審議会、一九八一）と述べ、人々が自発的意思に基づいて行う「生涯学習」を支援するため、社会の多様な教育機能を総合的に整備・充実するのが「生涯教育」の考え方であることが明確に示された。

そして、一九八四年八月に中曽根康弘内閣の下で内閣直属の委員会として発足した臨時教育審議会は、一九八五年六月の第一次答申、一九八六年四月の第二次答申、一九八七年四月の第三次答申、一九八七年八月の第四次答申と四次にわたって教育改革に関する答申を首相に提出し、第四次答申でそれまでに蓄積された生涯教育の概念や理念を踏まえ、学歴社会の弊害を是正するとともに、社会の変化によって生じている学習需要に対応し、学校中心の考え方から脱却して生涯学習体系へ移行することの重要性を提言した（文部省、一九八七）。

一九八〇年代には、ラングランの後にユネスコの成人教育部長を引き継いだイタリア人のエットーレ・ジェルピ（一九三三〜二〇〇二）の著書の翻訳書『生涯教育――抑圧と解放の弁証法』（ジェルピ、一九八三）も出版され広く読まれたが、欧米では生涯教育論にも影響のあったイヴァン・イリイチとパウロ・フレイレの教育論（イリイチ、フレイレ他、一九八〇）と同様に、国が主導する生涯学習体系化の動きを批判する理論的根拠とされ、日本の具体的な生涯学習政策の形成には寄与しなかった。『成長の限界』（メドウズほか、一九七二）以降、複雑性を増す世界的問題群に世界中の人々が対応できなくなっている「ヒューマン・ギャップ」の拡大する状況を克服するために生涯学習を含む革新型学習の導入を提案する「ローマ・クラブ学習プロジェクト」の報告書『限界なき学習：ローマ・クラブ第六レポート』（ボトキン他、一九八〇）の翻訳にも関わった国立教育研究所の市川昭午は、当時「生涯教育、論ばかり」と揶揄されるほど長く続いた理念論、必要論の段階から政策論、計画論の段階に移ることを意識し、総合政策化の視点から生涯教育推進のための教育行財政の在り方を探求し、イギリスとスウェーデンにおける現地調査の報告も行なっている（市川、一九八一）。『限界なき学習』にスウェーデンの教育学者トールステン・フセーンの〝Learning Society〟（Husen, T., 1974）が度々引かれ、スウェーデンの教育や生涯学習・リカレント教育の事例が紹介されたことで、スウェーデンへの関心が高まったものと思われる。

学界では、一九八〇年五月に生涯教育の科学的・実証的な研究を目指し、研究者だけでなく、教育関係者、行政関係者、職場関係者、レクリエーション関係者にも参加を呼びかけ、日本生涯教育学会が結成された。一九八五年には同学会の創設時からの会員である岡本包治と山本恒夫が編集した全五巻のシリーズ『生涯教育対策実践シリーズ』（岡本・山本、一九八五）が刊行された。各巻のテーマは次のとおり：第一巻「生涯教育とは何か——課題から実践へ——」、第二巻「都道府県の生涯教育システム」、第三巻「市町村の生涯教育システム」、第四巻「生涯教育のアイディアと実践」第五巻「生涯教育データバンク」。一九八〇〜九〇年代の日本の教育学界では、「講座本」と呼ばれる書籍をシリーズで出版するのが流行っていたが、生涯教育の分野ではこのシリーズが先駆けとなった。生涯学習政策の始動に向けて、内容はきわめて実務的なものだった。

2.《生涯学習社会1・2　開始期》

一九七〇年代の中東での戦争の影響による二回のオイル・ショックを経て世界経済は混乱し、一九八〇年代は景気低迷に伴い欧米における生涯教育・生涯学習の推進は停滞するが、日本では一九八〇年代後半はバブル景気による好景気が続いた。この時期が、日本における生涯学習政策の「決定」段階となった。

一九八七年八月の臨時教育審議会の最終答申発表後、同年一〇月に「教育改革推進大綱」が閣議決定され、政府全体で生涯学習体制の整備に取り組むことが第一の改革方策とされた（文部省大臣官房政策課、一九八七）。これによって、日本において一九六〇年代から国際機関が提案してきた生涯学習を政策として取り入れ、具体的な施策を進めていくことの決定段階に入る。「教育改革推進大綱」に従い、一九八八年七月に文部省は機構改革を行い、生涯学習局が設置され、文部省の政策全体が生涯学習体系への移行を視野に入れることとなった。これに伴い、国立教育研究所も一九八九年五月に機構改革を行い、新たに生涯学習研究部が設置された。

一九八九年四月に文部大臣より「新しい時代に対応する教育の諸制度の改革について」の諮問を受けた中央教育審議会は、臨時教育審議会の答申を踏まえ、一九九〇年一月「生涯学習の基盤整備について」を答申した。この答申では、生涯学習の振興について国や地方公共団体に期待される役割は、人々の学習が円滑に行われるように生涯学習の基盤を整備して人々の生涯学習を支援していくことであるとした。その上で生涯学習の基盤整備のための具体的施策として、生涯学習の推進体制、地域における生涯学習推進の中心機関、生涯学習活動重点地域、民間教育事業の支援の在り方などについて提言した。これを受けて、文部省と通商産業省の起草により一九九〇年二月「生涯学習の振興のための施策の推進体制等の整備に関する法律」(略称「生涯学習振興法」)が制定された。この法律は全一二条からなり、都道府県が担う事業およびその推進体制の整備基準、地域生涯学習振興基本構想、国および都道府県の生涯学習審議会、市町村の連携協力体制等について規定している。

一九九〇年八月には同法の第一〇条にしたがい、文部省に生涯学習審議会が設置された。しかしながら、合田隆史(二〇一九)によれば、同審議会は、「大蔵省、自治省はじめほとんどすべての省庁の局長級が幹事として名を連ねた。しかし、それは総合行政化というより、逆に文部省がその全体を取り仕切ることを阻止するための仕組みとして機能した。」という(合田、二〇一九:ii)。

研究面では、日本生涯教育学会員の研究をベースに伊藤俊夫・岡本包治・山本恒夫を編集代表として一九八九年に『生涯学習講座』全六巻(伊藤・岡本・山本、一九八九)が刊行された。各巻のテーマは次のとおり:第一巻『生涯学習推進体制の構築』、第二巻『生涯学習まちづくり』、第三巻『生涯学習援助の企画と経営』、第四巻『生涯学習施設経営の今日的効用』、第五巻『生涯学習促進の方法』、第六巻『生涯各期の人間理解と学習活動』。また岡本包治の編集により各地で展開されている市民主体の実践事例を満載した『生涯学習のまちづくりシリーズ』(全八巻)(岡本、一九八九)も同年に刊行された。

3.《生涯学習社会1・3　実施期》

一九九一年の生涯学習審議会の始動から、二〇〇一年の省庁再編に伴い生涯学習審議会が中央教育審議会生涯学習分科会に再編され、二〇〇六年に「教育基本法」が改正されるまでの時期を、生涯学習政策の「導入期」として位置付けてみたい。だが、導入とともに日本のバブル経済は崩壊し、景気後退による「失われた一〇年」に入る時期と重なる。一九八〇年代に飛躍的に増加した地方教育費における社会教育費は一九九六年をピークに急速に減少する（合田、二〇一九：ii）。一九九三年からは地方分権改革も開始され、一九九九年には「地方分権の推進を図るための関係法律の整備等に関する法律」が制定されることとなる。

日本の生涯学習については、一九九五年一〇月に札幌で開催された第七回全国生涯学習フェスティバル〈まなびピア'95〉を視察したイギリスのノーマン・ロングウォースらが、日本は「生涯学習を日常生活で実践している先導的な国」（Longworth & Davies, 1996）と評したこともあり、諸外国から益々注目を集めることとなった。文部省ではフランス・パリのＯＥＣＤに出向経験のある岡本薫が生涯学習振興課課長補佐在任中に日本における生涯学習の動向を『Lifelong Learning Movement in Japan: Strategy, Practices and Challenges』（Okamoto. K., 1994）と題するブックレットにまとめ、自費で出版し世界各国の首脳や生涯学習政策形成に関わる研究者に寄贈したところ広く読まれて引用もされ、日本の生涯学習の特色が諸外国に知れわたる契機となった。岡本は、ＯＥＣＤ加盟諸国では「生涯学習」を職業訓練とみなす人々が多いのに対し、日本では、一般の人々が経済的豊かさより精神的豊かさを求める傾向があることから、「生涯学習」としても生きがいや日常生活の質を高めることのできる文化・スポーツ活動、余暇活動、野外活動やボランティア活動まで含めたイメージとなっていることを紹介している。そのために日本では他国と異なり「生涯学習」は「投資」ではなく「消費」とみなされていることを指摘している（Okamoto, 1994 : 7-9）。

この時期、国立教育研究所生涯学習研究部は川野辺敏部長の下、国内外の生涯学習政策・施策と実践に関する大規模な実証的調査研究を実施し、政策形成に資する貴重なデータや基礎的資料を発表していた（国立教育研究所内生涯学習研究会、一九九三）（川野辺、一九九五）。日本の生涯学習をテーマとする英語による学術論文が多数発表されたのもこの時期である。国立教育研究所の川野辺らはユネスコ教育研究所（現ユネスコ生涯学習研究所、在ドイツ・ハンブルグ）等と生涯学習政策の比較研究に関する国際共同研究にも取り組み、英語による研究発表にも積極的に取り組んだ（Kawanobe, 1994, 1996）（NIER & UIE, 1997）。海外在住の日本人研究者が比較の視点から日本の生涯学習政策の変遷と実践事例を詳細に調査し、批判的に分析した優れた研究成果も現れた（Okumoto, K., 2004）。

一九九九年には、初めてロシアを迎えてG7からG8となって行われた主要先進国首脳会合（サミット）がドイツのケルンにて開催された。日本からは小渕恵三首相が参加し「ケルン憲章：生涯学習の目的と希望」（教育に関する特別文書）が採択された（G7／G8、一九九九）。翌二〇〇〇年には沖縄でサミットを開催し、G8教育大臣会議も開催することが決まっていたため、日本政府はこの文書の起草に積極的に関わった。「ケルン憲章」は二一世紀には社会・経済がますます知識に基盤を置くようになり、人々のモビリティが促進される「変化と柔軟性の世紀」となると予測し、生涯学習が国境を越えた人々の移動のためのパスポートやチケットの替わりとなるように、各国政府が生涯学習の振興を一層重視する必要があるとするもので、国内では日本の生涯学習政策と軌を一にすることとして歓迎された。

こうして、国際社会では一九八九年のベルリンの壁崩壊と一九九一年末のソ連解体に伴いグローバル化が一挙に進む一方で、民族や宗教の違いによる紛争が激しくなるなか、一九九〇年代後半から生涯学習推進のニーズが再燃し、一九九六年にOECDが『万人のための生涯学習の実現』（OECD, 1996）、ユネスコが『学習：秘められた宝』（UNESCO, 1996）を発表し、二一世紀へ向けた教育改革のマスタープランとして生涯学習に再び光があてられる。この頃、日本はいち早く生涯学習政策が導入され実施に移された国として諸外国から注目を集めていた。だが、国内では、一九九五年一月の阪神・淡路大震災の影響もあり、社会・経済の様々な歪みに伴う大人のモラルの低下や少年犯罪の凶悪化などが問題となり、生涯学習政策も次第にグローバルな動向とは異なる方向に向かい始める。

生涯学習審議会は、一九九二年から二〇〇〇年までの間に次のような答申と審議のまとめを発表している。「今後の社会の動向に対応した生涯学習の振興方策について（答申）」（一九九二）、「地域における生涯学習機会の充実方策について（答申）」（一九九六）、「生涯学習の成果を生かすための方策について（審議の概要）」（一九九七）、「社会の変化に対応した今後の社会教育行政の在り方について（答申）」（一九九八）、「学習の成果を幅広く生かす――生涯学習の成果を生かすための方策について――（答申）」（一九九九）、「新しい情報通信技術を活用した生涯学習の推進方策について（答申）」（二〇〇〇（文部科学省、二〇〇六））。

二〇〇〇年三月には小渕恵三首相のもとで内閣総理大臣の私的諮問機関として教育改革国民会議が発足（同年五月の小渕首相の逝去後は森喜朗首相の諮問機関となる）、同年一二月に「教育の原点は家庭であることを自覚する」など、教育基本法の改正や学習指導要領の改訂にもつながる内容を含む「教育を変える一七の提言」（教育改革国民会議、一九九九）が発表された。この頃から日本の生涯学習政策の方向性が定まらず、生涯学習の概念事態が曖昧な印象をもたらすようになる背景に、官邸主導の教育政策形成の影響が認められる。

二〇〇一年一月には行政組織のスリム化による縦割り行政の打破、首相の権限と内閣機能の強化を目的とする中央省庁改革が行われ、文部省が科学技術庁と統合再編して文部科学省となり、生涯学習局は生涯学習政策局となった。国立教育研究所も国立教育政策研究所として再編され、生涯学習研究部は生涯学習政策研究部となった。文部科学省では生涯学習審議会は廃止となり、中央教育審議会に生涯学習分科会が発足した。

以後、二〇〇六年に新教育基本法が施行するまでに、生涯学習分科会が関わった中央教育審議会の答申と審議のまとめとしては、「青少年の奉仕活動・体験活動の推進方策等について（答申）」（二〇〇二）、「新しい時代にふさわしい教育基本法と教育振興基本計画の在り方について（答申）」（二〇〇三）および「今後の生涯学習の振興方策について（審議経過の報告）」（二〇〇四）がある。この二〇〇四年の審議経過報告には、早くも「生涯学習が、学校教育、社会教育、家庭教育、民間の行う各種の教育・文化事業・企業内教育等にわたるあらゆる教育活動、及び、スポーツ活活動、文化活動、趣味・レクリエーション活動、ボランティア活動などの学習の中で行われるものであることが行政関係者等に浸透していない。生涯学習と社会教育との混同が見られる」との指摘がある（中教審生涯学習分科会、二〇〇四）。

こうした中でも二〇〇六年一二月に改正された教育基本法（平成一八年法律第一二〇号）の第三条に「生涯学習の理念」として「国民一人一人が、自己の人格を磨き、豊かな人生を送ることができるよう、その生涯にわたって、あらゆる機会に、あらゆる場所において学習することができ、その成果を適切に生かすことのできる社会の実現が図られなければならない。」（文部科学省、二〇〇六）が明示されたことは、一九六〇年代からの政策移入の到達点の一つとみなすことができるだろう。

4.《生涯学習社会1・4 実現期》

教育基本法改正後の二〇〇七年から文部科学省内組織の再編によって生涯学習政策局が廃止され総合教育政策局が設置される二〇一八年一〇月までは、生涯学習政策移入の第Ⅳ段階「内部化」「土着化」もしくは「ガラパゴス化」の時期とみることができる。理念の法制化まで約四〇年の歳月を要したこともあり、前述のとおり既に第Ⅲ段階から日本の生涯学習政策は内向きになり、他国に比べてユニークな路線に向かっていた。

第一次安倍政権下で二〇〇六年に設置された教育再生会議（福田首相に引き継がれて二〇〇八年まで継続）は、「社会総がかりで教育再生」をスローガンとした。二〇一一年三月の東日本大震災を経て経済状況が好転しないままに、少子高齢化と人口減少が進み、人生一〇〇年時代、超スマート社会（Society5.0）の到来による社会の急速な変化と、気候変動など深刻化する地球規模の諸課題への対応が求められるようになるなかで、生涯学習の重要性が益々高まっていく時期である。

中央教育審議会が二〇〇八年二月に発表した答申「新しい時代を切り拓く生涯学習の振興方策について〜知の循環型社会の構築を目指して〜」は、知識基盤型社会に対応し自立した個人育成のための学びを支援することと、学校、家庭、地域を含む社会全体の教育力向上を循環させていくような生涯学習振興と社会教育の必要性を強調した。同答申では、二〇〇五年五月に内閣府が実施した「生涯学習に関する世論調査」で「生涯学習」に対する国民の認知度は約八割にのぼったということを根拠に、「生涯学習の具体的な内容そのものを定義することよりも、行政として生涯学習を振興するに当たって、どの分野を対象とするのかなどを検討することが、今後の生涯学習振興行政にとって重要」と述べている。その一方で、「行政において、生涯学習と社会教育の概念の混同がある」という指摘があることも言及している（中央教育審議会、二〇〇八）。今後の生涯学習振興行政・社会教育行政の在り方を検討課題としていくなかで、「生涯学習・社会教育」と並列した表記が現れ、第五期以降の中央教育審議会生涯学習分科会では頻用されることになる。

新教育基本法第十七条にしたがい、政府が作成することになった教育振興基本計画は、二〇〇八年七月に最初の計画が閣議決定により承認された。同計画において以後五年間に総合的・計画的に取り組む施策の基本的方向の第一は「社会全体で教育の質向上に取り組む」こととされ、「学校・家庭・地域の連携強化」とともに「いつでもどこでも学べる環境を作る」ことが主な取り組みの中に挙げられた。東日本大震災を経て二〇一三年六月から導入された第二期教育振興基本計画は、知識を基盤とした自立、協働、創造のモデルとしての生涯学習社会の実現を目指すものとなった。

二〇一二年に再び安倍晋三が総理大臣に返り咲き、二〇一三年一月に教育再生実行会議が設置され、二〇一五年三月の第六次提言では「学び続ける社会、全員参加型社会、地方創生を実現する教育の在り方について」、震災からの復興のなかで生涯学習の重要性が強調された。中央教育審議会は二〇一五年一二月に「新しい時代の教育や地方創生の実現に向けた学校と地域の連携・協働の在り方と今後の推進方策について」の答申を発表した。これを受けて二〇一七年三月には社会教育法が改正され、「地域学校協働活動」が規定され、学校と地域の連携をコーディネートする地域学校協働活動推進員を教育委員会が委嘱できることになり、学校を基盤とする地域づくりが標榜された。二〇一八年三月に中央教育審議会が発表した「人口減少時代の新しい地域づくりに向けた社会教育の振興方策について」の答申においても、「社会教育」を基盤とした人づくり・つながりづくり・地域づくりが提唱された。

一方、安倍政権は二〇一六年六月に「ニッポン一億総活躍プラン」を閣議決定し、二〇一七年に安倍晋三を議長として設置された「人生一〇〇年時代構想会議」が、二〇一八年六月にリカレント教育の推進を柱の一つとする「人づくり革命基本構想」を発表した（人生一〇〇年構想会議、二〇一八）。文部科学省の生涯学習政策が「地方創生」の文脈でコミュニティースクールや地域の社会教育人材に注力するなか、官邸の方が「一億総活躍社会」を創るという観点から、本来の生涯学習概念に応じた政策を打ち出すようになっていた。これを受けて、厚生労働省、経済産業省と文部科学省が連携して社会人のリカレント教育の推進に取り組むこととなる。しかしながら、厚生労働省がリカレント教育ならびに職場における学び直し（リスキリング）のガイドラインや費用支援、相談事業など個人でも利用できる情報を発信し、経済産業省も認定講座の案内をしているのに対し、文部科学省は二〇一八年から民間企業に委託してウェッブサイト「マナパス～社会人の大学等での学びを応援するポータルサイト～」（https://manapass.jp）を開設した以外は、二〇二二年度から大学・高等専門学校等を対象にDX、GX分野など成長分野における即戦力人材輩出に向けたリカレント教育推進事業を実施するに留まっている。

このような中、文部科学省では二〇一八年一〇月に生涯学習政策局が教育総合政策局に再編され、社会教育課も消滅した。このため、日本では生涯学習も社会教育も振興されなくなることが危惧された。だが実際には、教育振興基本計画の策定や生涯学習政策の立案をより容易にできるようにすることが目的とされていた。教育振興基本計画は第三期（二〇一八～二三年度）、第四期（二〇二四～二七年度）ともに生涯学習の推進策が示されており、社会教育の重要性についても言及がある。中央教育審議会生涯学習分科会は引き続き教育総合政策局生涯学習振興課に事務局が置かれ、審議は継続している。ただし、筆者も臨時委員として関わっている第一〇期から一二期の生涯学習分科会は文部科学大臣からの諮問がないままに議論が進められた。二〇二三～二四年度の第一二期中教審生涯学習分科会では、岸田文雄内閣の教育未来創造会議の第一次提言に即してリカレント教育・リスキリングの在り方が主要な議題となったが、専門部会である社会教育人材部会では、社会教育主事をはじめとする社会教育人材の養成及び活躍促進の在り方に関する議論が行われ、さらに二〇二三年から日本語教育機関の認定が生涯学習分科会の権限に加わったことで日本語教育部会も設置されたため、議論はやや拡散気味だった（中教審生涯学習分科会、二〇二〇、二〇二二、二〇二四）。ところが第一二期分科会では議論のまとめを提出した直後の二〇二四年六月二五日に文部科学大臣から「地域コミュニティの基盤を支える今後の社会教育の在り方と推進方策について」の諮問が出された。諮問の理由には「生涯学習」という文言が見当たらず、社会教育に重点が置かれている。

おわりに：生涯学習政策は新たなステージに移行できるか？

冒頭で紹介したとおり、浅井ら（二〇二一）は「知識社会型」の「生涯学習社会1・0」から「包摂社会型」の「生涯学習社会2・0」へ発展していくことを予想しているが、新たな《生涯学習社会2・0　高度生涯学習社会》へのサイクルに進化するには、過去三〇年超の生涯学習政策をこれまでに文部科学省が多額な予算を投入して収集してきた膨大なエヴィデンスにもとづいて体系的に評価する必要があると思われる。たとえば日本における生涯学習政策の「決定」段階に目標とされた「学歴社会の弊害を正す」ことや、「多様な学習成果の評価」の手法の開発については未だに課題が多いように感じられるが、どのような成果が認められるか、目標達成を阻んだ要因は何か、明らかにする必要がある。その上で、目前の課題ばかりでなく、一九六〇～八〇年代のように未来の社会をイメージしながら、現在に遡って政策・施策を構想することが求められる。その際、「全ての人のウェルビーイングを実現する、共に学び支え合う」（中教審生涯学習分科会、二〇二二）、「共に学び、生きる共生社会」を目指す（文部科学省、二〇一九／津田、二〇二三）というコンセプトが、《生涯学習社会2・0　高度生涯学習社会》の重要な鍵となることを期待したい。

● 引用・参考文献

Bengtsson J.（2013）. National strategies for implementing lifelong learning（LLL）-- the gap between policy and reality: An international perspective. *International review of education*, 343-352.

National Institute for Educational Research（NIER）& UNESCO Institute of Education（UIE）（1997）. *Comparative Studies on Lifelong Learning Policies: Report of a NIER/UIE Joint Research Project.* Tokyo, Japan: Research Department of Lifelong Leanring, National Institute for Educational Researh.

Education Comission on Higher Education, Carnegie.（1973）. *Towards a Learning Society: Alternative Channels to Life, Work, and Service.* Carnegie Foundation for the Advancement of Teaching. Carnegie Foundation for the Advancement.

Faure, Edgar他著／教育開発国際委員会編／国立教育研究所内フォール報告書検討委員会（代表：平塚益徳）訳（一九七六）『未来の学習』第一法規出版。

G７／G８（一九九九）ケルン憲章――生涯学習の目的と希望――（仮訳）参照先：外務省〈https://www.mofa.go.jp/mofaj/gaiko/summit/cologne99/g8s_sg.html〉。

Husén, T.（1974）. *The learning society.* London : Methuen,

Hutchins, R. M.（1968）. *The learning society*, London : Pall Mall Press.

Kawanobe S.（1994）. Lifelong Learning in Japan. *International Review of Education*, 40（6）, pp.485-493.

Kawanobe S.（1996）. A Study of Lifelong Education in Japan. *International Journal of Lifelong Education*, 14（2）, 172-79.

Longworth, N. & Davies, W.（1996）. *Lifelong Learning.* London: Kogan Page.

NIER & UIE.（1997）. *Comparative Studies on Lifelong Learning Policies: Report of a NIER/UIE Joint Researh Project.* NIER.

OECD.（1973）. *Recurrent Education: A strategy for lifelong learning.* Paris: OECD.

OECD.（1996）. *Lifelong learning for all : Meeting of the Education Committee at Ministerial Level, 16-17 January 1996.* Paris:

OECD.
Ogawa, A. (2015). *Lifelong learning in neoliberal Japan: Risk, community, and knowledge*. Suny Press.
Okamoto, K. (1994). *Lifelong Learning Movement in Japan: Strategy, Practices and Chalenges*. Tokyo: Sun Printing Ltd.
Okumoto, K. (2004). *Lifelong learning policy in England and Japan: a comparative analysis* (Doctoral dissertation). University of London, Institute of Education. University of London.
Phillips, D.& Ochs, K. D. (2003). Process of Policy Borrowing in Education: some explanatory and analytical devices. *Comparative Education*, 39 (4), 451-461.
Phillips, D. (2004). Toward a Theory of Policy Attraction in Education. In Steiner-Khamsi (Edit.) G., *The Global Politics of Educational Borrowing and Lending*. Teachers College Press. pp.54-67
Silova I. (Edit.) (2010). *Post-Socialism is not Dead: (Re) Reading the Global in Comparative Education*. Emerals Books.
Silova, I. & Steiner-Khamsi, G. (Edit.) (2008). *How NGOs React: Globalization and Education Reform in the Caucasus, Central Asia and Mongolia*. Kumarian Press.
Steiner-Khamsi, G. (Edit.) (2004). *The Global Politics of Educational Borrowing and Lending*. New York and London: Teachers College Press.
UNESCO. (1972). *Learning to be: The world of education today and tomorrow* (Report of the International Commission on the Developmet of Education. Paris: UNESCO.
UNESCO. (1996). *Learning: The Treasure within. Report to UNESCO of the International Commission on Education for the twenty-first-Century*. Paris: UNESCO.
イリイチ、I／フレイレ、P他（角南和宏他訳）（一九八〇）『対話――教育を超えて』野草社。
ジェルピ、E（前平泰志訳）（一九八三）『生涯教育――抑圧と解放の弁証法』東京創元社。
フォール、E他（国立教育研究所内フォール報告書検討委員会訳）（一九八二）『未来の学習』第一法規。
ボトキン、J・W他著（大来佐武郎監訳）、市川昭午訳（一九八〇）『限界なき学習：ローマ・クラブ第六レポート』ダイヤモンド社。

メドウズ、D・H他（大来佐武郎監訳）（一九七二）『成長の限界：ローマ・クラブ「人類の危機」レポート』ダイヤモンド社。

ユネスコ二一世紀教育国際委員会（天城勲監訳）（一九九七）『学習：秘められた宝』ぎょうせい。

ラングラン、ポール（波多野完治訳）（一九七一）『生涯教育入門』財団法人・全日本社会養育連合会。

ラングラン、ポール（波多野完治訳）（一九七九）『生涯教育入門　第二部』財団法人　全日本社会教育連合会。

浅井経子・合田隆史・坂口緑・山川肖美（二〇二一）「学会創設四〇周年記念鼎談　学会四〇年間の生涯学習研究・生涯学習推進の総括と新しい時代に向けて」『日本生涯教育学会年報』二〇二〇（四一）、四〜三三頁。

新井郁男（一九八二）『学習社会論』（教育学大全集八）第一法規。

新井郁男編集解説（一九七九）「ラーニング・ソサエティ：明日の学習をめざして」『現代のエスプリ』（一四六）。

有光次郎・木田宏・波多野完治監修（一九八八）『生涯学習実践講座』（全八巻）亜紀書房。

市川昭午（一九八一）『生涯教育の理論と構造』教育開発研究所。

市川昭午・潮木守一編著（一九七九）『学習社会への道』（教育学講座・二一）。

伊藤俊夫・岡本包治・山本恒夫　編集代表（一九八九）『生涯学習講座』（全六巻）第一法規。

今西幸蔵（二〇一七）『生涯学習論入門［改訂版］』法律文化社。

岩崎久美子（二〇二〇年八月）「「学び直し」に至る施策の変遷」『日本労働研究雑誌』（七二一）、四〜一四頁。

岩崎久美子（二〇二一）「「生涯教育」研究の射程」『日本生涯教育学会年報』二〇二〇（四一）、一一五〜一三一頁。

大桃敏行・背戸博史編著（二〇一〇）『生涯学習――多様化する自治体施策』東洋館出版社。

岡本包治編（一九八九）『生涯学習のまちづくりシリーズ』（全八巻）ぎょうせい。

岡本包治・山本恒夫編（一九八五）『生涯教育対策実践シリーズ』（全五巻）ぎょうせい。

小畑勇二郎（一九七八）『秋田の生涯教育』全日本社会教育連合会。

外務省（二〇一五）「我々の世界を変革する：持続可能な開発のための二〇三〇アジェンダ」（仮訳）参照日：二〇二四年五月、

参照先〈https://www.mofa.go.jp/mofaj/gaiko/oda/sdgs/pdf/000101402.pdf〉。

川野辺敏（二〇二一）『教育深夜便――子ども〝明日〟に心を寄せながら』三恵社。

川野辺敏監修（一九九五）『生涯学習・日本と世界』（全二巻）エムティ出版。

河野和枝（二〇一四）「日本の生涯学習政策の動向と課題――国民の新たな「学び」に注目して――」『北星学園大学社会福祉学部北星論集』（五一）一〇三～一一五頁。

教育改革国民会議（一九九九年一二月二二日）ＷＡＲＰ、参照日：二〇二四年年五月月、参照先「教育改革国民会議報告――教育を変える一七の提案――」〈https://warp.ndl.go.jp/info:ndljp/pid/8295038/www.kantei.go.jp/jp/kyouiku/houkoku/1222report.html〉。

合田隆史（二〇一九）「開かれ、つながる生涯学習：多様な学習機会の創出と日本生涯教育学会の発展に向けて」『日本生涯教育学会年報』二〇一九（四〇）一～七頁。

国立教育研究所内生涯学習研究会　代表・川野辺敏（一九九三）『生涯学習の研究――その理論・現状と展望・調査資料』（全三巻）、エムティ出版。

佐藤一子・寺脇研・前川喜平・石井山竜平（日付不明）「日本の生涯学習政策三〇年を振り返る：シンポジウム「生涯学習」政策とはなんだったのか（二）」『東アジア社会教育研究』（二七）、七六～九二頁。

澤野由紀子（一九九九）「生涯学習の歴史二――日本を中心に」川野辺敏・山本慶裕編著『生涯学習論』福村出版、二八～三八頁。

澤野由紀子（二〇〇九）「日本における生涯学習国際比較研究：三〇年の変遷と課題」『日本生涯教育学会年報』三九～四七頁。

澤野由紀子（二〇二四）「グローバルな視点からの生涯学習研究の継承と発展」。

背戸博史（二〇〇八）「日本における生涯学習施策の現況と課題」『琉球大学生涯学習教育センター研究紀要』（二）、五一～六二頁。

背戸博史（二〇一〇）「日本における生涯学習概念の転換」大桃敏行・背戸博史・編著『生涯学習：多様化する自治体施策』東洋館出版社、二一～八頁。

社会教育審議会（一九七一）「急激な社会構造の変化に対処する社会教育のあり方について：社会教育新議会答申（広報資料六二）（第ＭＥＪ４、二三九巻）、文部省。

榛村純一（一九八一）『地域学のすすめ：市長レポート「掛川学事始」』清文社。

人生一〇〇年時代構想会議（二〇一八年六月）「人づくり革命基本構想」参照日：二〇二四年五月、参照先〈https://www.kantei.go.jp/jp/content/000023186.pdf〉。

田中雅文（二〇〇〇）『社会を創る市民大学』玉川大学出版会。

俵谷正樹（一九七九）「ユダヤ人の学習――学習の日常化と学習社会の創造」加藤隆勝・山本恒夫編著『社会教育の科学』（社会教育講座・第二巻、二五六～二七六頁。

中央教育審議会（一九六九年六月三〇日）「今後における学校教育の総合的な拡充整備のための基本的施策について（中間報告）」文部省大臣官房企画室。

中央教育審議会（一九七一）「生涯教育について」（第二六回答申）文部省。

中央教育審議会（一九七一）「今後における学校教育の総合的な拡充整備のための基本的施策について（答申）」。

中央教育審議会（二〇〇八）「新しい時代を切り拓く生涯学習の振興方策について～知の循環型社会の構築を目指して～」参照日：二〇二四年五月、参照先〈https://www.mext.go.jp/b_menu/shingi/chukyo/chukyo0/toushin/1216131_1424.html〉。

中教審生涯学習分科会（二〇〇四）「今後の生涯学習の振興方策について」（審議経過の報告）参照日：二〇二四年五月、参照先〈https://www.mext.go.jp/b_menu/shingi/chukyo/chukyo2/toushin/04032901.htm〉。

中教審生涯学習分科会（二〇二〇）「第10期中央教育審議会生涯学習分科会における議論の整理　多様な主体の協働とＩＣＴの活用で、つながる生涯学習・社会教育～命を守り、誰一人として取り残さない社会の実現へ～」。

中教審生涯学習分科会（二〇二二）「第11期中央教育審議会生涯学習分科会における議論の整理～全ての人のウェルビーイングを実現する、共に学び支え合う生涯学習・社会教育に向けて」。

中教審生涯学習分科会（二〇二四）「第12期中央教育審議会生涯学習分科会における議論の整理～全世代の一人ひとりが主体的に学び続ける生涯学習とそれを支える社会教育の未来への展開：リカレント教育の推進と社会教育人材の養成・活躍のあり

方」。

津田英二（二〇二三）『生涯学習のインクルージョン：知的障害者がもたらす豊かな学び』明石書店。

日本生涯教育学会編（一九九〇）『生涯学習事典』ぎょうせい。

波多野完治（一九六七）『社会教育の新しい方向――ユネスコの国際会議を中心として』ユネスコ国内委員会。

波多野完治（一九七二）『生涯教育論』小学館。

波多野完治（一九八五）『続・生涯教育論』小学館。

ボトキン、J・W（大来佐武郎監訳、市川昭午訳）（一九八〇）『限界なき学習：ローマ・クラブ第六レポート』ダイアモンド社。

持田栄一・森隆夫・諸岡和房編（一九七八）『生涯教育事典』ぎょうせい。

森隆夫（一九七二）『増補　生涯教育』帝国地方行政学会。

文部科学省（二〇〇六）教育基本法、参照日：二〇二四年五月、参照先〈https://warp.ndl.go.jp/info:ndljp/pid/10655594/www.mext.go.jp/b_menu/houan/kakutei/06121913/06121913/001.pdf〉。

文部科学省（二〇一九）「障害者の生涯学習の推進方策について　誰もが、障害の有無にかかわらず共に学び、生きる共生社会を目指して」（報告）、【学校卒業後における障害者の学びの推進に関する有識者会議・平成三一年】〈https://www.mext.go.jp/b_menu/shingi/chousa/shougai/041/toushin/1414985.htm〉。

文部科学省生涯学習政策局生涯学習推進課（二〇〇一）『二一世紀の生涯学習入門』財務省印刷局。

文部省（一九七四）『リカレント教育――生涯学習政策のための戦略』（教育調査　第八八集）文部省大臣官房。

文部省（一九八七年九月）「臨教審答申総集編」『文部時報』昭和六二年八月臨時増刊号（一三二七）。

文部省大臣官房政策課（一九八七年一二月）「「教育改革推進大綱」について」『文部時報』（一三三〇）、七〇〜七三頁。

経済成長に向けたリスキリング促進と大学に求められる役割について

田中茉莉子 TANAKA Mariko

The role of universities in promoting reskilling for economic growth

はじめに

本稿の目的は、リスキリングを経済学の立場から考察することである。近年、「人への投資」が脚光を浴びており、企業の生産性向上ひいては日本の経済成長率を高める鍵として関連する政策が次々に打ち出されている。個人レベルでは、復職・転職や昇進・昇給を目指してスキルアップに対するニーズが高まっており、リスキリング関連の講座の人気が根強い。企業レベルでは、急速に進行する少子高齢化やＤＸ（デジタルトランスフォーメーション）化の中で、企業が人手不足と人手過剰が共存する雇用のミスマッチに直面しており、生産性向上のためにリスキリングに取り組む動きが広がっている。大学レベルでは、従来型の高等教育に加えて社会人や市民を対象としたリカレント教育を導入する大学が増えているが、企業や個人のニーズを踏まえてリスキリングをどのようにカリキュラムに組み込むかを検討することが課題となっている。

本稿では、経済学の観点から、まず第１節でリスキリングがそもそもどのように捉えられているのか、第２節でリスキリングが経済にどのような影響をもたらすのか、第3節でリスキリングに対するニーズがなぜ近年高まっているのかを説明する。第4節でリスキリングをめぐる経済政策、第5節および第6節でそれぞれ企業、労働者のリスキリングに対する現状の取り組みと課題について考察したうえで、第7節において大学のリスキリングの現状と大学に求められる役割について考察する。最後に結論を述べる。

1　リスキリングをめぐる概念

リスキリング（Reskilling）については明確に定義されることなく用いられることが多いが、経済産業省の「デジタル時代の人材政策に関する検討会」において、リスキリングは、「新しい職業に就くために、あるいは、今の職業で必要とされるスキルの大幅な変化に適応するために、必要なスキルを獲得する／させること」（石原　二〇二一）と定義されている。また、石原氏が中心となってまとめられたリクルートワークス研究所（二〇二〇）の提言書では、「現職とは異なる職種、特にデジタル職種に転換するためにスキルを塗り替えること。その人の仕事内容や仕事で生み出す価値が根本的に変わる。」と定義されており、DX化によりフォーカスした内容となっている。

リスキリングに関連した用語として、アップスキリング（upskilling）が挙げられる。前述のリクルートワークス研究所（二〇二〇）では、「現職でステップアップするためにスキルを高めること。その人の生産性や業務の難度が上がる。」と定義しており、デジタル職種には限定されない内容となっている。なお、同書は、DX化の流れの中では、リスキリングとアップスキリングが同時に必要となるが、アップスキリングと異なり、リスキリングは未知の仕事に対して行われる可能性があるとして、OJT（企業内での職業訓練）を超えた体制の必要性を指摘している。

スキルに焦点を当てるリスキリングに対して、リカレント教育は、学校教育を終えて社会に出た個人がニーズに合わせて再び教育機関等で受ける（recurrent）循環型・反復型の一種の生涯教育（lifelong learning）を指す。OECD

（2019）では、リカレント教育は学校教育（小学校・中学校・高等学校・大学・その他公的教育機関で提供される、子供や若者を対象としたフルタイムの段階的・計画的な教育）に限定されず、あらゆる年齢を対象とした、教育機関内外で提供されるラーニングコース、プライベートレッスン、ＯＪＴのための組織的なセッション、ワークショップやセミナーといった、ノン・フォーマル教育（nonformal education）を含む、持続的な教育活動とされている。リカレント教育の範囲については様々な見解があり、「仕事に生かすための知識やスキル」（政府広報オンライン 二〇二一）に限定するものもある(1)。本稿では、ＯＥＣＤの記述を反映して、リカレント教育が実務に連動したスキルアップから教養、趣味の活動まで多様な教育内容を含むものと広い意味で捉えることとする。同様に、リスキリングについても、復職や転職を目指したスキルの習得といった、従業員が必ずしも企業にとどまらないケースも考察の対象とする(2)。

リカレント教育は一九七〇年代にＯＥＣＤによって提唱され、伝統的には、学校教育を十分に受けられなかった成人を対象とする成人教育が重視されてきた。ＯＥＣＤ（2019）によると、多くの先進国では高等教育の割合が最も大きいものの、例えばオーストラリア、ベルギー、フィンランドでは、学校教育を受けた人々のうち少なくとも四〇％が後期中等教育（upper secondary）か高等教育ではない中等後教育課程（post-secondary, non-tertiary）に入学し、またメキシコでは、約半数が後期中等教育以下の課程に入学しており、高等教育以前の教育課程修了者の割合が大きくなっている。このため、特にスウェーデンやフィンランドでは、国を挙げて、高等教育以前の教育水準の人々を対象としたリカレント教育を促進している。例えば、スウェーデンでは前期中等教育（lower secondary）を修了していない二〇歳以上の全居住者が成人教育を無料で受けられる。以上のように、一般に、学歴が高いほどリカレント教育を受ける傾向があるものの、ＯＥＣＤ諸国においても、従来は社会保障の観点からリカレント教育が積極的に推進されてきた。しかし、後述するように、近年はＤＸ化の流れの中で、高等教育を受けた成人によるリスキリングを目的としたリカレント教育も重視されるようになってきている。

欧米諸国とは対照的に、高等教育を修了した成人の割合の大きい日本では、従来からＭＢＡや資格の取得といった、より高度な専門的教育への関心が高い傾向にあった。しかし、近年は、少子高齢化やDX化の流れの中で、育児、介護等を経て再就職や復職を目指す人が基礎的なビジネススキルを身につけたり、異動や転職を希望する人が新たな職場で求められる知識・スキルを学んだりする等、復職や転職を見据えた基礎的なリスキリングに対する関心が急速に高まっている。

以下では、リカレント教育全般ではなく、リスキリングに焦点を当てた考察を行う。

2　リスキリングが経済に及ぼす影響

1　経済学におけるリスキリングの位置づけ

企業による生産活動は一般に資本、労働、技術を用いて行われる。ここで、資本は、機械や設備といった生産活動で使用される生産要素を指し、労働は、生産活動に投入される労働時間や労働者数といった労働力の量的側面を捉える概念であり、技術は生産活動の生産性を高める生産要素を意味する。経済学のテキスト(3)で学習することが定番となっている、新古典派経済成長理論では、これら生産活動の三要素のうち、資本については限界生産性の逓減（資本を蓄積することによる生産量の増加分が資本の蓄積に伴い徐々に減少していくこと）という性質を想定することで、資本を蓄積した先進国の経済成長率が新興国の経済成長率を下回るように、機械等の物的資本を増加させることによる経済成長には限界があることが知られている。資本の限界生産性が逓減する経済においては、労働の増加や技術進歩によってのみ経済成長を促進することができる。しかし、少子高齢化の下では、女性、高齢者、海外の人材を活用しない限り、労働力の量的拡大は困難な状況となっている。また、DX化は技術水準を高めるため、それ自体は経済成長を促進する要素であるが、人々が過去に蓄積してきた知識やスキルが陳腐化したり、新たな技術を使いこなせなかったりする場合には、経済成長を十分促進することができなくなる。このような状況で効果的なリスキリングが実施されると、生産効率が高まり、経済成長を促進することが可能となる。

経済学では、人々が蓄積する知識やスキルといった、人に備わっている資本すなわち付加価値を生み出す要素は、機械や設備等の「物的資本」に対して「人的資本」と呼ばれ、労働力の質的側面を捉える概念とされている。人に対して物的概念を当てはめることについては、後にノーベル経済学賞を受賞したゲーリー・ベッカー等によって提唱された当初は物議を醸したが、現在は教育効果を数値で測定する(4)等、現実の政策においても一般的に受け入れられた概念となっている。人的資本を蓄積することで、直接生産量を増加させるとともに、技術水準自体を高める可能性があると考えられている。経済学の文脈においてリスキリングは、生産量の増加、経済成長の実現に向けて、人的資本を蓄積するとともに、技術水準を高める活動と位置づけられる。

なお、生産量の増加や経済成長の実現が望ましいか否かについては、経済学者の中でも様々な考え方が存在する。一国全体の生産量を測る代表的な指標としてＧＤＰ（Gross Domestic Product：国内総生産）が挙げられるが、ＧＤＰは環境の質や所得格差を捉えることはできず、幸福度の一般的な尺度ではない。あくまで物質的な豊かさを捉える指標である。このため、ＧＤＰの代替指標として、ＢＬＩ（Better Life Index：より良い暮らし指標）やＧＮＨ（Gross National Happiness：国民総幸福量）といった新たな指標を開発する試みも行われ、研究が進められている。それでもＧＤＰが一般的に用いられている理由としては、ＧＤＰは完全な指標ではないものの、ＧＤＰの大きな国ほど、平均寿命が長く、乳幼児死亡率が低く、成人の平均教育期間が長く、インターネットへのアクセス機会が多い等といった生活の質に関する尺度と強い相関があること（マンキュー 二〇一九）が挙げられる。このため、本稿においても、リスキリングが生産量の増加や経済成長をもたらすことをポジティブな現象として捉えることとする。

2　リスキリングが経済に及ぼす影響の分類

経済学では、経済効果を供給面（生産活動の側面）と需要面（消費や将来に向けた物的投資の側面）に分類して分析することが一般的となっている。リスキリングが経済に及ぼす影響のうち供給面については、人的資本の蓄積、技術水準の向上、転職等の労働力の部門間移動による生産性の上昇、それらの結果として経済成長を促進する効果が挙げられる。一方、需要面に関しては、労働者の雇用・所得の増加を通じて消費需要を喚起する効果が挙げられる。供給および需要が高まることにより、長期的な経済成長も短期的な景気拡大も実現できることとなる。以下では、リスキリングが供給面および需要面に及ぼす影響について順に検討する(5)。

（一）供給面

供給面では、リスキリングを通じて人的資本が蓄積されるとともに、蓄積された人的資本によりイノベーションが誘発されたり、新たなスキルを身に着けた従業員が技術を使いこなせるようになるため、企業および経済全体の技術水準が向上する。さらに、リスキリングによって高いスキルを身に着けた労働者がより生産性の高い部門に転職することにより、企業および経済全体の生産性が高まる。これらの結果として、経済成長が促進されることとなる。

例えば、ＯＥＣＤ（2005）では、教育期間の一年増加に伴い、人的資本が一〇％増加し、また経済成長率が長期的に四％から七％増加し得るとしており、人的資本の蓄積が一般に経済成長を促進することを明らかにしている。実際、日本の農業分野に関する取り組み事例として、岩手大学農学部が「農業従事者の中でも、かなりの規模で営農している農家で、農業生産等についてある程度の知識を有している人」を対象に、「いわてアグリフロンティアスクール」を開講し、岩手県の農業を先導する人材育成に取り組んだ結果、受講生が共同で会社を設立し、各受講生が得意な作物の生産に特化することで規模の経済が生まれ、生産性を高めることができたという成果が得られている（東北大学大学院経済学研究科地域イノベーション研究センター、二〇一〇）。また、足立（二〇二三）では、成人教育の盛んなデンマークの製造業関連の労働者がよりハイレベルのスキルを習得できると考えられるサービス業関連（具体的には「オフィス・商業・ビジネスサービス関連」）の教育プログラムを受講した場合の効果を推計した結果、受講後一～五年でサービス業関連での就業確率が有意に高まったことが明らかにされている。この結果は、リスキリングには労働移動を促進する効果があり、リスキリングを推進することで、経済全体の生産性を高める効果があることを示唆していると考えられる。

以上のように、リスキリングによって企業の生産性が向上したり、労働者の部門間移動が促進されたりすることで経済全体の生産性が高まる結果、経済成長が促進されるといえる。

（二）需要面

需要面では、労働者の雇用・所得の増加を通じて消費需要を高める効果が存在する。労働者がリスキリングを通じて職場のニーズに合った知識やスキルを習得することで、新たな雇用機会を獲得できる確率が高まる。ＯＥＣＤ（2005）はリカレント教育が個人の生産性、イノベーション、雇用機会に強いプラスの影響を与えると述べており、具体的な教育内容には言及していないものの、スキルに焦点を当てたリスキリングも雇用機会を高めることが推察される。また、労働者の所得については、実質賃金が理論的には労働生産性と等しくなるように決定されるため、リスキリングによって上昇した労働生産性に見合った高い賃金・所得を労働者が得られるようになると考えられる。

実際、内閣府（二〇二三b）の二〇二三年度「年次経済財政報告書」によると、正規雇用者の「環境改善目的転職者」（転職理由として「賃金への不満」「労働条件や勤務地への不満」「会社の将来性や雇用安定への不安」と回答した転職者）のうち、転職前にリスキリングを行った者の、転職前年と比較した年収伸び率は、非転職者に対して五％ポイント強高くなっており、「環境改善目的転職者」全体の伸び率よりも高くなっていることが明らかにされている。このことは、正規雇用者が自発的に転職する場合、リスキリングを実施すると所得が上昇する効果が得られることを意味している。海外においても、リスキリングが雇用機会に与える影響に関する実証研究が行われており、例えば、Cavaco, Fougère and Pouget（2009）では、フランスの離職者を対象として、解雇から半年間行われる職業訓練の効果を検証し、プログラム参加から二・三年内の雇用率が六％上昇していることが示されている。また、Wiggberg et al.（2022）では、スウェーデン王立工科大学（KTH Royal Institute of Technology）が人材派遣会社との産学連携で運営しているＳＤＡ（Software Development Academy）において、産業界のニーズを反映させた実用的な学部レベルのコンピュータサイエンスの三カ月間集中プログラムを開発し、外国生まれの移民の失業者あるいは教育水準に見合わない職に就いている労働者を対象として、テストや面接等で選抜を行った後（一回につき、二五〇人から三八〇人の志願者のうち三〇人から四〇人が参加）、七回プログラムを実施した結果、平均して参加者の八二・六％がコース終了後五カ月以内にＩＴ業界で就職できたことが明らかにされている。

加えて、リスキリングによる労働者の雇用機会および所得上昇の結果として、可処分所得が増加することから、消費需要の増加も期待される。例えば、Blunch and Pörtner（2011）は、ガーナの成人に対する識字教育が家計消費に与える影響を分析した結果、学校教育を修了した者がいない家計においては、成人に対する識字教育によって大人一人当たり消費水準が約一〇％高まったことを明らかにしている。

以上のように、労働者がリスキリングを通じて必要なスキルを身につけることにより、新たな職を得て、所得を向上させ、消費を増大させることができ、結果として、一国全体の需要を高める効果があるといえる。

3　リスキリングへのニーズの高まりの経済的背景

リカレント教育はＯＥＣＤによって一九七〇年代に提唱されて以来、その重要性は認識されているものの、近年は「リカレント教育」よりも「リスキリング」という用語を一般に目にする機会が非常に多くなっている。このようなリスキリングへの関心の高まりの経済的背景には、少子高齢化やコロナ禍で急速に進行しているＤＸ化がある。

第一に、少子高齢社会で現役世代が減少する中で働き手の確保が課題となっていることが挙げられる。人手不足の問題を解消するためには、シニア、女性、海外の人材を活用するとともに、一人一人の人的資本（知識やスキル）を蓄積し、人的資本の質を高めて生産性を向上させることが重要となる。また、急速な技術進歩の下では、必要となる知識やスキルが頻繁にアップデートされ、人的資本の減耗スピードも速くなることから、一層学び直しが必要となってくる。加えて、高齢化に伴い、老後の収入・資産を確保するために学び直しの必要を感じる個人が増加していることも背景にある。

第二に、DX化が急速に進行する中で、従来の業務の一部がAIに代替されたり、雇用が消失したりする懸念が高まるとともに、人手不足部門と人手過剰部門が併存する雇用のミスマッチが顕在化し、労働者がいかにして職を確保し、企業がいかにして人材を活用し、生産性を向上させるかが喫緊の課題となっていることが挙げられる。例えば、Frey and Osborne（2013）では、コンピューター化により、アメリカの全雇用の約四七％が一〇～二〇年後に失われるリスクがあることが指摘され、大きな話題を呼んだ。最近ではチャットGPTが議事録の作成や企画に活用されるなど、AIが一般業務にも普及しつつある。松井（二〇二三）では、生成AIによる業務の効率化とともに失業への不安から、AI関連のリスキリングに対するニーズが高まっており、eラーニングの講座や教材に希望者が殺到していることが示されている。また、山藤（二〇一八）によると、日本では、二〇三〇年までに、生産・輸出・建設といった生産職で九〇万人、事務職で一二〇万人の雇用が過剰となる一方、専門技術職では一七〇万人の雇用が不足し、人材の需給ギャップが拡大することが指摘されている。

前述のリクルートワークス研究所（二〇二〇）では、DX時代には、エンジニアやデータアナリストといったAI等コンピュータサイエンスの高度なスキルが求められる専門人材、そして現在および将来の事業にデジタル要素を組み込んで付加価値を創造できる、デジタルとビジネスの両面を理解した人材が必要とされるだけではなく、本格的なDX化の進行に伴い、ビジネスのあらゆるプロセスにおいて、従来と異なるスキル・能力が求められるようになっていると指摘している。日本のみならず、世界的にもリスキリングに対するニーズは高まっている。Li（2022）では、製造業を中心にIT、IoT、機械学習、AI、サイバーセキュリティといったデジタル技術により変革を余儀なくされている

Industry 4.0の潮流の中ではリスキリングおよびアップスキリングが不可欠であり、生涯学習を組織の戦略的目標と位置づけ、個人も会社も真剣に取り組む必要があると述べている。

4　リスキリングに関する政策

前節で考察したように、労働者にとっても企業にとってもリスキリングが必須となっている背景には、少子高齢化やDX化といった構造変化が底流にある。このような構造変化は民間の自発的な取り組みのみで解決できる問題ではない。加えて、長期にわたり経済が低迷している日本においては、いかにして経済成長を促進していくかが一国の存亡にもかかわる重要な課題となっている。

このような流れの中で「人への投資」は近年の経済政策の関心事の一つとなっている。二〇二三年六月一六日に閣議決定された「経済財政運営と改革の基本方針 二〇二三」（内閣府 二〇二三a）では、人的資本こそが企業価値を向上させるための鍵であるとして、（一）「リスキリングによる能力向上支援」、（二）「個々の企業の実態に応じた職務給の導入」、（三）「成長分野への労働移動の円滑化」からなる「三位一体の労働市場改革」を実施することで、賃金と物価の好循環および持続的な経済成長を実現することが目指されている。前述のとおり、人的資本は生産活動の重要な要素であるため、人的資本を蓄積し、人的資本の質を向上させることは、企業の生産性を高め、経済の持続的成長を可能とする。

経済学では、個人や企業が自主的に最適な人的資本を蓄積できるのであれば、政府が民間に任せることで効率的な資源配分を実現することができるため、政府が介入しないことが望ましいと一般に考えられている。しかし、現実には個人や企業は時間的・金銭的制約に直面しているうえ、人的資本の蓄積には外部性があり、過去の自身の学習履歴や従業員の配置等が最適な人的資本の蓄積を妨げていることがある。そこで、政府が社会にとって最適な資源配分を実現するために、個人や企業に働きかける政策介入を行うことが正当化されることとなる(6)。

具体的な施策として、二〇二三年度には厚生労働省により、人材開発助成金の中に事業展開等リスキリング支援コースが新たに創設され、新規事業の立ち上げ等を行う人材やＤＸ化・ＧＸ(グリーン・カーボンニュートラル)化に対応できる人材の育成にかかる経費や賃金の一部が助成されるようになっている。また、二〇二三年一一月二日に閣議決定された総合経済対策では、高賃金が期待される分野等で教育訓練給付の補助率や上限を引き上げることで学習コストを引き下げたり、非正規から正規雇用への転換を促進するため、オンライン講習等働きながら学びやすくする取り組みを支援したりする等、個人のリスキリングの推進が図られている(日本経済新聞朝刊 二〇二三年一一月三日)。さらに、二〇二四年度には、リスキリングへの対応が遅れがちといわれる中小企業を支援するため、厚生労働省により、企業が従業員に学び直しの機会を与える場合の人件費補助の単価および上限を中小企業に対して大企業より三割程度手厚くしたり(大企業では一人当たり七六〇円、一二〇〇時間上限、中小企業では一人当たり九六〇円、一六〇〇時間上限)、支給単位を従来の日ごとから時間単位に改めて制度の柔軟性を高めたりする取り組みが開始されることとなった(日本経済新聞朝刊 二〇二四年一月二二日)。

このようなリスキリングの促進は日本に限ったことではなく、世界各国で急速に進むＤＸ化への対応としてリスキリング政策が推進されている。例えば、イギリスでは、二〇二一年四月にLifetime Skills Guaranteeとよばれる、プログラマーやエンジニア等になるための専門教育を受けられる無料の職業訓練プログラムが導入されている(日本経済新聞朝刊 二〇二一年八月一一日)。

以下では、企業および労働者といった民間部門でのリスキリングの取り組みと今後の課題を踏まえたうえで、大学のリスキリングの現状と大学に求められる役割について考察する。

5　リスキリングと企業

企業が従業員にリスキリングの機会を提供する場合には、社内で研修を実施するか、従業員による外部の教育機関での受講を支援するかを検討することになる。

日本企業は従来ＯＪＴという形で、企業内で従業員が知識・スキルを習得できる訓練機会を提供してきた。例えば、林（二〇二三）では、リスキリングのうち、資格・技能検定の取得奨励制度、国内留学制度、海外留学制度の三形態に着目し、これらのリスキリングの推進が日本的経営と整合的であるかについて計量分析手法を用いて推計を行った結果、長期雇用（終身雇用）の会社、年功序列の会社の方がそうでない会社と比較してリスキリングを積極的にする傾向があることを明らかにしている。

企業にとってリスキリングは激変する経済環境の中での存亡をかけた喫緊の課題であり、自前でリスキリングのプログラムを提供している企業も存在する。例えば、日立製作所のグループ企業である日立アカデミーでは、ＤＸ人材育成プログラムのほか、マーケティングやファイナンス等の専門スキルや管理職に必要なスキルの学習機会を提供しており、二〇二二年一〇月には、社員が自らのスキルの現状や必要なスキル等の情報を登録すると、ＡＩが適当なコースを提案してくれる、ＬＸＰと呼ばれる学習体験プラットフォームを導入している。また、Ｚホールディングス（現・ＬＩＮＥヤフー株式会社）の企業内大学であるＺアカデミアでは、講師の八割が専門スキルをもつ社員であり、文系人材をＡＩ人材に育成する「Ｚ文系ＡＩ塾」という取り組みを行っている（中畑、伊藤、石原 二〇二三）。

以上のように社内で積極的にリスキリングを推進している企業も存在するが、多くの企業にとっては、社内で研修を実施する場合には、プログラムを担当する人材の確保が課題となる。特に、日本では、欧米と異なり、非ＩＴ企業に勤務するＩＴ人材が少ないことから、急速に進行するＤＸ化に対応できるよう社内でＩＴ関連の人材育成を実施することは困難となっている。例えば、日本経済新聞の読者調査によると、従業員規模が二万人以上の大企業では五五％の従業員がリスキリングに取り組んでいるのに対し、五〇人未満の中小企業では三九％と中小企業においてリスキリングが相対的に進んでいないことが明らかにされている（日本経済新聞朝刊 二〇二三年一一月二四日）ことから、いかにして中小企業のリスキリングを促進するかが重要な課題とされている。このような場合には、社内ではなく、外部の教育機関の受講を支援することが考えられる。近年は、一般社団法人ジャパン・リスキリング・イニシアチブ（ＪＲＩ）等が個別企業に対してリスキリングに関するコンサルティングや専門人材の育成を行う等、リスキリングをサポートするサービスが提供されるようになっており、人材確保の困難な中小企業もリスキリングにアクセスできる環境が整備されつつある。

ただし、従業員が知識、スキルを習得しても、職務に活かすことができない場合には、成果として現れず、企業の生産性向上につながらないだけではなく、従業員の賃金にも反映されないため、リスキリングに取り組む従業員の意欲が低下するとともに、企業にとっては従業員が転職するリスクにも直面することになる。このため、どの従業員に対してどのようなプログラムを提供するのか、効果を見極めながら、従業員の特性に合ったプログラムを企業が効率的に選択し、リスキリングを行った従業員に対して適切な待遇を検討することが重要となる。

また、近年の急速な技術進歩の中で、労働者がジェネラリストとしてではなく、限定された職務内容（例えば、ＰＭ（Project Manager）、ＳＥ（System Engineer）等）に対して雇用される「ジョブ型雇用」の導入が注目を浴びている。ジョブ型雇用が導入されると、大企業が優秀な人材を引き付けるために社員のリスキリングが求められるようになり、実際多くの米国企業がリスキリングに対して巨額の投資を行っている（大湾 二〇二二）。

前述のリクルートワークス研究所（二〇二〇）では、欧米企業のリスキリングの事例を紹介している。例えば、ＡＴ＆Ｔでは、「ワークフォース二〇二〇」というリスキリングに向けたイニシアティブに基づき、二〇二〇年までに一〇万人の従業員に対して一〇億ドルものリスキリング関連の投資を行うことを表明している。ジョブ型雇用の導入、ジョブごとに必要なスキルや能力の明示化、重要なスキルの取得・保有に対する報酬体系の導入といった環境整備に加え、従業員が社内の就業機会およびそこで必要とされるスキルを検索できるキャリア開発支援ツールを提供している。さらに、教育面の取り組みとして、オンラインコースやワンストップの学習プラットフォームを従業員に提供している。オンラインコースについては、社外のサービスと連携し、Ｗｅｂ開発やデータ分析等の単位を修得するコースを提供することにとどまらず、複数の大学と連携し、データサイエンスやサイバーセキュリティ等の学位プログラムや修士プログラム、エンジニア職に就くためのプログラムを提供している。また、ワンストップの学習プラットフォームにおいて、社内の就業機会や必要となる訓練コースを検索したり、自らの学習履歴を管理できる仕組みを提供している。結果として、リスキリングを実施した従業員は、そうでない従業員と比較して、「年度末に一・一倍高い評価を受け、一・三倍多く表彰を受賞し、一・七倍昇進しており、離職率は一・六倍低い」とのことで、従業員にとっても企業にとっても高い教育効果が得られたと考えられる。

6　リスキリングと労働者

前述の日本経済新聞（二〇二三b）の読者調査によると、リスキリングに取り組む調査対象者の中では、英語などの語学が最多の三八％であったが、プログラミングなどＩＴ関係が二七％、ＡＩ・機械学習が二四％と、ＤＸ化の流れを反映して、デジタル関連のニーズが高いことが明らかにされている。また、マイナビ（二〇二三）のミドルシニア・シニア層を対象としたアルバイト調査では、学び直しを必要と感じる人が四割に上り、四〇代では半数を超えている。必要性を感じる理由としては、過半数が「収入を増やしたいため」と回答し、前年の調査より一〇％ポイント増加している。自由回答では、収入を増やしたいと回答した人が身に着けたいスキルとして、ＩＴ関連のスキルが多く挙げられるとともに、高齢化で需要の高い介護・福祉、大型運転免許や、英語・語学等コミュニケーション能力に対するニーズも高いことが明らかにされている。

労働者が自発的にリスキリングに取り組む際には、時間的・金銭的制約の問題がある(7)。しかし、金銭的制約に対しては、国が受講費用の一部を負担する教育訓練給付金が整備され、専門的教育に対する給付が拡充される等、手厚い支援が行われるようになってきた。しかし、労働者が制度の存在を知らなかったり、適切なコースを選択できなかったりという問題があることから、労働者に丸投げするのではなく、企業においてメンター制度を導入したり、セルフ・キャリアドック等従業員に対する定期的なキャリア研修・面談の機会に、従業員に適切なコースや支援制度を紹介することが有用であると考えられる。また、時間的制約に関しては、コロナ禍でのテレワークやオンライン授業の普及、リスキリングを行う従業員に週休三日を認める企業側の取り組み等により、緩和されつつあると考えられる。

ただし、ＯＥＣＤ（2021）が指摘するように、非正規雇用の従業員、正規雇用でも高齢の従業員、そして中小企業の従業員はリカレント教育を受けにくい環境に置かれており、社会保障の観点からも、公的な支援が必要と考えられる。例えば、厚生労働省による「就職氷河期世代の方向けの短期資格等習得コース事業」では、就職氷河期世代が正社員として就職できるように、業界団体による無料の職業訓練の機会を提供するとともに、就職支援も行っている。このような労働者はリカレント教育やリスキリングに関する情報へのアクセスがそもそも難しいため、情報面での支援も重要になると推察される。

7　リスキリングと大学

近年はＤＸ化への対応や復職・転職を目指す社会人を対象としたリスキリングの流れを踏まえた新たな取り組みを行う大学の事例が蓄積されつつある。例えば、東京電機大学の国際化サイバーセキュリティ学特別コースでは、大学で情報セキュリティに関する基礎的な学習を終えた社会人に対してより高度なサイバーセキュリティに関するプログラムを提供している。また、日本女子大学では二〇〇七年に大学初のリカレント教育課程を開設し、現在は、「再就職のためのキャリアアップコース」において、育児、介護等を経て復職を希望する女性を対象としたプログラムを提供し、多くの卒業生が再就職を果たしている。青山学院大学では二〇二一年度に「女性のためのITリカレント教育プログラムＡＤＰＩＳＡ－Ｆ」（二〇二二年度以降はＡＤＰＩＳＡ－Ｅ）が開講され、令和四年度女性活躍推進大賞の優秀賞を受賞している。このプログラムの目的は、「長い生涯における学びを自律的に継続できる人材を育成すること」、そして「短期的には、再就職をめざす女性を対象に、ＩＴ教育を行い付加価値をつけることで、幅広い職場での就職率・就業率の向上を支援」（青山学院大学ＨＰ〈https://adpisa.si.aoyama.ac.jp/adpisa-f/〉）することであると述べている。女性の比率が高いとされる事務職は、前述の山藤（二〇一八）のとおり人手過剰部門となっており、女性がＩＴ教育を受けることで、人手不足のデジタル分野への就職を促進し、経済の生産性向上につながると考えられる。以上のような各大学の取り組みについては、文部科学省のポータルサイト「マナパス」〈https://manapass.jp/〉においても紹介されており、サイトでは、受講希望者が関心のある分野や資格を検索したり、支援制度について情報収集することもできる。

前述のLi（2022）では、Industry 4.0に対応する世界の大学の新たな試みの事例として、Stanford 2025を挙げている。そこでは、通常四年で卒業する従来型の大学とは異なり、生涯キャリアのうち六年学ぶことのできる〝open loop〟型のカリキュラムを採用している点、そして学科分野の学修に重点を置いてきた従来型の大学とは異なり、スキルやコンピテンシーの習得を重視する〝AXIS FLIP〟を導入している点が画期的であり、このような改革により、学生が生涯を通じて新たなスキルを身に着け続けることが可能になるとしている。このように、大学に求められる役割も多様になりつつあると考えられる。

従来型の大学・大学院では、職務に直結したスキルというよりも、教養教育や学術を重視した専門的教育が行われており、企業のニーズに即した授業内容は必ずしも提供されてこなかった。一方、日本では、高等専門学校、専修学校、専門職大学・短期大学、専門職大学院において職業を重視した実践的教育が行われており、リスキリングをより効果的に推進できると考えられる。例えば、文部科学省による「専修学校リカレント教育総合推進プロジェクト」では、DX関連、福祉関連、産学連携によるプログラムの開発等を専修学校に委託する政策が実施されており、プロジェクトの成果がホームページ上で公開されている。

これらの教育機関に対して、従来型の大学・大学院がカリキュラムにどのようにリスキリングの要素を組み込むかを検討するうえで、これらの先進的事例は参考になると考えられる。加えて、従来の大学・大学院では、高校を卒業後、そのまま大学に入学する学生が一般的となっていたが、近年では、長期履修制度により修業年限を延長する等、社会人学生にも配慮した制度が導入されるようになりつつある。

急速に進行するDX化に対しては、近年データサイエンス系の学部を創設する大学が増えているが、実務にも理論にも精通した教員の確保が課題となっている。人手不足を解決するため、統計数理研究所を中心に、物理学や生物学等近接分野のデータに詳しい人材に統計学の教授法を学んでもらう試みが行われたり、日本で最初にデータサイエンス学部が創設された滋賀大学では、実務家が教壇に立ち、産学で共同研究を行うとともに、週一回の副業・兼業を認める求人募集を行ったり様々な取り組みが行われている。このような産学協同の人材育成は、企業側にとっても、マネジメント層に必要な知見につながる等メリットがあるとしている（竹村、橋本 二〇二四）。

以上のように、大学においても、DX化や労働者・企業のニーズの変化といった時代の流れに対応した新たな取り組みが行われている。ただし、デジタル技術や労働者・企業のニーズは急速に変化していくため、大学がどの程度変化に対応するか、大学教育の役割を検討することも課題である。特に、大学は教養教育や学術を重視した専門的教育を行っており、個人が新たなスキルを習得するだけではなく、激変する環境に対応できる思考力を鍛える場としての役割も求められている。

経団連と国公私立大学のトップからなる、「採用と大学教育の未来に関する産学協議会」の報告書である「採用と大学教育の未来に関する産学協議会」（二〇二三）では、経団連実施のアンケート調査の結果、（リスキリングを含む）リカレント教育等実施企業のうち、九六％が外部のプログラムを利用しており、そのうち、企業のプログラムを利用している企業が八三％、大学等のプログラムを利用している企業が五一％であったこと、また、検討中を含む実施企業のうち、他企業と独自のプログラム開発を行っている企業が八四％、大学等との産学連携により独自のプログラム開発を行っている企業が三四％であったことが明らかにされている。他企業が提供したり、他企業と共同開発するプログラムを利用するケースと比べると、大学の存在感は相対的に大きくはないものの、大学等のプログラムを利用する企業が過半数を占めていることから、リスキリングを促進するうえで大学が一定の役割を担っているといえると考えられる。

また、同調査によると、大学で提供されるプログラムのレベルは、学部レベルが六一％、修士課程レベルが三二％、博士課程レベルが七％と学部レベルでのプロラムの提供が中心となっている。加えて、授業の実施時間帯は四七％が平日の日中であり、実施期間はタームやクォーター開講を含む一カ月超一セメスター（学期）以内が四四％と中心であるが、一セメスター超一年以内が二五％、一年超が一〇％となっており、フルタイムの学生の受講を前提としたケースが多いことが推察される。社会人の大学でのリスキリング受講を促進するためには、オンラインや夜間といった開講形態の多様化や会社から大学への派遣、長期履修制度といったワークライフバランスの柔軟化が求められる。

おわりに

本稿では、経済学の立場から、近年関心の高まっているリスキリングの現状と課題、その中での大学の役割について考察した。リスキリングは、再就職や転職、他部門への異動等に伴って必要となる新たな知識・スキルを身につけることであり、リスキリングによって個人・企業の生産性や個人の所得が高まることで、経済全体の生産件向上および経済成長、消費の拡大や所得格差の縮小をもたらす可能性がある。例えば、佐藤、齊藤（二〇二三）では、リスキリング（論文では、「企業の戦略転換や構造改革で生じる新たな業務に、社員が対応できるよう取り組むスキル教育」と定義される）を実施した日本の企業・組織において、リスキリング未実施の組織と比較すると、組織がデータに基づく人材マネジメント施策を実施することで、従業員の能力・スキルの伸長をより最適に活用（任用・配置）していたことが示されている。また、中小企業庁（二〇二三）では、中小企業を対象として、役員・社員に対してリスキリングの機会を提供している企業において、リスキリングの機会を提供しておらず今後も提供する意向のない企業と比較して、二〇一六年から二〇二一年にかけての売上高増加率が四％ポイントほど高かったことが示されている。リスキリングに関する実証研究の蓄積はそれほど多くないものの、以上の研究は、リスキリングの促進が企業の生産性向上や成長にプラスの影響をもたらすことを示唆しているといえる。加えて、計測可能なアップスキリングに限定した場合ではあるが、World Economic Forum（2021）では、二〇二〇年から二〇三〇年にかけて、五三〇〇万人の新たな雇用が生み出され、世界のＧＤＰが最大六・五兆ＵＳドル（二〇一九年のＵＳドルベース）増加するとの推計結果が示されており、リスキリングがもたらす経済効果が期待されている。

本文で見てきたように、労働者、企業、大学のリスキリングを促進する自発的な取り組みや産学連携は活発になりつつあるが、経済学的な観点からは、民間の自発的な取り組みを社会全体の学び直しの促進にいかにして繋げていくか、特に中小企業そして大企業に属していない個人への支援は社会保障の観点からも課題となっている。このため、政府には、労働者や企業のニーズと適切な学び直しのプログラムとのマッチングを円滑化させる情報提供機能の強化、そのような民間サービスに対する支援、そして民間の学び直しの意欲に対する継続的な働きかけを行うことが望まれている。また、大学にとっては、リスキリングの機会を提供するだけではなく、教養教育や学術を重視した専門的教育と組み合わせ、従来の義務教育との関係性を踏まえたうえで、社会人が受講しやすいプログラムの形態やニーズに合ったプログラムの開講等、どのようにリカレント教育を展開するかを検討することが今後の課題になると考えられる。

［謝辞］福田慎一先生（東京大学）、櫻川昌哉先生（慶應義塾大学）、櫻川幸恵先生（跡見学園女子大学）より貴重なご助言を

いただいた。記して感謝申し上げる。

●註

1　この点について、本書の編集委員よりご教示いただいた。記して感謝申し上げる。

2　採用と大学教育の未来に関する産学協議会（二〇二三）も本稿と同様に、リスキリングがリカレント教育に含まれるものとしている。

3　例えば、福田、照山（二〇二三）を参照。

4　例えば、OECD（2019）では、個人が高等教育を追加的に受ける際の政府にとってのコスト（給付型奨学金を含む教育費）は、OECD平均で、男性の場合五万八一〇〇USドル、女性の場合五万四一〇〇USドルである一方、政府にとってのベネフィット（個人の所得税や社会負担）は、OECD平均で、男性の場合二〇万六三〇〇USドル、女性の場合一三万一四〇〇USドルであると推計している。

5　リスキリングを含むリカレント教育と従来の義務教育との関係性が経済に及ぼす影響に関する先行研究の詳細は田中（二〇二〇）を参照。

6　原（二〇二四）は、市場の不完全性の下での政策介入の理論的妥当性を指摘したうえで、いくつかの実証研究において、企業内訓練で賃金上昇効果が見られた一方、自己啓発では確認されなかったことから、企業を通じた在職者支援に効果が期待されるとしている。

7　リカレント教育およびリスキリングをめぐる構造的課題や現実の取り組み事例については田中（二〇二二）を参照。

●参考文献

足立大輔（二〇二三）「リスキリングを分析、労働者の移動は起こるのか」週刊東洋経済九二〜九三頁、二〇二三年三月二五日。

一般社団法人日本経済団体連合会（二〇二二）「「大学等が実施するリカレント教育に関するアンケート調査」結果報告」二〇二

一年二月一六日。〈https://www.keidanren.or.jp/policy/2021/017.html?v=p〉。

石原直子（二〇二一）経済産業省第二回　デジタル時代の人材政策に関する検討会資料二――二、二〇二一年二月二六日。〈https://www.meti.go.jp/shingikai/mono_info_service/digital_jinzai/pdf/002_02_02.pdf〉（二〇二三年一一月二〇日閲覧）。

大湾秀雄（二〇二二）「ジョブ型雇用とリスキリング下――人的資本投資の増大促進も」日本経済新聞朝刊三〇頁、二〇二二年二月九日。

採用と大学教育の未来に関する産学協議会（二〇二三）「採用と大学教育の未来に関する産学協議会二〇二二年度報告書「産学協働で取り組む　人材育成としての『人への投資』」」二〇二二年度報告書、二〇二三年四月二六日。〈https://www.sangakukyogikai.org/_files/ugd/4b2861_c95e4ce3a86c4ae1935ab98471d7d243.pdf〉。

佐藤雄一郎、齊藤弘通（二〇二三）「リスキリング実施組織と未実施組織間における人的資源管理（ＨＲＭ）施策の効果性の影響要因に生じる差異」産業能率大学紀要第四三巻第二号二〇二三年二月。

政府広報オンライン（二〇二一）「「学び」に遅すぎはない！　社会人の学び直し「リカレント教育」」二〇二一年八月二〇日。〈https://www.gov-online.go.jp/useful/article/202108/1.html〉。

竹村彰通、橋本雅博（二〇二四）「データサイエンス教員どう確保？」日本経済新聞朝刊三三頁、二〇二四年一月二四日。

田中茉莉子（二〇二〇）「リカレント教育の経済への影響」日本労働研究雑誌　六二一（八）、労働政策研究・研修機構、五一～六二頁。

田中茉莉子（二〇二二）「リカレント教育およびリスキリングの促進をめぐる構造的課題の解決に向けて」日経研月報五三〇、日本経済研究所、三〇～三五頁。

中小企業庁（二〇二三）二〇二三年版「中小企業白書」。

東北大学大学院経済学研究科地域イノベーション研究センター（二〇一〇）「地域におけるリーダー人材育成の実態と今後のあり方に関する調査研究」共同研究報告書（二〇一〇年度）、一～一〇九頁。

内閣府（二〇二三ａ）「経済財政運営と改革の基本方針　二〇二三」二〇二三年六月一六日。

内閣府（二〇二三ｂ）「令和五年度　年次経済財政報告――動き始めた物価と賃金」二〇二三年八月。

中畑英信、伊藤羊一、石原直子（二〇二三）「リスキリング　掛け声の先に」日本経済新聞朝刊九頁、二〇二三年七月二四日。

日本経済新聞（二〇二一）「成長のカギ「学び直し」に」日本経済新聞朝刊一頁、二〇二一年八月一一日。

日本経済新聞（二〇二三ａ）「個人のリスキリング推進」日本経済新聞朝刊七頁、二〇二三年一一月三日。

日本経済新聞（二〇二三ｂ）「リスキリング、ＩＴ関連二七％――日経読者調査、中小ほど遅れ」日本経済新聞朝刊三頁、二〇二三年一一月二四日。

日本経済新聞（二〇二四）「学び直し補助　中小手厚く」日本経済新聞朝刊一頁、二〇二四年一月二二日。

林順一（二〇二三）「リスキリングに積極的な会社の属性分析～リスキリングと日本的経営は整合的か?～」サステナビリティ経営研究二〇二三年度一、一～一二頁。

原ひろみ（二〇二四）「リスキリングの現状と課題下――企業経由の在職者支援軸に」日本経済新聞朝刊、三一頁、二〇二四年四月一八日。

福田慎一、照山博司（二〇二三）『マクロ経済学・入門』有斐閣アルマ第六版。

マイナビ「ミドルシニア・シニア層のアルバイト調査（二〇二三年）」二〇二三年五月一八日〈https://career-research.mynavi.jp/reserch/20230518_51266/〉（二〇二三年一二月二九日閲覧）。

松井基一（二〇二三）「「生成ＡＩ失業」高まる不安」日本経済新聞朝刊二頁、二〇二三年八月一八日。

リクルートワークス研究所（二〇二〇）「リスキリング――デジタル時代の人材戦略」Works Report、二〇二〇年九月〈https://www.works-i.com/research/works-report/2020/rskilling2020.html〉（二〇二三年一一月二〇日閲覧）。

マンキュー、Ｎ・グレゴリー（二〇一九）『入門経済学』第三版、足立英之、石川城太、小川英治、地主敏樹、中馬宏之、柳川隆（訳）、東洋経済新報社。

山藤昌志（二〇一八）「大ミスマッチ時代を乗り超える人材戦略　第二回　人材需給の定量試算：技術シナリオ分析が示す職の大ミスマッチ時代――二〇三〇年の人材マッピング」ＭＲＩエコノミックレビュー、三菱総合研究所、二〇一八年八月六日〈https://www.mri.co.jp/knowledge/insight/20180806.html〉（二〇二三年一一月二〇日閲覧）。

Blunch, Niels-Hugo and Claus C. Pörtner (2011) "Literacy, Skills, and Welfare: Effects of Participation in Adult Literacy

Programs," *Economic Development and Cultural Change 60*, (1), 17-66.

Cavaco, Sandra, Denis Fougère and Julien Pouget (2009) "Estimating the Effect of a Retraining Program on the Re-Employment Rate of Displaced Workers," *IZA Discussion Paper No.4227*.

Frey, Carl Benedikt and Michael A. Osborne (2013) "The Future of Employment: How Susceptible are Jobs to Computerization?" Working Paper, Oxford Martin School, University of Oxford. 〈https://www.oxfordmartin.ox.ac.uk/publications/the-future-of-employment/〉（二〇二三年一一月二〇日閲覧）

Li, Ling (2022) "Reskilling and Upskilling the Future-ready Workforce for Industry 4.0 and Beyond," *Information Systems Frontiers*. 〈https://doi.org/10.1007/s10796-022-10308-y〉（二〇二三年一一月二〇日閲覧）

OECD (2005) "Promoting Adult Learning," OECD Publishing, Paris.

OECD (2019) "Education at a Glance 2019: OECD Indicators," OECD Publishing, Paris.

OECD (2021) "Creating Responsive Adult Learning Opportunities in Japan," OECD Publishing, Paris.

Wiggberg, Mattias, Elina Gobena, Matti Kaulio, Richard Glassey, Olle Bälter, Dena Hussain, Roberto Guanciale, and Philipp Haller (2022) "Effective Reskilling of Foreign-Born People at Universities - The Software Development Academy," IEEE Access 10, 24556-24565. 〈https://ieeexplore.ieee.org/stamp/stamp.jsp?tp=&arnumber=9715111〉（二〇二四年四月二四日閲覧）

World Economic Forum (2021) "Upskilling for Shared Prosperity,〟INSIGHT REPORT JANUARY 2021, In collaboration with PwC. 〈https://www.pwc.com/gx/en/issues/upskilling/shared-prosperity/upskilling_for_shared_prosperity_final.pdf〉（二〇二四年四月二三日閲覧）

仕事と「社会人の学び」と生涯教育
リスキリング・リカレント教育・仕事に関わる能力開発の現状から考える

藤本　真　FUJIMOTO Makoto

Work, Adult learning, and Lifelong education
——Insights from reskilling, recurrent education, and work-related human resource development

企業内能力開発の様々な側面における変化[1]（藤本・佐野 二〇二四）や、仕事に関わる能力開発に対する社会的・政策的な関心の高まりから、仕事と「社会人の学び」との結びつきに注目が集まっている。こうした結びつきへの注目を反映しているのが、「リスキリング」と「リカレント教育」という用語の広がりであろう。

本稿では、「リスキリング」という用語が、仕事上の能力開発の場面でどのように使われているのかを見たうえで、現在日本において目指されている「リカレント教育」とどのような関係を形成しうるのかについて考察する。次いで、アンケート調査の分析や先行研究のレビューから日本企業における仕事に関わる能力開発の現状を示した上で、改めて今後の「リスキリング」と「リカレント教育」との関係の可能性を検討するとともに、生涯教育のこれからについての見解を提示することとしたい。

1　リスキリングの広がり

1　リスキリングという言葉が示すもの・導くもの

二〇二〇年代に入ってから、「社会人の学び」に関わる内容を示す言葉として、「リスキリング」が、産業界や政府の政策方針などで盛んに用いられるようになった。特に二〇二一年一〇月に発足した岸田文雄内閣ではこの言葉が頻繁に使われており、内閣官房に組織されている新しい資本主義実現会議が二〇二三年五月に発表した「三位一体の労働市場改革の方針」では、「リ・スキリングによる能力向上の支援」が、日本の労働市場改革実現の鍵を握るとして、リスキリングの意義・重要性が強調された（新しい資本主義実現会議 二〇二三）。また、近年産業界でその実現に向けた取組みが広がりつつある、「人的資本経営」(2)についての指針を示した経済産業省（二〇二〇）においても、企業の人材戦略に今後求められる五つの要素のうちの一つとして「リスキル・学び直し」が挙げられている。

ではリスキリングとは、どのような意味内容を持つのか。リスキリングに関する著名な論者である後藤宗明によると、「新しいことを学び、新しいスキルを身につけ実践し、そして新しい業務や職業に就くこと」（後藤 二〇二二：二）を意味する。またリスキリングについて調査研究を積み重ねてきたリクルートワークス研究所の研究においては、「新しい職業に就くために、あるいは、今の職業で必要とされるスキルの大幅な変化に適応するために、必要なスキルを獲得する／させること」（リクルートワークス研究所 二〇二一：四）と示されている。この二つの定義では新しい職業・業務に就くためという点は共通であるが、リスキリングによって身につける内容についての言及がやや異なる。さらに、リクルートワークス研究所で行われた諸研究では、リスキリングを、「DX（デジタルトランスフォーメーション）(3)時代に向けたスキルの再習得／再構築」として、デジタル化やDXとの関連で捉えている（リクルートワークス研究所 二〇二〇、同 二〇二二）。

ただ、実際の社会人の「学び」の場面、特にその中心となる企業内の能力開発・教育訓練に関わる場面では、リスキリングという言葉はここまで紹介した意味内容を拡げて使われていると見られる。企業のリスキリングの取組みについて調査したビジネス・レーバー・トレンド編集部（二〇二二）で挙げられている事例を見ると、プログラミング教育やＩＴスキルを身につける講座を整備する、ＤＸ推進のために全社員向けのリテラシー教育や一部社員へのデータ分析の実践教育も実施するなどといった、デジタル化やＤＸに向けて社員の教育訓練を支援するといった取組みのほか、業務上必要な資格の取得を費用面で支援する、語学学習の支援をするといった取組みもある。リスキリングを、デジタル化・ＤＸに関わる知識・スキルや新しい知識・スキルの習得に限定することなく捉えている企業が少なくないものと推測される。また、リスキリング支援の対象となる社員を、新たな業務に就く社員に限定しているという事例は見られない。

環境の変化に伴う新たな労働ニーズに対応した新たなスキル・知識の習得という、リスキリングが本来持つ意味内容は、多くの企業にとって実現するべき重要な事項である。従って企業はリスキリングを促進する取組みを実施していくが、社内制度に則って取組みを進めていこうとした時に、社員間の公平や社員のモチベーションといった点を考慮すると、リスキリングの範囲の絞り込みが難しいと推測される。こうした状況を踏まえると、社会人の「学び」の中心である企業においてリスキリングが広がるなかで、リスキリングという言葉の実質的な意味内容が、「働く／働こうとしている社会人が、仕事に関連したスキル・知識を新たに習得する活動」となり、従来の仕事に関わる能力開発・教育訓練とさほど違わないものになっているという事態も少なくないのではないかと考えられる(4)。

2　リスキリングとキャリア自律の接合

また、企業におけるリスキリング促進の動きが広がるなかで目立つようになってきたのは、社員の自主的・自律的なキャリア構築の取組みの一環としてリスキリングを位置づけようとする企業の姿勢である。環境の変化を踏まえつつ、就業者が自らのキャリア構築と継続的な学習に取組むことは「キャリア自律」と称され（花田・宮地・大木 二〇〇三）、企業においてもキャリア形成の望ましいあり方として重視されるようになってきたが（日本経団連編 二〇〇六、経済産業省 二〇二〇）、このキャリア自律とリスキリングを併せて進める企業が増えている。

先に触れたビジネス・レーバー・トレンド編集部（二〇二二）で紹介されている電機メーカーでは、社員が現在の仕事、やりたい仕事、強化したいスキル等を登録すると、ＡＩが個々の学習ニーズを分析して最適なコンテンツを推奨する学習プラットフォームを導入して、リスキリングを進めている。リスキリングの内容を、社員自身の能力開発やキャリア形成に関する志向に基づいて決定する取組みと言える。またこうしたリスキリングの取組みと並行して、この会社はジョブ・ディスクリプション導入によるポジションの見える化、上司による部下のキャリア形成支援及びそのためのマネージャー支援の強化等で、自律的なキャリア構築やリスキリングに向けた社員の行動変容を図っている。同じく紹介されている電線メーカーは、社員が身につけるべき知識・スキルを体系的に定義したうえで、社内システム上で社員が自由に研修を受講できるようにしている。この会社も社員の自主的のキャリア構築とリスキリングを広げていくため、コーチング研修やワン・オン・ワンミーティングなどの社員を支援する取組みを並行して進めている(5)。

リスキリングとキャリア自律の接合は、近年広がっているリスキリングとキャリア自律という二つの人事管理施策を、一つの企業がたまたま同時に行った結果生じているのかもしれない。あるいはリスキリングの動機づけとしてキャリア自律志向を機能させ、社内にキャリア自律志向を広げるきっかけとしてリスキリングの取組みを活用するといった「相互補完」を企業が意図した結果とも考えられる。

一方で、藤本（二〇二三）は、次のような接合の構造的要因を示し、今後、能力開発・キャリア形成の基本的なあり様として定着しうることを指摘する。一つ目の要因は人口減少、とりわけ若年層の減少による労働供給の制約と、グローバル化する事業活動により、企業が多様な人材の活躍を図らなければならなくなること、二つ目の要因は、デジタル技術の進化・革新を活用していくための能力開発においては、これまでの経験を学ぶというよりは、これから役に立つ新しいことを学ぶという性格を強まることである。これら二つの要因は、仕事経験の多寡に基づく序列や「教え－教えられ」という関係を基盤とする、職場や階層別研修など集合的な場における能力開発を難しくすると考えられる。三つ目の要因として、藤本（二〇二三）は、古屋（二〇二二）に言及しながら、二〇一〇年代以降の若者雇用促進法、労働時間上限規制、パワハラ防止法等の施行により形成された職場運営に関わる新たなルールの存在を挙げる。こうしたルールは、職場における上司・先輩と若手従業員とのコミュニケーションに変化をもたらし、若手社員を職場に囲い込んで育成するやり方を困難にする。

ただ、その過程や要因はどうあれ、リスキリングとキャリア自律が接合することで、仕事に関わる社会人の学びは、社会人各自の意識や活動によるものとして捉えられるようになり、自己責任がより強く問われるものとなっていく可能性がある。

2　リカレント教育とリスキリングの接近

リスキリングと同様に、社会人の学びを意味内容に含む言葉として「リカレント教育」がある。現在のようにリスキリングという言葉が広く使われるようになる前は、社会人の学びからまず想起される言葉はリカレント教育であった。両者の意味内容が近いことを踏まえて、リスキリングはリカレント教育と比較して、職業で価値を創出し続けるために必要なスキルを学ぶという意点が強調された言葉であるという見解も示されている（リクルートワークス二〇二一）。

リカレント教育という概念は、ＯＥＣＤ（経済開発協力機構）が教育政策論として一九七三年に、『リカレント教育――生涯学習のための戦略』を提出したことで、その内容についての認識が広がっていった。『リカレント教育』では、個人の全生涯にわたって労働をはじめとする諸活動と交互に行われることを、リカレント教育の基本的な特徴としている（出相　二〇二一：二）。こうしたリカレント教育のありようは、就職前に長期的・継続的に教育を行うという従来の

「フロント・エンドモデル」の学校教育制度とは一線を画するものであった（岩崎 二〇二〇：六）。

一方、一九六〇年代後半に、ユネスコ（国際連合教育科学文化機関）は、「生涯教育」という概念を打ち出した。生涯教育は、教育を従来のように成人になるための準備としてではなく、人間の可能性を導き出す生涯を通じての活動として捉える。日本ではこの生涯教育の実現が教育政策の主要な目標の一つとされ（岩崎 二〇二〇：六）、リカレント教育は生涯教育の一部としてその振興が図られることとなる（佐々木 二〇二〇：三〇）(6)。

一九八一年に出された中央教育審議会答申「生涯教育について」で、生涯教育は、各人が自発的意思に基づいて行うことを基本とする「生涯学習」を助けるための理念、あるいは条件整備と位置付けられた（岩崎 二〇二〇：七、佐々木 二〇二〇：三二）(7)。そして一九九二年の生涯学習審議会答申「今後の社会の動向に対応した生涯学習の振興方策について」では、社会人を対象としたリカレント教育の推進が、生涯学習の振興における重点課題として挙げられた（出相 二〇二二）。

また、一九九二年の生涯学習審議会答申は、リカレント教育の推進を重点課題として挙げるとともに、リカレント教育の機能を整理した。答申では、一．社会の変化に対応する専門的で高度な知識・技能のキャッチアップやリフレッシュのための機能、二．既に学校や社会で学んだ専門分野以外の幅広い知識・技術や、新たに必要となった知識・技術を身につけるための機能、三．現在の職業や過去の学習歴・学習分野に関わりのない分野の教養を身につけ人間を豊かにする機能が、リカレント教育の機能とされた（出相 二〇二二：七～八）。このうち一と二は、近年のリスキリングの広がりにおいて、リスキリングの目的として主に意図されているものと重なると言ってよい。

二〇一三年の第二次安倍晋三内閣の発足以降、リカレント教育は再び注目を集めるようになる。第二次安倍内閣は「社会人の学び直し」を政策課題として設定し、二〇一三年六月に閣議決定された文部科学省の第二期教育振興基本計画にも、学び直し機会の充実が盛り込まれた（岩崎 二〇二〇：一一）。リカレント教育は学び直しの主要な機会(8)として位置付けられることとなり、こうした位置づけは、二〇二三年に公表され現在の教育政策の指針となっている第四期教育振興基本計画においても引き継がれている（文部科学省二〇二三）。

社会人の学び直し機会の充実は、産業界から要請される再訓練や職業訓練の充実（岩崎二〇二〇：一三）や、職業能力・国際競争力の向上（奥村二〇一九：二五五）を目的としたものである。主要な学び直し機会であるリカレント教育にもこうした目的への貢献が期待されており、内閣官房に組織された「人生百年時代構想会議」が策定した『人づくり革命基本構想』には、リカレント教育が生産性革命を推進する鍵も握ると記されている（人生百年時代構想会議二〇一八：一〇）。

リカレント教育が日本においてどのようなものとして捉えられ、位置付けられてきたかを政策の展開に沿って見ていくと、二つの点でリスキリングとの接近を見出せる。一つは社会人の学びも含めた生涯学習を支える、生涯教育の一環としてのリカレント教育が、社会人の学び直しの主要な機会として位置付けられることで、仕事において必要となる新たな知識・スキルの習得を目的とするリスキリングと同様の機能を発揮する方向への傾斜を強めた。もう一つは、リカレント教育によって支えられる生涯学習は、各人の自発的意思に基づき行われるものと日本の政策では位置付けられており、各人の自主的・自律的な継続学習とキャリア構築をその内容とするキャリア自律とリスキリングが接合した場合には、あるべき理想像の面でもリカレント教育とリスキリングが接近する。こうした二つの点での接近が、リスキリングとリカレント教育の結びつきを容易にしたり強めたりするとともに、それぞれのあり様に、互いが影響を及ぼしあう度合いを大きくするとも考えられる。

3　仕事に関わる能力開発の状況――「自発的な能力開発」の位置

前節まで明らかにしてきたリスキリング、リカレント教育の現状は、企業において、キャリア自律の推進と並行してのリスキリングの取組みが、自発的意思による学習の機会であり、職業能力や生産性の向上を達成することにより一

表1　社内における昇進機会と社員の昇進意思

	n	社長、経営層（役員・本部長）まで	部長層まで	課長層まで	係長層まで	とくに昇進したいとは思わない	無回答
集計社員全体	904	11.6	17.0	18.5	9.2	40.3	3.4
「第一選抜」出現5年目まで	405	8.4	15.6	18.3	8.9	45.2	3.7
「第一選抜」出現6〜10年目まで	308	12.7	18.8	18.8	8.8	37.3	3.6
「第一選抜」出現11年目以降	130	20.8	20.0	22.3	8.5	27.7	0.8
課長層割合5％未満	187	7.5	11.8	16.0	8.0	51.3	5.3
課長層割合5％以上10％未満	293	11.3	16.0	18.1	9.9	40.3	4.4
課長層割合10％以上15％未満	173	16.8	19.1	20.8	10.4	31.8	1.2
課長層割合15％以上	179	15.6	25.1	18.4	6.7	32.4	1.7

出所：佐野（二〇二四）、136頁。

層傾斜したリカレント教育によって支えられるという構図が今後広がっていくことを予想させる。こうした構図は、リスキリングを進めたい企業・就業者、リカレント教育を広げていきたい教育関係者のいずれにとっても望ましいだろうが、実際に広がっていくだろうか。この点について考えるため、仕事に関わる能力開発に関わる状況を確認していく。

1　昇進可能性と能力開発

佐野（二〇二四）は、正社員三〇〇人以上の日本企業とそこに勤めるアンケート調査の分析から、社内における昇進機会と社員の昇進意思との関係、および昇進意思と能力開発の機会との関係を明らかにしている。

表1は、社員の昇進に差がつき始める「第一選抜」の時期、および社内の課長層の割合と、その会社に勤める社員の昇進意思との関係を整理したものである。「出現―年目」という表記は、第一選抜が新卒入社後およそ何年目くらいに現れるかを示している。第一選抜の時期がより遅い会社に勤める社員のほうが、「特に昇進したいとは思わない」という回答の割合がより低く、昇進を希望する社員の割合がより高い。また、第一選抜の時期がより遅い会社に勤める社員のほうが、課長層、部長層、

表２　昇進意思と教育訓練の経験

	n	仕事の担当範囲が広くなった割合	仕事のレベルが高くなった割合	教育訓練を受けた割合	自己啓発を行った割合
集計社員全体	873	63.3	58.0	58.6	46.6
昇進意思あり	426	70.4	68.1	63.8	51.4
昇進意思なし（専門職志向）	140	60.0	53.6	56.4	57.1
昇進意思なし（非専門職志向）	307	55.0	45.9	52.4	35.2

出所：佐野（二〇二四）、142頁。

社長・経営層へ昇進したいという回答の割合が、それぞれ第一選抜がより早い会社の社員に比べてより高くなっている。

一方、社内における課長層割合と社員の昇進意思との関係を見ると、課長層割合がより高い企業に勤める社員ほど、「特に昇進したいとは思わない」という回答の割合がより低く、昇進を希望する社員の割合がより高い。とりわけ課長層以上に昇進したいという社員の割合において、社内における課長層割合の違いによる差が生じている。表1からは、管理職昇進の機会が入社後より長く、より多く与えられている企業の社員において、より昇進意思が強くなることを確認できる。

続いて社員の昇進意思と教育訓練の経験との関係を整理した（表2）。調査回答時までの一年間に、仕事の担当範囲が広くなる、仕事のレベルが高くなるといったＯＪＴの機会を得ることにつながる経験、勤務先からの指示で教育訓練を受けた経験（Ｏｆｆ－ＪＴの経験）、仕事に関わる自己啓発（自発的な教育訓練）の経験をした社員の割合を、昇進意思の有無別に集計しているが、自己啓発を除くと昇進意思のある社員のほうがいずれも割合が高い。また、自己啓発についても、専門性や技能を活かせる仕事につきたいという専門職志向を持たず、昇進意思がない社員は、昇進意思のある社員に比べ目立って割合が低い。

以上の佐野（二〇二四）における分析は、社員の昇進意思は、勤務している会社の役職の構造や昇進選抜に関する慣行に左右され、昇進意思がある社員のほうが、能力開発の機会をより多く得ていることを示している。能力開発の機会については、会社におけるＯＪＴや会社の指示によるＯｆｆ－ＪＴに加え、自らの意思による自

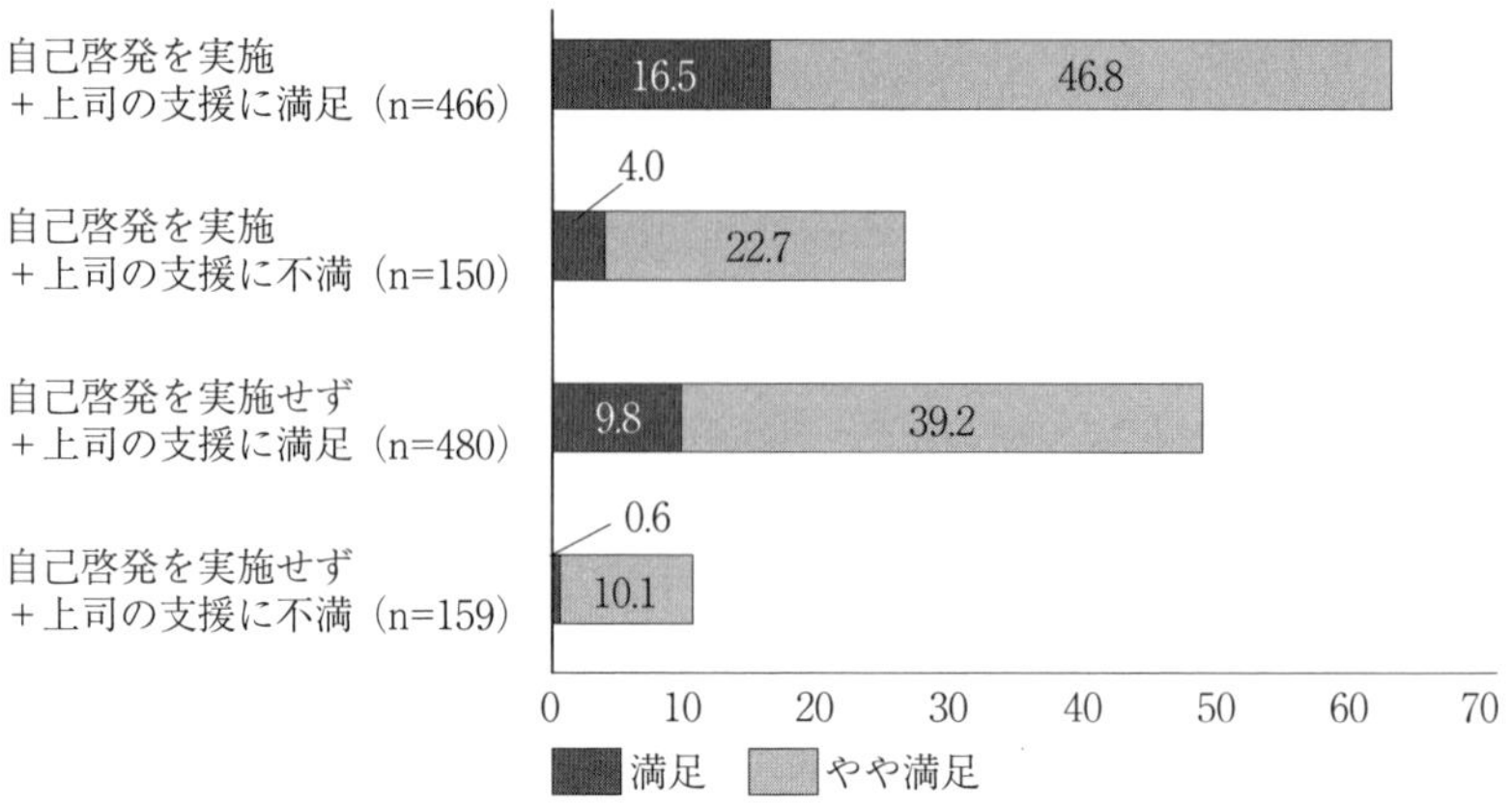

図１　仕事に役立つ知識や能力を身につける機会に対する評価と自己啓発実施の有無・上司の支援に対する評価との関係（単位：％）

出所：JILPT（二〇一六）「企業内の育成・能力開発、キャリア管理に関する調査」（労働政策研究・研修機構編（二〇一七）に所収）。

己啓発の機会も、昇進意思の有無により差がついている。

２　能力開発における職場と職場管理者（上司）の役割

図１は、佐野（二〇二四）における分析で用いられたのと同じ、労働政策研究・研修機構（ＪＩＬＰＴ）が実施した「企業内の育成・能力開発、キャリア管理に関する調査」のデータを使って、現状の仕事に役立つ知識や能力を身につける機会に対する社員の評価と、自発的な教育訓練である自己啓発の実施の有無、および自分の職場の職場管理者（上司）による能力開発の支援に対する評価との関係を分析した結果である。

上司の支援に対する評価が同じ場合には、自己啓発を実施した社員のほうが、仕事に役立つ知識や能力を身につける機会に対して満足する割合が高くなる。ただ、上司の支援に不満を持つ社員が自己啓発を実施しても、上司の支援に満足している社員が、仕事に役立つ知識や能力を身につける機会に対して満足する割合には全く及んでいない。日本企業の社員は、自己啓発の実施よりも上司による能力開発の支援のほうが、仕事上の能力開発に役に立つと評価していることとなる。

自己啓発の実施により満足を感じる社員の割合が、上司の支援により満足を感じる社員の割合に全く及んでいないのは、上司の支援に満足している社員が、職場において上司による様々な支援を受けているからである。藤本・山口（二〇二四）は図1と同じ調査データを使って、社員の能力開発と上司の能力開発支援との関係について分析しており、上司の支援に対する評価の違いにより、上司から受ける支援がどのように異なるかを示している（図2）。上司の支援に満足している社員は、上司の支援に不満を持つ社員に比べると、様々な支援を受ける傾向が顕著に強く、特に仕事のやり方に対する助言、仕事に必要な知識の提供、仕事にかかわる相談への対応といった支援では、上司の支援に対する評価による差が大きい。

3　自己啓発に取組む社員の姿勢

能力開発やキャリア構築に主体的に取り組むキャリア自律を積極的に進めている人は、会社の指示によらない自発的な能力開発である自己啓発をより積極的に進めていくと、想定されがちである。しかし、ＪＩＬＰＴが二〇一九年に実施したアンケート調査を分析した池田（二〇二二）は、こうした想定とは異なる知見を見出している。

池田（二〇二二）は、人との付き合い方について「困ったことがあったら人に助けを求める」と回答した者を「ヘルプ型」、「なるべく人に頼らず自分のことは自分でする」と回答した者を「セルフ型」と分類した。その上で正社員を対象として、ヘルプ型とセルフ型のそれぞれにおいて、過去一年間で自己啓発を実施したものの割合を算出したところ、男性、女性共に、セルフ型よりもヘルプ型のほうが、自己啓発を実施した割合が高かった（男性：ヘルプ型　四六・一％、セルフ型　四〇・六％、女性：ヘルプ型　四八・七％、セルフ型　四四・七％）。大学・大学院への通学が含まれる「教育機関型」の自己啓発については、男性ではセルフ型とヘルプ型の差が縮小し、女性ではほぼ同程度の割合になるが、セルフ型のほうが目立って実施割合が高いといったことはなかった。また、セルフ型は中高年齢者において相対的に多く存在し、ヘルプ型は若年者において相対的に多くなるため、年齢別にセルフ型、ヘルプ型における自己啓発の実施割合を算出した結果においても、前記と同様の傾向が見られた。

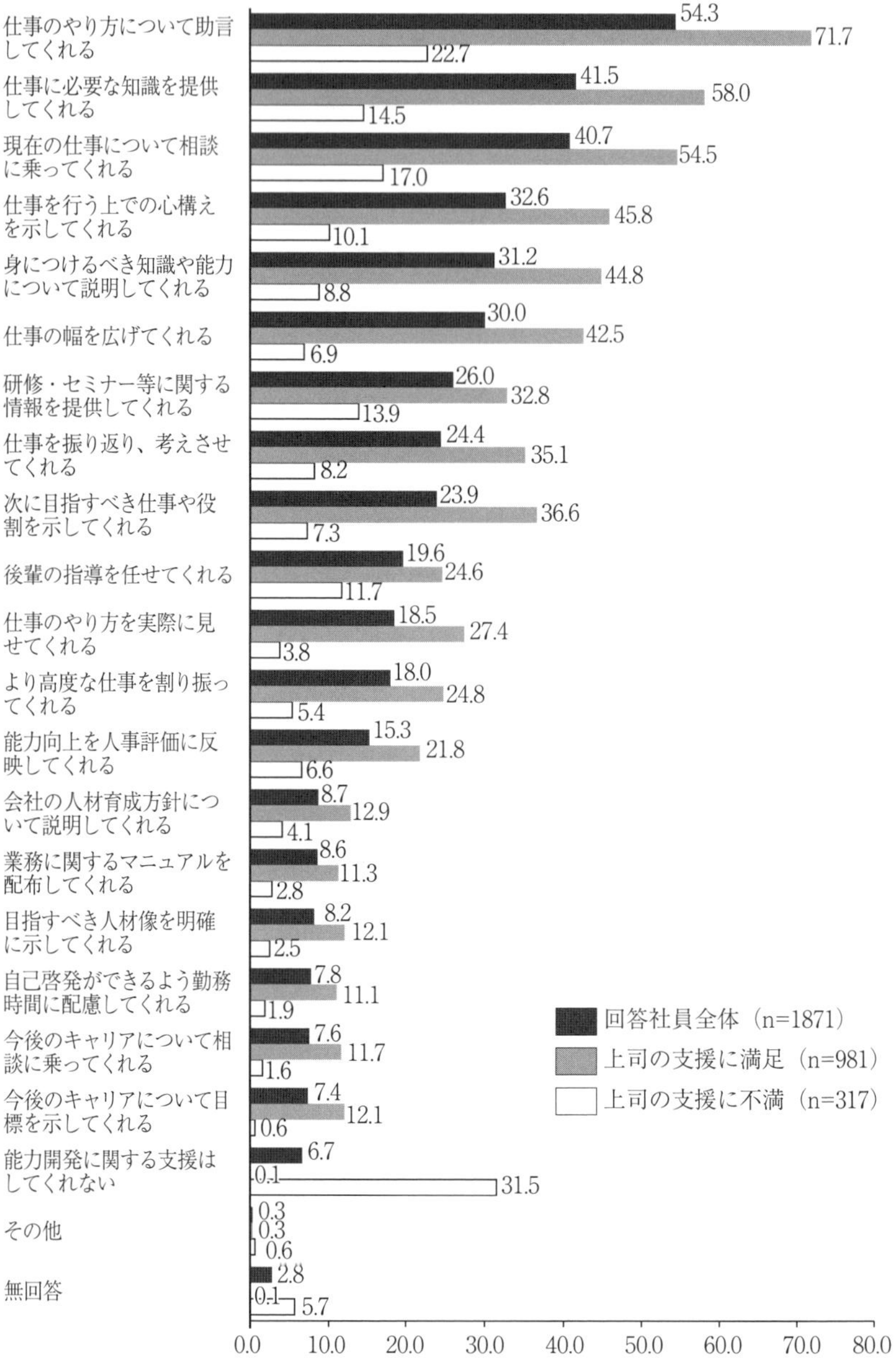

図２　所属部門の上司による能力開発支援の支援：上司の支援に対する評価別（複数回答、単位：％）

出所：藤本・山口（二〇二四）、208 頁。

以上の分析結果からは、各企業において今後キャリア自律が推進されるとセルフ型の就業者の比重が上がっていく可能性はあるが、それが必ずしも自己啓発の活性化にはつながらないこと、またヘルプ型の態度は「困ったときにはお互い様」という互助の姿勢にもなりえ、そうした姿勢が自発的な能力開発につながっていくことが示唆される。

4 仕事と社会人の学びをめぐる現状から見た生涯教育のこれから

本稿では仕事と社会人の学びの現状から生涯教育について考えるために、まず、近年社会人の学びをめぐる活動・言説の中で存在感を高めてきたリスキリングを取り上げ、その傾向を概観した。次いで、生涯教育、なかでも社会人を主な対象とするリカレント教育について、政策の流れからその位置づけを探った。近年のリスキリングの傾向とリカレント教育の位置づけからは、仕事において新たに必要となる知識・技術を目的とすることと、個人の自発的な取組みを理想とすることの二点で接近が見られた。

以上の接近によりリカレント教育がリスキリングを支えるものとして広がっていくかといえば、そうとは言えない現状が、仕事上の能力開発には見られる。企業においては、社員の自発的な仕事上の能力開発の取組みである自己啓発も、昇進に関わる構造や慣行に左右される。仕事上の能力開発において自己啓発以上に役立つと考えられているのは、上司の支援をはじめとする職場での取組みであり、自己啓発はあくまで補助的な役割を果たしているに過ぎない。また自主的・自律的な姿勢をもつ社員が、相互依存につながる姿勢を持つ社員に比べて、自己啓発を行う傾向がより強いわけではない。

こうしたリスキリング、リカレント教育、仕事上の能力開発の現状を踏まえると、これからの日本における生涯教育の展開とその帰結として生じうる（あるいはすでに生じている）のは、働く人々の自律的・自発的なリスキリングが企業において進められていることと、「学び直し機会の充実」が政策目標として掲げられていることを追い風に、仕事において新たに求められる知識・技術の習得を目指したリカレント教育の構築・拡充が進むが、企業における能力開発の実状に起因して、そうしたリカレント教育が実際さほど使われないという事態であろう(9)。リスキリングとリカレント教育の接近ならぬ乖離が目立つような事態が生じるかもしれない。

乖離の事態を念頭に置いた、あるいは目の当たりにした時、日本のリカレント教育はおそらくリスキリングにより接近する方向に変化すると考えられる。つまり、産業界・企業・社会人のニーズを把握するための取組みが行われ、それを反映した体制づくり、カリキュラムの企画・運営がより積極的に進められるだろう。この際、問われるべきことの一つは、生涯教育の一環として、本来個人の自発性に基づく生涯学習を支えるリカレント教育に、組織・集団としての企業・産業界の意向や事情をどこまで反映するかということである。リスキリングにできるだけ接近し、リカレント教育としての有効性を上げようとすれば、組織・集団としての企業・産業界の意向や事情をできるだけ具体的に反映することが望ましいが、生涯教育・リカレント教育の理念を踏まえた時に、また実践上の理由から、個別具体的な企業や産業界のニーズを反映することがどこまで可能か。

リスキリングに接近する方向での取組みにおいてもう一つ問われるべきは、本来仕事上の知識や技術の習得を目的としている職業訓練分野との関係である。日本ではすでに「職業実践専門課程」の創設などで、リカレント教育の部分的な「職業訓練化」が進められているが、この職業訓練化した部分のリカレント教育については、ニーズに応え有効性を高めようとするなかで、あくまで生涯教育・リカレント教育として存立させていくのか、それとも職業訓練の体系の中に位置づける（具体的には、職業訓練について規定・計画する職業能力開発促進法や、職業能力開発基本計画の影響力をより強めることなど）のかといった議論の必要性が、一層強まるだろう。

そして、リカレント教育において、新たに求められる仕事上の知識・技術の習得への注力が進むこと自体も、検討してみなくてはならないだろう。リスキリングの取組みに視線が寄せられ、それと関連付けたリカレント教育の取組みのほうに関心が寄せられがちであるが、第3節でも述べた通り、日本企業における社員の能力開発の基本はいまだＯＪＴ

に置かれており、この状況が続く限りＯｆｆ‐ＪＴや自己啓発の拡大には一定の限界がある。また、仕事上の知識・技術の習得への注力が進むなかで、生涯教育・リスキリング教育の可能性が狭められたり、見過ごされたりしてはならない。リスキリングとの接近が見られる状況だからこそ、仕事とは直接関連付けられない学びにより、人間の可能性を生み出す／引き出す、生涯教育・リカレント教育の機能やあり方について検討し、実践に移していくことが、生涯教育・リカレント教育の新たな存在意義を見出すことに結びつくと考えられる。

●註

1　藤本・佐野編著（二〇二四）は、二〇一六年に労働政策研究・研修機構が実施した「企業内の育成・能力開発、キャリア管理に関する調査」の分析に基づき、日本企業の能力開発において、一．企業人事部門から職場管理者へと能力開発に関する意思決定の権限が委譲される「分権化」、二．能力開発の内容に関わる意思決定に社員各人の意向が反映される「個別化」、三．昇進選抜の早期化に伴う能力開発内容の「早期分化」、四．教育訓練の方法としてのＯｆｆ‐ＪＴや自己啓発の比重が高まる「職場外化」という、従来の能力開発のありようとは異なる四つの変化が生じていると指摘する。

2　「人的資本経営」とは、企業が人材を持続的な企業価値向上の源泉である「人的資本」として捉え、①「状況に応じて必要な人的資本を確保する」、②「管理」ではなく「投資」により人材の成長を実現し、「価値創造」につなげるといった考え方で、人材のマネジメントが行われる経営を意味する（経済産業省二〇二〇：八～一〇）。

3　「ＤＸ（デジタルトランスフォーメーション）」は、この表現が初めて使われたとされるStoleterman and Fors（2004）では、「デジタル技術が引き起こし、人間の生活のあらゆる側面に影響を与える変化」と定義されているが、この定義自体が抽象的・包括的であるため、状況に応じての再定義が頻繁になされている。ＤＸに向けての政策を主導する経済産業省は、ＤＸを「企業がビジネス環境の激しい変化に対応し、データとデジタル技術を活用して、顧客や社会のニーズを基に、製品やサービス、ビジネスモデルを変革するとともに、業務そのものや、組織、プロセス、企業文化・風土を変革し、競争上の優位性を確立すること」（経済産業省 二〇二二：一）と定義している。

4 ただ個人におけるリスキリングの実態を把握しようとする調査では、「新しいツールやスキル、知らない領域の知識などを学ぶ」（パーソル総合研究所 二〇二二）、「社会の大きな変化の中で働くことに新たに必要とされるデジタル技術やスキルなどを学ぶための取り組み」（連合総研 二〇二三）といったリスキリングの定義が行われている。こうした定義づけに基づく調査は、リスキリングという言葉の意味内容が拡がる傾向にある中で、「新しさ」や「デジタル化を中心とする技術発展への対応」といった、当初リスキリングという言葉が使われた際の問題意識を踏まえての実態把握の試みと見ることもできる。なお、今後の労働市場改革におけるリスキリングの意義・重要性を強調した新しい資本主義実現会議（二〇二三）には、リスキリングについての定義が見られない。

5 リクルート・マネジメント・ソリューションズ（二〇二一）は、日本企業の社員がキャリア自律をどのように捉えているかについて調査している。この調査は二五から四四歳の若手・中堅社員を対象としており、回答者の八四・二%が「これからは、多くの人に『自律的・主体的なキャリア形成』が求められる」と回答している。また八一・七%は「自分自身は『自律的・主体的なキャリア形成』をしたい」と思っているが、一方で七六・三%の回答者は、「多くの人にとって『自律的・主体的なキャリア形成』は難しい」と捉え、六四・八%は、「『自律的・主体的なキャリア形成』を求められることに、ストレスや息苦しさを感じる」という。こうした調査結果を踏まえると、キャリア自律とともに進められるリスキリングについては、多くの社員がその必要性を理解し積極的に進めたいと思いつつ、難しさやプレッシャーを感じて躊躇する事態が生じていると推測できる。

6 佐々木（二〇二〇）は、OECDが提示したリカレント教育は、ある程度の期間をもつ教育を受ける機会を、人生の間で分散させ何回か出現させる「リカレント・モデル」であるとする。一方で、ユネスコが示した生涯教育の考え方は、教育を受ける期間を人生全体に細かく拡散していく「ライフロング・モデル」であるとし、リカレント教育と区別している。そのうえでライフロング・モデルは、リカレント・モデルを包括できる柔軟性を持つと言う。

7 岩崎（二〇二〇）は、生涯学習という言葉が、一九七二年に日本経済調査審議会が発表した『新しい産業社会における人間形成』においてすでに使われていることを紹介し、その理由として、生涯学習という言葉による自己啓発的性格の強調と、生涯教育という言葉から想起される国家統制や企業による管理といったイメージの回避を挙げている。

8　奥村（二〇一九）、岩崎（二〇二〇）が指摘するように、社会人の学び直し機会としては、大学・大学院等が実施するリカレント教育のほか、職業訓練機関における職業訓練が位置付けられており、二〇一四年の教育訓練給付制度の拡充につながった。

9　文部科学省総合教育政策局生涯学習推進課（二〇二三）においても、リカレント教育施策の課題として、一．リカレント教育の重要性は認識されつつあるが、実際の社会人等がリカレント教育に踏み出さない、二．企業等が従業員のリカレント教育の支援や評価を行っていない、三．大学等が学習者の状況や目的に応じた効果的なプログラムを届けられていない、の三点が挙げられている。

●参考文献

新しい資本主義実現会議（二〇二三）「三位一体の労働市場改革の指針」。

池田心豪（二〇二二）「人に頼らないことは良いことか」労働政策研究・研修機構編『変わる雇用社会とその活力――産業構造と人口構造に対応した働き方の課題』労働政策研究報告書二二一、一六七～一八一頁。

岩崎久美子（二〇二〇）「「学び直し」に至る施策の変遷」日本労働研究雑誌七二一号、四～一四頁。

奥村旅人（二〇一九）「「社会人の学び直し」に関する政策の現状と課題」京都大学大学院教育学研究科紀要六五号、二四七～二五九頁。

経済産業省（二〇二〇）『持続的な企業価値の向上と人的資本に関する研究会報告書――人材版伊藤レポート』。

経済産業省（二〇二二）『デジタル・ガバナンスコード２・０』。

後藤宗明（二〇二二）『自分のスキルをアップデートし続けるリスキリング』日本能率協会マネジメントセンター。

佐々木英和（二〇二〇）「政策としての「リカレント教育」の意義と課題――「教育を受けなおす権利」を足がかりとした制度設計に向けて」日本労働研究雑誌七二一号、二六～四〇頁。

佐野嘉秀（二〇二四）「「遅い」昇進選抜からの移行と昇進意思・教育訓練」藤本真・佐野嘉秀編著『日本企業の能力開発システム』労働政策研究・研修機構、一二七～一四八頁。

人生百年時代構想会議（二〇一八）『人づくり革命基本構想』。

出相泰裕（二〇二一）「OECDのリカレント教育の理念と今日の日本におけるリカレント教育の意味」UEJジャーナル第三六号、一～一九頁。

日本経団連編（二〇〇六）『主体的なキャリア形成の必要性と支援のあり方』。

パーソル総合研究所（二〇二二）『リスキリングとアンラーニングについての定量調査』調査報告書』。

花田光世・宮地夕紀子・大木紀子（二〇〇三）「キャリア自律の新展開」一橋ビジネスレビュー五一巻一号、六～二三頁。

ビジネス・レーバー・トレンド編集部（二〇二二）「企業では従業員の自発的なリスキリングを促す動き、コロナ第七波への対応では検査キットを配付する企業も――企業・業界団体に聞く「リスキリング・リカレント教育の最新状況」「新型コロナ第七波への対応」」ビジネス・レーバー・トレンド（労働政策研究・研修機構）二〇二二年一〇月号。

藤本真（二〇二三）「リスキリングにおける労使の役割を考える」連合総研レポートDIO三八三号、一一～一四頁。

藤本真・佐野嘉秀編著（二〇二四）『日本企業の能力開発システム』労働政策研究・研修機構。

藤本真・山口塁（二〇二四）「社員の能力開発と職場管理者の能力開発支援」藤本・佐野編著、前掲書、一九九～二一八頁。

古屋星斗（二〇二二）『ゆるい職場――若者の不安の知られざる理由』中公新書ラクレ。

文部科学省（二〇二三）『第四期教育振興基本計画』。

文部科学省総合教育政策局生涯学習推進課（二〇二三）「リカレント教育の推進に関する文部科学省の取組について」。

リクルート・マネジメント・ソリューションズ（二〇二二）「若手・中堅社員の自律的・主体的なキャリア形成に関する意識調査」。

リクルートワークス研究所（二〇二〇）『リスキリング――デジタル時代の人材戦略』。

リクルートワークス研究所（二〇二一）『リスキリングする組織――デジタル社会を生き抜く企業と個人をつくる』。

リクルートワークス研究所（二〇二二）『中小企業のリスキリング入門――全員でDXを進める会社になる』。

連合総研（二〇二三）「第四十五回勤労者短観」。

労働政策研究・研修機構編（二〇一七）『日本企業における人材育成・能力開発・キャリア管理』労働政策研究報告書一九六。

Stolterman, E. and Fors, A. C.（2004）"Information technology and the good life", *Information Systems Research: Relevant Theory and Informed Practice*, Umeo University.

社会教育で地域コミュニティをつくれるのか

地域コミュニティの再編の論理から社会教育研究の課題を考える

荻野亮吾 OGINO Ryogo

Examining Whether Social Education can Design Local Communities
—Issues in Social Education Research from the Logic of Restructuring Local Communities

二〇一〇年代以降の生涯学習政策は、持続可能な地域コミュニティの構築や、ウェルビーイングの向上といった他領域とも共有できる目標に照準を合わせ、生涯学習・社会教育の有用性をアピールしてきた。これらの動きは、行政機構の中でその位置付けを失いつつある社会教育の「延命策」とみることができる(1)。しかし、社会教育の概念や守備領域を、他の領域に浸透・拡張させていこうとする戦略は、長期的にみれば社会教育の内実を空洞化させるおそれがある。現実の地域コミュニティの状況をふまえ、長期的な視野で政策の妥当性を見極めていく必要がある。

全国的にみれば、社会教育や生涯学習の推進を通じて、地域コミュニティの活性化がなされた事例は確かに存在する。しかし、これらの「優れた」事例をもとに構想された制度や仕組みが、他の地域に適用できるかはわからない。ある地域で形づくられた仕組みが機能するかは、自治体や地域の置かれた社会経済状況（人口構造・産業構造など）、地域の社会資源（ソーシャル・キャピタルなど）、これまでの地域コミュニティ政策や、市民活動の蓄積状況によって異なる。持続可能な地域コミュニティの構築や、ウェルビーイングの実現を目指すのであれば、生涯学習・社会教育に期待をかけるだけでなく、それぞれの地域コミュニティの状況をふまえたコミュニティ戦略の立案と、その戦略を実現するための財源や資源の適正配分が求められるだろう。

本稿では、近年の生涯学習政策や社会教育の再編を足がかりに、社会教育研究が対峙しようとしている地域コミュニティをめぐる状況や、自治体による地域コミュニティへの支援の内実を確認し、社会教育研究として今後検証すべきテーマを検討する。

1　問題の所在

1　二〇一〇年代以降の生涯学習政策の動向

まず、近年の生涯学習・社会教育に関する政策の動向を簡単におさえておきたい。

生涯学習政策のレビューを行った背戸博史（二〇二〇）は、当初「社会教育施策の充実・強化を基軸として開始された生涯教育／生涯学習施策」が、一九八〇年代に社会教育概念が生涯学習という言葉に回収される中で、「趣味や教養を中心とした個々人の生きがいやライフスタイルを彩る学習消費としての生涯学習が全盛を迎えた」と指摘する（背戸二〇二〇：二二六〜二二七）。この中で、社会教育に関わる「公教育の一環として機能してきた『教育（形成）主体としての社会』をとらえる視点とそれへの教育的働きかけという観点」が衰退してきたという（同：二二八）。

しかし、一九九〇年代に入ると生涯学習政策の変化が生じる。この点について、背戸は、二〇〇四（平成一六）年の中央教育審議会生涯学習分科会「今後の生涯学習の振興方策について（審議経過の報告）」を転換点に位置付け、「個々人のニーズに対する学習供給を本旨としてきた日本型生涯学習政策は終焉した」と述べている（同：二二一）。そして、二〇〇六（平成一八）年の教育基本法改正以降の「新生社会教育」は、「学校・家庭・地域住民等が教育におけるそれぞれの『役割』と『責任』を果たすための後方支援活動の全体」であると特徴づける（同：二三二）。学校支援や家庭教育支援、放課後事業などの取り組みを内包する「新生社会教育」は、その活動領域を拡大し、「ある種の万能感を帯び」、

「社会のあらゆる領域に点在する課題を解決する活動群」として存在するという（同：二二三）。

社会教育に期待される役割は、さらなる拡大傾向をみせていると、背戸（二〇二〇）は指摘する。その例として、二〇一八（平成三〇）年の中央教育審議会答申「人口減少時代の新しい地域づくりに向けた社会教育の振興方策について」を挙げる。この答申では「住民の主体的な参画による持続可能な社会づくり、地域づくり」に対する期待が示され、「地域コミュニティの維持・活性化への貢献」が求められているという。地域包括ケアや地域共生社会の実現、地域防災やソーシャル・ビジネスへの取り組み、観光振興や産業振興など、「社会ないし地域そのものに対する関与の要請」がみられるとされる（同：二二四）。

社会教育に地域づくりの役割を期待する政策は、一九九八（平成一〇）年の生涯学習審議会答申「社会の変化に対応した今後の社会教育行政の在り方について」など、一九九〇年代後半からみられたが、地域づくりへの期待は、現在もなお高まっている。例えば、二〇二二（令和四）年の生涯学習分科会「第一一期中央教育審議会生涯学習分科会における議論の整理～全ての人のウェルビーイングを実現する、共に学び支えあう生涯学習・社会教育に向けて～」では、生涯学習の役割を「個人」の生涯にわたる自己実現を図る学習とし、社会教育の役割を学びを通じた「人づくり・つながりづくり・地域づくり」と設定した上で、生涯学習を通じた個人の成長と、持続可能な地域コミュニティを支える社会教育が、ウェルビーイングの実現に不可欠だと述べている。

これらの地域づくりを強く押し出す政策の背景には、二〇一〇年代以降、日本が人口減少社会に相対する中で、総務省、厚生労働省、農林水産省、経済産業省、国土交通省などの各省庁が展開してきたコミュニティ政策が存在する。地域福祉、地域介護・医療、防災、産業・観光振興など、各省庁が掲げる政策課題の受け皿として地域コミュニティに期待が寄せられる中で、特に注目されているのが公民館の役割である。公民館は、全国的にその設置数を減らしているにもかかわらず、地域的な網羅性の高いことから「政策的に使い勝手の良い拠点施設」（荻野 二〇二二：二四～二五）とみなされ、「各省庁の施策をワンストップ的に受け止めること」（上野 二〇一九：二八）が求められている。

2　自治体レベルでの生涯学習・社会教育の再編

次に、これらの政策と相前後して、各自治体レベルで生涯学習・社会教育に関わる組織や施設の再編がどのように進んでいるかをおさえる。

地域コミュニティの再編状況を端的にまとめた金川幸司（二〇二一b）は、「地域自治組織」(2)の特徴として、①区長制度の廃止等の自治会町内会制度の変更、②公民館の市民センター化、③それらの地域自治組織による指定管理、④単位が平成、昭和等の合併前の旧自治体、もしくは小学校区となっていること、⑤既存の地縁組織としての自治会が中心的役割を果たしていること、⑥一括交付金を交付し、裁量的な使用を認めていること、⑦拠点施設と事務局機能を持つこと、⑧行政の地域担当職員によるサポートがあることを挙げている。これらを受けて、「地域自治組織の進化形態」というイメージ図を示している（図は割愛）。

生涯学習・社会教育の再編という観点から、この金川の議論で重要になるのは、以下の三点である。第一に、「コミュニティ組織の進化方向」として、区長制度や自治会などの地縁組織の再編が第一段階とされている点である。多くの場合、既存の行政協力委員や地縁組織の再編を経て、地域に協議会などが設置され、法人化の支援や一括交付金の交付が自治体より行われ、協議機能と事業実施機能を兼ね備えた「地域自治組織」への「進化」が求められる（金川 二〇二一b）。これらの組織の設立は、地域の既存組織の再編を促し、社会教育関係団体や公民館に関わる組織も、否応なく再編の動きに巻き込まれる。

第二に、「自治の拠点化と事務局機能」として、拠点施設としての公民館への期待が存在する点である。公民館には、従来の社会教育や生涯学習推進の役割だけでなく、自治の拠点としての役割が求められ、この結果、教育委員会から首長部局への移管が行われたり、「地域自治組織」の拠点や事務局機能を兼ねるという視点から指定管理者制度が導入されたりする。

第三に、これら二つの動きが連動して、社会教育行政や地域コミュニティの再編がなされている点である。社会教育研究では、コミュニティ・ガバナンスという観点から社会教育行政の組織再編について検証が進められてきたが（佐藤二〇一四、松田 二〇二三）、社会教育行政と地域コミュニティの双方の再編状況を統合的に把握しようとする視点は希薄であった。また、これら二つの動きに対して一定の距離を取り、社会教育研究が蓄積してきた学習論を基軸に据えて対抗的論理を紡ぐ議論もみられる(3)。ただし、コミュニティ組織や住民自治に関わる再編の全体像を把握しておかないと、結果として再編の動きを助長することにもなりかねない。そこで本稿では、地域コミュニティの再編の論理を捉えた上で、従来の社会教育研究に不足している視点を明らかにすることを目標とする。

3　地域コミュニティに関する社会教育研究の課題

本稿では、生涯学習政策や社会教育の再編の是非を直接論じるのでなく(4)、政策や再編の前提にある地域コミュニティの再編に関して三つの観点から検証を行う。

第一に、地域コミュニティに関わる組織の状況について取り上げる。人口構造の変化や市町村合併などの影響を受けて、従来の地縁組織が曲がり角を迎えていることは共通認識となりつつある。そのため、生涯学習政策では、社会教育によって地域コミュニティの基盤を安定させ、ＮＰＯや中間支援組織も関わることで層の厚い活動を展開することを想定してきた。しかし、このような地域コミュニティへの認識は妥当なものかを検証する。

第二に、地域コミュニティの再編の結果、新たに設置された様々な組織（本稿では、住民自治組織と総称する）と自治体との関係について検証する。上述の通り、公民館や地域の組織は住民自治組織の再編に巻き込まれているが、この再編がどのような論理のもとに展開され、自治体からの支援はどのように行われているかを検討する。

第三に、地域コミュニティの統治様式について検討する。拙稿（二〇二二：一章）では、二〇〇〇年代以降の地域コミュニティや、学校と地域コミュニティの関係をめぐる政策を検証し、ＮＰＭ（New Public Management）の浸透、参加する「責任主体」としての住民の位置付けの変化、住民自治組織における「参加」から「協働」への力点の移行などの論点を明らかにした。この統治様式が、二〇一〇年代中盤以降にどのように作動し、何を重視し、何を欠落させているかを考える。

2　地域コミュニティはどう変容しているのか

1　地域の基盤となる組織の解体

まず、地域コミュニティの基盤となる組織の変容を取り上げる。地域における団体・グループ（いわゆる地縁組織）への所属は、社会教育研究だけでなく、政治学や地域社会学でも重要とされてきた。これらの組織は、市町村内の一定区域（学区など）を単位に網羅的に組織され、住民の組織への参加経験を切れ目なく保つことで、住民の社会的役割を維持し、地域の「参加を前提とした生活構造」を成り立たせてきた（高野 二〇一三）。これらの地縁組織への所属は、地域のソーシャル・キャピタル形成の基盤をなし、「政治的社会化」の場になるとみなされてきた。例えば、町内会・自治会と、子ども会・老人クラブ・婦人会・青年団といった年齢別・性別に組織された地縁組織との連携により、結束型のソーシャル・キャピタルが形成されるという研究がなされてきた（辻中ほか 二〇〇九）。

これらの地縁組織の多くは、社会教育関係団体として、自治体の意思決定過程への「参加」を支える重要な回路とみなされてきた。また、自治体の側からは、公共サービスの一端を担う「行政媒介型市民社会組織」（Read and Pekkanen 2009）として、活動への手厚い支援と「正当性」の付与が行われてきた。地域住民は、相互に結合した地縁組織に継続して関わることで、当初は消極的・義務的な意識だったとしても、徐々に地域活動への当事者意識を持つようになり、自治の担い手としての力量を高めてきた（荻野 二〇二二）。

しかし、地域コミュニティに存在した「上向階梯」（七戸 一九八七）、つまり「地域内組織の各種の集団活動や事業活動で役割を歴任するなかで、リーダーとしての能力を高めていく」（中塚 二〇二三：二六〇）、旧来型の人材育成の仕組みは大きく変わりつつある。その主たる要因は、住民の既存組織からの「脱組織化」（善教 二〇一九）が着実に進んでいることである。町内会・自治会への所属を例にとると、平均加入率を七割超とする調査結果もある一方（地域社会を運営するための人材確保と人づくりのあり方に関する研究会 二〇二〇）、二〇一〇年代以降の所属率は二～三割程度にとどまるという調査結果もあり（善教 二〇一九）(5)、地域活動の母体とはみなしにくい状況にある。さらに、これらの組織の活動に実際に参加しているかについて、現役世代（二五～五四歳）の割合をみると「町内会・自治会」で一三・一％、「子ども会、ＰＴＡ・保護者会、子育てサークル」で七・八％と、極めて低い参加率となっている（荻野 二〇二四）。これらのデータから、地縁組織に関わることは、限られた少数派の選択になっていると言える。

このことに伴い、地域的網羅性と加入率の高さにより、自治体側からも地域コミュニティの中でも地域を代表する組織とみなされてきた、町内会・自治会の「正当性」は大きく揺らいでいる（森 二〇一八）。町内会・自治会だけでなく、ＰＴＡや子ども会などの組織も、さまざまなメディアで批判的に扱われている。時代にそぐわない会議や行事の内容、家族形態・就業形態の多様化に対応できない旧態依然とした組織形態、役割分担やジェンダーにおける偏りなどが問題視され、組織からの脱退や、組織自体の解体の動きが顕著になっている。

以上の状況の背後にあるのは、地域コミュニティにおけるつながり方の変化、具体的には「選択的関係」の主流化（石田 二〇一八）である。ここには、居住地域や性別、年代によって半ば強制的に所属が定められる組織に忌避感を持ち、その代わりに自分にとって意味のある関係を、主体的に選択しようとする住民の姿が映し出されている。このことを理解せず、町内会・自治会やＰＴＡなどの既存組織への加入を強制したり、「一人一役」などの義務を課したりすることは、組織への忌避感を強め、「脱組織化」の動きを進めることになる。

2　オルタナティブとされる組織の状況

このように、「古い」組織の限界に直面する中で、地域コミュニティを運営するための人材の確保の必要性がしばしば強調されてきた（地域社会を運営するための人材確保と人づくりのあり方に関する研究会 二〇二〇）。これは、住民からの内発的要求というよりも、3節で述べるように、自治体側からの「協働」への期待の表れを示す。

地域コミュニティの「担い手不足」への対応としては、二つの方向が示されてきた。一つは、「新たな」組織への期待である。ここまで取り上げてきた地縁組織の機能不全に対して、二〇〇〇年前後から、市民活動団体や、サークル活動などの「新たな」団体・グループへの期待をかける議論がみられるようになった。さらに両者の関係を対立的にとらえず、地域の組織でありながら、その志も共有する組織への期待が示され、「地域組織か市民組織か（地縁か志縁か）」でなく「地縁も志縁も」重要という認識が示されるようになった（乾 二〇〇七）。

しかし、「新たな」組織が直面する状況は厳しいものがある。先に引用した調査によれば、市民活動団体にあたる「ボランティアのグループやNPO」への現役世代の参加率は一・二%、「消費生活協同組合」も同じく一・六%と極めて低調である（荻野 二〇二四）。組織の基盤をみると、市民活動の中核を担う特定非営利活動法人の数は、二〇一八（平成三〇）年より減少傾向に転じ、少なくない法人が解散を選択している。その要因の一つが事業継承や後継者不足の問題である（小室・横山 二〇二〇）。高度経済成長期以降、地域の基盤づくりに貢献してきた生活協同組合も、ソーシャル・キャピタルの世代間継承や再蓄積の問題に直面している（林 二〇一五）。これらの状況が映し出すのは、「地縁か志縁か」あるいは「地縁も志縁も」という構図ではなく、「その二者いずれの組織体とも距離を置いている人々」（谷 二〇二三：一九）の存在である。これらの人々は「既存組織と距離をとり、個人で活動することを選ぶ」（同：二〇）。

もう一つの方向として、各自治体で推奨されているのが、古い組織（町内会・自治会や地縁組織など）と、「新たな」組織（NPOや社会的企業など）の双方を含みこむ、包括的な住民自治組織を設置する動きである（詳しくは、3節を参照）。しかし、これらの組織に関しては、既存の地縁組織との差別化ができておらず、「屋上屋を重ねる」といった批判がなされてきた。そもそも地域づくりの担い手が固定化・高齢化・減少している状況に対して、新たな組織をつくるのは、根本的な課題解決とはなり得ない。「組織は変わっても担い手の顔は全く変わらない」のであれば、その将来展望は明るくない（金川 二〇二一b：一八三）。負担が増加する層の離脱を生む点では、逆効果にもなりうる。

前項で指摘したように、住民の多くが組織に所属するのでなく、「個人間ネットワークに基づいた活動する」（谷 二〇二三：二一）ことを選択しているのであれば、組織所属を基盤にした担い手確保という発想自体を見直す必要がある。この点に関し、地域コミュニティの担い手不足をいち早く認識してきた農村計画分野では、「上向階梯」でなく「ネットワーク型」の人材育成が探究されている。そのあり方は「組織や地域を移動しながら、それぞれの場所で集団活動や事業活動の経験を積み、それを当該地域に還元しながら経験を積むというキャリアの積み上げ方」である（中塚 二〇二二：二六二）。ある組織への所属を前提とするのでなく、様々な場で経験を蓄積し、本人の意思を尊重し、そのキャリアにつながる活動を積み上げていく複線的な人材育成の方法は、オルタナティブとなりうる考え方である。ただし、現時点でこのような人材育成の仕組みを構築できている地域は数少ない。

3　住民自治組織と自治体の関係性はどう変化したのか

1　住民自治組織に求められる役割

次に、新たに設置された住民自治組織について考察を行う。二〇〇〇年代に入って、学校運営協議会（コミュニティ・スクール）の設置が進められるなど、教育政策の中で保護者や地域住民の「参加」「協働」を推奨する動きが進んだ一方で（柴田 二〇二〇）、市町村合併や少子高齢化の影響により、地方自治政策の上でも、地域コミュニティにおける「参加」「協働」に大きな期待が寄せられてきた。

第一の動きとして、「平成の大合併」後に、合併特例法や地方自治法上の地域自治組織の設立がなされた。この点に関わり、名和田是彦（二〇〇九）は、法律や条例により、地域コミュニティに制度的な位置づけを与えることを「コミュニティの制度化」と定義し、地域自治組織では、公共的な意思決定に関わる「参加」だけでなく、公共サービスの提供を行政とともに担う「協働」の色彩が色濃くなったと指摘している。ただし、地方自治法に基づく地域自治組織は、一〇強の自治体にしか設置されていない。

第二の動きとして、二〇一〇年代中頃から、総務省を中心とした地方創生政策の中で、地域課題の解決に持続的に取り組む地域運営組織の設立が積極的に進められてきた。地域運営組織では、地域課題の共有や解決方法を検討する「協議」と、課題解決に向けた「実行」機能の二つが強調されてきたが、「参加」や住民自治の動きは後景に退き、実行機関・サービス提供主体としての役割が前面に押し出される傾向にある（坂本二〇一七）。

これら二つの動きと並行した第三の動きとして、自治体独自の条例や要綱に基づき、一定の地域を範域とする包括的な「協議会型住民自治組織」が設置されてきた。協議会型住民自治組織とは、「市域を複数の地区に区分し、自治会・町内会、ボランティア団体、NPO、PTA、企業等の多様な主体によって構成される地域課題の解決のための組織」を指す（地域社会を運営するための人材確保と人づくりのあり方に関する研究会二〇二〇：七）。前節で取り上げた地域コミュニティの担い手不足に対応する動きの一つと言えよう。

本稿では、地域に設けられたこれらの組織を「住民自治組織」と総称する。これらの組織が設けられた背景には、「団体自治」と「住民自治」双方に対する認識の変化がある。団体自治に関わっては、地方分権改革以降、国に対する地方自治体の権限拡充に焦点が当てられてきたが、自治体と住民との関係については、財政難を理由に公共サービスを抑制しようとする傾向が顕著になっている。これを受けて、自治体の役割をサービス提供からプラットフォーム構築へと移行させようとする動きがみられる（総務省の自治体戦略二〇四〇構想研究会など）。住民自治をめぐっては、2節で述べた既存組織の活動の停滞や「正当性」の揺らぎに加えて、少子高齢化や人口減少を背景に、地域の生活水準を維持するため、住民の自助・互助・共助を強調する流れがある。この双方の流れが重なり、「アウトソーシング先・協働先としてのコミュニティへの期待」が大きくなっている（金川 二〇二一a：一二）。

前述のように、地域コミュニティをめぐる新たな組織の様態は様々だが、「参加」よりも「協働」が優勢になっている点は共通する。この中でも、住民自身が公共サービスの企画立案から実施、評価まで広く携わる「自治会パラダイム」(6)に基づく「協働」が中心になっている（阿部 二〇一七）。この動きは住民主導のものではなく、「行政主導の意思決定と調整に基づき、実際の施策の実施部分やサービスの提供部分に住民組織や民間団体が動員されるもの」である（玉野 二〇〇七：四一）。つまり、近年の「協働」では、団体自治と住民自治の双方の領域の「境界領域マネジメント」（役重 二〇一九）が機能せず、自治体が定める範囲内で、公共サービスを地域コミュニティが責任をもって積極的に提供することが期待されている。

2　自治体から地域コミュニティへの支援方法

次に、この「協働」の枠内でなされる、自治体による地域コミュニティへの支援方法をみていきたい(7)。

自治体による住民自治組織の設立と運営に資する各種支援としては、①裁量予算・事業提案制度の創設、協働の推進、②活動拠点などのハード整備を含む財政的支援、③人材育成や場づくりの支援、④条例などによる地域コミュニティの規定、⑤町内会・自治会への加入促進、組織の設立や法人化の支援、といった方策が代表的なものである（地域社会を運営するための人材確保と人づくりのあり方に関する研究会 二〇二〇）。

また、地域運営組織の設立時の支援に関しては、山浦陽一（二〇一七）が大分県宇佐市を例にまとめているように、①設立・運営ノウハウ提供、②運営・活動資金提供、③拠点施設提供、④人材提供、⑤組織の正統性付与などが行われている。ただし、これらの支援だけでは、住民の主体性や当事者意識の醸成が難しいことから、組織の役員・成員が参加するワークショップにより、組織の見直しを進める方向性が打ち出されている。また、山中雄次（二〇一八）は、静岡県牧之原市の地域運営組織を例に、住民主体の取り組みを支援するために、地域まちづくり計画の実践のための交付金、担当職員の配置などの制度的な支援に加えて、地域の将来像の共有や、プロセスデザインの支援、市民ファシリテーターの養成など、住民が主体となった組織運営に向けた支援が行われていることを指摘する。

地方創生を積極的に推進する総務省も、地域運営組織の設立や、その持続的運営に関する詳細なマニュアルを整備してきた（総務省地域力創造グループ地域振興室 二〇一九）。このマニュアルをみると、設立段階では、話し合いの場づくり、活動目的・内容の明確化、地域ビジョンの明確化、リーダーの発掘や育成、資金の確保などの方策が、運営段階では、進行管理・評価の実施、地域のビジョンや計画の活用、組織やビジョンの柔軟性、安定的な資金の確保、関係団体との効果的な連携や支援者確保などの方策が挙げられている。

以上の例から、地域コミュニティへの支援としては、住民自治組織に対する財政的支援、組織の活動拠点の確保、地域コミュニティの制度化（正当性の付与）、運営のための人材育成が基本をなすことがわかる。加えて、組織の設立・運営において「形式先行型」（小田切 二〇一七）とならないよう、持続可能な運営を意識して、組織のあり方を見直したり、住民自らがビジョンを立て、プロセスを描いたりしていくための支援も意識されつつある。

この点に関わる支援をもう少し掘り下げてみていく。例えば、地域の組織の多様性に応じた多彩で柔軟なメニューが必要として、段階的支援を重視する考え方がみられる。田中逸郎ほか（二〇二三）は、住民自治協議会の発展段階を「初動期」「準備期」「設立初期」「安定期」「見直し期」の五つに分けて、各段階で戦略的な支援を行う重要性を述べる。このような段階的支援は、地域づくりのプロセス・デザインに基づく考え方である。

長期的視点に基づき、担い手のモチベーションを高める支援のあり方も模索されている。例えば、山浦（二〇一八）は、住民自治組織の設立後には「よりきめの細かいサポート」が必要だと述べる。そして、公民館運営組織が母体になった山形県川西町の地域運営組織を例に、長期的・段階的な設立過程や、体系的な人材確保・育成の仕組みづくり、参加者へのインセンティブ（スキルアップや報酬）付与など、地域コミュニティ側と自治体側双方に求められる工夫を示している。

さらに、持続可能な運営に向けて、住民の当事者意識を高めるために「ワークショップの意義」（小田切 二〇一七）も強調される。この点に関わり、平井太郎（二〇一七）は、プロセス・デザインの視点に基づき、地域づくりの初期の「横ばいの時期（立ち上げ期）」には地域の声に耳を傾ける「足し算の支援」が必要として、体験共有ワークショップという方法を挙げる。そして、その後の「事業期」には専門的な支援を含む「かけ算の支援」が有効で、KJ法とロードマッピングという方法があることを指摘する。

これらの議論から、住民自治組織に対する従来の「一律・一斉」の支援（田中ほか 二〇二三）から、より住民の当事者意識の涵養を重視する方向での支援に移行をみせていることが理解できる。

4　地域コミュニティの統治様式はどう変容したのか

前節で取り上げた地域コミュニティをめぐる近年の動きは、N. Rose（1996）の述べる「コミュニティを通じた統治」の、日本における展開とみなせる。「コミュニティを通じた統治」と、新自由主義が親和的であることは度々指摘されてきたが、自治体の役割が縮小するのでなく、変質しているという点が重要となる。

この点に関し、祐成保志ほか（二〇二三）は、P. Somerville（2016）の議論をひいて、コミュニティの動員の是非を問うイギリスの議論を紹介している。祐成ほかによれば、新自由主義に基づき、公共事業の隙間を埋めるために民間主体への期待が高まっているが、営利企業が参入したがらない対人社会サービスの領域では、政府が「市民に積極的《アクティブ》で、自発的《ボランタリー》な参加」を求め、政府の役割は「撤退《ロールバック》」のみならず「拡張《ロールアウト》」を始めるという。政府は、条件整備の役割に達し、ボランタリー団体やコミュニティ活動を側面から支援するだけでなく、補助金の配分や業務委託先の選定や優遇措置の割り当てなどの「ゲームのルール」を決める役割を担い、さらに「評価者」「監査役」としての役割も強化される。そして民間主体の側も、政府の意向を先取りしながら評価されやすいように自己を順応させていくうちに、「従順で、素直で、均質で、同型的な（したがって、より統治しやすい）コミュニティとコミュニティ組織が生み出される」とされる（Somerville 2016：100＝祐成ほか二〇二三：一八）。

前節で取り上げてきた住民自治組織も、この「同型化」の問題に直面している。住民自治組織に対する国や自治体からの「支援」は定型化する傾向がある。行政からの支援は、全国の優良事例をもとに、より効率的に組織を立ち上げ、運営する方向に最適化されるからである。しかし、このことが、住民自治組織の試行錯誤を含んだ力量形成（エンパワメント）の余地を少なくし、さまざまな組織を「同型化」させていくことにつながる。ここに、自治体が何もしなければ自治組織の活動が始まらないが、逐一支援すると自主性・主体性が育まれないという「ジレンマ」が存在する（三浦二〇二一）。前述したように、近年では、住民（組織）のエンパワメントを目的にした支援も意識されつつあるが、あくまでも行政が設定した「協働」の枠を意識したものであり、行政施策を批判したり、対抗的運動を起こしたりするような「協働」が求められているわけではない。

さらに、計画と評価のサイクルに起因する「同型化」の問題もある。住民自治組織に独自のまちづくり計画の策定などを求めることが少なくないが、行政組織の基準に合わせて地域計画をつくり、自治体が配分する一括予算を適切に執行し、年度単位で評価書を提出することは、効率的で無駄のない地域の組織のマネジメントを強く要請する。このために「コミュニティ・マネジメント」の発想が求められるが（三浦二〇二三）、地域コミュニティの組織構造の曖昧さや、担い手の多様性、地域間の資源の差異などを問わずして、一般的な組織マネジメントの発想を住民自治組織に適用することには慎重になるべきだろう（荻野・岡二〇二三）。同型的でない地域の組織を求めるのであれば、それぞれの地域コミュニティの特性に応じて、そのキャパシティをどのように高めるのかという「コミュニティ・エンパワメント」の方法を追究し、自治体による一律な支援のあり方を再考する必要がある。

翻って、自らを「支援」する側に位置付ける自治体側の姿勢も問われる。この点に関わり、田中ほか（二〇二二）は、持続可能な地域コミュニティに向けて、三つの支援領域が必要だと述べている。支援領域①は「住民自治の充実」に関わり、前節で取り上げた各種支援が該当する。支援領域②は、団体自治と住民自治の間の参画・協働に関わるものである。そして、支援領域③は「団体自治の改革」に関わるもの（自治体政策への支援）とされる。この三つの視点は、団体自治と住民自治の充実と、双方の良好な関係性が持続可能な地域コミュニティの実現に必要であることを示す。つまり、地方自治を構成する団体自治と住民自治との「バランス」が重要という見方である（荻野・八木二〇二二）。しかし、前節で取り上げたように、これまで住民自治の充実に関する議論は活発になされてきたが、団体自治の改革や、住民自治と団体自治の関係性の向上についての関心は希薄であった。

そこで、支援領域の②と③をめぐる研究課題を提起しておきたい。支援領域②に関わっては、行政から地域コミュニティへの一方的な支援でなく、行政施策へのフィードバックという逆の方向性を考慮することも必要である。現在の行政の役割は、住民主体の地域づくりの取り組みを「支援」することが中心だが、取り組みが進む中で施策の妥当性や、団体自治として取り組むべき内容が精査されることが望ましい。この点は、地域自治に関する「参加」と「協働」という枠組みのうち（名和田二〇〇九）、改めて「参加」の役割を問うものである。この際に重要となるのが、住民自治組織の政策提案能力の向上であり、地域の課題やニーズ、要望を自治体施策へとつないでいく行政職員の役割である。特に、住民自治組織に近い現場に配置される「地域担当職員」の役割を再検証すべきだろう（宇佐美二〇二三）。この視点から、社会教育関係職員の役割も再度問い直すことができる。

支援領域③の「団体自治の改革」に関しては、住民組織に公共サービスの一翼を担うよう「協働」を求める前に、地域コミュニティに関わる既存の自治体施策の検証が必要となる。この点に関わり、筆者らが持続可能性（ＳＤＧｓ）を目標に掲げる先進自治体の分析を行ったところ、各分野の政策をＳＤＧｓの個別目標に紐づける動き（ゴールタイトルの活用）が中心となっており、ＳＤＧｓの理念に遡って、既存施策を統合したり、達成指標を新たに設定したりする動きは進んでいないことが明らかになった（荻野・近藤二〇二四）。「協働」施策を推進する手前の段階で、自治体内での政策統合や、地域コミュニティの政策上の位置付けについて再検討を行うことが求められよう。

5　地域コミュニティ再編からみる社会教育研究の課題

ここまで、近年の生涯学習政策や社会教育の再編の前提となる地域コミュニティの再編をめぐる状況を概観してきた。1節で述べたように、教育分野だけでなく、社会・地域の課題解決の役割を担うものとして、社会教育への期待が高まっているが、2節でみたように社会教育の基盤となる地縁組織の活動は停滞し、オルタナティブな組織を取り巻く状況も厳しい。この根底には、組織への関与を避け、自らのもつ関係自体を選択しようとする住民の姿がある。この問題に対する一つの解として提示されているのが、3節で取り上げた住民自治組織である。この組織には、公共サービスの提供を代替する役割や、地域の課題解決のプラットフォームとしての役割が求められ、地縁組織やオルタナティブな組織、公民館の機能や組織を包摂しつつある。しかし、この組織の設立や運営は、住民の当事者意識に拠る部分が大きく、与えられている予算や権限は限定的で、期待されている役割を十分に果たせるかは疑わしい。自治体が定めた支援内容や、政策的関与のあり方を精査しようとする視点も、「同型化」が進む組織では生まれにくい（4節）。

客観的事実として、この二十年間で教育委員会に置かれる社会教育主事の数や、公民館の設置数、公民館主事の数は大幅に減少した(8)。社会教育関係職員の配置や、社会教育施設の整備といった社会教育の基盤が崩れる中で、学校教育・家庭教育や、地域福祉、地域介護・医療、防災、産業・観光振興などに寄与するとして、社会教育の役割を喧伝することの妥当性が改めて問われなければならない。近年では「社会教育的」「公民館的」といった形容詞を用いることにより、地域づくりに関わる住民の自発的活動や、住民自治組織の活動全てを広く「社会教育」として捉える傾向がみられる。その反面、社会教育行政や施設、職員の役割が見えにくくなっていることに注意が必要である。

本稿での検討を経て、改めて、社会教育が地域コミュニティに対して現実的にできること、なすべきこととは何かを問う必要がある。この問いに答えるために、社会教育研究として力を入れるべき研究視点を三つ提示しておきたい。

第一に、社会教育研究における地域コミュニティの捉え方の精度を上げていく必要がある。本稿でふれてきたように、社会教育をめぐる再編は、既存の地域組織の再編を前提とし、地域コミュニティ全体の再編を引き起こすものである。そのため、組織レベル・地域コミュニティレベルで再編の様相を正確に捉える視点が重要となる。同時に、地域コミュニティの再編により住民の意識や行動にどのような変化が生じるかを問うことも求められる。ともすれば、「主体形成」に着目しがちな社会教育研究において（荻野 二〇二一：二章）、住民、地域の組織、そして地域コミュニティという三層の影響関係を予定調和的に捉えない生態学的視点に基づいた研究方法論が求められる。

第二に、プロセス・デザインの考え方に基づいて、地域づくりと社会教育の関係をより明確にすることである。本稿でも取り上げた農村計画分野だけでなく（平井 二〇一七）、社会教育研究の中でも「ＡＡＲ（Anticipation-Action-Reflection）循環」や（牧野 二〇二二）、コミュニティ・アプローチへの注目がなされている（荻野・岡 二〇二三）。これらの考え方に共通するのは、長期的な時間軸に基づき、持続可能な地域コミュニティのあり方を描こうとするプロセス・デザインの考え方である。

しかし、どのモデルをとるにせよ、社会教育の守備範囲を明確にしておくことが極めて重要である。社会教育研究における学習論の特徴は、日常の暮らしに起因する問題や課題を、公民館などでの身近な場での学習を通じて生活圏域で共有した上で、学区レベル・自治体レベルへとその課題認識を広げていく、学習の構造化の探究にある（松田 二〇二三：六章、辻 二〇二二：三章）。この地域での学習がなされることで、地域づくりの長期的なプロセスが支えられていく。しかし近年の生涯学習政策では、社会教育の「万能感」が強調され、あたかも社会教育が地域づくりのプロセス全体に資するような描かれ方をしている点に注意が必要である。社会教育が他領域に浸透するのでなく、希釈化され溶解することのないよう、地域づくり論とは一線を画した地域コミュニティにおける学習論を打ち立てていく必要がある。

第三に、持続可能な地域コミュニティの実現に向けて、地域コミュニティへの支援の全体像を描くことである。地域づくりは長期的・段階的なプロセスを辿り、各段階で求められる支援の専門性は変化していく。現在の地域コミュニティに対する主要な支援の方法は、3節に示した通りであるが、地域づくりを伴走的に支援することを考えると、どの段階でどのような支援が必要となるのか、求められる知識・スキル・ネットワークとはどのようなものか、一層の探究が求められる。

二〇二〇年代に入り、「社会教育主事」「社会教育士」の養成をめぐって、生涯学習政策や、社会教育研究において、学習の支援者をめぐる議論が活発化している。しかし、社会教育関係職員の職域を拡大解釈する路線も、量的拡大を図る路線も、地域コミュニティの実態をふまえない場合には不毛な結末を迎えるだろう。地域づくりのプロセスをふまえて、職員に求められる力量とは何か、その力量をどの場でどのような手順で育むべきか、第二で挙げた学習論との対応も考えながら、総合的な検討を行うことが必要である。各専門領域の支援者論に学びつつ、社会教育関係職員に求められることと、その限界について論じていくことが建設的な議論につながるだろう。

●註

1　例えば、国レベルでは、二〇一八（平成三〇）年に文部科学省の組織再編で総合政策局が設置されたことに伴い、社会教育課の所管する多くの業務が地域学習推進課の所管となり、組織図から社会教育の名称は消滅した。なお、社会教育の名を冠した職として、社会教育振興総括官が設置されている。

2　ここでの「地域自治組織」には、法定の地域自治組織だけでなく、地方自治体から条例や資金交付などの関与を受けている地域の包括的組織も含む。本稿でいう住民自治組織とほぼ同義である。この節では、括弧付きで表記する。

3　例えば、牧野篤（二〇一九）は、公民館に社会基盤形成の役割を見出し、公民館「的なもの」が一般行政にも浸透することで、行政の〈学び〉化がなされていくと述べる。また、松田武雄（二〇二三）は、小川利夫の「社会教育福祉」の概念を援用し、社会教育と地域福祉がウェルビーイングな地域社会を築くことを共に目的にするとして、住民自治によるコミュニティ・ガバナンスの展望を描く。さらに、辻浩（二〇二二）は、住民が学習を通じて自治体政策を動かしていくという「小さな自治」の重要性を主張する。

4 近年の生涯学習政策については、長澤成次（二〇一九）、柴田聡史（二〇二〇）、背戸（二〇二〇）の議論に詳しい。

5 明るい選挙推進協会の経年調査による。なお町内会・自治会への所属率は、回答者の主観的評価に基づくため、測定誤差が大きいことが指摘されている（善教 二〇一九：二四二）。

6 阿部昌樹（二〇一七）は「狭域の自治」に関わる議論の中で、「自治体パラダイム」と「自治会パラダイム」という二つのパラダイムの整理を行っている。このうち、「自治会パラダイム」とは、行政組織の存在を前提とせず、住民自身が公共サービスの企画立案から、実施・評価まで広く関与する考え方を指す。「自治会パラダイム」に依拠する場合、住民組織の自発的活動を自治体が支援することが「協働」とみなされる。この「協働」観は、自治体の役割を限定的に捉える傾向にある。

7 本稿では、住民自治組織に対する自治体からの支援について論じるが、支援される側の多様性に応じて、「支援側の多様性」（桜井 二〇二〇：三〇〇）も意識されつつある。例えば、住民自治組織の設立や、運営への支援を行う組織として、中間支援組織の役割が注目されている（櫻井 二〇二四）。高等教育機関（大学）も、住民の学び合いの場の組織化や地域づくりの担い手を育成する点で、新たな支援の主体となり得る（村田 二〇一五）。

8 二〇〇二（平成一四）年と、二〇二一（令和三）年の「社会教育調査」（文部科学省）の結果を比較すると、社会教育主事の数は五三八三人から一四五一人に（三九三二人減）、公民館数は一万八八一九館から一万三七九八館に（五〇二一館減）、公民館主事の数は一万八五九一人から一万一七九五人となった（六七九六人減）。人口減少や市町村合併などの影響を差し引いても、社会教育行政の空洞化が進んでいることが読み取れる。

●参考文献

阿部昌樹（二〇一七）「狭域の自治」阿部昌樹・田中孝男・嶋田暁文編『自治制度の抜本的改革』法律文化社、一〇七～一三八頁。

地域社会を運営するための人材確保と人づくりのあり方に関する研究会（二〇二〇）「コミュニティの現状と『地域社会を運営

するための人材』の確保・育成のあり方」日本都市センター編『コミュニティの人材確保と育成——協働を通じた持続可能な地域社会』日本都市センター、三～二九頁。

林和孝（二〇一五）「ソーシャル・キャピタルと協同組合・社会的企業」坪郷實編『ソーシャル・キャピタル』ミネルヴァ書房、一二八～一三八頁。

平井太郎（二〇一七）『ふだん着の地域づくりワークショップ——根をもつことと翼をもつこと』筑波書房。

乾亨（二〇〇七）「地域まちづくりの新しい担い手——求められる『地縁も志縁も』型組織」『都市研究・京都』二〇号、五七～七〇頁。

石田光規（二〇一八）『孤立不安社会——つながりの格差、承認の追求、ぼっちの恐怖』勁草書房。

金川幸司（二〇二一a）「日本の地域社会を取り巻く状況と地域自治組織」金川幸司・後房雄・森裕亮・洪性旭編『協働と参加——コミュニティづくりのしくみと実践』晃洋書房、三～一六頁。

金川幸司（二〇二一b）「地域自治組織の可能性」金川幸司・後房雄・森裕亮・洪性旭編『協働と参加——コミュニティづくりのしくみと実践』晃洋書房、一七五～一八五頁。

小室達章・横山恵子（二〇二〇）「非営利組織における事業承継問題と後継者育成問題」『金城学院大学論集（社会科学編）』一七巻一号、五二～六四頁。

牧野篤（二〇一九）『公民館をどう実践していくのか』東京大学出版会。

牧野篤（二〇二二）「『学び』を地域コミュニティに実装する——想像力と配慮による当事者形成のプロセスを考える」全国公民館連合会編『よくわかる公民館のしごと（第三版）』第一法規、二二三～二六四頁。

松田武雄（二〇二三）『地域社会におけるウェルビーイングの構築——社会教育と福祉の対話』福村出版。

三浦哲司（二〇二一）『自治体内分権と協議会——革新自治体・平成の大合併・コミュニティガバナンス』東信堂。

三浦哲司（二〇二三）「大阪市における地域活動協議会の可能性と課題」『市政研究』二〇三号、三八～四六頁。

森裕亮（二〇一八）「既存自治組織としての自治会町内会の役割とその変容」金川幸司編『公共ガバナンス論——サードセクター・住民自治・コミュニティ』晃洋書房、一四四～一五九頁。

村田和子（二〇一五）「生涯学習機関としての大学の地域連携」佐藤一子編『地域学習の創造――地域再生への学びを拓く』東京大学出版会、二二五～二四五頁。

長澤成次（二〇一九）『公民館はだれのものⅡ――住民の生涯にわたる学習権保障を求めて』自治体研究社。

中塚雅也（二〇二二）「地域再生と人材育成エコシステム」中塚雅也・山浦陽一編『地域人材を育てる手法』農山漁村文化協会、二四六～二七二頁。

名和田是彦（二〇〇九）「現代コミュニティ制度論の視角」名和田是彦編『コミュニティの自治――自治体内分権と協働の国際比較』日本評論社、一～一四頁。

小田切徳美（二〇一七）「地域運営組織の発展プロセスとその課題」山浦陽一『地域運営組織の課題と模索』筑波書房、五二～六二頁。

荻野亮吾（二〇二二）『地域社会のつくり方――社会関係資本の醸成に向けた教育学からのアプローチ』勁草書房。

荻野亮吾（二〇二四）「現役世代における団体・グループ活動への参加」『生協総研レポート』一〇一巻、五〇～五九頁。

荻野亮吾・近藤牧子（二〇二四）「ＳＤＧｓの地域へのインパクトに関する評価観点の検討――三つの地域のケーススタディを通じて」『佐賀大学大学院学校教育学研究科紀要』八巻、三五八～三七五頁。

荻野亮吾・岡幸江（二〇二三）「ポストコロナ社会に向けた公民館経営論の方向性」『日本公民館学会年報』二〇号、二六～三六頁。

荻野亮吾・八木信一（二〇二一）「自治の質量とまちづくりの飯田モデル――地域自治（運営）組織への示唆として」『佐賀大学教育学部研究論文集』五巻、一九三～二一二頁。

Read, Benjamin L. and Robert Pekkanen eds.（2009）*Local Organizations and Urban Governance in East and Southeast Asia：Straddling State and Society*, London：Routledge.

Rose, Nikolas（1996）"The Death of the Social? Re-figuring the Territory of Government," *Economy and Society*：25, 327-356.

坂本誠（二〇一七）「中山間地域における地域社会の『空洞化』と地域運営組織の役割」『都市問題』一〇八巻一〇号、三六～

四八頁。

桜井政成（二〇二〇）『コミュニティの幸福論――助け合うことの社会学』明石書店。

櫻井常矢（二〇二四）「地域自治支援が拓く協働のプロセス――ともに学び合う社会へ」櫻井常矢編『地域コミュニティ支援が拓く協働型社会――地方から発信する中間支援の新展開』学芸出版社、一七三～一八五頁。

佐藤智子（二〇一四）『学習するコミュニティのガバナンス――社会教育が創る社会関係資本とシティズンシップ』明石書店。

背戸博史（二〇二〇）「公教育制度の一翼としての社会教育」大桃敏行・背戸博史編『日本型公教育の再検討――自由、保障、責任から考える』岩波書店、二〇五～二二〇頁。

柴田聡史（二〇二〇）「学校教育の担い手としての保護者・住民」大桃敏行・背戸博史編『日本型公教育の再検討――自由、保障、責任から考える』岩波書店、一二九～一五二頁。

七戸長生（一九八七）『新しい農村リーダー』農山漁村文化協会。

Somerville, Peter (2016) *Understanding Community : Politics, Policy and Practice, 2nd ed*., Bristol : Policy Press.

総務省地域力創造グループ地域振興室（二〇一九）『平成三〇年度「地域運営組織の形成及び持続的な運営に関する調査研究事業報告書」』

祐成保志・武田俊輔・渡邊隼（二〇二三）「コミュニティへのまなざし」祐成保志・武田俊輔編『コミュニティの社会学』有斐閣、一～二〇頁。

高野和良（二〇一三）「過疎地域の二重の孤立」藤村正之編『協働性の福祉社会学――個人化社会の連帯』東京大学出版会、一三九～一五六頁。

玉野和志（二〇〇七）「コミュニティからパートナーシップへ――地方分権改革とコミュニティ政策の転換」羽貝正美編『自治と参加・協働――ローカル・ガバナンスの再構築』学芸出版社、三二～四八頁。

田中逸郎・馬袋真紀・相川康子（二〇二三）「行政・中間支援組織の支援と役割」中川幾郎編『地域自治のしくみづくり実践ハンドブック』学芸出版社、九九～一三一頁。

谷亮治（二〇二三）「コミュニティの担い手をどう発見し育てるか――あるいは、まちづくり人材をめぐる政策論のコペルニクス的転回について」『市政研究』二二〇号、一六～二四頁。

辻浩（二〇二二）『〈共生と自治〉の社会教育――教育福祉と地域づくりのポリフォニー』旬報社。

辻中豊・ロバート・ペッカネン・山本英弘（二〇〇九）『現代日本の町内会・自治会――第一回全国調査にみる自治力・ネットワーク・ガバナンス』木鐸社。

上野景三（二〇一九）「地域・公民館における社会教育と社会福祉の連携・協働――公民館地域アセスメントを手がかりに」松田武雄編『社会教育と福祉と地域づくりをつなぐ――日本・アジア・欧米の社会教育職員と地域リーダー』大学教育出版、一一九～四一頁。

宇佐美淳（二〇二三）『コミュニティ・ガバナンスにおける自治体職員の役割』公人の友社。

役重眞喜子（二〇一九）『自治体行政と地域コミュニティの関係性の変容と再構築――「平成大合併」は地域に何をもたらしたか』東信堂。

山中雄次（二〇一八）「地域運営組織の体制に関する一考察――地域の主要なアクターとなりえるか」『作大論集』八号、一二九～一四五頁。

山浦陽一（二〇一七）『地域運営組織の課題と模索』筑波書房。

山浦陽一（二〇一八）「地域運営組織の内発性と持続可能性」小田切徳美・橋口卓也編『内発的農村発展論――理論と実践』農林統計出版、一八七～二〇八頁。

善教将大（二〇一九）「市民社会への参加の衰退?」後房雄・坂本治也編『現代日本の市民社会――サードセクター調査による実証分析』法律文化社、二三九～二五一頁。

社会教育・生涯学習の観点を包摂したシティズンシップ教育の展開に向けて

上原直人 UEHARA Naoto

Towards the Development of Citizenship Education Inclusive of Social Education and Lifelong Learning Perspectives

1　はじめに

ポスト福祉国家的な文脈で登場してきたシティズンシップ教育は、現在、グローバルシティズンシップ教育（Global Citizenship Education：GCED）として、ＳＤＧｓ時代における教育のあり方を考えていく上で注目され⑴、教育学研究においても、国際社会に開かれた資質を備え、政治や社会に主体的に参加する市民をいかに育むかという観点からシティズンシップ教育への関心は高い。本稿の目的は、シティズンシップ教育を展開していく上で、学校のカリキュラム論にとどまらず、学校外における学びや生涯にわたる学びという社会教育・生涯学習⑵の観点に立つことが重要であることを歴史的文脈と今日的状況をふまえて提起する点にある。

以下、本稿では、シティズンシップ概念の変容およびシティズンシップ教育の展開をめぐる特徴について論じた上で、日本における国民国家の成立と国民育成の教育の歴史的特徴と社会教育の組織化という歴史的文脈を理解し、今日のシティズンシップ教育を「社会化の構想」としてではなく「主体化の構想」として展開していく必要性を提起する。

2　シティズンシップ概念の変容とシティズンシップ教育の展開

(1) シティズンシップ概念の変容

シティズンシップという概念は、政治的共同体への帰属をめぐる境界の設定や、構成員としての地位を有する人の権利と義務などを意味してきたように、従来は、国民国家を前提として、個人と国家の関係性に基づいた「形式的な要素」が重視されてきた。ある共同体における完全な構成員の地位身分として、市民的権利（人身、言論、思想信条、財産の所有等の個人の自由に必要な権利）、政治的権利（投票の権利と政治家に立候補する権利）、社会的権利（経済的福祉と保障への権利、文化的生活を営む権利等）が段階的に発展してきたというT・H・マーシャルが示した構図はよく知られている（Marshall. T. H. 1950＝一九九三）。三つの権利は、それぞれ司法制度、議会制度、福祉国家と結びつくものであり（Marshall. T. H. 1981＝一九八九）、これらの確立を通じて、シティズンシップは共同体全ての成員を平等とする包摂的な概念として理解されてきたといえる。

しかし、グローバル化の進展および多文化主義の広がりによって、一民族一国家という国民国家の枠組みで捉えることが困難になるとともに、新自由主義の台頭によって福祉国家の解体と再編が進行する中で、これまでの個人・集団と社会・国家との関係が大きく揺らいでおり、従来の「形式的な要素」に基づくシティズンシップ概念では対応できなくなりつつある（飯笹 二〇〇七）。そして、こうした揺らぎは、若者の政治離れの進行、人々の共同体意識の低下、高度情報化や経済のグローバル化による競争力強化など具体的な課題としてあらわれている。

こうした状況下で、EUが一九九七年のアムステルダム条約において、「シティズンシップを法的な意味においてだけでなく、一つのヨーロッパが掲げる理念の達成に不可欠な社会のあらゆる次元での民主主義過程への市民の行動的な関与をも包摂した、より広義の概念として捉える必要」に言及したように（不破編 二〇〇二）、今日、シティズンシップ概念は、権利と義務に象徴される「形式的な要素」に加えて、アイデンティティのありようや市民社会（共同体）への参加に象徴される「実質的な要素」を含んだものとして捉えられるようになっている（Delanty 2000＝二〇〇四）。そして、新たなシティズンシップを身につけた市民の育成を図るために、各国でシティズンシップ教育が展開されているのである。

（2）シティズンシップ教育の展開

このようにシティズンシップの「形式的要素」だけでなく「実質的な要素」も重要視されるようになったわけだが、どちらに重きを置くかというせめぎあいは常に存在する。前者を重視する立場は、国家主義的な伝統にこだわり、国家への忠誠心、法の遵守、投票行動に必要な基礎知識、公共への奉仕精神等を市民に求める。一方で後者を重視する立場は、市民社会的な伝統に基づきながら、共同体の成員としての帰属意識と責任感、投票にとどまらない民主主義への完全な参加、批判的思考力、公正な社会づくりに向けた行動を市民に期待する（Lee & Fouts 2005．嶺井編 二〇〇七）。

また、グローバルシティズンシップの育成を掲げた教育にも、新自由主義的解釈に基づき、法制度や権利、義務を重視し、グローバル市場で活躍する人材の育成に主眼を置くアプローチと、社会正義に基づき、経済的、政治的、法的、あるいは文化的な不公正に対し、情緒的、そして能動的な関わりを求めるアプローチがある。後者の例としては、国内外の人権問題や人種差別に対して関心を持ち行動に移す市民の育成があげられる（北山 二〇一四）。

今日のシティズンシップ教育は各国の歴史的および社会的文脈によって多様な展開がみられるが、大きく二つの潮流を見出すことができる。一方は、大きな政府から小さな政府への転換を図り、市場原理が働く競争社会を生き抜く自立した市民の育成であり、家族、宗教、コミュニティといった伝統的価値観や道徳の強化によるナショナルアイデンティティの形成とも結びついていく側面もある（嶺井編 二〇〇七）。他方は、公正で持続可能な平和社会の構築を担う主体の形成であり、人権や人間の尊厳、社会的包摂といったＳＤＧｓの基本理念とも結びついている。しかし、実際には、時の政権に左右されながら、また二つの潮流が混在しながら、各国においてシティズンシップ教育が振興されているという傾向が見られる。

例えば、一九九八年の「クリック・レポート」(3)を契機としてシティズンシップ教育が振興された英国の動向は、日本の教育学研究においてもよく取り上げられるが、「クリック・レポート」の影響も受けた労働党政権によるシティズンシップ教育は、「アクティブ・シティズンシップ」という言葉に象徴されるように、能動的に社会や政治に参加する市民像を追求している一方で、市民の権利や義務の強調、市民の能力主義や消費者としての市民像も追求している点では、従前の保守党政権との連続性も認められる(Jerome 2012. 大村 二〇一九)。さらに、英国内においても、政府が国際的な経済競争や国内治安の改善への貢献を期待していたのに対して、民間団体は民主政治や人権問題により高い関心を持っていたように、シティズンシップ教育導入に関わった諸団体・個人の間に異なる思惑が存在していたことも指摘されている(蓮見 二〇〇四、北山 二〇一四)。

日本においても、二〇〇六年の教育基本法改正を頂点とする教育改革では、公共の精神、愛国心、伝統文化を涵養するための教育を重視することを通じて、ナショナルアイデンティティを強化しようとする意図が明確に見出せる一方で、二〇一〇年代以降は、一八歳選挙権もあり、総務省や文科省の施策においても、若者が政治や社会の問題に関心を持ち行動する力量を育むための主権者教育の推進の重要性が提起されるなど、政策の多様性も見られる。

このようにシティズンシップ教育をめぐる構図は複雑な様相を呈しているが、政府によるサービスの受益者として権利・義務を遂行するだけでなく、能動的にコミュニティに参加し、社会の形成者・主体者となる市民像が大きくクローズアップされている点は、共通理解として定着しているといってよいだろう。しかし、日本においては、国民国家が成立した明治維新以後、国家の繁栄に貢献できる国民を育成することが、長らくシティズンシップ教育の伝統となってきたことをふまえると、ヨーロッパの市民社会を前提として打ち出された行動的なシティズンシップを基調とした教育を展開していくことは容易なことではない(嶺井編 二〇〇七)。

3　公民教育とシティズンシップ教育

（1）国民国家の形成と公民教育の登場

日本において、市民社会を前提としたシティズンシップ教育の議論が困難な理由は、ヨーロッパと日本における国民国家の形成過程の相違にある。一般的には、ヨーロッパでは、国家権力から自由な市民としての個人が育成されてきたが、日本においては、天皇制国家という強固なナショナリズムと結びつくことで、自由な市民としての個人の育成は十分に図られてこなかったと理解されている。実際に、日本では、自治体の居住者として捉えられがちな「市民」よりも、国家や社会に参加する担い手をあらわす概念として「公民」が位置づけられてきたといえる。

ただし、「公民」の「公（おほやけ）」は、歴史的には「下から見上げたお上」として定着してきた言葉であり（渡辺二〇〇二）、「公民」も自由な人間としてではなく、国家や天皇に結びつく概念として捉えられてきた。戦前日本における公民教育においては、道徳や天皇制を中心に学ぶ「修身科」のように、国家に対する忠誠や義務の観念、天皇制家族国家観を基調とした教育が展開される一方で、「法制及経済」や「公民科」を通じて、近代立憲国民としての公民を育成するための教育も展開されたように、両義的な性格が見られるが（斉藤一九八五、松野一九九七）、前者の潮流の方がより強固であった（特に戦時下）のは象徴的ともいえる。

このように、日本における国民国家の形成過程において、個人は「公民」として上位にある国家と結びついていくことが期待されたわけだが、個人と国家は複雑な関係をとっていたことにも着目する必要がある。それは、日本の場合、「前近代社会において、均質な文化、生活様式が存在しなかった日本では、分散性と多様性を残したまま国民国家が創られていった経緯があり、近代社会になってからも、国民国家への帰属が、地域の共同体への帰属と重なり合い、相互に浸透し合うというファジーな関係があった」（鬼頭一九九四）とされるように、個人が農村共同体としての地域社会に参加することが、国家へ参加していくことにも通じていた側面もあり、個人と国家を媒介する地域共同体の存在が大きかったという点である。

内務省主導のもとに、日露戦争後の疲弊した町村を振興し改良していくために明治時代末期（二〇世紀初頭）に展開された地方改良運動は、地域共同体を基底にすえて国民国家の強化が図られていったという日本の特徴が分かりやすく反映された運動でもあり、町村民の「自治心」、「公共心」、「共同心」を涵養すべく自治民育という教化が重視された。つまり、国民が国家への統合に積極的に参加する上で、その基盤である町村において、町村民が一体性をなし、生産事業や地方自治の振興に積極的に参加していくことが重視されたのであった。そして、町村民を動員していく不可欠の手段として、「公共心の育成」を中心とする教育が重視され、それが公民教育として徐々に概念化されていったのであり、ここに日本における本格的な意味での公民教育の登場を見ることができる（斉藤 一九八二、上原 二〇一七）。

また、地方改良運動期における公民教育の登場は、社会教育の組織化をもたらした。地方改良運動における公民教育の形態は、「学校中心自治民育」と呼ばれたように、小学校及び小学校教師が、町村民への教育にも関わっていくというものが中心であったが（笠間 二〇〇三）、学校における児童だけでなく地域社会における全住民が教育の対象として位置づけられることによって、社会教育の組織化を先鞭づけていくこととなり、青年団をはじめとした地域社会を基盤にもつ教化団体の官製化が急速に進められていった（国立教育研究所編 一九七四）。

（2）公民教育の本格的振興と社会教育の組織化

地方改良運動期を、日本における本格的な意味での公民教育の登場期とするならば、第一次大戦前後から大正期にかけては本格的振興が図られた時期として位置づけられる。国際的にみても、公民教育（Civic Education）[4]の必要性が強く叫ばれたのがこの時期である。資本主義の進展によって帝国主義化した列強諸国は、国民的アイデンティティのさらなる強化を図るべく公民教育を重視するようになるが、それは、第一次大戦後におけるデモクラシー思想の世界的広がりによってもたらされた自由主義思想や社会主義思想の高まり、及び労働運動や農民運動の高まりへの教育的対応をも意味していた。

列強諸国の動向は日本においても積極的に紹介され（文部省実業学務局編 一九二五、一九二六）、政府のみならず多くの有識者が公民教育の重要性を唱えたが、その背景には、第一次大戦以来の社会問題、思想問題への教育的対応のほか、普通選挙実施（二五歳以上の男子全員に選挙権付与）への機運が高まり、多数の選挙民に対する啓発が新たに必要になったことも関係している。

公民教育の振興は、基本的には、学校教育における教科目の充実強化をもって進められ、日本においても、実業補習学校に設置された「公民科」が、中等教育段階の各学校に普及していった。一方で、英国の一九一九年レポート、米国のアメリカナイゼーション、革命後の中国の成人政治教育など成人を対象とした社会教育の文脈でも、市民としての責任と自覚を涵養するべく公民教育が重視された（森口 一九八九）点にも着目する必要がある。図書館の普及、大学開放の推進、労働者教育機関の設立等によって、社会教育の制度化が進行していた欧米諸国に対して、ほとんどなされてこなかった日本では、まさにこの時期に、公民教育の本格的な振興と結びつく形で、社会教育の組織化が図られていったのである。

大正期から昭和初期にかけて、社会教育施設（図書館、博物館）、地域の教化団体（青少年団体、婦人団体、町内会）、成人教育（講座型事業）等を所管する社会教育行政の整備が急速に進行していった。そして、大学等に委嘱して開始された成人教育講座、選挙区制度に密着させて開設した公民教育講座等を通じて、時事、政治経済、倫理道徳、国防等に関わる立憲的知識の涵養を図るべく公民教育が積極的に展開された（上原 二〇一七）。

地域共同体への参加という点では、教化団体による社会教育活動が特に関わってくる。戦前日本における代表的な教化団体であった青年団の活動は、団内部における役職経験を通じた団体訓練、体験活動を伴った宿泊講習、産業生活と結びついた研究活動を基調としていたが、青年たちが自治的な生活や訓練を基礎としながら地域社会の一員となり、青年団を終えた後に地域社会の担い手となっていくことが期待された（上原 二〇一七）。また、それまで任意の地域住民組織として活動していた町内会は、市政の末端を担う組織として位置づけられ、人口集中が進み始めた大都市部では、小学校区を単位とした町内会の結成が進み、組織化されてまもない自治体の社会教育行政が規約づくりにも関わったとされる（岩崎ほか編 二〇一三、中田 二〇一三）。

こうして、大正期から昭和初期に、地域共同体の振興や地域社会における教育の振興（＝社会教育の組織化）とも結びつきながら、公民教育が本格的に振興されたわけだが、それは以下のように、戦後教育改革にも継承されていった。

（3）戦後への継承とシティズンシップ教育

今日のシティズンシップ教育で掲げられている理念は、すでに戦後改革期に制定された旧教育基本法（一九四七年）において打ち出されていたものと重なる点は、多くの論者によって指摘されてきた（小玉 二〇〇三、嶺井編 二〇〇七）。第一条（教育の目的）で、「平和的な国家及び社会の形成者」の育成が掲げられ、その資質と関わって、第八条（政治教育）で「良識ある公民たるに必要な政治的教養」、いわゆる「政治的リテラシー」が位置づけられているが、ここでいう「公民」は戦前から継承されているものである。

戦後教育改革は、日本側から自主的に進めようとする動きも見られたが、その特徴は、公民教育を戦後的秩序（天皇の神格化の否定、新憲法の制定）の中で展開していくことを通じて、戦後の民主国家建設を目指すものであり、学校教育においては戦後の新「公民科」を設置しようとする公民科構想が展開された。戦後社会教育の中核となる公民館の設置構想も、地域社会における公民教育の振興という文脈から打ち出されたものであり、戦後の憲法および旧教育基本法の精神にそくして、地域社会から民主主義を構築していく主体としての「公民」を育む拠点である『館』として期待されたのであった（寺中 一九四六）。そして、そこで描かれた「公民」像は、戦時下において強化された天皇の臣民としての「公民」（＝「皇民」）ではなく、戦前から探究されてきた立憲制下における権利主体としての「公民」であり、戦前からの連続性が認められる（上原 二〇一七）。

今日のシティズンシップ教育をめぐっては、ヨーロッパの市民社会を前提とした個人と国家の関係が議論のベースにあるが、これまで述べてきたように、日本の国民国家の形成と公民教育の歴史的展開においては、地域共同体に参加することを介して個人と国家がつながっていくという構図の下で、地域社会を担う公民の育成も重視され、それが社会教育の組織化と公民教育の展開をもたらしてきたといえる。町内会や青年団等の地域の組織は、人々が生産活動や生活の再建を行っていく上での基礎としての機能を有し、そうした特徴は戦後の公民館の設置にも継承され、地縁的な仕組みや組織はかつてに比べると弱体化しながらも、NPO等の新しい地域組織とも共存しながら、現在においても一定の機能を果たしている。

英国で「クリック・レポート」を経てシティズンシップ教育の必修化が図られた際に、「社会的・道徳的責任」、「コミュニティへの参加」、「政治的リテラシー」の三つの要素が重視されている点（QCA 1998, Crick 2000＝二〇一一）に象徴されるように、シティズンシップ教育の展開において、「コミュニティへの参加」は一つの柱として位置づけられている。日本の歴史的文脈にそくしていえば、地域社会における生活者として暮らす人々の教育・学習活動にも着目して、つまり社会教育の観点も十分にふまえていくことが極めて重要になってこよう。

4 「社会化」の構想から「主体化」の構想へ

（1）「社会化の構想」として展開されるシティズンシップ教育

今日のシティズンシップ教育は学校における教育課程においても導入が進んできたが、様々な課題が浮かび上がってきている。実施過程、教育方法、教師の力量等によって、地域の格差が教育内容の差として反映される可能性（例：富裕層の多い地域では民主主義的学習が重視されるのに対して、困窮家庭が多い地域では道徳や生活態度に関わる学習が中心になる）、公や社会が過度に強調された場合に個や人間が軽視される可能性、本質に迫らない学習で終わる可能性（例：先進国と途上国の格差は仕方ない、貧困から抜け出せないのは自己責任である、といった理解で終わる）等の問題が生じ得る（上原 二〇二二）。

また、教育制度自体が、マーシャルのいう社会的権利としてシティズンシップ獲得において重要な仕組みとなっているが、よく知られているように、学校制度には経済資本や文化資本を世代間で再生産していく機能も内包されており、さらに、いじめ、不登校、貧困等が原因で学校から排除される人々も存在する（しかもそれが自己責任に帰せられることもあり得る）ことをふまえると、学校という教育制度のみにシティズンシップ教育を委ねることはリスクが大きい（佐藤 二〇一四）。

このように、シティズンシップ教育が学校制度の下でカリキュラム化が図られていく（政策として共通の内容がパッケージ化される）ことに対して、オランダ出身の教育哲学者ガート・ビースタは、既存の社会的・政治的な秩序の再生産にかかわる学習と教育の役割に注目し、既存の秩序に対する個人の適応を強調する「社会化の構想」に終始してしまう危険性が常に内在していることを指摘している（Biesta 2011＝二〇一四）。この点に関しては、日本の学校教育において一定のカリキュラム化が図られてきた人権教育や国際理解教育にも共通する課題である。

日本においては、人権概念が歴史的に国益やナショナリズムの強調に終始したり（世界の中の日本人らしさ、日本の文化伝統、日本の貢献）、「他者の尊重」や「思いやり」といった道徳的な価値や態度といった理念的なものに拡散されたりするなど、自尊感情など態度的側面が重視されてきたがゆえに、知的理解の側面や社会的実践力の側面が深められてこなかったとされる。そして、この問題は社会教育・生涯学習にもあてはまる。日本における生涯学習施策の展開においては、生涯学習を「自己実現」の手段としてとらえる傾向が強く、人権をふまえて生涯学習推進計画を策定している自治体は少ない（上杉・平沢・松波編 二〇一三）。

近年、国際的にも、個人の権利であるべき生涯学習(5)が、グローバル経済への要請に応え続けるために、職業教育に傾斜して、市民に継続して学習に関わることを要請する国家の権利へと転化しつつある（Biesta 2011＝二〇一四）。ＯＥＣＤの教育政策の目標が平等を重視するものではなく、経済的な競争を最大限にするための手段と化しつつあり、市場原理に基づき学習の配分をすすめ、個人の責任を通してエンプロイアビリティ（Employability）を高め、国家間の競争に打ち勝つという生涯学習戦略が注目されているのは象徴的でもある（高橋 二〇〇五）。

このことは生涯学習の個人化とシティズンシップ教育が結びついていくことを意味している。二〇二一年にユネスコから出された報告書『教育の未来』においても、国際的に生涯学習が職業や技能の側面に過度に焦点化されていることに危惧が示されている（近藤 二〇二三）。

日本においても、リカレント教育やリスキリングが叫ばれるようになっているが、そこには、Society5.0への対応、日本的経営の変容（終身雇用・年功序列の解体、中長期的な人材育成の縮小など）等からくる産業界および国家側の要請が強く反映されており、人々はこれまで以上に、職業能力開発のための社会教育・生涯学習活動に参加していくことが求められるようになりつつある（上原 二〇二二）。社会政策としてのリカレント教育の拡充は重要であるが、福祉国家レジームの解体と再編のもとで、社会教育・生涯学習領域における学びの市場化（受益者負担や民間企業への開放）が急速に進行している状況をふまえると、福祉国家プログラムとしてのリカレント教育ではなく、民間市場に委ねられたものが中心になっていくことが予想される。

（2）「主体化の構想」としてのシティズンシップ教育へ

近代学校制度が本質的に選別と選抜の機能を有し、また個人が生きていく上で生涯にわたる職業的スキルの習得が重要である点をふまえれば、シティズンシップ教育から既存の秩序に個人が適応するためのものとしての側面を排除することは困難である。しかし、昨今の新自由主義とグローバル社会ともリンクしながら振興されている学校教育改革や生涯学習の振興によって、自己責任が過度に強調され、排除と選別が生涯にわたって強化されかねないという危機が高まる状況下においては、こうした流れに収斂されないシティズンシップ教育の展望も描いていくことが求められる。

この点に関しては、いくつかのシティズンシップ教育をめぐる議論が参考になる。英国の社会学者ジェラード・デランティは、シティズンシップを共通に議論する討議過程を通じて人々は自己と他者との関係性を学習し、それが外国人嫌悪や人種主義を取り除いていくことにもつながるとしている（Delanty 2000=二〇〇四）。また、アメリカの哲学者マーサ・クレイヴン・ヌスバウムは、「人間性の涵養（cultivating humanity）」としての「世界的シティズンシップ教育」を提唱する中で、自己をローカルな地域や集団の市民として見るだけでなく、世界の市民、あるいは他者とつながっている存在としての人間としても見ることができる能力の養成を必要としている（林 二〇〇五）。そして、ガート・ビースタは、シティズンシップを個人の知識やスキルとしてのみ見なすのではなく、他者との協働的な学びを通じて、日常生活の実践的なプロセスの中から個人が民主的なシティズンシップを獲得していく「主体化の構想」として展開していくことを重視している（Biesta 2011=二〇一四）。

これらに共通するのは、グローカルな視野に立って、他者との相互の学び合いを日常生活にねざして行うことを通じて、民主的で共生的な社会を実現する道筋が拓けてくるというものである。その際に重要となるのが、以下に示すように、シティズンシップ教育は人権教育とも結びついているという視点に立つことである。

国境を越えた教育の展開を模索しながら一九七〇年代頃から人権教育の重要性が確認されてきたヨーロッパにおいて、欧州評議会が、二〇一〇年に採択した「民主主義的シティズンシップ教育と人権教育に関する欧州評議会憲章」の中で、シティズンシップ教育と人権教育が深く相互に関係するものであることが明示されている（神村・森編 二〇一九）。そして、人権尊重と結びついたシティズンシップ教育は、欧州評議会での決議「民主主義的シティズンシップ教育の推進」（一九九七年）やユネスコが提起した「二十一世紀のシティズンシップ教育」（一九九八年）において見られるように、生涯学習としても展開していくことが重要視されるのである（UNESCO 1998、嶺井編 二〇〇七）。

このように、人権にねざしたシティズンシップ教育を、学校のカリキュラムに限定せずに、教室内にとどめずに、他者との協働的な学びを基調としながら、コミュニティの実生活にそくして、生涯にわたる学びの場も視野に入れて展開していくことを通じて、人々が市民になるための「主体化の構想」を展望していける可能性が拓けてくる。

ただし、ビースタが提起する「主体化の構想」についてはさらに掘り下げて検討する必要がある。というのも、ビースタが、「行動的市民性」（アクティブ・シティズンシップ）に対して、EU官僚発のグローバルネットワークからの要請（ブレア政権等での政策化を経て、二一世紀に入り「グルンドヴィ計画」等のEUの政策に位置づけられて広がった）にすぎないと否定的であるからである（Biesta 2011＝二〇一四、鈴木 二〇二三）。確かに、アクティブ・シティズンシップも「社会化の構想」の枠内で探究されると、「コンフリクトよりもコンセンサスが常に重視される予定調和的なものとなる」、「本来国家が果たすべき責任が、個人の適応のための努力不足として個人の責任に帰せられる」といった形に陥ることは想定しやすい。

それに対して、ビースタが対置する「主体化の構想」では、「民主的市民性」が基調とされ、「行為と責任ある応答の主体」形成のために、「不完全な民主主義の実験への実際の参加から学習すること」が重要であり、それはまた「民主的な主体性が成立する目下進行中のプロセス」であるとし、学校教育だけでなく生涯学習にもまたがるテーマとなる（Biesta 2011＝二〇一四、鈴木 二〇二三）。その意味では、「アクティブ・シティズンシップ」を、「社会化の構想」（＝既存の秩序への個人の適応）に収斂されない「主体化の構想」として展開していけるかが問われているともいえる。

5　社会教育・生涯学習実践としてのシティズンシップ教育の展望

シティズンシップ教育をめぐる歴史的文脈と今日的状況から、社会教育・生涯学習の観点もふまえた「主体化の構想」として展望していく必要性を述べてきたが、最後に、「政治的リテラシー」と「コミュニティへの参加」に関わる実践に着目しながら、「アクティブ・シティズンシップ」を「主体化の構想」として展望していく上で、社会教育・生涯学習が重要な基盤となる点について言及する。

「政治的リテラシー」と関わっては、公民館での憲法学習が広く知られているが、それ以外にも、その時々の政治問題や社会問題をテーマにした政治学習の歴史と蓄積がある。例えば、時枝俊江監督の『町の政治』（一九五七年、岩波映画）では、東京都北多摩郡国立町（現、国立市）を舞台に、町長が繰り返す「町の財政危機」に疑問を感じた母親たちが公民館に集まり、予算、教育、土木問題について学習会を重ねて、説得的な資料として財政分析白書を作成して、町と交渉する政治主体へと成長していく姿が描かれている。

また、近年、十八歳選挙権の成立を機に注目されるようになった主権者教育は、各地の学校で、選挙管理委員会と連携した取り組みも行われてきたが、選挙制度に関する知識教授や、政治問題や社会問題とは関係のないテーマでの模擬投票の実施にとどまっているケースも多い。こうした中で、全国各地で高校生や大学生が中心となり若者目線に立った選挙啓発活動が展開されている点は注目される。グループで若者同士が学び合いながら、小中高生向けの模擬投票や出前講座の企画実施、選挙管理委員会と連携した若者向け選挙啓発動画の作成、政治家との懇談会の企画、SNSによる発信と多彩な活動を行うことを通じて、「他人事」ではなく「自分事」として政治と向き合う主体として形成されていくことが期待される（上原 二〇二二）。

「コミュニティへの参加」と関わっては、ここでは学校と地域が連携した実践に着目する。長野県辰野高校では、生徒が、生徒会活動や部活動など学校内での自治的な活動に参加して、教職員や保護者と共同して学校づくりをすすめるとともに、地域の人たちとともに地域社会におけるボランティア活動、文化活動、まちづくり活動に参加して、主権者としての力量が育まれることを目指してきた（宮下 二〇一六）。また、長野県飯田市では、持続可能な地域という課題と向き合うべく、高校（飯田ＯＩＤＥ長姫高校）と自治体（飯田市公民館）と大学（松本大学）の三者がパートナーシップを結んで「地域人教育」を展開している。地域の諸団体や住民の協力も得ながらフィールドワークも取り入れた学習プログラムと成果発表会、海外へのスタディツアー等を通じて、高校生は地域の一員として認められながら地域の課題や解決に向けた方策を考える主体となるとともに、グローカルな視点を身につけていくことが期待される（辻 二〇一五、小島 二〇二二）。

これらの実践に共通しているのは、地域社会において他者と学び合いながら地域や社会の課題解決に向けた担い手となるべく、社会を創る学びとして展開されていることである。このことは、「町と交渉して政治を変える」、「主権者教育を受ける側ではなく展開する側となる」、「高校生が学校づくり・地域づくりの主体になる」、「国内外でのフィールドワークを通じて、地域人であるとともに世界市民であることを体感する」等、シティズンシップをより実践的かつ経験的に学習するものであり、「アクティブ・シティズンシップ」を「主体化の構想」として展開していく可能性を拓いていくことにつながる。

なお、社会教育・生涯学習実践においては、多様な社会運動や市民運動とも結びつくことで、シティズンシップからの排除を乗り越えて社会参加につながっていく側面もあり（不破編 二〇〇二、成 二〇〇六）、例えば、地域社会に生きるマイノリティとしての外国人や、いきづらさをかかえる若者のエンパワーメントを促す実践も各地で展開されてきた。今後、シティズンシップ教育の観点からもその重要性を提起していくことが求められる。

●註

1　ＧＣＥＤは、ユネスコが取り組んできた人権・平和教育の流れを汲んでおり、その理念は、「公正で、平和的、寛容的、包括的で持続可能な世界の構築のために、フォーマル教育およびノンフォーマル教育における他者との学びを通じて、ローカル（な観点や当事者性）とグローバル（普遍的な理念）を循環させながら身近なところから問題解決に向けた行動ができる市民の育成を図る」ものである。諸橋・小林（二〇一九）、上原（二〇二二）を参照。

2　日本で定着している社会教育は、「学校の教育課程として行われる教育活動を除き、主として青少年及び成人に対して行われる組織的な教育活動」（社会教育法第二条）と定義されるように、成人教育と地域社会における教育を内包する広い概念である。また、社会教育と生涯学習については同義的に捉えられることも多いが、生涯学習は、学校教育や家庭教育における学習、さらには組織的に行われない個人的な学習活動をも含む点において、社会教育よりも広い概念である。本稿では、学校外における学びと生涯にわたる学びを包括して、社会教育・生涯学習として表現する。

3　英国教育省のシティズンシップ教育のための諮問委員会が発表した報告書〝Education for citizenship and the teaching of democracy in schools〟で、委員会の議長を務めていた政治学者バーナード・クリックにちなんで通称「クリック・レポート」と呼ばれる。報告書の邦訳は、長沼・大久保編（二〇一二）に収録されている。

4　〝Civic Education〟（公民教育）と〝Citizenship Education〟（市民性教育／シティズンシップ教育）の相違については、前者は国民国家の形成から福祉国家の成立に対応する教育モデルで、国家に「よりよい市民」であろうとする点が重視されたのに対して、後者は、ポスト福祉国家に対応すべく、社会へ「自発的に参加し、社会を支えていく市民」を育てようとする方向性も重視されている。長沼・大久保編（二〇一二）等を参照。

5　一九八五年の第四回ユネスコ国際成人教育会議で採択された「学習権宣言」では、「学習活動はあらゆる教育活動の中心に位置づけられ、人々を、なりゆきまかせの客体から、自らの歴史をつくる主体にかえていくものであり、学習権はたんなる経済発展の手段ではなく、人間の生存にとって不可欠な基本的権利の一つである」ことが宣言されている。

● 参考文献

Biesta, Gert. J. J.（2011）*Learning Democracy in School and Society: Education, Lifelong learning, and the Politics of Citizenship*, Sense Publishers.（＝上野正道ほか訳『民主主義を学習する――教育・生涯学習・シティズンシップ』勁草書房、二〇一四）

Crick, B.（2000）*Essays on Citizenship*, London: Continuum.（＝関口正司監訳『シティズンシップ教育論――政治哲学と市民』法政大学出版局、二〇一一）

Delanty, G.（2000）*Citizenship in a Global Age: Society, Culture, Politics*, Buckingham: Open University Press.（＝佐藤康行訳

『グローバル時代のシティズンシップ——新しい社会理論の地平』日本経済評論社、二〇〇四）

不破和彦編訳（二〇〇二）『成人教育と市民社会——行動的シティズンシップの可能性』青木書店。

飯笹佐代子（二〇〇七）『シティズンシップと多文化国家』日本経済評論社。

蓮見二郎（二〇〇四）「英国公民教育の市民像としての活動的公民格——教育目標としての『アクティブ・シティズンシップ』の政治哲学的分析」『公民教育研究』一二巻。

林美輝（二〇〇五）「『世界シティズンシップ』に向けた成人教育——M・C・ヌスバウムの議論を手がかりに——」日本社会教育学会編『グローバリゼーションと社会教育・生涯学習』（日本の社会教育第四九集）東洋館出版。

岩崎信彦ほか編（二〇一三）『増補版 町内会の研究』御茶の水書房。

Jerome, Lee. (2012) *England's Citizenship Education Experiment: State, School and Student Perspectives*, London: Bloomsbury.

神村早織・森実編（二〇一九）『人権教育への招待』解放出版社。

笠間賢二（二〇〇三）『地方改良運動期における小学校と地域社会——「教化ノ中心」としての小学校——』日本図書センター
北山夕華（二〇一四）『英国のシティズンシップ教育——社会的包摂の試み』早稲田大学出版部。

鬼頭清明（一九九四）「国民国家を遡る」歴史学研究会編『国民国家を問う』青木書店。

小玉重夫（二〇〇三）『シティズンシップの教育思想』白澤社。

小島一人（二〇二二）「飯田市公民館事業　高校生講座『カンボジア・スタディツアー』による高校生の学びの成果と課題」『日本公民館学会年報』第一九巻。

国立教育研究所編（一九七四）『日本近代教育百年史　第七巻　社会教育（一）』文唱堂。

近藤牧子（二〇二三）「SDGsに応える社会教育——アクティブ・シティズンシップ教育の観点から——」日本社会教育学会編『SDGsと社会教育・生涯学習』（日本の社会教育第六七集）東洋館出版。

Lee, W. O. & Fouts, J. T. (ed.), (2005) *Education for Social Citizenship: perceptions of Teachers in the USA, Australia, England, Russia and China*, Hong Kong University Press.

Marshall, T. H. (1950) *Citizenship and Social Class and other essays*: Cambridge: University Press.（＝岩崎信彦ほか訳『シテ

ィズンシップと社会的階級——近現代を総括するマニフェスト』法律文化社、一九九三）
Marshall, T. H.（1981）*The right to welfare and other essays.* London: Heinemann.（＝岡田藤太郎訳『福祉国家・福祉社会の基礎理論——「福祉に対する権利」他論集』相川書房、一九八九）
松野修（一九九七）『近代日本の公民教育——教科書の中の自由・法・競争——』名古屋大学出版会
嶺井明子編（二〇〇七）『世界のシティズンシップ教育——グローバル時代の国民/市民形成——』東信堂。
宮下与兵衛（二〇一六）『高校生の参加と共同による主権者教育——生徒会活動・部活動・地域活動でシティズンシップを』かもがわ出版。
文部省実業学務局編（一九二五、一九二六）『欧米の公民教育』（第一編「米国の公民教育」一九二五、第二編「英国の公民教育」一九二五、第三編「独逸及仏蘭西の公民教育」一九二六）。
森口兼二（一九八九）「社会教育の本質」森口兼二編『社会教育の本質と課題』松籟社。
諸橋淳・小林亮「地球市民教育（GCED）」（二〇一九）北村友人・佐藤真久・佐藤学編『SDGs時代の教育——すべての人に質の高い学びの機会を——』学文社。
長沼豊・大久保正弘編（二〇一二）『社会を変える教育 Citizenship Education～英国のシティズンシップ教育とクリック・レポートから～』キーステージ二一。
中田実（二〇一三）『地域共同管理の社会学』東信堂。
大村和正（二〇一九）「イギリスにおけるシティズンシップ教育の政治——政治教育と若者の政治参加をめぐる問題——」石田徹・高橋進・渡辺博明編『「十八歳選挙権」時代のシティズンシップ教育——日本と諸外国の経験と模索——』法律文化社。
Qualifications and Curriculum Authority（1998）*Education for citizenship and the teaching of democracy in schools. Final report, 22 September 1998,* London: QCA.
斉藤利彦（一九八二）「地方改良運動と公民教育の成立」『東京大学教育学部紀要』第二二巻。
斉藤利彦（一九八五）「日本公民教育の歴史と構造（その一）——序論・第一章——」『学習院大学文学部研究年報』第三二巻

佐藤智子（二〇一四）『学習するコミュニティのガバナンス――社会教育が創る社会関係資本とシティズンシップ――』明石書店。

成玖美（二〇〇六）「『シティズンシップからの排除』への対抗戦略――在日コリアンNPO実践にみる『包摂』像――」日本社会教育学会編『社会的排除と社会教育』（日本の社会教育第五〇集）東洋館出版。

鈴木敏正（二〇二三）「SDGsへの『実践としての民主主義』アプローチと社会教育」日本社会教育学会編『SDGsと社会教育・生涯学習』（日本の社会教育第六七集）東洋館出版。

高橋満（二〇〇五）「グローバリゼーションと社会教育研究の課題」日本社会教育学会編『グローバリゼーションと社会教育・生涯学習』（日本の社会教育第四九集）東洋館出版。

寺中作雄（一九四六）『公民館の建設――新しい町村の文化施設――』公民館協会。

辻浩（二〇一五）「公民館における地域学習の探究」佐藤一子編『地域学習の創造――地域再生への学びを拓く――』東京大学出版会。

上原直人（二〇一七）『近代日本公民教育思想と社会教育――戦後公民館構想の思想構造――』大学教育出版。

上原直人（二〇二二）「グローバル時代のシティズンシップ教育」佐藤一子・大安喜一・丸山英樹編『共生への学びを拓く――SDGsとグローカルな学び――』エイデル研究所。

上杉孝實・平沢安政・松波めぐみ編（二〇一三）『人権教育総合年表――同和教育、国際理解教育から生涯学習まで――』明石書店。

UNESCO（1998）*Citizenship for the 21st century: an international perspective on education.*

渡辺浩（二〇〇一）「『おほやけ』『わたくし』の語義――「公」「私」、〝Public〟〝Private〟との比較において――」佐々木毅・金泰昌編『公共哲学Ⅰ　公と私の思想史』東京大学出版会。

ケイパビリティの向上のための生涯学習を探る

社会的投資戦略を超えて

卯月由佳 UZUKI Yuka

Exploring Capability-enhancing Lifelong Learning——beyond social investment

1 はじめに

生涯学習は、生涯のあらゆる時期に、あらゆる場面で、教育がなされるかどうかにかかわらず生じるという三つの特徴から捉えられる学習の概念である（Rubenson 2002）。つまり生涯学習には、その目的、内容、方法や、それが行われる時間、空間についての限定がない。限定がないために、様々な政策目的に関わって用いられてきた概念でもある（Fields 2010）。

一九六〇年代後半に生涯学習を最初に概念化したユネスコ（United Nations Educational, Scientific and Cultural Organization：国際連合教育科学文化機関）は、第二次世界大戦とホロコーストという歴史的惨事を教訓に、人間の尊厳、社会の民主化、社会正義の実現のために生涯教育を積極的に推進することを提唱した。ユネスコの生涯教育の概念には、教育を受けることは人権であり、それは特定の年齢に限定されないという考えが反映している（Elfert 2018）。他方で、生涯学習は、経済成長や雇用可能性向上のための人的資本投資としても推進されてきた。人的資本投資としての生涯学習を推進した国際機関の一つは、加盟国の最大限の経済成長を目的に掲げるＯＥＣＤ（Organisation for Economic Co-operation and Development：経済協力開発機構）である（Rubenson 2015）。

一九六〇年代以降の生涯学習の国際的な動向を踏まえるならば（Elfert and Rubenson 2023）、現在の生涯学習は、人的資本投資として推進される傾向が強まっている。それと同時に、ユネスコが概念化した、人間の主体形成と人間が尊厳をもって主体的に生きる平等で民主的な社会の形成に貢献するための生涯学習の実現が困難になっている。ＯＥＣＤは決して一枚岩に経済成長のみを追求してきたわけではなく、その時々の社会課題に対応しながら柔軟にその目的と対峙してきた。例えば、社会的投資や包摂的成長といった戦略のもとで、新自由主義（ネオリベラリズム）に異議を唱え、社会経済的な不利や貧困、さらに不平等の問題を直視し、その緩和や改善を図るための政策手段を提案している（Jenson and Mahon 2022）。確かにそうした問題の解決を目指すための政策手段の一つとして、人的資本投資が有効な場合は多いだろう。しかし、社会的投資や包摂的成長の戦略のもとで、そうした問題の解決を目指すための数々の政策を、人的資本投資とそれを通じた労働市場参加を主要目的に掲げて体系化することで生じる問題にも目を向ける必要がある。労働市場参加とは両立しない生活や人生を送る機会が保障されなくなることに加え、人的資本投資には位置づけられない生涯学習が軽視されがちになるという問題である。

それでは、こうした生涯学習をめぐる問題を乗り越えるにはどうしたらよいだろうか。本稿は、この課題について試論を展開するにあたり、先行研究（Laruffa 2020, Bonvin and Laruffa 2019）の示唆を受け、ケイパビリティ・アプローチ(1)(Sen 1980, 1999：Robeyns 2017）を手がかりに社会的投資戦略を批判的に考察する。続いて、その代案となるケイパビリティの向上のための社会政策の枠組みを援用し、ケイパビリティの向上のための生涯学習について検討する。この検討に入る前に、本稿で扱う問題の所在について把握するため、一九六〇年代から現在までの生涯学習の国際的な動向について、主にElfert and Rubenson（2023）をもとに、適宜ほかの文献も参照しながら整理するとともに、その動向に社会的投資戦略の影響を読み取ることから始めよう。

日本では、社会政策や教育政策で社会的投資という言葉が直接用いられてはおらず、ヨーロッパ諸国のように社会的投資戦略の政策体系が導入されているわけではないが、近年、「人への投資」という言葉により人的資本投資は重視されている（Miura and Hamada 2022）。「人への投資」は、「経済財政運営と改革の基本方針（骨太方針）」（二〇一五年、二〇二二年、二〇二三年、二〇二四年）や「第四期教育振興基本計画」（二〇二三年）で言及されている。そのため日本の生涯学習についても、社会的投資戦略のもとで生じているのと類似の問題が生じる可能性には留意が必要である。本稿の国際的な動向に基づいた検討が日本に与える示唆については最後に述べる。

2　生涯学習の国際的な動向と社会的投資戦略

生涯学習の四つの世代

一九六〇年代から現在に至る生涯学習の動向について、Elfert and Rubenson（2023）は四つの時期に分類してそれぞれの特徴を説明している。その分類では、一九六〇年代と一九七〇年代が第一世代、一九八〇年代が第二世代、一九九〇年代から二〇一〇年代半ばが第三世代、そしてＳＤＧｓ（Sustainable Development Goals：持続可能な開発目標）の一つに生涯学習の機会の促進が掲げられた二〇一五年以降が第四世代とされる。本節では、Elfert and Rubenson（2023）とそのほかの文献を参照しながら、社会的投資戦略のもとで人的資本投資としての生涯学習が重視されるようになる経緯を概観する。

第一世代の一九六〇年代と一九七〇年代は、ユネスコとＯＥＣＤによる二つの異なる生涯学習の捉え方が併存していた時期である。冒頭で述べたようにユネスコは、人間の主体形成と人間が尊厳をもって主体的に生きる平等で民主的な社会の形成（以下、「人間の主体と社会の形成」とする）を目指した生涯学習（当時は生涯教育）を提唱し、国際的に大きな影響力をもった（Elfert 2018）。ユネスコの報告書『未来の学習（Learning to Be）』（Faure 1972）はこうしたユネスコの生涯学習の捉え方を発展させる出発点となった。

それに対し、経済成長を目的とするＯＥＣＤが、経済協力開発機構条約（ＯＥＣＤ条約）には教育への言及がないにもかかわらず教育に関与するようになったのは、教育拡大が経済成長の要因になるとともに、教育の費用は個人に生涯所得の増加という私的収益をもたらし、社会全体には税収の増加や失業率の低下などの社会的収益をもたらすという経済学の知見に依拠したからである。ただし、同条約の前文に明記されているとおり、ＯＥＣＤは経済成長を通じて全般的な福利が向上することも想定しており、逆に言えば、全般的な福利を向上させるという最終目的のもとで経済成長を重視している面もあった（Papadopoulos 1994）。また、この時期は社会経済的な不平等とそれによる教育機会の不平等、その結果としての能力の未開発の問題（社会経済的に不利な家庭の出身者において就学が不十分なために、能力開発が不十分となっている問題）が顕在化していたため、政府主導による人的資本投資はそうした不平等問題の解決手段になることが期待された（Rubenson 2015）。

この時期に先進国で推進されたのは後期中等教育段階と高等教育段階の教育拡大であり、人口動態と教育需要を考慮に入れた量的な予測に基づく教育計画の立案が課題となっていた（Papadopoulos 1994）。一九七〇年代半ば、教育拡大とともに高等教育修了者の供給過剰が生じるようになると、労働市場の需要に対応した教育計画の難しさに直面し、ＯＥＣＤは教育供給を長期間に分散させる観点からリカレント教育の概念を提案した。成人が生涯にわたり必要なときに教育を受けられるように、余暇と仕事の時間の調整、教育、社会、文化、経済に関する様々な政策間と、学校教育、職業教育、社会教育の供給主体間に連携を求める構想である（Rubenson 2015）。この意味でのリカレント教育はＯＥＣＤ加盟国で実際に導入されるに至らなかったばかりか、積極的に検討されることもほとんどなかったが、教育に関するＯＥＣＤ独自の提案という意味で象徴的である。

第二世代の一九八〇年代は世界同時不況と新自由主義の影響下にあり、この時期の生涯学習の推進は、人的資本投資、経済成長、雇用可能性、さらには経済構造改革や国際競争力向上といった目的で行われた。また、それ以前とは異なり、政府が人的資本投資における主導的な役割を手放し、市場に委ねる議論も進められた。それにより市場メカニズムを通じた効率的な教育の供給が目指されたことに加え、生涯学習の内容や求められるスキルの定義において産業界が特権的な役割を果たすようになった（Rubenson 2002）。ＯＥＣＤは、技術革新が教育需要を拡大するという新たな経済学的理論にも依拠し、ますます教育と経済を強く結びつけ、その観点から生涯学習を推進した（Rubenson 2015）。

第三世代の始まりである一九九〇年代、冷戦の終結を契機とした人権意識の高まりを背景に、新自由主義のもとで発生した様々な社会問題の解決に向け、生涯学習の重要性が認識されるようになった。欧州連合は、政府と市場の役割分担についてバランスの取れた見方を提案したが、これは社会政策あるいは福祉国家の改革における「第三の道」（Giddens 1998）として提唱された社会的投資戦略と合致するものである。すなわち、人的資本投資による経済成長を重視するが、新自由主義とは異なり、貧困や不利の世代間連鎖や雇用への障壁のせいで苦境に陥っている人々を包摂しようと、社会正義への配慮も示していた。

この時期にＯＥＣＤは報告書『全ての人のための生涯学習（Lifelong Learning for All）』を刊行し、知識基盤経済に対応しながら経済成長を目指すための人的資本投資の重要性を主張した。生涯学習についても「特に失業に対して現金給付を行うような受動的なアプローチから、人的資本の形成と個人の心理的社会的福利に直接貢献する積極的な政策へ」（OECD 1996：91. 著者訳）と述べ、ＯＥＣＤが社会的投資戦略について明示した報告書である。生涯学習の推進における政府の役割についての再考も見られるが、多分に第二世代の関心を受け継いだ内容である。また、投資の枠組みでの議論であるため、投資効果のない（あるいは測定されない）教育や学習は投資の対象として重視されていない。

これに対してユネスコは、新自由主義に対抗する視点を加えながら、ユネスコの伝統とも言える人間を尊重する思想に基づいた生涯学習（Elfert 2018）の重要性を改めて説く報告書『学習：秘められた宝（Learning: The Treasure Within）』（Delors et al. 1996）を刊行した。そこでは「知ることを学ぶ（learning to know）」「為すことを学ぶ（learning to do）」「共に生きることを学ぶ（learning to live together）」「人間として生きることを学ぶ（learning to be）」という学習の四本柱が掲げられた。中でも、「共に生きることを学ぶ」は、前の報告書『未来の学習』で示された生きるために学ぶという考え方がやや個人主義的であった点を乗り越え、自分とは異なる他者を理解すること、共通の課題に向けて協働すること、不可避な対立に知的、平和的に対処することといった、多様な他者とともに生きるための学びの重要性を提起するものである。

第三世代には新自由主義が批判の的になり、第二世代に比べてユネスコの影響力が回復したとはいえ、引き続き人的資本投資としての生涯学習が優先されていたと解釈される（Elfert and Rubenson 2023）。なぜなら、OECDの関心が次第に生涯学習（あるいは成人教育）そのものよりも成人のスキル(2)へと移っていったためである。一九九〇年代から二〇一〇年代初めにかけてOECDが実施した成人のリテラシーやスキルに関するいくつかの国際調査では、学習のアウトカムであるリテラシーやスキルが主な測定対象となり、成人がどのような教育を受けているか、どのような学習を行っているかについてはわずかしか、あるいはほとんど測定されていない。そのため、それらの国際調査から生涯学習や成人教育への示唆を得ることは難しい。にもかかわらず、調査に参加した各国では、そうした調査が生涯学習や成人教育のカリキュラム開発や評価の枠組みについての影響力をもつという逆説的な状況が生まれた（Rubenson 2015）。その中で、雇用可能性を高めるスキルを習得するための生涯学習は促進されるが、人間の主体と社会の形成のための生涯学習が普及する余地は狭められていることに留意が必要である。なお、前述の国際調査のうち最も代表的なものがPIAAC（Programme for the International Assessment of Adult Competencies：国際成人力調査）である。

第四世代は二〇一五年以降、SDGsの一つとして生涯学習の機会の促進が掲げられてから現在に至る時期である。SDG4「すべての人に包摂的かつ公正な質の高い教育を確保し生涯学習の機会を促進する」の達成に向けた『教育2030行動枠組み』（二〇一五年採択）では、教育の役割として人権の尊重や民主主義の促進も挙げられており、第四世代ではユネスコの概念化した生涯学習が再び重視される兆しもある。しかし、Elfert and Rubenson（2023）は、このように楽観的には評価していない。SDGsでも、それ以外の国際機関の報告書でも、生涯学習についての測定可能な狭いアウトカムのみに注目が集まるようになり、民主的な対話が促されやすいノンフォーマル教育やインフォーマル教育を通じた学習については、測定が難しいため見過ごされる傾向がある。また、生涯学習が永続的な訓練、アップスキリング、リスキリングとしてのみ把握される方向へと変化していると指摘している。

社会的投資戦略と生涯学習

ＯＥＣＤは一九八〇年代に新自由主義に依拠していたが、一九九〇年代半ば、新自由主義が約束どおりの経済成長や社会の発展を果たすことに失敗しているという現実を直視し、社会的投資戦略のもとで結束するようになった（Jenson and Mahon 2022）。社会的投資戦略とは、低所得者や失業者への直接的な所得再分配（社会的保護）よりも、人的資本投資と雇用促進、それを通じた所得増加による間接的な所得再分配（社会的投資）を重視する、福祉国家改革の戦略である。ケインズ主義的福祉国家は貧困状態にある人々の生活改善のために十分に機能していないとする社会民主主義と、ますます拡大する福祉国家の維持は経済成長にとって足かせだとする新自由主義や保守主義との間に形成された第三の道である。この戦略のもとで直接的な所得再分配は、人的資本投資と組み合わせられることもあるが、人的資本投資や雇用促進を通じて所得増加を図れれば不要になるとして、人的資本投資に置き換えられることもある（Laruffa 2020）。

第二次世界大戦後のケインズ主義的福祉国家は、男性の正規雇用者が家族を養うという男性稼ぎ主モデルを前提に成り立っていた。基本的には男性が賃金労働に、女性が家庭で育児などに従事し、男性が低所得あるいは失業中の場合には、彼らに支給される社会扶助や失業手当でその家族の女性や子どもの生活も支えられた。しかし、一九八〇年代以降、社会経済的な構造変化にともない、生活困難を引き起こす様々な未経験の社会課題が発生した。共働き世帯の育児と仕事の両立、ひとり親世帯、高齢者や障害者のケア、スキルの低い労働者の低賃金労働や失業、非正規雇用者への不十分な社会保障である。これらの社会課題は「新しい社会的リスク」と呼ばれる（Bonoli 2013）。これらに対して従来の社会政策では対応できないため、社会的投資戦略のもとで新たな社会政策が導入された。

人的資本投資は社会的投資戦略の中核であり、生涯にわたる人的資本投資が強調され、成人を対象とした教育や職業訓練にも重要性が見出されている（Morel et al. eds. 2012：Bonoli 2013）。スキルの低いとされる労働者が基本的なスキルを向上させるためにも、知識基盤経済で求められる新たな知識やスキルを習得して雇用を維持するためにも、成人が学習に参加することは重要だとされる。ただし、投資効果の大きさの観点から最も重視されているのは、就学前の幼児教育・保育への投資である（Esping-Andersen et al. 2002）。また、ＰＩＡＡＣのデータ分析結果から、高等教育修了者のほうが未修了者に比べて成人期に学習への参加意欲が高い傾向が明らかにされている（OECD 2021）。そのため、生涯学習の促進の観点でも学校教育や就学前の時期から子どものスキルを高めることが有効だという論理が支持される。なお、幼児教育・保育の拡充は乳幼児を養育する親の雇用促進のためにも必要とされている。

二〇〇八年のリーマンショック以降に生じた中間層の所得の低下と若年失業の増加による不平等の拡大を背景に、ＯＥＣＤは二〇一〇年代に包摂的成長イニシアチブを始動させた。所得の不平等と機会の不平等が長期的な経済成長の見通しを弱体化させるとの認識により、「全ての部門の人々に機会を創出し、繁栄の増大による利益を、金銭的な意味でも非金銭的な意味でも、社会全体で公平に分配する経済成長」（OECD 2014：80．著者訳）である包摂的成長が必要だという。包摂的成長イニシアチブでは、経済成長の条件として生涯を通じた人的資本投資が重視される。不平等の縮小や多元的な福利の向上がますます重視されるようになっているが（Jenson and Mahon 2022）、人的資本投資が重視される点は社会的投資戦略と共通する。そのため、次節で行う社会的投資戦略についての考察は、包摂的成長イニシアチブにもあてはまると考えられる。

3　ケイパビリティ・アプローチを手がかりとした社会的投資戦略の批判的考察

新自由主義と異なり社会的投資戦略においては、政府も人的資本投資に責任をもつことになっている。また、「社会的」投資戦略というだけに、経済成長以外の社会的な課題解決（見返り）が謳われている。そのため、社会的投資戦略の何が問題か、新自由主義の問題に比べるとわかりにくい部分も多いと考えられる。そこで、Laruffa（2020）とBonvin and Laruffa（2019）の議論を参照し、ケイパビリティ・アプローチを手がかりとして社会的投資戦略の特徴を理解し、それを批判的に考察する。その中で、社会的投資戦略の問題を乗り越える代案として、ケイパビリティの向上のための社会政策の考え方を示す。

人間の目的と経済成長について

ケイパビリティ・アプローチでは、人間の究極の目的は、個人が自ら価値があると考える行動や状態を実現することだと捉えられる（Sen 1999, 2009）。すなわち、所得（資源）や幸福（効用）の最大化を目指す伝統的な経済学理論に対して代替的な考え方を提示している。所得は人間の生活や人生にとって重要な手段であり必要ではあるが、最終目的ではないため、ただ所得を得るだけでは不十分である。国の経済的な豊かさについても同様である。従来、各国の開発の程度はＧＤＰ（Gross Domestic Product：国内総生産）で測定されてきたが、重要なのはＧＤＰそれ自体ではなく、人々が実際にどのような状態にあり、何ができるかである。その点に着目して開発の程度を捉えるため、国連開発計画では、「人々の選択肢（自由）を拡大するプロセス」と定義される「人間開発」の概念が用いられている。この人間開発の概念には、人権や基本的ニーズ・アプローチなどとともに、ケイパビリティ・アプローチが大きな影響を与えている（Robeyns 2017）。

これに対し、社会的投資戦略においては経済成長（ＧＤＰの上昇）が主要な目標となっている（Morel et al. eds. 2012）。知識が生産性向上と経済成長の要因となる知識基盤経済において、人的資本投資と雇用促進を担う社会政策は生産的であるとみなされる。これは、社会政策を、経済成長を停滞させる費用とみなす新自由主義とは決定的に異なる点である。しかし、経済成長が主要な目標となるため、経済成長の要因とは無関係、あるいは経済成長を抑制するとみなされるならば、人間の生活にとっては重要な社会政策への支出も抑制されやすくなることが懸念される。

ケイパビリティとは、それぞれの個人が自ら価値があると考える行動や状態（「機能」と呼ばれる）を実現する自由あるいは機会のことで、実際には実現されなかったとしても、本人が望めば実現可能となる場合にケイパビリティがあるとみなされる。ケイパビリティ・アプローチでは、そうしたケイパビリティに加え、後述のとおり、ケイパビリティの中から何を選ぶか主体的に意思決定する自由がある場合に、実質的に機会が保障されていると捉えられる。しかし、社会的投資戦略で着目されている機能は労働市場参加に限定されており、それ以外の機能（例えば育児・介護への専念や政治活動への参加）の実現に関わるケイパビリティについては視野に入れられていない。

ケイパビリティの向上のための社会政策では次の点が重視される。まず、労働市場に参加するか否かを、（所得を得る唯一の手段であるから、ではなく）主体的に意思決定できるようになるには、労働市場に参加する以外にも生活に必要な所得を得る方法が確保されている必要がある。さらに、雇用の中で主体的に意思決定する自由が認められる、良質な雇用機会が十分に用意されている必要がある（Laruffa 2020）。

実は社会的投資戦略を支持する研究者は社会的投資戦略をケイパビリティ・アプローチにも依拠した社会政策の構想だとみなしていることが多い。例えばMorel et al. eds.（2012）は社会的投資戦略の鍵となる原則の一つがケイパビリティ・アプローチだと明示し、またそこに寄稿する多くの研究者は、教育や労働市場への参加を、単に所得を得ることを超えた価値ある行動や状態と捉え、ケイパビリティの概念を度々引用している。また、Hemerijck（2017）もケイパビリティ・アプローチに着想を得て、単に所得再分配を行う福祉国家に代わり、人々に能力を与え、経済に参加する機会を拡充する福祉国家を建設すべきだと主張する。

しかし、Laruffa（2020）が指摘するように、そのようなケイパビリティ・アプローチの適用は不適切だと考えられる。先述のとおり、社会的投資戦略では教育と労働市場に参加するという機能とそのケイパビリティの概念が用いられているため、ケイパビリティ・アプローチが適用されているという誤解が生じるのかもしれない。確かに、ある考え方の体係をケイパビリティ・アプローチだとみなすための条件の一つは、機能とケイパビリティの概念が用いられていることである。しかし、その条件はほかにもあり、例えばケイパビリティの幅に影響を及ぼす人々の特性や背景の多様性と、ケイパビリティの中から何を選ぶか主体的に意思決定する自由を明示的に考慮に入れることも、ケイパビリティ・アプローチには不可欠である（Robeyns 2017）。社会的投資戦略とケイパビリティ・アプローチが混同されるとき、後者の条件が見落とされていると推察される。

人間の多様性と行為主体性について

ケイパビリティ・アプローチでは、「資源」の所有状況のみならず、「資源」が機能へと変換される可能性にも着目する。そしてこの変換可能性は、人々が元来多様であるだけではなく、人々が置かれている境遇も多様であるために多様となる。変換可能性に影響する要因には、個人の属性や特性、社会の制度や規範、自然環境を含めた物理的な環境が挙げられる。「資源」が用意されることに加え、「資源」の機能への変換可能性が保障されているとき、実現可能な選択肢であるケイパビリティがあるとみなされる（Robeyns 2017）。

ケイパビリティの中からどの機能を実現するか選択するときには、主体的に意思決定する自由が必要なことは既に述べたが、これは行為主体性と言い換えられる（Alkire and Séverine 2010, Robeyns 2017）。Sen（1999）の定義にならえば、行為主体性は自ら価値あると考える基準に沿って意思決定する自由と捉えられる。そのため行為主体性をもつには、まず、自分にとって何が価値あることか、その人自身が自由に考えられる状況になければならない。すなわち、自由に考えるのを妨げる制約や強制が取り除かれていること、それとともに自由に考えるのを助ける環境や支援が確保されていることが条件となる。この点に着目するのは、自らの境遇に適応した好みである「適応的な選好」が形成されることもあるためである（Robeyns 2017）。特に、現在の行動や状態が過去に経験した社会経済的な不利の影響と関連する場合には、それをその人の主体的な意思決定の結果だとみなすのではなく、「適応的な選好」が影響した可能性を推定する必要が生じる。社会正義の観点からは、その人がどのような生活や人生を追求するか考えるための環境づくりや支援についても視野に入れる必要がある（Burchardt 2009）。教育や学習もそのために重要な役割を果たす。

前述の変換可能性への着目は、ケイパビリティの欠乏や不平等に、個人の力では容易に変化させられない構造的制約の影響もあることを概念的に可視化する。そしてその構造的制約を一つひとつ克服することが課題として浮かび上がる。すなわち、社会的投資戦略で強調されるように、人的資本投資を通じて個人が知識やスキルを習得するだけでは、人々の生活や人生の選択肢が十分に良質なものになるとは限らない。また、先ほども述べたように、社会的投資戦略のもとでは労働市場への参加という機能に価値が置かれ、それを前提として社会政策が立案・実行されるが、多様な全ての人々がそれぞれの価値に基づいて生きるのを助ける社会政策が展開されるわけではない。ケイパビリティの向上のための社会政策では人間の多様性と行為主体性が重視され、政府や社会の大多数の人々が価値を置く機能の実現ではなく、個人にとって自ら価値があると考える機能の実現が重要であることが考慮に入れられる。

教育政策の役割について

ここまでの議論から、人々が自ら価値あると考える生活や人生を送ることは、社会的投資戦略の一環である人的資本投資や労働市場参加の推進と、それにより達成される経済成長のみによっては不可能なことが明らかだと考えられる。そのため社会的投資戦略に代わる、ケイパビリティの向上のための社会政策が求められることを示してきた。こうした社会政策を、人々の行為主体性の発揮と民主的な熟議を通じて目指すならば、人々は自ら価値あると考える基準に沿って意思決定できるだけでなく、自分とは異なる他者を尊重し、他者との対話や協働を行える主体になる必要もある。しかし、社会的投資戦略のもとでは、労働市場参加とは関係のない、そのような主体形成を促す教育が過小評価されてしまう（Bonvin and Laruffa 2019）。

社会的投資戦略において教育政策の役割は基本的に経済成長につながる人的資本投資の推進であるが、ケイパビリティ・アプローチでは多岐にわたる役割が教育政策に期待される。このことを、Robeyns（2006）による教育政策の目的に基づく分類である、権利モデル、人的資本モデル、ケイパビリティ・モデルの三つに照らして確認しよう。このうち社会的投資戦略で推進されるのは、個人的にも集合的にも経済的成果を達成するための手段的役割を教育に見出す、人的資本モデルの教育政策である。これに対し権利モデルとは、人権を重視し、学習権の保障の観点から一人ひとりへの教育機会の保障を目指す規範であり、教育や学習には人間にとって本質的な意義があるからこそ、その機会を全ての人に保障すべきだとされる。ケイパビリティ・モデルは、ケイパビリティの向上と平等化を最も重視する規範であり、その規範においては教育の本質的な意義と手段的な役割の両方が重視される。手段的役割としては人的資本モデルのように経済的成果を達成するための役割だけでなく、社会的・政治的な対話に参加できる主体の形成や、そうした対話が促進され、多様な価値観をもつ個人が共存する寛容な社会の形成といった、社会的成果を実現するための役割も含まれる。主体形成は、知識・スキルの習得、意思の表現や決定の経験、批判的思考と公共的理由づけを通じた価値観形成（Unterhalter 2010：Peppin Vaughan and Walker 2012）により促されると考えられ、教育政策にこれらの学習や経験の機会を保障することが求められる。ケイパビリティ・モデルに基づく教育の役割を視野に入れるならば、社会的投資戦略のもとで重視される教育の役割が極めて狭く、それによりどれだけの可能性が忘却されるかがわかるだろう。

ユネスコは主に権利モデルのもとで教育政策と生涯学習を推進してきたと整理できるが、ユネスコが概念化した人間の主体と社会の形成に資する生涯学習は、ケイパビリティ・モデルで重視される社会的成果を実現する役割にも着目したものと解釈できる。その点で、ユネスコの思想は人的資本モデルとは対立するが、ケイパビリティ・モデルとは重複する部分があり、補完し合えると考えられる。ケイパビリティ・モデルには法的な根拠が与えられていない弱点があるため、ケイパビリティ・モデルを、人権の尊重という法的な根拠を前面に出して推進することが有効だという議論もある（Robeyns 2006）。

4　ケイパビリティの向上のための生涯学習

第2節で生涯学習の国際的な動向を概観して社会的投資戦略の影響の大きさを確認した。続いて第3節では社会的投資戦略における人的資本投資の推進について、ケイパビリティ・アプローチを手がかりに、すなわち人々が自ら価値あると考える生活や人生を送るための機会を保障する観点から、批判的に検討した。それらの議論から、社会的投資戦略に基づく生涯学習の推進には次の三つの問題があると示唆される。

第一に、経済成長を生涯学習の目的とするため、経済成長に役立たない、投資効果のない（測定されない）学習は軽視されがちになることである。ケイパビリティ・アプローチを手がかりとすれば、経済成長とは関係のない学習の中に、人間の主体と社会の形成にとって重要なものが多くあるにもかかわらず、である。第二に、知識基盤経済に備える、適応するという考え方に見られるように、人間が社会を改善する主体とみなされるのではなく、不可避と予測される経済の変化に翻弄される客体として扱われ（見方を変えて「変化に対処する主体」（OECD 2021：23）と捉えられることもあるが）、その前提で生涯学習の内容や方法が提示されることである。第三に、第二の点とも関連するが、少なくとも一部の人々にとっては雇用契約の短期化の広がりも影響し、次の仕事に就くために頻繁に新しいことを学習するよう強いられ、それを拒めば極めて基本的な生活を送ることすら困難になることである。

ケイパビリティの向上のための生涯学習は、前節で示したケイパビリティ・モデルの教育政策、すなわち学ぶことの本質的な意義、経済的な手段的役割、社会的な手段的役割の全てを重視する教育政策により推進されるものだろう。そこには、社会的投資戦略のもとで過小評価されている、人間の主体と社会の形成に資する生涯学習、つまりユネスコが概念化した生涯学習も含まれる。またそのような学習は、自分の思考、意思の表示や表現のために必要なだけでなく、他者を理解しようとするためにも重要であるため、個人単位で行われるよりも他者とともに対話的に行われることが有意義だと考えられる（Rubenson 2002）。

社会の改善に取り組む意識の形成に資する学習は、子どもの時期だけではなく、生涯を通じて行う意義があることを示唆する知見もある。より平等な社会を民主的に築く重要性を踏まえ、不平等に立ち向かう意識の持続と変化についてパネルデータを用いて分析した結果（卯月 二〇二一）から、高校三年時に不平等に立ち向かうことを重要と考えていた人ほど、三〇代初期にもそれを重要と考える傾向があるが、その意識は二〇代から三〇代にかけて全体として弱まることが明らかになった。一方、三〇代初期の時点で読解力をより頻繁に使用する人は、高校三年時の意識とは独立に、不平等に立ち向かう意識が高まっていることから、社会問題に関する情報を読み解くなどの成人期の学習にも社会の改善に向けた意識を形成する契機を見出せる。人間の主体と社会の形成に資する学習の機会は、生涯を通じて開かれる必要がある。

先述の第二と第三の問題は、ケイパビリティの向上のための生涯学習では回避されることが期待される。ケイパビリティの向上のための生涯学習の概念において、経済的成果が不要とされるわけではないが、社会的投資戦略とは異なる形で経済的成果を達成し、それを多様な人々に行き渡らせる戦略が求められる。それにより、知識基盤経済や雇用契約の短期化に適応する学習への圧力を回避することが重要である。

そのためにはケイパビリティの向上のための社会政策を通じて生活の逼迫（金銭的にだけでなく、時間的にも精神的にも追いつめられる状況）が緩和されることも重要である。しかし、そのような社会政策は言うまでもなく自然発生するものではなく、前節で述べたように人々の行為主体性の発揮と民主的な熟議が必要である。そのための主体形成は、ケイパビリティの向上のための生涯学習の重要な目的の一つである。そして、困難な境遇にある当事者のみが社会政策の改善を要求するのではなく、直接は困難を経験していない人々が一緒に考え、改善に取り組むためにも、前述のように他者とともに学ぶことが重要だろう。さらに、雇用契約の短期化で生活が逼迫する人々がいる一方、そこから利益を得ている雇用主や資本家にはどのような責任を果たすことが求められるだろうか。少なくとも雇用主や資本家にも、他者を理解し、尊重するために、自らの責任を振り返る契機となる生涯学習の機会が開かれるべきだろう。

5　おわりに――日本への示唆

本稿は、国際的な生涯学習の動向から社会的投資戦略の影響力の大きさに着目し、ケイパビリティ・アプローチを手がかりとして、社会的投資戦略のもとでは人間の主体と社会の形成に資する生涯学習が過小評価される問題を批判的に検討した。また、その問題を克服する可能性をもつ代替案として、ケイパビリティの向上のための生涯学習を考える際の論点を挙げた。

日本では近年、第1節で述べたように「人への投資」が重視されている。自由民主党が進める「人への投資」は主に企業や個人が行う経済的収益のみをねらった人的資本投資であり、ヨーロッパ諸国で展開したような社会的保護から人的資本投資へと比重を移すような福祉国家改革の動きは起きていない（Miura and Hamada 2022）。もっとも、日本はヨーロッパ諸国とは異なり、福祉国家の成立当初から福祉の実現に教育を活用し、「個人の経済的自立をつうじた社会的統合と包摂を志向する『能力開発国家』だった」（森 二〇二〇：二二）と論じられる。二〇一三年に公表されたPIACの調査結果（国立教育政策研究所編 二〇一三）から、日本の一六歳から六四歳までの成人の読解力と数的思考力が国際的に見て非常に高いことが示されたのも、その証左だろう。むしろ福祉国家としての課題は、経済成長の足かせになるどころか少なすぎる社会的保護の拡充にあると考えられる。そのため日本の福祉国家改革として、ヨーロッパ諸国と同じ方向で社会的投資戦略を推進することは、おそらく社会的投資戦略の支持者にとっても合理性を認めにくいはずである。しかしだからといって、生涯学習について、本稿で検討してきた問題に日本が無縁でいられると考える根拠は見あたらない。

二〇二三年に閣議決定された「第四期教育振興基本計画」では、Society 5.0との関連で「人への投資」への言及があり、これは「成長への源泉」と位置づけられ、これを通じて「成長と分配の好循環」を生み出すための効果的な教育投資が目指されている。ここには包摂的成長と類似した考え方が読み取れる。もちろん、教育基本法第三条には生涯学習の理念について、「国民一人一人が、自己の人格を磨き、豊かな人生を送ることができるよう」と書かれ、決して日本では生涯学習が人的資本投資を重視する規範のみで推進されているわけではない。しかし、国際的な生涯学習の動向から見えてくるのは、ユネスコが行ってきたように、人間の主体と社会の形成に資する生涯学習を概念化できたとしても、人的資本投資としての生涯学習が優勢となる力学の存在である。そのため、教育政策で「人への投資」に言及されたことが生涯学習に及ぼす影響について慎重に注視していく必要がある。

人的資本投資としての生涯学習に対し、人間の主体と社会の形成に資する生涯学習が併存しつつも影響力をもつことが困難だった歴史を踏まえ、本稿は後者を重視するためにケイパビリティの向上のための生涯学習という概念に可能性を見出した。この概念により目指されるのは、人的資本とケイパビリティの併存や折衷ではなく、目的と手段の区別と適切な優先順位づけである。教育政策や生涯学習の上位目的は人間の自由と尊厳であり、経済成長はその手段の一つにすぎない。ユネスコが概念化した人間の主体と社会の形成に資する生涯学習を、ユネスコが重視してきた人権の尊重という方法を活用しながらも、より包括的なケイパビリティの向上のための生涯学習を追求する中で実現することが期待される。

●註

1　ケイパビリティ（capability）は日本語で「潜在能力」と訳されることも多い。『広辞苑』（第7版）によると、日本語の「能力」には「物事をなし得る力。はたらき。」という意味があり、必ずしも人間に内在する能力だけを指すわけではない。そのため、「潜在能力」という言葉は、環境要因も含めた実現可能性を意味するcapabilityの意味を適切に表し得ると思われる。しかし、教育の分野で「能力」「潜在能力」というと、人間に内在する能力に限定して受け取られやすい。そこで、耳慣れないというデメリットはあるが、誤解や混同を避けるためにケイパビリティという片仮名表記を訳語とする。

2　OECDが定義するスキルとは、責任を果たし得る方法で目標達成の手順を実行し、自らの知識を使用する能力（ability）と力量（capacity）のことである（OECD 2019）。

●引用文献

Alkire, Sabine and Séverine Deneulin（2010）'The Human Development and the Capability Approach', Séverine Deneulin, Lila Shahani eds., *An Introduction to the Human Development and Capability Approach: Freedom and Agency*, Earthscan.

Bonoli, Giuliano（2013）*The Origins of Active Social Policy: Labour Market and Childcare Policies in a Comparative Perspective*, Oxford University Press.

Bonvin, Jean-Michel and Francesco Laruffa（2019）'Education as Investment? A Comparison of the Capability and Social Investment Approaches to Education Policy,' Mara Yerkes, Jana Javornik and Anna Kurowska eds., *Social Policy and the Capability Approach: Concepts, Measurements and Application*, Policy Press.

Burchardt, Tania（2009）'Agency Goals, Adaptation and Capability Sets,' *Journal of Human Development and Capabilities*, 10（1）: 3-19.

Elfert, Maren（2018）*UNESCO's Utopia of Lifelong Learning: An Intellectual History*, Routledge.

Elfert, Maren and Kjell Rubenson（2023）'Lifelong Learning: Researching a Contested Concept in the Twenty-First Century,' Karen Evans, Wing On Lee, Jörg Markowitsch and Miriam Zukas eds., *Third International Handbook of Lifelong Learning*, Springer.

Esping-Andersen, Gøsta, Duncan Gallie, Anton Hemerijck and John Myles（2002）*Why We Need a New Welfare State*, Oxford University Press.

Faure, Edgar et al.（1972）*Learning to Be: The World of Education Today and Tomorrow*, UNESCO/Harrap.
Delors, Jacques et al.（1996）*Learning: The Treasure Within, Report to UNESCO of the international commission on education for the twenty-first century*, UNESCO.
Fields, John（2010）'Lifelong learning,' Penelope L Peterson, Eva Baker and Barry McGaw eds., *International Encyclopedia of Education, 3rd edition, Elsevier*.
Giddens, Anthony（1998）*The Third Way: The Renewal of Social Democracy*, Polity Press.
Hemerijck, Anton（2017）'Social Investment and Its Critics,' Anton Hemerijck ed. *The Uses of Social Investment*, Oxford University Press.
Jenson, Jane and Rianne Mahon（2022）'Multiple Sources of the Social Investment Perspective: The OECD and the World Bank,' Julian L. Garritzmann, Silja Häusermann, Bruno Palier eds., *The World Politics of Social Investment*（*Volume I*）: *Welfare States in the Knowledge Economy*, Oxford University Press.
国立教育政策研究所編（二〇一三）『成人スキルの国際比較：ＯＥＣＤ国際成人力調査（ＰＩＡＡＣ）報告書』明石書店。
Laruffa, Francesco（2020）'What is a Capability-enhancing Social Policy?: Individual Autonomy, Democratic Citizenship and the Insufficiency of the Employment-focused Paradigm,' *Journal of Human Development and Capabilities*, 21（1）: 1-16.
Mahon, Rianne（2010）'After Neo-Liberalism?: The OECD, the World Bank and the Child,' *Global Social Policy*, 10（2）: 172-192.
Miura, Mari and Eriko Hamada（2022）'The Quiet Diffusion of Social Investment in Japan: Toward Stratification,' Julian L. Garritzmann, Silja Häusermann and Bruno Palier eds., *The World Politics of Social Investment*（*Volume II*）*The Politics of Varying Social Investment Strategies*, Oxford University Press.
Morel, Nathalie Bruno Palier and Joakim Palme eds.,（2012）*Towards a Social Investment Welfare State?: Ideas, Policies and Challenges*, Policy Press.
森直人（二〇二〇）「近現代日本の国家・社会と教育の機能」『社会政策』一二（一）：一二～二六頁。

OECD (1996) *Lifelong Learning for All: Meeting of the Education Committee at Ministerial Level, 16-17 January 1996*, OECD.
OECD (2005) *Promoting Adult Learning*, OECD.
OECD (2014) *All on Board: Making Inclusive Growth Happen*, OECD.
OECD (2019) *OECD Future of Education and Skills 2030 Conceptual Learning Framework: Skills for 2030*, OECD.
OECD (2021) *OECD Skills Outlook 2021 : Learning for Life*, OECD Publishing.
Papadopoulos, George S. (1994) *Education 1960–1990: The OECD Perspective*, OECD.
Peppin Vaughan, Rosie and Melanie Walker (2012) ‘Capabilities, Values and Education Policy,’ *Journal of Human Development and Capabilities*, 13 (3) : 495-512.
Robeyns, Ingrid (2006) ‘Three Models of Education: Rights, Capabilities and Human Capital,’ *Theory and Research in Education*, 4 (1) 69–84.
Robeyns, Ingrid (2017) *Wellbeing, Freedom and Social Justice: The Capability Approach Re-examined*, Open Book Publishers.
Rubenson, Kjell (2002) ‘Lifelong Learning for All: Challenges and Limitations of Public Policy,’ Proceedings of the Annual Conference of the Canadian Association for the Education of Adults. 〈https://files.eric.ed.gov/fulltext/ED478964.pdf#page=251〉（二〇二四年四月一〇日アクセス）
Rubenson, Kjell (2015) ‘Framing the Adult Learning and Education Policy Discourse: The Role of the Organization for Economic Co-operation and Development,’ Marcella Milana and Tom Nesbit eds., *Global Perspectives on Adult Education and Learning Policy*, Springer.
Sen, Amartya (1980) ‘Equality of What?,’ *Tanner Lecture on Human Values*, Stanford University.
Sen, Amartya (1999) *Development as Freedom*, Oxford University Press.
Sen, Amartya (2009) *The Idea of Justice*, Allen Lane.
Unterhalter, Ealine (2010) ‘Education,’ Séverine Deneulin, Lila Shahani eds., An Introduction to the Human Development and Capability Approach: Freedom and Agency, Earthscan.

卯月由佳（二〇二一）「社会の不平等に立ち向かう意識：高校三年時からの持続と変化」東京大学社会科学研究所パネル調査プロジェクトディスカッションペーパーシリーズ No.142。

［付記］本研究はＪＳＰＳ科研費 JP22K02058 の助成を受けたものである。

展望

万人のためのマイクロクレデンシャルを探る

国際文書とノンフォーマル教育の認証から

丸山英樹 MARUYAMA Hideki

Exploring Micro-Credentials for All
— From International Documents and the Recognition of Non-Formal Education

生涯学習とは学び直しだけであろうか。もちろん、そうではない。生涯学習には雇用に向けた準備も含まれるが、労働生活が始まる前の学習も後の学習も含まれる。多くの場合、仕事で成功するための準備は中等段階以降の正規の教育が中心となるものの、人生で成功するためには自己成長と心身の健康にむけた学習・教育が必要となる。人生一〇〇年時代には個人の興味・充実感・社会参加のための継続的な教育は魅力的となり、同時に課題ともなる（Gratton & Scott 2016）。そうした今後の社会では、生涯学習に対する需要が高まるだろう。だが、後述するように、それは一部の恵まれた人たちのものばかりになる危険性もある。

社会的・個人的な事情で学校へ通うことができなかった人や、大学を含めて進学先を「誤った」人にとって、公的な学歴はやり直す・取り戻すことのできない人生となるのだろうか。世界には、その社会に学校が無かったため通学できず、または事情があって通学を止めた人も少なくない。しかし、そうした人たちのために「セカンドチャンス」教育と呼ばれる教育が提供される制度も存在する(1)。

さらに、この十年で「マイクロクレデンシャル（micro-credentials：以下、「ＭＣ」）」と呼ばれる、学習内容を短期の教育プログラムとして提供し、小さな「資格」を付与する仕組みが増えている。グローバル化で人の流動性が高まると、ニーズの高い学習を修了した証明書・資格の互換性がより求められるようになり、複雑で多段階にわたる非直線的な人生に適合するように政策は設計される必要がある（Orr et al., 2020）。学位よりも役立つ技能の方が現実的に求められるかもしれないという考えが広がり、伝統的な教育機関や制度を破壊する新たなビジネスモデルにもつながる（Østergaard & Nordlund, 2019）。既に学士号の有無を問わず、必要な技能・経験・能力で採用する米国の州もあり（野田 二〇二四）、特に変化の早い分野における市場もしくは自身の人生におけるニーズが高まっているのである。

だが、本稿で特に注目したいのは、持続可能な開発目標（ＳＤＧｓ）第四目標「すべての人々への包摂的かつ公正な質の高い教育を提供し、生涯学習の機会を促進する」で目指されているように、自身のための学習と公教育で学歴を蓄積できなかった層にとってのＭＣの役割と可能性である（Beverley 2022）。経済活動や学歴獲得における過度な競争によって自身の健康を害したり、そうした競争が現在の生きづらさを誘引しているのであれば、個人と社会のサステイナビリティが担保できていない状態と言えよう。そのため、自分自身が関心のあることを自由にいつでも学び、他方で移民・難民が移住先の公教育を経ていなくても社会上昇により公平に社会活動へ加わることのできる状況に向けたＭＣの可能性を捉えることに意味がある。まだＭＣは国際的に制度化しておらず、完全な互換性を担保できていないため、この議論は時期尚早かもしれない。だが、学校関係者以外が牽引する形で急速に組織化が進んでいることから、「生涯学習＝学び直し」と限定的な捉え方が一般化するように、「ＭＣ＝仕事に役立つ資格認証」という矮小化を避けるためには、論点整理が必要となろう。

というのも、より高い柔軟性をもって教育を提供できるＭＣは、不利な背景を持つ人々や教育システムへの（再）入学を断念した人々を含む新たな学習者に手を差し伸べることで、生涯学習への取り込みを促進するものとして推進されている（European Commission 2020）からである。今は高学歴層が生涯学習を継続させ、ＭＣ獲得にも積極的であるが、ETUC-ETUCEポジションペーパー（2020）は欧州委員会に継続的な教育予算の確保を訴えており、その理由を社会人のキャリア形成をより公平にし、失業者と「低技能」成人を支えるためであると示す。Buchananら（2020）も、教育制度は技能不足を補うことではなく、短期的・長期的な課題に対応できる教養ある市民を長期的に育成することに強みを発揮すると指摘する。

だが多くの場合、MCの提供手段となっている大規模公開オンライン講座（MOOCs）は、高等教育へのアクセスに恵まれない人々を対象にしていない。通常MOOCs学習者は学校卒業資格を既に持っており、専門的な知識と技能を高めるためにMOOCsを利用する。OECDは、個人・企業・経済が現在の社会変化の恩恵をどの程度活用できるかは、人々が社会人としてのキャリアを通じて適切な技能を開発・維持できるよう支援する国の成人学習制度に決定的に依存すると予測している。その制度の多くは不十分で、成人の五人に二人（四一％）しか教育・訓練に参加しておらず、技能向上が最も必要とされる人々の間での受講率は特に低いのである（OECD 2019）。

生涯学習の一部である日本の社会教育では、共に学ぶこと、地域社会の課題解決へとつなげる動きがあった。社会教育は、「国民が自ら学習に取り組み、国と地方公共団体がそのための環境を醸成することによって後押しする」という理念にもとづき、教育委員会、施設、人材、社会教育関係団体等によって振興されてきた（田中 二〇二〇）。一九四九年に交付施行された社会教育法第二条では「学校の教育課程として行われる教育活動を除き、主として青少年及び成人に対して行われる組織的な教育活動」を社会教育として定義している。また、ユネスコ（2021）は、生涯学習としての教育を人権であり、公共財・共通善であると強調し、さらには知識コモンズとしての位置づけと可能性を扱う。生涯学習をコモンズとして捉えると、MCは生涯学習においても今後より重要な位置づけになるかもしれない。

そこで本稿では、生涯学習とノンフォーマル教育の研究と視座を整理し、認証の位置づけと動態について最初に記す。そして、国際文書によって示されたMCの最新課題と対応策を示す。最後に、国内外の動向と今後の課題をまとめる。

1．ノンフォーマル教育とマイクロクレデンシャル

1　生涯学習とノンフォーマル教育

生涯学習は、就学前から退職後の学習も包括し、フォーマル、ノンフォーマルならびにインフォーマルな学習の全体を含む。学校教育と職業技術教育や成人教育など領域と人生ステージによって明確に区分せず、生活全般（life-wide）で継続的（lifelong）に行われるものである。学習者自身の成長と、社会成員の市民としての関与から、生涯にわたり行動すること・生きることがリテラシー、つまり知識・技能・能力を高める学習活動と呼ぶことができる。

だが、一九六〇年代からの人的資本論と企業活動で人的資源開発論が盛んになり、一九九〇年代半ばまでに生涯学習として統合されていった。そのため、現在みられるリカレント教育・学び直し（リスキリング、アップスキリング）の議論は生涯学習の一部に過ぎないが、企業活動や個人の昇給などリターンが、実際はともかく、見えやすいと認識されているため、また「不確実な時代にサバイバルが必要」といった言説によって、大きな存在感を持つ。

前記のように、生きることは学ぶことであるとデューイのように表現するならば、人と人または人と対象との間における相互作用すべてが、その人の生涯学習となる。そこから画一的な学校教育を除き、また教育意図の無い相互作用(2)を除いた部分をノンフォーマル教育（Non-formal Education：以下、「NFE」）と呼ぶ。NFEは、ある程度の構造化・組織化がなされ、教育意図を持つ相互作用である（太田・丸山 二〇二四）。「学校外教育」もNFEと重複するが、学校の中で展開される放課後の外部団体による補習授業も、また授業内で見られる参加型の学習もNFEであるため、NFEはより広い概念となる。OECD加盟国の高等教育機関の学位プログラムでない学習プログラムの多くは、NFEと分類されている。その特徴は、個人の生涯学習プロセスにおいて正規の教育課程を代替・補完する点にある。NFEによって得られた資格は、教育当局には正規の資格またはそれ相等と認められていない、または資格と認証されてい

ない（OECD/Eurostat/UNESCO Institute for Statistics 2015）。

フォーマル教育との関係を整理しよう。フォーマル教育とは、教育当局によって認められて（公的認証）、状況にかかわらず同質・同様のものが提供される（脱文脈状態）。その二つを軸に模すと、縦軸に認証（Singh 2015）を、横軸にフォーマルの度合い（Rogers 2003）を設定することができる（図1）。図中で網掛けした第Ⅱ象限は、公的認証がなされ、脱文脈化された教育であることから、フォーマル教育が位置づく。ここには、一斉授業に代表されるように伝統的な学校教育が含まれ、就学義務によって早期離学者や外国籍児童に対応しない実践なども該当する。

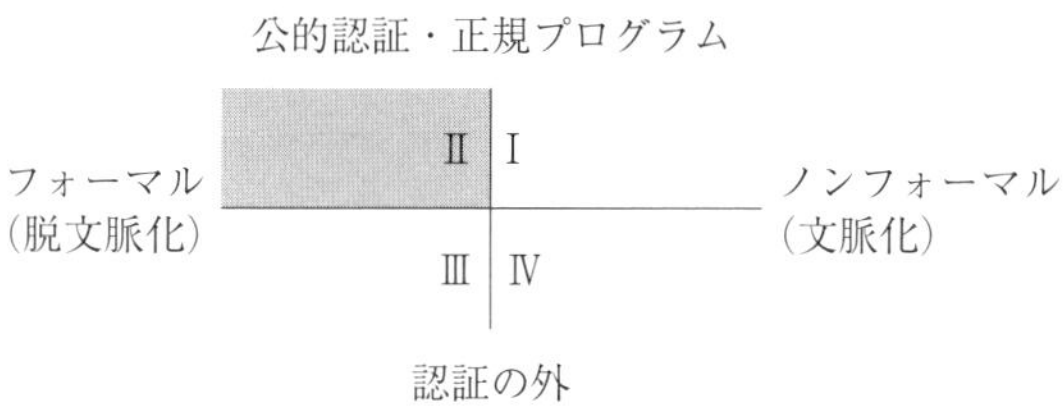

図1　フォーマル度合いと認証で示すＮＦＥの概念図
（太田・丸山（二〇二四）より著者作成）

そして、この第Ⅱ象限以外は、認証されていないためフォーマルではない（第ⅢとⅣ象限）、状況に応じて柔軟に教育が提供されるためフォーマル度合いが低い（同ⅠとⅣ）、もしくはそれら両者（同Ⅳ）という意味で、すべてＮＦＥと呼ぶことができる。これは、ＮＦＥとは「フォーマルでない」だけで、まとめて表現されてきたためである（太田・丸山 二〇二四）。

第Ⅰ象限では、公的認証がなされながらも、状況に応じた教育が提供されているため、「柔軟な学校教育（flexible schooling）」である。近年よくみられる生徒中心・ＰＢＬなどは学校教育であっても、参加型であるため、以前から示されていたＮＦＥ手法の特徴を踏まえたものである。第Ⅲ象限は、教育として認証されていないながらも、状況に寄らず、あたかも学校のようなカリキュラムが存在するものである。自動車教習所、宝塚歌劇団や吉本興業の育成スクールなどが典型例となる。第Ⅳ象限には、認証は無く、状況に応じたものが位置づき、教育を受けたい学習者のニーズのあらゆる内容と状況が含まれるため、四つの象限の中で最も多様となる。Ⅳと分類されても、Ⅲに近いところにはラジオの語学教育番組、Ｉ近くでは二〇一五年までのオルタナティブ学校・自主夜間中学、図１で最も右下に位置づけられるのは誰からも認められなくても自分が好きで独学する内容となる。

ただし、実践を四象限に分類することがＮＦＥ概念を用いる目的ではない。この分類によって次の一つの観点から相互作用（教育・社会化・文化化）を捉えることができることが重要なのである。一つは、動態を捉える視座である。この図をもとに、ある象限から別象限へと動く、動的な営み・相互作用を捉えることができるのである（Maruyama 2019）。法改正によって今までＮＦＥだったものが正規教育として認証される（Ⅲ→ⅡとⅣ→Ⅰ）、趣味で始めたものが組織化され（Ⅳ→Ⅲ）、学校教育に組み込まれる（Ⅲ→Ⅱ）などである。

もう一つは、参照点としての利用である。第Ⅱ象限のみが伝統的な学校教育であるとして、私たちの相互作用や経験を教育と捉え直すことができるようになる。本来ならば人生すべてが学習であると生涯学習が示すはずが、学び直しという限定的な理解が広がる中、ＮＦＥという概念を使うことで様々な相互作用、特に学習者にとって重要な学習を判別できるようになるだろう。つまり、構造化された空間で学んだのか、教育意図があったのか、さらには偶然の学びとして重要であったとＮＦＥ概念を通して思い出すことができるようになる(3)。

２　マイクロクレデンシャルとＮＦＥ

さて、フォーマル教育かＮＦＥかを選ぶことができる状況では、今のところ多くの学習者が時間をかけて公的な認証を得られる学位プログラムなどのフォーマル教育を選ぶことが多い。だが、フォーマル教育の機会が無くてもＮＦＥプログラムで同等の認証を獲得できる場合、ＮＦＥを選ぶことが好まれる。

そもそも、資格証明書とも訳すことのできるクレデンシャル（credentials）は、その人の学習成果、知識、業務遂行の準備状態を検証、確認、裏付けすることを可能にする証明である。その範囲、位置づけ、目的に関して多様であるものの、その多くは大きな資格となるマクロなクレデンシャルである。つまり一般的には、アカデミックな学位、卒業証書、証明書、免許状を指し、そして認定された教育機関などがその学位などを授与する。こうした学位などは、広範な知識、転移可能な技能、技術的熟練度の達成を示し、その教育プログラムを修了するには数年を要することもある。一般的な学歴として取得され、特定の職業あるいはキャリアのために獲得される。

他方、もう一つが本稿で扱うマイクロなクレデンシャル（ＭＣ）である。前記の学位などに対して、ＭＣは狭い分野における特定の学習成果に焦点を当てたもので、短期間で獲得される。ＭＣの多くは、従来の学校などと同等の学習経験の成果を示すものであるが、それ以外にも職場やボランティア活動、あるいは個人の興味による学習など他で獲得した学習成果を証明するものもある。学位取得を目指す学習より、細かく区切られた学習によって単位化されるのがＭＣであり、ＭＣは大学などの教育機関のほか、企業や業界団体、資格団体、非政府組織、政府機関など多様な組織によって提供されている（野田 二〇二四）。

この十数年で、従来の正規教育課程を代替するこうした学習プログラムや資格化が急増しており、国際的な定義に向けて国際機関が整理を試みている。例えば、ＯＥＣＤではこうした資格を「国の関係教育当局に独立した正規の教育資格として認められていない資格（経済協力開発機構・加藤 二〇二二）」と定義し、ＵＮＥＳＣＯの研究によると次の四点が多くの専門家から同意を得られるＭＣの定義となっている（Beverley 2022; van der Hijden & Michaela 2023）。

- 学習者が知っていること、理解していること、できることを証明し、集中学習の達成記録を証明するもの
- 明確に定義された基準にもとづいた評価を含み、信頼できる教育提供者によって授与されるもの
- 単独で価値があり、また他のＭＣや学位などに貢献・補完することもあるもの
- 関連する質保証が要求する基準を満たすもの

ＭＣ導入に向けた論点の一つは、学習記録の互換性・蓄積可能性である。それまで獲得したＭＣを大学の科目として

	短期・少ない学習	焦点化されたテーマ	提供の柔軟性
生涯学習	Ⅲ→Ⅱ	Ⅲ→Ⅱ／Ⅳ	Ⅰ、Ⅲ、Ⅳ
就職・昇給	Ⅲ→Ⅱ	Ⅲ→Ⅱ	Ⅰ→Ⅱ
娯楽・個人の成長	Ⅳ	Ⅳ	Ⅰ、Ⅳ

図２　ＮＦＥからみたＭＣの特徴

（著者作成）

読み替えたり、学位などの資格取得に向けた積み重ねに加えることができるか、つまり認証が重要となる。ＥＵのように人びとが自由に行き来できる域内では、特定の国の中だけで通用する技能や資格では今や意味をなさないためである。そうした課題への対応として、ＥＵではErasmus+の一環として「Youthpass」証明書が、ユースワーク活動などで得られた学習成果を認証している（Youthpass n.d.）。これはまだ社会的認証にすぎず、上位の学校への進学を保証するものではないが、活動によって獲得した生涯学習に向けた八つの能力[4]を示すことができ、就業可能性（employability）の根拠となっている。互換性という点では、ヨーロッパ言語共通参照枠（ＣＥＦＲ）も参照となりうる（OECD 2021b）。

従来の学位課程と比較して、ＭＣの特徴は、①学習期間・学習量の少なさ、②技能や学習テーマの焦点が絞られている、③教育提供の柔軟性にある。また、学習者がＭＣプログラムに参加する目的は①生涯学習、②就職や昇給、③娯楽や個人的成長など異なるものの、重複することも多い（経済協力開発機構・加藤 二〇二二）。それらを掛け合わせてＮＦＥの象限（図1）を当てはめてみると、図2のように「認証の外→認証されたＭＣ」となる。

例えば、短期・少ない学習プログラムは生涯学習または就職・昇給を目的とする場合、第Ⅲ象限からＭＣとして認証された第Ⅱ象限へと移行する。だが、娯楽・個人の成長（Ⅳ）はＭＣ認証に至らないのが現状となっている。つまり、図2の網掛け部分は、認証された第Ⅱ象限すなわち「フォーマル教育」への移行を指す。国際的にもＭＣに関する研究の優先度は「フォーマル教育」への移行にあり、例えば、ＯＥＣＤ（2021a）による調査には、趣味や特定テーマのセミナー、退職した高齢者向けプログラムなど娯楽・個人の成長の短期プログラムは含まれておらず（経済協力開発機構・加藤 二〇二二）、ＭＣをいかに正規化するかが議論されている最中と言える。

しかし、経済活動への接続が強いＭＣが優先的に扱われることは、一定の危惧が残る。つまり、その普及は高等教育と生涯学習へのアクセスにおける格差を拡大する恐れがある（OECD 2021b）からである。ＮＦＥ機会を利用する学習者は、人口全体に均等に存在するわけではなく、多くの場合、大卒でデジタル技能を持っていて、男性で、高額な受講料を支払えて、雇用主から経済的・社会的支援を持ち、既に労働市場で比較優位のある集団である。そのため、ＭＣが一部の者をより有利にする仕組みとなりうるのである。

これまで、学位プログラムとは別にノンディグリー、代替ディグリー、ナノディグリー、モジュール型学習などとして、短期間の学習プログラムは存在した。あるいは、ＮＦＥに含まれる徒弟制は教育システムの外で体系化されており、しかし伝統的に意味を持つ。現在のＭＣの授業形態も対面式よりもオンライン、または両者を組み合わせたブレンド型が多く、学習内容と成績などの情報をデジタル化した証明書であるデジタル・バッジ、そしてそれらの情報を管理するデジタル・セキュリティ（例：ブロックチェーン）の三つが、技術的な重要点となる。出席と課題にもとづく学習活動の完遂によって授与されるＭＣは生涯有効である一方で、コンピテンシーや技能を測定する試験での合格によって取得されるＭＣは有効期間が数年で再受験・更新が求められる（Kato 2020）。

2．マイクロクレデンシャルの課題と対応策

1　ＭＣの一〇の課題

国際的にも定義が定まっていないＭＣには、様々な課題がある。高等教育機関がＭＣを開発する場合でも、学内リソース不足、教員などの同意・承認などの課題が挙げられる（野田 二〇二四）。他にも、市場調査、質保証、インフラ整備、授業料のほか、組織的・人的支援の課題も大きい。本節では、ＭＣの課題と背景を整理したＵＮＥＳＣＯ（2023）

ポリシーペーパー(5)にもとづき、まず一〇の課題から確認しておこう。

【課題1】短期コースとMCの質の低さ

一般公開される短期コースの多くは双方向性のオンラインで、誰でも視聴でき、MCプログラムとして独立しており、必ずしも学位プログラムの一部ではないため高い質の内容を目指すことが求められる。MC短期コースも質保証の対象であり、他コースと同様に厳格な基準に照らして評価されなければならない。現在、提供者(大学、研修機関など)の多くが体系的な質保証を始めている。例えば、大学は定期的に外部レビューを受け入れ、最近は、学校以外の提供者(企業やNGOなど)による短期コースも質保証の評価範囲に含める動きがある。信頼できる関係者による評価と認証に対するニーズは急増しており、従来の高等教育の質保証にインパクトを与えかねない。大学が学生の海外滞在(例:欧州のエラスムス+プログラム)、研究室体験、実地調査、職場実習を単位認定する際のように、大学自身も他者が作成したMC短期コースをカリキュラムに組み込み、単位を読み替え、承認・認定(事実上のアクレディテーション)を選ぶことになるだろう。

【課題2】国や各セクターの質保証制度が無いか、十分に活用されていない

すべての国や全分野で質保証制度があるわけではない。一般的に、体系的な内部・外部質保証の欠如は、その教育に対する不信感を助長するが、MC短期コースの質を、直接的または間接的に審査する方針やガイドラインを策定する質保証機関も増えてきている。

【課題3】MCにつながる短期コースの教授法に疑問がある

多くのMCコースはオンラインで提供されているが、すべてではない。また、オンライン教授法は、近年目覚ましい

進歩を遂げている。オンライン授業ではインタラクティブな要素、共同学習、学生と教師間のフィードバックが提供されている。しかし、優れた実践がまだ全コース、受講者全員に行き渡っているわけではない。教師は、最近のデジタル熟練学習者が持つ関心と意欲を維持できるよう、より魅力的な形態を開発する時間と支援を必要としている。

【課題4】国家および分野別の資格枠組みが存在しないか、活用が不十分

既に多くの国々（二〇一六年時点で一五〇カ国以上）が資格枠組みを策定・実施しており、資格の形態と水準を分類し、学習成果を明確に定義した国家質保証枠組み（ＮＱＦ）を導入している（六〇カ国以上）。ＮＱＦは、学習成果を合理化し、異なる高等教育機関間で資格を発行するためのレベルや科目に関連した基準を定義するのに役立つ（UIL, Cedefop & ETF 2015）。つまり、ＮＱＦで大学などへの入学を容易にし、学習者はプログラム間の移動や切り替えができるようになる。

だが、多くの国々では、まだ包括的な資格枠組みが無い。例えば、高等教育と技術・職業教育訓練（ＴＶＥＴ）の資格枠組みが別で、同時に学術教育と職業教育の単位互換制度があり、ＭＣによる制度には制約がある。このような包括性の欠如の原因として考えられるのは、教育課程が別個に提供、資金提供、法律、政策、部門を持ち、制度と提供が区分化されていることであろう。

【課題5】短期コースと不確かなＭＣ水準

短期コースやＭＣは、教育提供の比較的新しい形態で、自由な継続教育や訓練と考えられがちである。しかし、これらは通常の学位プログラムと同様に、学習成果（コンピテンシー）、単位数（単位数／期間）、および教育段階で定義することができる。

【課題6】短期コースの期間と単位数に関する不確実性

能力開発を目的とするものの、透明性と認知度は、関連する作業負荷の理解によって向上する。学生の平均学習時間は、三つの理由から重要である：

（1）学習量：学習・作業時間は、達成された学習やコンピテンシーの量を示す理論的な代替となる。

（2）学習者を保護：消費者保護の一形態として、学習者は試験を含めコース修了にかかる時間を知る権利がある。

（3）教員の指導：想定学習時間は、教員ら指導者がコース活動を計画し、過剰な負荷や簡単すぎるカリキュラムを避けることに役立つ。

単位に向けたポイント利用は、高等教育の全課程に限定されるものではないが、あらゆる種類や段階の学習に適用することができる。ポイント制の一般的な目的は、進級の判断材料とすることである。

【課題7】進級判定（認定・入学・学位授与など）の不確実性

MCの利用可能性は学習者を有利にするものだが、教育・訓練を通して知識と信頼を与えると社会的に認められている学位授与者・教育機関の役割に代わるものではない。学位授与者は、学位プログラムや短期コースに誰を、どの段階で、どのような条件で入学させるかを地域や国の規則や規制に従って引き続き決定する。

【課題8】整合性のないコースの組み合わせに関する不確実性

簡単に取得できるMCが豊富にあると、整合性がない印象を与えるかもしれない。しかし、多様なコンピテンシー（分野関連、STEM、芸術、社会科学）を組み合わせることで、人はより多才になり、新しい考えを受け入れるようになり、予期せぬ課題に対処できるようになる。

とはいえ、すべての学習者がすべてのコースにアクセスできるわけではないし、短期コースとMCのすべての組み合わせが自動的に学位につながるわけでもない。学習者は、コースや学位の前提条件を知らされ、可能な組み合わせに従う。医学、法学、工学、教員養成など特定の分野では、今後も順序付けられた長いコースを修了することになるため、学位取得プログラムは単位化の参照点であり続ける。

【課題9】短期コースの評価と認証に関する不確実性

MCの評価は、対面式授業に比べて評価の手順が整理されていないオンライン状態で行われることが多く、不正されやすいという懸念がある。しかし、世界中の大学が不正行為を軽減するため、また教育学的な理由から新しい評価を試みている。人工知能を利用した遠隔監視や安全な地域評価センターの設置などもある。また、デジタル署名された証明書やブロックチェーンも、不正行為の抑制に役立っている。学歴証明書の作成・保守・検証を目的としたブロックチェーン・プラットフォームについては、すでに多くの国家イニシアチブや大学プロジェクトが存在する。学校が発行する証書は、誰もがよく知る証明書である。他方、新しいMCは不確実さと疑念を呼び起こす可能性のある新しい証明書であるため、登録システムを利用することで、それらを緩和できるだろう。

【課題10】労働市場におけるMCの価値の不確実性

雇用主は、最新のコンピテンシーを持つ従業員を求めている。MC成果に関する証拠は限定的ゆえに、さらなる研究が必要である。現在いくつかの研究は、短期プログラムが一時的な労働市場の押し上げをもたらすこと、MCの積み重ねで労働市場の見通しが改善する可能性があるとされる（OECD 2021a）。将来的には、MCの特殊性に合わせてカスタマイズされた特定の追跡研究が、その市場との関連性を評価するツールを生み出すかもしれない。教育機能という点では、大学には労働力不足に対処し、構造的な技能のミスマッチがもたらす長期的な課題に対応する役割がある。

短期コースやMCは、比較的短期間で新しいコンピテンシーを習得し、再教育を受けるための手段である。オンラインの登録システムはリアルタイムで透明性を担保し、雇用者と学習者のニーズを一致させるのに役立つだろう。

2 MC課題への七つの対応

前節の課題をまとめると、MCの開発を脅かすのは教育と教授法の質に関する実際の問題、認識されている懸念、教育段階別の課題、単位化、一貫性、評価、認証、不透明な労働市場価値など多岐にわたる。こうした課題を指摘した上で、さらにUNESCOは、政府や政府機関などの公的機関に向けて次の七つの提言をしている（van der Hijden & Michaela 2023）。

【提言1】MC推進のための国による枠組みを採択

基準の設定などを含める国の枠組みによって、MCの普及を確保することを目指すべきである。この枠組みは、MCの認定および蓄積可能性（stackability）の条件と基準を規定し、MCの規制システムの開発を含む。透明性のある目標の設定、明確な計画、柔軟性、関係者の参画が信頼を築く。

【提言2】関係者間の学習エコシステムを構築

学習を効果的に拡大するには、教育関係者のほか、多様な年齢の学習者や公的機関、また雇用に関わる者、評価に関わる者、さらにはSNSを含むメディアなど多岐にわたる関係者の協調的な取り組みが必要である。国の政策枠組みの要素について組織的に議論し、学習エコシステムを構築する方法について考えを共有する。

【提言3】包括的な国による資格枠組みの開発

その国で提供されるコースは、国が認める資格枠組のうち特定の教育段階に関連づけられるべきである。教育段階の順番と詳細によって教師、学習者、雇用者は、その学習を位置づける。段階と詳細は、学習者の知識、理解、能力を一般的な用語で定義したものである。

【提言4】学習のデジタル保存のための技術基盤を構築

学習者は自分の記録にアクセスし、デジタルで他者と共有する。今やコース教材や内容、また評価など、学習がオンライン提供されるようになった。国の制度として機能させるためには、学習者の達成度、MCや短期コースの修了内容、提供者・評価者・授与者の状態、質保証機関や資格評価者の情報、雇用者の情報、就職・昇進の機会などが記載された、アクセスしやすいデジタル登録簿が必要である。デジタル格差を克服するため、政府、教育提供者、民間企業、自宅でのインフラに対して多くの投資が必要となる。各国は、オープン・ソフトウェアを使いながら、こうしたシステムを徐々に構築していく。

【提言5】内外での質保証

MCで提供される教育は、学習者の人生や仕事の見通しに関連した質の高いものでなければならない。コース提供者は、内部質保証の仕組みと通して内容を適合・改善する。質保証には定期的な外部審査も行う。短期コースの質保証は、今後数年間で飛躍的な成長が見込まれる。質保証の審査は、学習者、職業団体、雇用者、SNS含めたメディアでのリアルタイムなフィードバックが支え、質保証において新しく、即時性があり、利用者のニーズに関連したものが加わる。

【提言6】コースの提供者と学習者を支援するための資源配分

両者にはMCに取り組むインセンティブが必要である。現在、国の資金援助は、若い学習者が受講する正規の学位プログラムに主に向けられている。今後の政策では従来から変更し、MCを含めることで、より広範な人々の教育・訓練ニーズに応えることができる。各国は学習者個人の学習アカウントを設け、かれらがMC認定につながる質の高いコースに支払うことのできるバウチャーを提供すべきである。

【提言7】付随するアクション・リサーチの実施

MCは、教育的・社会的実践の現実にもとづいて普及されるべきである。MCの発展への障害要因をより理解し、学習者個人と経済および社会全体にとっての付加価値をより理解することも非常に重要である。各国は、アクション・リサーチを通じて教育の提供や受講の状況を追跡し、機能する要素を注意深く捉える必要がある。より先進的な取り組みを展開する国の経験から指標化などを学び合うべきである。

3．海外と日本での現状と今後の展望

1　海外の動向

本稿の最後として、国内外の動向と今後の展望を整理しておく。まずOECD加盟国では各国および汎欧州レベルでMCの一貫した採用、開発、認知が比較的進んでいるため、それらの国々の状況を捉える。また、グローバルサウスとアジア諸国の状況も僅かながらも触れておく。

米国では生産年齢人口が減少し、スキル不足が深刻な社会問題となっている（野田二〇二四）。二〇一〇年代にMOOCsが数多く展開され、コロナ禍ではオンライン学習がより一般的にになった。既に米国では複数の大学が修士課程の一部をMC化し、MOOCsが世界中から優秀な学生を魅了している。米国Credential Engine（2022）は、MCを「学習者が何を知って、何を理解し、何ができるかを証明する集中的な学習成果記録」と定義しており、人工知能をはじめ、プログラミングや電子取引などのデジタル技能の持ち主が求められている。同時に、分析的思考力、創造性や柔

軟性など多岐にわたるソフトスキルも求められている。

近年の学生は、将来を見越して必要とされる知識・技能を予想する従来の「ジャスト・イン・ケース型」より、急速に進む自動化や高度化する知識・技能のニーズに即座に対応できる能力を育成する「ジャスト・イン・タイム型」の教育をより望む傾向がある（野田 二〇二四）。米国の大学授業料は年間一七〇万円（州立）や六二〇万円（私立）と上昇しており、学位プログラムはコストパフォーマンスが悪いと判断する若者もいる。学費高騰の他、カリキュラムと市場ニーズの乖離、社会の変化に対応できていない大学などを理由に、州立の高等教育機関の学位に対する信頼が減少していることもわかっている（Ruda 2022）。

欧州の高等教育分野では一九九九年に欧州高等教育の標準化「ボローニャ・プロセス」を開始して、学士号と修士号・博士号の授与に関する資格構造を定めた。欧州諸国では高等教育の修了率を上げることになった（二〇二三年段階で二五～三四歳の四〇％以上）(6)が、直近一年でフォーマル・ノンフォーマルな教育および訓練を受けた成人教育は半数以下である（INSEE 2020）。MCの蓄積可能性は、一部の国では既に現実のもので、英国では必要なMCの三分の一以上をその大学で取得した学習者に学位やその他の資格を授与する大学もあれば、三分の一以上を要求する大学もある。また、特定の教育機関からのみMCを認める大学もある。また、EUではMCを一覧できる国際カタログ（Global Course Catalogue）を作成済みで、各国の高等教育を接続するボローニャ・プロセスによる成果をMCに拡張させるMICROBOLプロジェクトが進んだ（井上 二〇二二）。これは、欧州単位互換制度（ECTS）にそって、プログラムが適切に資格枠組みの中で位置づけられる。

グローバルサウスにおいては、様々な研究機関や財団が高い意欲を示しているにもかかわらず、学術機関におけるMCの取得率が相対的に低いままである（Fong, Janzow & Peck 2016）。その理由は、それらの国々では学生には中等教育修了で終わる者が多いため、高等教育段階のニーズがまだ低いためである。さらに、雇用主や教育機関の間でMCに対する認識は高くなく、その結果MCの価値が低く評価されている（Hickey, Willis & Quick 2015）。これは、MCなど短期コース修了生を労働市場が受け入れず、生涯学習・訓練への価値が保証されていないことも一因である。だが、短期間の教育体験はオンライン教育を通じて組織化され、グローバルサウスでも増加傾向にある。

アジア諸国では新しいプログラムが生まれており、シンガポールは生涯学習の単位銀行として「Skills Future」を立ち上げ、アップスキリングなどのリストを提供している（Oliver 2019）。マレーシアでもMC提供は始まっており、タイはUMAP（University Mobility in Asia and the Pacific）と共同でプログラムが展開されている。フィリピンは以前からNFE制度として代替学習制度を運用していたこともあり、MC認証の実装に向けて検証が始まっている。

現在では、どの国にも教育の質保証を司る機関が設置されているが、グローバルサウスにおいては必要な技能・コンピテンシーに関連する共通の基準を策定している国は決して多くない。MCが正当な学習と認知され、互換性が担保されるまでには時間を要するかもしれない。公的資源・予算配分において、従来の学位プログラムではなくMCへの分配にはリスクもある。というのは、雇用主が信頼していない、質保証が確実でないMCに資源配分して、信頼されている学位プログラムの配分を削ることになると、混乱をきたすことになりかねないからである（UNESCO 2020）。

COVID-19のようなパンデミックによって、整合性のない労働環境だけでなく、生涯学習のために市民を育成することから焦点をシフトさせた国も多い。例えば、二〇二〇年にユネスコは、学校と大学を生涯学習機関へと変貌させ、社会的弱者を生涯学習政策課題の中核に据え、生涯学習を共通の利益として確立することを求めた（UIL 2020）。同様に、経済協力開発機構（OECD 2021c）は、『スキル展望二〇二一：人生のための学習』において、需要ショックや長期的な構造変化から労働者を守るなど、生涯を通じた学習を強調している。同書は特に、包括的で、手頃な価格で、アクセス可能で、適応可能な学習の中心に学習者を置き、テクノロジーを巧みに利用することで人生のための技能に焦点を当てること、そして認識・検証・認証を改善することで、バラバラのプログラムで教えられている技能の可視性と移転可能性（可搬性）を高めることを推奨している。

2 日本の動き

それでは、日本の動きはどうであろうか。米澤（二〇二二）によると、政府も経団連も社会人の学び直しを前提としており、日本でのMCに関する議論は大学院段階を中心になされている。二〇一九年には一般社団法人オープンバッジ・ネットワークが設立され、そこへ所属する団体が履修証明を電子的に発行している。二〇二四年六月一日現在で、二九四団体（一般企業一〇三、財団・社団ほか五〇、官公庁・自治体一〇、学校団体一一一、その他二〇）が所属しており(7)、二〇二二年六月時点の一〇九団体と比べ増加していることがわかる。大学間では二〇二一年度から、国際基督教大学、芝浦工大、南山大学などが卒業証明などのデジタル学習歴証明の実用を開始している(8)。

日本国内でMCが一般的になると、労働市場の流動性は高まり、良い条件へ労働力は集まるだろう。採用側は良条件を設定する必要に迫られ、それが健全な競争を生むが、条件整備が難しい仕事には労働力が定着しないことも想定される。例えば、それまで技能実習生の労働力で回っていた業務は困難を迎えるかもしれない。つまり、技能実習制度に代わり二〇二七年以降には「育成就労」制度が始まるため、雇用者による育成・労働者自らが学習を蓄積し、ときにMC獲得によって良条件の職種へ転出することはありうる。報道によると、ある地方都市の関係者は「人材受け入れには渡航費や語学などの教育研修費、生活必需品など初期コストがかかる。一～二年で転籍されると、費用はどうなるのだろうか」と述べていた(9)。これまでは厳しい条件があったが、今後は一定条件下で一～二年のみで転籍が認められる技能実習生たちはお互いにSNSなどで情報交換し、賃金の高い職場に移る。グローバルに互換性のあるMCならば日本以外へと移動していく。さらには業務フローの一部をオンラインで完結できるならば、既に電話サポートが海外で運用されているように、国内経済の空洞化へとつながるだろう。

他方では、生涯学習という観点から、日本の成人が学習にかける時間の小ささが無視できない。日本では学習機会があるにもかかわらず、成人のうち五七%が成人学習に参加しておらず、かつ参加する意思がないと報告されており、この割合はOECD加盟国全体の平均よりも高い（OECD 2021d）(10)。フォーマル教育で外発的に勉強へ駆り立てられた経験を持つと、自由に何を学んでも構わないという生涯学習は牧歌的に聞こえるのかもしれない。雇用、昇進、収入の機会を増やすという確かな証拠は無い（Katoら2020）にもかかわらず、現在のMCに関する議論は、もっぱら「学び直し」と高等教育機関の柔軟な教育が盛んであり、いずれも高学歴層を対象にした議論が多い。このことからも、経済活動に寄与するMCばかりが制度化されるのであれば、生涯学習経験の格差が家計格差へと直結するかもしれない。もしMCが、NFEの第Ⅱ象限のみとして認証されるならば、いつでも・どこでも・誰でもが学習できる生涯学習の本来の意味から離れた形で展開されるかもしれない。教育アクセス保障と社会的弱者の学習者に向けたMCも、フォーマル教育の正当性（認証）のみ依拠するのか、あるいは、アマゾンが通販ビジネスを変えた昔のロングテール議論と同様に大衆向けの生涯学習として将来性を見出すことはできないだろうか。

最後に、一八歳人口が減少する社会において、MCは大学にとっては新しい教育プログラムの機会であり、社会人などの「リカレント教育」として授業料収入を増やす可能性も秘める。既に企業はMCをビジネスチャンスと捉えている。生涯学習は教育産業を超えた大小様々な相互作用であるはずだが、教育関係者・研究者は大手企業が用意する各種認証・検定などを追いかけるだけになるのだろうか。

本稿では、NFEの観点からMCを捉えることを試みた。その最大の目的は、生涯学習が狭く理解されている現状を描くことによって、MCについて同様の傾向が既に見られる点を示すことであった。教育が投資とリターンの文脈でのみ解釈されることが、誰もが生まれながらに持つ自らの学習（相互作用）の正当性を損ないかねないからである。国際的にもMCに関する議論の多くはリターンを前提としているものの、欧州や国際機関の報告書からは高度教養人となる生涯学習の本来の志向が描かれている。そうした観点を日本でも一度はくぐらせてからMCの議論が深まることが期待される。

●註

1　いわゆる途上国に対する支援としては、日本だと国際協力機構（ＪＩＣＡ）の教育事業があり、他方では欧州諸国と日本の比較研究も進んでいる（例えば、科研費「中等教育の生徒が早期離学・中退・進路変更する要因と対策に関する国際比較研究」研究課題：19H00618、研究代表者：園山大祐）。

2　教育意図の無いものをインフォーマル学習と呼ぶ。だが厳密には、インフォーマル教育・学習には意図的な教育と無意図的な偶発的学習が含まれ、前者の意図的なインフォーマル教育はＮＦＥと明確に区分ができず曖昧な関係にある。

3　ＮＦＥ研究の詳細は、太田・丸山（二〇二四）の他、用語を最初に普及させることになったCoombs, P. H., Prosser, R. C., & Ahmed, M.（1973）. *New Paths to Learning for Rural Children and Youth*. NY: ICED; Coombs, P. H., & Ahmed, M.（1974）. *Attacking Rural Poverty: How Non-Formal Education Can Help*. Baltimore: John Hopkins Press. およびＮＦＥ研究を包括的にレビューしたRogers（2003）も参照。

4　技能・知識・態度の組み合わせとなる八つの能力：多言語能力、能力について個人的・社会的に学ぶ、シティズンシップ能力、起業家能力、文化意識と表現能力、デジタル能力、数学的能力と科学技術・工学の能力、リテラシー能力。

5　本ペーパーは、各課題の①懸念点、②それに対する反論、③その背景、そして④取るべきアクションを整理している。紙面の関係で、本稿では③のみを抜粋翻訳している。

6　〈ec.europa.eu/eurostat/statistics-explained/index.php?title=Educational_attainment_statistics#:~:text=In%202021%2C%2023.6%20%25%20of%20people.attainment%20level%20i.e.%20tertiary%20education〉（二〇二四年五月三一日閲覧）

7　〈https://www.openbadge.or.jp/partners/〉（二〇二四年六月一〇日閲覧）

8　国際教育研究コンソーシアム：学修証明書デジタル化実験〈http://recsie.or.jp/project/digital-fce〉。

9　〈https://mainichi.jp/articles/20240615/k00/00m/040/038000c〉（二〇二四年六月一五日閲覧）

10　ただし、たとえ履修したとしても、海外では三〜六％と言われるＭＯＯＣｓ履修生の修了率の低さ（Jung & Lee 2018）から、短期プログラムとはいえＭＣ獲得に至らない者も多いことが想定される。

●参考文献

太田美幸・丸山英樹（二〇二四）『ノンフォーマル教育の可能性――リアルな生活に根ざす教育へ（増補改訂版）』新評論。
井上雅裕編著（二〇二二）『大学のデジタル変革――DXによる教育の未来』東京電機大学出版局。
経済協力開発機構（OECD）・加藤静香編著（二〇二二）『高等教育マイクロクレデンシャル：履修証明の新たな次元』（濱田久美子訳）明石書店。
ジャーヴィス，P．（二〇二〇）『成人教育・生涯学習ハンドブック――理論と実践』（渡邊洋子・犬塚典子監訳）明石書店。
田中雅文（二〇二〇）「日本の社会教育の現状と課題」長岡智寿子・近藤牧子編『生涯学習のグローバルな展開』（九二～一一四頁）東洋館出版社。
野田文香（二〇二四）「米国高等教育におけるマイクロクレデンシャルの展開：リスキリング・アップスキリング機能としての新たな役割と課題」『高等教育研究開発センター大学論集』五七：九七～一一九頁。
ユネスコ（二〇二四）『私たちの未来を共に再想像する――教育のための新たな社会契約』（丸山英樹・北村友人・永田佳之監訳）東京大学出版会。（UNESCO（2021）. *Reimagining Our Futures Together: a new social contract for education*, Paris: UNESCO）
米澤彰純（二〇二二）「解説マイクロクレデンシャルの出現と台頭――高等教育の国際通用性と質保証に向けて」経済協力開発機構・加藤編著前掲（一九一～二〇六頁）。
Antonaci, A., Henderikx, P. & Ubachs, G.（2021）. The Common Microcredentials Framework for MOOCs and Short Learning Programmes, *Journal of Innovation in Polytechnic Education*, 3（1）: 5-9.
Beverley, O.（2022）. *Towards a common definition of micro-credentials*, UNESCO.
Brown, M., Mhichil, M.N.G., Beirne E. & Lochlainn, C. M.（2021）. The Global Micro-credential Landscape: Charting a New Credential Ecology for Lifelong Learning, *Journal of Learning and Development*, 8（2）: 228-254.
Brown, M., Nic Giolla Mhichil, M., Mac Lochlainn, C., Pirkkalainen, H. & Wessels, O.（2021）. *Supporting the micro-credentials*

movement, ECIU White Paper on Micro-credentials, ECIU University.

Buchanan, J., Allais, S., Anderson, M., Calvo, R. A., Peter S., & Pietsch, T. (2020). *The futures of work: what education can and can't do [Paper commissioned for the UNESCO Futures of Education Report]*, UNESCO.

Credential Engine. (2022). *Counting U.S. postsecondary and secondary credentials.*

ETUC - ETUCE. (2020). *Joint ETUC - ETUCE Position on Micro-credentials in VET and tertiary education.*

European Commission. (2020). *European approach to micro-credentials - Output of the micro-credentials higher education consultation group - Final report*, Luxembourg, European Commission.

Fong, J., Janzow, P. & Peck, K. (2016). *Demographic shifts in educational demand and the rise of alternative credentials.* UPCEA.

Gratton, L. & Scott, A. J. (2016). *The 100-year life: Living and working in an age of longevity*, Bloomsbury Publishing.

Hickey, D.; Willis, J. & Quick, J. (2015). *Where Badges Work Better.* EDUCAUSE Learning Initiative.

INSEE. (2020). *Présentation statistique —— Labour force survey 2020* : Insee. www.insee.fr/en/metadonnees/source/operation/s1459/presentation.

Jung, Y. & Lee, J. (2018). Learning Engagement and Persistence in Massive Open Online Courses (MOOCs), *Computers & Education*, 122: 9-22.

Kato, S., V. Galán-Muros & T. Weko. (2020). The emergence of alternative credentials, *OECD Education Working Papers*, No. 216, OECD Publishing.

Maruyama, H. ed. (2019). *Cross-Bordering Dynamics in Education and Lifelong Learning: A Perspective from Non-Formal Education*, London: Routledge.

OECD. (2019). *Getting Skills Right: Future-Ready Adult Learning Systems. Getting Skills Right.* Paris: OECD Publishing.

OECD (2021a). Micro-credential innovations in higher education: Who, What and Why?, *OECD Education Policy Perspectives*, No. 39. OECD Publishing.

OECD（2021b）. Quality and value of micro-credentials in higher education: Preparing for the future, *OECD Education Policy Perspectives*, No. 40. OECD Publishing.

OECD（2021c）. *OECD Skills Outlook 2021: Learning for Life*. Paris, OECD Publishing.

OECD（2021d）. *OECD Skills Outlook 2021 - Learning for Life Country Profile: Japan*, OECD.

OECD/Eurostat/UNESCO Institute for Statistics（2015）. *ISCED 2011 Operational Manual: Guidelines for Classifying National Education Programmes and Related Qualifications*. OECD Publishing.

Oliver, B.（2019）. *Making Micro-Credentials Work for Learners, Employers and Providers*. Deakin University.

Orr, D., Pupinis, M. & Kirdulytė, G.（2020）. *Towards a European approach to micro-credentials: A study of practices and commonalities in offering micro-credentials in European higher education, NESET report, Executive Summary*, Luxembourg: Publications Office of the European Union.

Østergaard, S. F. & A. G. Nordlund.（2019）. The 4 biggest challenges to our higher education model――and what to do about them. 〈https://www.weforum.org/agenda/2019/12/fourth-industrial-revolution-higher-education-challenges/〉（2024/5/31閲覧）.

Rogers, A.（2003）. *Non-Formal Education: Flexible Schooling or Participatory Education?* Hong Kong: Springer.

Ruda, A.（2022）. Microcredentials, macrolearning: one university's path toward unbundling. In Rrower, A. M. & Spect-Boardman, R. J. eds. *New Models of Higher Education: Unbundled, Rebundled, Customized, and DIY License*（pp. 313-331）, Information Science Reference.

Singh, M.（2015）. *Global Perspectives on Recognising Non-Formal and Informal Learning: Why Recognition Matters*. Hamburg: UIL.

UIL, Cedefop, & ETF（2015）. *Global Inventory of Regional and National Qualifications Frameworks, Vol. I: Thematic Chapters*. Hamburg: UIL.

UIL.（2020）. *Embracing a culture of lifelong learning: contribution to the Futures of Education initiative*, Hamburg: UIL.

UNESCO（2022）. *Towards a Common Definition of Micro-Credentials.* Paris: UNESCO.
van der Hijden, P. & Michaela, M.（2023）. *Short courses, micro-credentials, and flexible learning pathways: A blueprint for policy development and action [Policy paper].* UNESCO.
Youthpass（n.d.）. *Welcome to Youthpass.*〈https://www.youthpass.eu/el/〉（2024/5/31閲覧）.

アメリカ合衆国成人教育成立からみる生涯学習論

一九五〇年代のシリル・フールの成人教育思想を中心に

堀本麻由子 HORIMOTO Mayuko

Lifelong Learning and Philosophical Foundations of Adult Education in the United States
—Focusing on Cyril O. Houle's Idea of Adult Education in the 1950's.

はじめに

生涯にわたる人々の学びを保障するために、成人教育に何が求められているのだろうか。近年の労働政策におけるリスキリング、リカレント教育推進は、高度なスキルと知識の獲得に即した変化であり、生涯学習政策とも密接に関連する。しかし、日本においてこれまで大部分の職業教育は企業内教育として実施され、成人の生涯学習は余暇・教養活動としてみなされてきた(1)。職業教育が企業内教育で実施されたのは内部労働市場、性別役割分業などいわゆる日本型雇用システムを背景としたものであり、正規雇用者以外は、職業教育を受けることができないという大きな課題を生じさせている(2)。また、日本の生涯学習、および社会教育が諸領域の学習の場に縛られたことで(3)、各領域を横断的に捉え、成人教育を一体的に理解することを難しくした。そのため職業教育を含めた成人教育に関する理論、実践面での研究は不十分となった。

本稿は、一九五〇年代アメリカ合衆国（以下、アメリカと略）の成人教育成立過程におけるシリル・フール（Cyril

Orvin Houle, 1913-1998）の思想に着目する。筆者は、これまで一九五〇年代の合衆国成人教育協会（Adult Education Association of the U. S. A：AEA）の事業活動が、アメリカにおける職業教育を中心とした成人教育成立の契機となったことを明らかにした(4)。その中心的なメンバーとして、協会の研究調査事業を支えたのがフールであり、その研究調査事業の実務を担ったのが合衆国成人教育協会の事務局長であるマルカム・ノールズ（Malcolm Shepherd Knowles, 1913-1997）であった(5)。フールとノールズの共同による実践と研究の往還は、アメリカの成人継続教育（adult and continuing education）の成立につながっている。

本稿では、合衆国成人教育協会の研究調査事業である「方向性探索プロセス（Direction-finding process）」に焦点をあてる。特にフールが委員長をつとめた「方向性探索プロセス」コンサルティング委員会の報告書等からフールの成人教育思想を考察する。まず、一九五一年に成人教育の全国組織として設立した合衆国成人教育協会に関する議論の背景を概観し、次に協会の研究調査事業（一九五一～一九五七年）における成人教育者と専門職業人養成方法についての調査過程を考察する。特にコンサルティング委員会による二回の報告書とフールの論文を分析対象として、フールが成人教育者像をどのように分析し、養成方法を構想したのかについて検討することで、今日の生涯学習社会における成人教育の役割を示したい。

なお、本稿は、拙稿(6)の第五章を中心に、二〇二四年二月に蒐集したシラキュース大学図書館特別コレクション研究センター（Syracuse University Libraries, Special Collections Research Center）の史料をもとに加筆したものである。

1　一九五〇年代の成人教育をめぐる議論の背景——合衆国成人教育協会の設立

1　一九五〇年代の合衆国成人教育協会設立期の社会的背景

二〇世紀初期の専門的職業といえば、医師、法律家、聖職者など伝統的な専門的職業が中心であったが、科学技術の急激な発展による産業変化に伴い、専門的職業が、さまざまな領域へと拡大した。並行して各領域の専門職団体が形成され、その職能を維持するために成人への教育が始められ、それは、一九二六年のアメリカ成人教育協会（American Association for Adult Education：AAAE）の設立につながった。この時期から、「成人教育」という言葉が使用され、出版活動、情報提供が開始されているが、この動きは、アメリカにおける成人教育の萌芽期としてとらえられ、理論および具体的方法は模索段階であった。

第二次世界大戦を経た一九五〇年代、好景気による国民所得の拡大、また復員軍人の大学進学率が上昇し、専門的職業への就業希望者が増大した(7)。さらに、産業構造の変化が進み、エンジニア等の専門職業人口が増加し、平均寿命の伸長と生産年齢の延長によって、成人を対象とする継続的な教育や訓練の必要性が社会課題として認識された(8)。同時期、アメリカ成人教育協会とアメリカ教育協会成人教育部（Department of Adult Education of National Education Association. 以下、「NEA成人教育部」と表記）は合併し、一九五一年に設立されたのが合衆国成人教育協会であった。

合衆国成人教育協会の設立期を支えたのがフールとノールズであった。アメリカ成人教育の成立期において、フールは成人教育の専門性を追究し、大学院における専門職養成課程の基盤構築に尽力した。一方、ノールズは一九四〇年代から五〇年代に、成人教育機関での実務家としての経歴をもち、一九五〇年代に、フールの指導下で、社会人院生として学び、合衆国成人教育協会の事務局長として活動した。そこでの実践経験は一九七〇年代のアンドラゴジー論の確立へとつながっている(9)。

一九五〇年代の合衆国成人教育協会の具体的な事業は、成人教育の全国組織として、成人教育に関する組織的、専門的な研究、そのための調査活動、定期刊行物の発行、教育指導者の育成であった。協会はその事業を通して、成人教育とは何か、社会は成人教育に何を求めているのかを追究しようとした(10)。表1は、アメリカにおける成人教育の全国組織の系譜を示したものである。

表１　アメリカ成人教育の全国組織の系譜(11)

年	全国組織	
1921		全米教育協会移民教育部設立 (National Education Association, Department of Immigrant Education) 移民教育部が、1924年に成人教育部 (Department of Adult Education) に変更。
1926	アメリカ成人教育協会設立	
1951	<u>合衆国成人教育協会設立</u>	
1952		アメリカ公立学校成人教育者協会、NEA部門 (National Associ-ation of Public School Adult Educators, an NEA Department, 1952-1972)
1972		アメリカ公立継続成人教育協会 (National Association for Public Continuing Adult Education：NAPCAE, 1975- 1982)
1982	アメリカ成人継続教育協会 (American Association for Adult and Continuing Education：AAACE) 設立 。合衆国成人教育協会とNAPCAEが合併。	
2000	アメリカ成人継続教育協会	AAACE成人基礎教育委員会 (The AAACE Commission for Adult Basic Education：COABE)

（筆者作成）

２　一九五〇年代の合衆国成人教育協会設立期の事業活動とシリル・フールの研究活動

①　合衆国成人教育協会の概要と目的

合衆国成人教育協会の設立初期（一九五一〜一九五九年）の事業運営の中心的なメンバーが、事務局長のノールズであり、同時期の事業活動を研究面から支えたのが、フールであった。協会は、設立時の一九五一年から「人々の生涯学習としての学習を促進するための、会員組織であること」を目標としており、当時の具体的な組織としての目的が表２であった(12)。

設立時の合衆国成人教育協会は、成人教育運動拡大を目指すとともに、会員の関心やニーズに応じた活動と情報提供が、協会にとって重要であると考えた(13)。また、会員のための会員による運営組織となることを協会の事業活動の目的とした。

他方、協会は設立当初から、すべての目的（表２）を同時に、ある程度の正確性をもって果たすためには、協会の資源、とりわけ資金や人（会員）が充分でないことを理解していた。そのため、協会の自立的な事業運営を目指す補助金獲得は、重要課題の一つであり、会員数増加と社会的認知拡大のために、成人教育の社会的役割を追究する研究調査事業が継続的に実施された。

表2　合衆国成人教育協会設立時の目的

1、成人教育分野で活動する人々（会員と非会員）の能力開発の援助すること
2、成人教育「分野」を共通の目的にまとめること
3、成人教育の活動を行う多様な機関（agencies）間の円滑なコミュニケーションをとり、連携を担うこと
4、成人教育分野に関する情報を収集し、広めること
5、成人教育の知と理論を確立するための研究と実験を刺激すること
6、成人教育に関する公共的な理解を促進し、成人教育のための支援を得ること
7、成人教育施設やリソースの拡充と発展を促進すること
8、重要な社会課題とそのニーズに関して成人教育分野で活動する人々の関心を高めること

②シリル・フール(14)と実践の科学への関心

フールは、一九五〇年代の合衆国成人教育協会の研究調査事業における中心メンバーであり、アメリカの成人教育成立に影響を与えた主要研究者の一人である。一九五〇年代には、シカゴ大学の広報担当を務める傍ら、合衆国成人教育協会では理事や副会長を歴任し、協会運営に携わった。

シカゴ大学大学院博士課程において一九四〇年に博士学位（教育学）(15)を取得し、フールは、一九三九年から一九七八年までの三九年間をシカゴ大学で研究・教育に従事した。その間、大学運営に携わる一方、ノールズを含めた成人教育の博士号取得者六八名、修士号取得者二五〇名の指導主査を担った(16)。

フールは、成人教育学を、「極めて実践的な科学（practical science）を基礎とする学問」とし(17)、組織化された学習が、偶然の学習よりも効果的かつ迅速で、包括的であるという信念を、人々の意識に確立する役割があると考えていた。そのため、実践の科学としての成人教育とは何かを明らかにし、特に、成人教育に関わる人々のための専門職業人教育の構想が、フールの一九五〇年代の研究関心であった(18)。彼の実践の科学への志向は、第二次世界大戦中に、陸軍と海軍の非番の兵士たちに向けた戦後の再就職を見据えた自発的学習プログラムの開発に携わった経験に因るものであり(19)、成人教育実践から、成人教育の基礎的原理を見出そうとした(20)。フールによる成人教育研究の方法論は現代にも有効であり、成人教育の原理と理論の精緻化に挑む成人教育者たちの戦後の取り組みに大きな転機を与えている(21)。

表3　合衆国成人教育協会による「方向性探索」の研究調査事業（1951〜1956年）

実施時期	研究調査の概要
1951〜1954年	成人教育分野別プロジェクトによる調査会議と質問紙調査
1954〜1956年前半	会員特性に関する質問紙調査［全会員向け］
1953年前半	Adult Leadership誌の購読者向け質問誌調査と記事への意識調査［実施機関：ミシガン大学調査研究センター、社会研究機構］
1953年	協会のマネジメント調査: 合衆国成人教育協会の組織構造とマネジメントについて［実施機関：マッキンゼー社（McKinsey Company）］
1956年	実証的研究調査事業「十年後の合衆国成人教育協会の方向性」［実施機関：成人のための教養教育調査センター］、調査は、全会員向けに協会のオルタナティブな方向性に関する自由記述回答形式で実施。
1956年1月	関係性のパターンに関する調査［実施機関：フィールド支援委員会］

2　一九五〇年代の合衆国成人教育協会による研究調査事業
——成人教育者とは誰か

1　合衆国成人教育協会の研究調査事業——方向性探索プロセス

一九五〇年代の協会の研究調査事業の一つが「方向性探索プロセス（Direction Finding Process in AEA）」であり、成人教育の方向性を検討するための実証研究プロジェクトであった。フールはこの研究調査事業を主導し、一九五七年に研究調査事業過程を分析する目的で設置されたコンサルティング委員会の委員長に就任した。委員会設立の背景には、一九五一年から調査事業が展開されてきたものの、協会が期待する調査結果が得られず、これまでの調査事業の成果と課題を取りまとめる目的があった。表3は、方向性探索プロセスに関する設立時から一九五六年までの研究調査事業の概要である(22)。

2　方向性探索コンサルティング委員会の概要と報告書

協会の研究調査事業に関するコンサルティング機能として方向性探索コンサルティング委員会が組織され、フールは委員長として、またノールズは委員会の事務局としてかかわった。本調査委員会には、外部有識者を委員に加え、社会科学に基づいた、より科学的な分析によって報告書をまとめることが期待された。一九五七年に、方向性探索コンサルティング委員会による報告書が、二回（一九五七年六月と九月）にわたってまとめられており、表4は、二回の報告書の概要である。

一九五七年のコンサルティング委員会による調査報告では、成人教育者、リーダーたちの成人教育への関心、関わり（involvement）と関与（commitment）に関する調査結果が分析された(25)。

表4　委員会と報告書の概要

報告書タイトル	調査時期、実施者、目的
「合衆国成人教育協会方向性探索コンサルティング委員会」(24)	• 1957年に合衆国成人教育協会内に特別コンサルティングプロジェクトが、シカゴ大学教育学部教授シリル・フールを委員長として組織され、その委員会に提出されたものが本報告書である。なお、本報告書は、事務局長であるノールズがまとめ、フールがアドバイザーとして作成に関わった。
	プロジェクトメンバー：ラルフ・タイラー博士（Dr. Ralph Tyler、スタンフォード大学行動科学応用研究センター部長）／ウイリアム・マグロースリン博士（Dr. William McGlothlin、アトランタ南部教育委員会）／フレッド・ホーブラー（Fred K. Hoebler、シカゴ市長のコンサルタント）／グッドウィン・ワトソン博士（Dr. Goodwin Watson、コロンビア大学ティーチャーズ・カレッジ教育学教授）／ポール・ミラー博士（Dr. Paul Miller、ミシガン州立大学農業エクステンションセンター部長）／ロビー・キッド博士（Dr. J. Roby Kidd、カナダ成人教育協会部長）／ハワード・メイオフ博士（Dr. Howard Meyerhoff、科学的労働力委員会事務局長、ワシントンDC）／レオナルド・ブルーム博士（Dr. Leonard Broom、カリフォルニア大学ロサンゼルス校社会学部長）／エルバート・バアール（Elbert W Burr、合衆国成人教育協会会長）／グレース・スティーブンソン（Mrs. Grace Stevenson、合衆国成人教育協会会長—選出）／ウォーレン・キャノン（Warren Cannon、合衆国成人教育協会財務部長）／マルカム・ノールズ（Malcolm S. Knowles、合衆国成人教育協会事務局長）
	第一回報告書：報告書タイトル「成人教育分野の概要と歴史」 本報告書は特別コンサルティング・プロジェクトと合衆国成人教育協会の会議のために用意されたもので、成人教育分野の役割の研究を目的とした。フールの助言に基づき、ノールズによって作成された。
	第二回報告書：報告書タイトル「合衆国成人教育協会における方向性探索プロセス」 本報告書は、第一回報告書の続きとして、ノールズによって作成された。また、サンディエゴで開催されたカンファレンスにおいて、会員向けに説明された調査内容であった。

（二回の報告書と合衆国成人教育協会の会議メモ(23)を基に筆者が作成）

表5　各グループにおいて想定される成人教育者の属性2[28]

グループ	想定される成人教育のリーダーシップを発揮する分野
Ⅰ（最多数）	ディスカッショングループのリーダー（任意）、ボランティア協会のリーダー、教会、学校、コミュニティセンター、協同拡張サービスのリーダー、シティズンシップ、安全管理、保健、国際的課題、家族計画などの理解を深める活動のリーダー（指導的役割）など
Ⅱ（中間数）	公共図書館・セツルメントハウス・博物館職員、若者、成人を教える大学教員、軍隊での指導者、政府・企業の人材育成担当者、マス・メディアで働く人々など
Ⅲ（最小数）	公立学校、博物館、図書館、社会事業、刑務所などの施設の成人教育に従事する人々、成人教育分野の研修、講座活動に主要な関心をもつ大学教員、特定分野に関心をもつ機関の成人教育に関する専門家（specialist）、政府、企業、労働組合の研修責任者さらに協同拡張サービスのスタッフを含む。

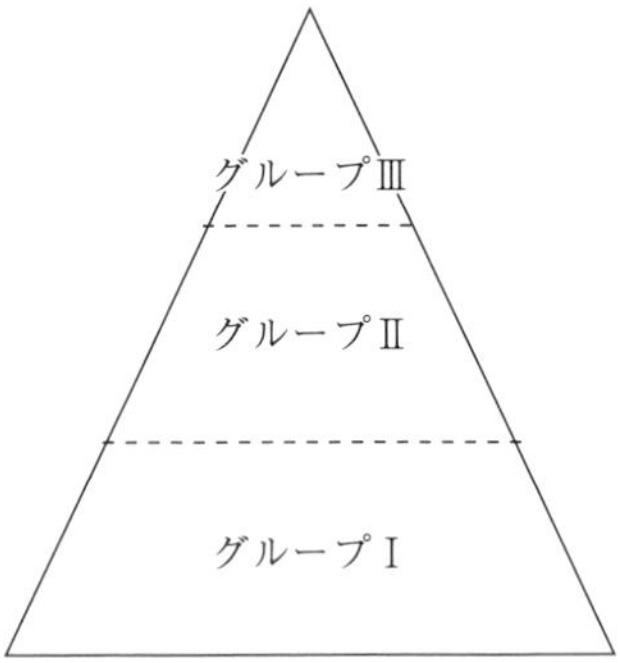

図1　成人教育のリーダーシップ分野の三分類の記述[27]から筆者が作成

3　成人教育者の特性——成人のリーダーシップへの着目

委員会は、様々な職業や社会活動における成人教育者、リーダーたちのリーダーシップ[26]、すなわち成人教育への関わりと関与をもとに活動の種類、特性を検証した。図1は、調査によって明らかにされた成人教育者、リーダーの属性についての分類である。また、境界線が点線である理由は、各グループの属性が固定したものではなく、動態的であることを示している。

グループⅠは、最も人数が多いグループで、ボランティア（任意）で成人を教育する（指導する）人々である。グループⅡは、グループⅠよりも人数は少ない。成人教育ではなく、別の職業（常勤雇用）に従事しつつ、成人を教育する役割をもつ人々であった。グループⅢは、最も人数が少なく、成人教育が第一の関心であり、成人教育分野で基本的な職業キャリアを積むことが想定された人々である。具体的な役割、職業名を、表5に示す。

グループⅢは、Ⅰ、Ⅱグループに対して影響力をもち、特別な地位にある人々であった。たとえば、成人教育の主要な目的、その専門性、グループⅠ・Ⅱに対する指導的役割、方向性、研修などを示し、成人教育に関する情報提供を担う人々が属しており、成人教育分野の専門職業人（professional）として位置づけられた。

表6　図2のA～Dに属する人々の説明[31]

A	成人教育全般に非常に関心を持つ層：成人教育分野全般に関心がある人々。たとえば、成人教育を教える大学教員、成人教育委員会や協会のスタッフ、基金のスタッフや理事会メンバー、成人教育に関する州政府の管理職など。専門職業人の割合が高い。
B	部分的に成人教育に関心があり、活動的である層：ある特定の活動を行っており、成人教育分野に積極的に関心がある人々。たとえば、地方、州、地域の成人教育協会や合衆国成人教育協会に所属している人々。専門職業人が3分の2、アマチュアが3分の１の割合である。
C	部分的に成人教育の活動に参加し、関心をある程度持つ層：ある特定の活動に参加し、成人教育分野の取り組みであることは理解している。一方で関心はあるものの、深く関与はしない。おおよそ半数が専門職業人、半数がアマチュアである。
D	部分的に成人教育の活動に参加し、関心が低い層：成人教育的なプログラムに参加する一方で、成人教育への関心は低い。たとえば、夜間学校教師、農業や家族支援機関で働く支援者、司書、学芸員、成人教育分野で活動するすべての人が含まれる。アマチュアが3分の2、専門職業人が3分の１の割合である。

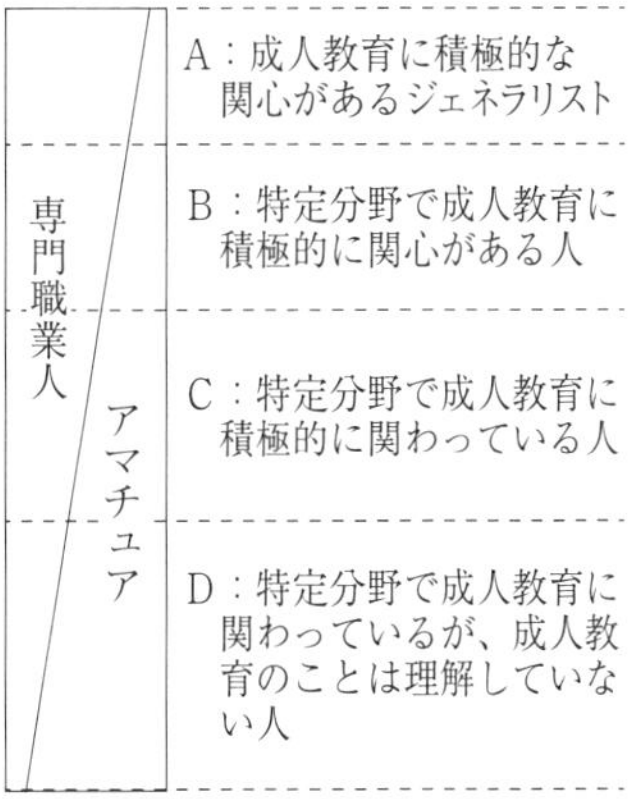

図2　専門職業人とアマチュアの構成割合――成人教育分野への関心・関与の程度[30]

4　成人教育者の特性――専門職業人とアマチュア

コンサルティング委員会は、成人教育者の特性を明らかにするために、専門職業人とアマチュア（layman）の視点からの分析も行った。成人教育活動への関心、関与、関わりの程度と雇用形態、たとえば常勤雇用者、非常勤雇用者、さらにボランティアとの関係についての検討がなされた。ここでのアマチュアとは、成人教育に関する職務や活動において無報酬であることを指す。

図２[29]は成人教育分野への関心、関与の程度（A～D）における専門職業人とアマチュアの構成割合を示した図である。成人教育者（リーダー）の関心、関与の程度をイメージするための図で、統計的な基盤（割合）による正確な図ではない。斜線は、成人教育分野で職業キャリアを積みたいと考える有給雇用者を、成人教育に関してアマチュアと専門職業人で分けた線である。また平行線は、表６のA～Dを四つに区分した線である。

A～Dの成人教育にかかわる成人教育者の各カテゴリーは、専門職業人、アマチュア双方が存在しており、成人教育への関心や関与の程度は、専門職業人とアマチュアによって区別され

表7　合衆国成人教育協会会員の職業別割合

職業機関	1953	1956
カレッジと大学	25%	15%
公立学校	21%	8%
宗教機関	3%	16%
政府機関	11%	10%
図書館	10%	4%
ボランティア機関	8%	12%
保健福祉機関	8%	18%
ビジネスと産業	6%	7%
その他	8%	10%

表8　図書館勤務の合衆国成人教育協会会員の雇用形態(33)

雇用形態	1953	1956
ボランティア	10%	20%
パートタイム雇用者	26%	43%
フルタイム雇用者	60%	54%

るものではないことを示している。

さらに、表7は、協会会員の一九五三年と一九五六年を比較した会員の職業別割合である(32)。

表8は、表7の図書館を所属とする協会会員の雇用形態の変化を示したものである。表7、表8からは一九五三年から一九五六年までの状況において、成人教育者の職業的地位は流動的であったこと、表8は、一九五六年において、図書館に所属する協会会員について、ボランティア、パートタイム雇用者の割合が増加していることを示している。Adult Leadership誌の購読者の二二%は、図書館勤務者であり、図書館勤務者の多くは、当時、協会会員として成人教育に関する専門書を購読する最大分野であった。

また、図書館に勤務する協会会員の雇用形態状況において、成人教育者（指導者）の雇用形態は、パートタイム、ボランティア（任意）が、半数以上を占めるということも明らかになった。

5　成人教育者とは誰なのか――Educators of Adultsへの着目

「方向性探索プロセス」の研究調査事業は、成人教育者の労働・活動状況、成人教育への関心と関与の程度を明らかにした。成人教育者の関心、リーダーシップ（関わりと関与）の程度は、職業の種類、活動の種類、職位、社会的役割に因るものではなかった。たとえば、成人教育者には、公立夜間学校教師、図書館職員、博物館職員など、それぞれの専門的職業の中で一業務として成人教育に従事する人々がいる一方で、ボランティアやパートタイムで従事する人々がいた。成人教育者は、職場のディスカッション・リーダーや、教育委員会のメンバー、教会など、様々な職業や社会活動における日々の生活の中で、成人教育者としての多様な活動を担っていた。

そこでの成人教育者の成人教育への関心や関与の程度は、職業的地位や社会的役割によって区別されるものではなかった。

また、成人教育者の多くは、ボランティアやパートタイムであり、その地位や役割は流動的であった。任意（ボランティア）で成人教育に関わる人々も、協会が発行するAdult Education誌、Adult Leadership誌を熱心に購読し、自分たちの実践をよりよくしたいという熱意を持っていた。成人教育への関心は、有給か無給か、など職業的地位に関係するものではなかった。

フールは、成人教育者（educators of adults）、リーダー（adult leaders）とは、便宜上の呼称にすぎないとし、成人教育者の呼称を固定することに慎重であった(34)。そのため、成人教育者（adult educators）という特定の職業を想起させる呼称の使用にも消極的だった。一般的に職業や生活の場面では、教師と学習者、リーダーとフォロワー、カウンセラーとクライアント、上司と部下など、ペアの一方が教育者となり、その役割を果たすための準備として、適切なトレーニングが求められる(35)。フールは、成人教育においてのペアの役割は固定されるものではないとし、成人教育者の特性としての、活動の「複雑なパターン」、職業的地位や社会的役割の「動態性」に着目した。そのことは、以下の成人教育と専門的職業（profession）の関係についてのフールの考えとも重なる(36)（傍線は筆者による）。

成人教育において責任ある立場にある者は、伝統的な専門的職業を実践する者よりもはるかに複雑なパターンの中で活動しなければならない。成人教育者（educators of adults）は、潜在的に一つの専門的職業ではなく、複数の専門的職業の集まりに属している。さらに、将来的には、単純化されるよりも、むしろ多様化が進むと思われる(37)。

成人教育者は、「伝統的な専門的職業を実践する者よりもはるかに複雑なパターンの中で活動しなければならない」

とは、成人教育が伝統的な専門的職業のように社会的役割、職業的地位が「教える」側として固定されるものではなく、動態的な関係の中での活動となることを説明している。成人教育の専門職業人養成には、青年期から知識を積み上げる専門職業人養成とは異なる養成プログラムが求められるとフールは考えていた。

3 生涯学習社会のための成人教育者養成の構想

1 成人教育者の関心——学習ニーズとは

フールは、研究調査事業の調査結果をもとに、成人教育者の成人教育への関心（学習ニーズ）について、図1のグループごとに整理した(38)。

第Ⅰグループは、成人教育業務に直接的に役立つ専門的かつ端的でわかりやすい研修を求めていた。たとえば、ディスカッションをどのようにまとめるか、研修プログラムをどのように企画すればよいのか、選挙事務所をどのように解散したらいいのか、など組織的な運動の方法などの研修を求めていた。彼ら、彼女らの関心の中心は、いかにうまく役割を担えるかであった。

第Ⅱグループは、職業として他の業務に就く成人を教える立場にあるものたちであった。成人教育が職務上で必要な場合は、職務で役割を担うための事前教育と役割を担当する過程での教育が求められる。研修カリキュラムには、成人教育に関する内容が含まれる。たとえば、子どもの教育を専門とする夜間学級担当教師には、成人教育の知識やスキルを学ぶことが求められる。また、公立図書館の職員は、成人の読者が、的確に本を選ぶことができるように成人の読書支援について学びたいと考えていた。

第Ⅲグループには、成人教育に関する評価、重要な目的意識、専門的な貢献が求められるだけでなく、第Ⅰ、Ⅱグループに属する人々に対して、リーダーシップを発揮し、成人教育の方向性を示すこと、研修を提供する役割が求められるとした。そのため、第Ⅲグループは、成人教育に関する継続的かつ最大限の学習が必要となり、そこでの学習こそが成人教育分野の専門職業人教育であった。

加えて、フールは、高等教育が、グループⅢの専門家（specialist）養成のみに特化するべきではなく、グループⅠ、Ⅱのリーダー、成人教育者の学習も保障すべきであり、そのためのカリキュラム構築が成人教育分野に求められるとした。そのことは、第ⅠからⅢグループの境界線は明確な線ではなく、あいまいな線（図1では点線）であることにも現れており、教育や活動によって、グループⅠからⅢへは移動可能であることを強調した。

さらに、今後の検討課題として、ボランティア（任意）で成人を教える役割を担いながら、知識やスキルを向上したいと考える成人教育者に対する教育の必要性も挙げている。専門家とパートタイムの成人教育者の学習ニーズは、重複する場合も多いことを示したうえで、双方に対して提供可能な成人教育原理とは何なのかについて、多くの経験に基づく成人教育論の継続的検討が求められるとした。

2　成人教育の新しい専門職業人養成構想

成人教育分野における専門職業人教育の基盤的機能は、高等教育機関にあるとフールは考えていた(39)。一九五〇年代の成人教育者（educators of adults）を、成人教育の専門職業人として継続的な学びを求める第一世代とし(40)、伝統的な専門職業人とは異なる養成の仕組みを構想した。さらに、成人教育における専門職業人教育を、「成人教育が第一の関心事であり、その分野において基本的なキャリア形成を期待している人のための高度な教育」(41)と定義し、成人教育者のニーズと高等教育との関係を、以下のように述べた（傍線は筆者による）。

成人教育者は、経験が自分の直接の仕事の慣れ親しんだニーズを提供する一方で、彼らが求めるバランスや見通し、ビジョンは十分に与えられないことに気づき始めている。そのため、より広い目標のために、彼らは大学に助けを求めるだろう。他方、大学は、成人教育分野のために、より強力で、明確な当該分野の専門的基礎を構築するニーズとともにある(42)。

成人教育者の多くは、成人教育の特性や分野の理解がいまだ不十分であり、成人教育の専門性を教育するためのカリキュラム構築が高等教育に求められていた。また、成人教育者のための教育は、一般的な専門職業人教育とは異なるとフールは捉えていた(43)。たとえば、成人教育者は、ある特定の職業に従事し、職務上「偶然に（たまたま）」成人を教える役割を担っており、そのことは青年期から注意深く教育される弁護士や医師などの教育、養成方法とは異なる。

表9　フールによる成人教育の専門職業人教育の標準的目標(44)

	標準的な目標
①	成人教育が達成すべき基本的価値に関する信念と主要な目的と課題に基づいた成人教育概念の理解
②	教育学（特に成人教育）が置かれている心理的かつ社会的機能の理解
③	成人教育者が働く機関、またはプログラム開発に関する広い領域と複雑性の理解
④	教育の基本的プロセスに着手する能力と運営能力、目標の改善、方法と内容の選択と活用、リーダー研修、ガイダンスとカウンセリングの提供、活動のコーディネートと管理運営、学習成果の評価
⑤	個人能力の有用性をさらに伸ばすこと、個人、集団、社会において活動する上でのリーダーシップの力量形成
⑥	生涯を通じての自分自身の教育に、継続的に関心をもつこと

「本物」の専門的職業の水準と責任を担うために、成人教育者の職業キャリアを計画し、成人教育分野での専門性を高めるための標準的な教育目標（表9）をフールは設定した。

フールによる専門職業人教育の標準的目標は、協会の研究調査事業によって明らかにされた成人教育者の関心に応えるものであり、幅広く、多様な成人教育の関わりと関与の実態に即したプログラムであった。特に、表9の①あらゆる職業や活動における共通した成人教育概念を理解する、③成人教育に取り組む多様な機関との連携のありかたを理解する、⑤成人教育者の特性であるリーダーシップについての能力を育成する、の三つの目標は、一つの固定的な社会的役割や職業的地位にとどまらない成人教育者像が表れている。さらにフールは、成人教育を学ぶ学生、そして大学教員も大学院教育が成人教育者養成の完璧なプログラムであると考えるべきではなく、「常に変容するもの」ととらえる必要があるとした。そのことは、成人教育者が、⑥生涯を通じての自身の教育に関心を持つこと、つまり学び続けることに継続的に関心をもつ教育プログラムを目指したこと(45)と関連している。教育者自身が生涯を通して学び続ける能力を獲得する教育プログラムこそが、成人教育に求められると考えていた。

フールは、実践の科学としての成人教育学を確立するために、研究調査事業による実証研究を通じて成人教育者像を明らかにし、生涯にわたる人々の学びを保障する専門職業人養成を構想した(46)。

おわりに――生涯学習社会のための成人教育とは

一九五〇年代の合衆国成人教育協会は、産業構造の大きな変動期に成人教育の方向性を見出す事業を実施した。研究調査事業を通して、成人教育者とは誰なのか、成人教育の社会における役割は何かを追究する探索過程に、フールは責任者として取り組んだ。そこでの調査や分析過程は、実践の科学を基盤とする成人教育論の確立を目指す実証研究の過程でもあった。その結果、成人教育者像(educators of adults)を明らかにするとともに、成人教育者の関心、関わり、関与の実情についての調査結果にもとづいた専門職業人養成プログラムを構想した。実践現場における成人教育者像をとらえた実証研究の過程が、人々の生涯にわたる学びを保障する生涯学習社会のための成人教育の方向性を示すものとなった。

フールは、成人教育者(educators of adults)という呼称は便宜上のものであるとし、教える‐教えられる関係を固定しない「複雑な」活動パターンとしての成人教育の「動態性」を明らかにしている。さらに成人教育者の複雑かつ動態性を考慮する養成プログラムとして、成人教育者自身が、生涯学び続けることに信念をもち、学び続けることを援助すること、すなわち成人が「生涯を通じての自分自身の教育に継続的に関心を持つ」教育機会となる具体的な養成プログラムを構想した。

今日の日本では、リスキリングやリカレント教育が政府や企業によって要請される一方で、人々が生涯を通じて自分自身の教育に継続的に関心を持ち、学び続けることは難しい状況にある。二〇二〇年度から社会教育士の称号が付与され、社会教育、成人教育の関連領域は拡大している。そのため、諸領域に分断されてきた成人の学習の場を、横断的に捉え一体的に理解することがこれまで以上に求められている。本稿で示した一九五〇年代のフールの成人教育者像を追究する実証的研究過程とその思想は、今日の日本の成人教育像の解明に多くの示唆を与えてくれる。成人教育研究が果たすべき責務は重い。

●註

1　倉内史郎編『日本の社会教育　第一四集　労働者教育の展望』東洋館出版社、一九七〇年、一頁。大串隆吉「第八章　労働者の権利と社会教育」『講座　現代社会教育の理論Ⅱ　現代的人権と社会教育の価値』東洋館出版社、二〇〇四年、一五二～一六五頁、参照。
2　廣森直子「労働の場における排除と非正規専門職女性の力量形成の課題――図書館司書を事例に――」日本社会教育学会編『日本の社会教育 第五七集　労働の場のエンパワメント』東洋館出版社、二〇一三年、一〇六～一一七頁。拙稿「人材育成に対する社会教育的アプローチの再検討――女性管理職研修を題材として――」日本社会教育学会編『日本の社会教育　第六五集　ワークライフバランス時代における社会教育』東洋館出版社、二〇二一年、九九～一一〇頁。
3　岩崎久美子「『学び直し』に至る施策の変遷」『日本労働研究雑誌』七二一、二〇二〇年、四～一四頁。
4　堀本麻由子（印刷中）『アメリカの成人教育――求められた「成人教育者像」とは何か――』晃洋書房、二〇二四年。
5　ノールズは、一九五一年から一九五九年まで、事務局長としてＡＥＡの事業活動に従事した。ノールズの合衆国成人教育協会の事務局長としての事業への取り組みの詳細は、拙著、前掲書を参考にされたい。

6　堀本麻由子「合衆国成人教育協会の研究――職業教育を中心とした成人教育の成立過程――」博士学位論文（早稲田大学）、二〇二三年九月。

7　Harold W. Stubblefield and Patrick Keane, *Adult Education in the American Experience: from the Colonial Period to the Present* (San Francisco, Jossey-Bass Publishers, 1994), p.246. 邦訳：ハロルド・スタブルフィールド、パトリック・キーン著／小池源吾・藤村好美監訳『アメリカ成人教育史』明石書店、二〇〇七年、二八一頁。

8　Lloyd E. Blauch, *Education for the professions*, Department of Health, Education, and Welfare, Washington, D. C., 1958, p.1. を筆者が翻訳し、参照した。

9　拙著、前掲書。

10　「成人教育とは何か」、「成人教育の（社会における）役割は何か」は、一九二四年にアメリカ成人教育協会の理事会でのエデュアード・リンデマン（Eduard Christian Lindeman, 1885-1953）の発言である。リンデマンは、成人教育全体の調査研究を強く要求し、教育的調査ではなく社会調査に精通した人々をメンバーに加えることを主張した。（Malcolm S. Knowles, "Direction-Finding Processes in the AEA," Adult Education, Vol.8 (1), 1957, p.38.）

11　全米教育協会移民教育部（National Education Association, Department of Immigrant Education）、全米教育協会成人教育部（Department of Adult Education）、アメリカ成人教育協会（American Association for Adult Education: AAAE）、合衆国成人教育協会（Adult Education Association of U. S. A: AEA）、アメリカ公立学校と成人教育協会、NEA部門（National Association of Public School Adult Educators, an NEA Department）については、岸本幸次郎訳（Malcolm S. Knowles, *The Adult Education Movement in the United States*, (New York, Holt, Rinehart and Winston, Inc., 1962). 邦訳：マルカムS・ノールズ／岸本幸次郎訳『アメリカの社会教育――歴史的展開と現代の動向――』財団法人全日本社会教育連合会、一九七五年）を採用し、アメリカ公立継続成人教育協会（National Association for Public Continuing Adult Education：NAPCAE）、アメリカ成人継続教育協会（American Association for Adult and Continuing Education：AAACE）は、ハロルド・W・スタブルフィールド、パトリック・キーン／小池源吾・藤村好美監訳、前掲書、の訳を採用した。AAACE成人基礎教育委員会（AAACE Commission for Adult Basic Education：COABE）については、筆者が訳した。

12 Adult Education Association of the U.S.A., "Work-book August 3rd and 4th Meeting" July 23, 1957. pp 1-2, Syracuse University, Special collections, Box1, Folder: Memorandum.

13 Harold W. Stubblefield & Patrick Keane, *op. cit.* p.336.

14 オクラホマ大学の成人教育・継続教育分野で国際的に活躍した人物の略歴を紹介したインターネットサイトから引用した。翻訳は筆者による［最終取得日：二〇二三年八月八日］〈https://halloffame.outreach.ou.edu/〉。

15 フールの博士論文は、Cyril O. Houle, "The Co-ordination of Public Adult Education at the State Level," unpublished doctoral dissertation, Department of Education, University of Chicago, 1940. であった。

16 二〇二四年現在まで、アメリカ成人継続教育協会（合衆国成人教育協会の後継組織：America Adult and Continuing Education Association）の年次大会において、シリル・フール賞が成人教育に関する最優秀図書に与えられている。

17 Cyril O. Houle, "Professional Education for Educators of Adults," *Adult Education*, Vol6（3）, 1956, p.131. フールは、トーマス・ウイルソン（Thomas Woodrow Wilson, 1856-1924）の論文Thomas W. Wilson, "The study of administration," *Political Science Quarterly*, II, 1887, pp.197-222. の一節を引用し実践の科学について詳述した。

18 たとえば、グレイト・ブックス運動を展開していたモーティマー・J・アドラーに働きかけ、シカゴ公立図書館で、図書館司書や、教職経験のない人々を対象としたディスカッション・リーダー養成に一九四〇年代後半から取り組んだ。安藤真聡「モーティマー・J・アドラーの成人教育論」『日本社会教育学会紀要』四三号、二〇〇七年、一五頁、参照。

19 Harold W. Stubblefield & Patrick Keane, *op. sit.*, p.245.

20 A. Grace, "Educational Lessons from Wartime Training," *The General Report of the Commission on Implications of Armed Services Educational Programs*,（Washington D. C., American Council on Education, 1948）. 直接には、Harold W. Stubblefield & Patrick Keane, *op. cit.*, p.245. から引用した。戦時のプログラムに肯定的評価を与える意見とそれを民間教育に活用することについては多様な意見があったとしている。

21 Harold W. Stubblefield & Patrick Keane, *op. cit.*, p.246.

22 Adult Education Association of the U.S.A., committees/ executive committee, Nov.16-18,1957, Syracuse University, Special

collections, Box10, Folder: Org Recs.

23 *Ibid.*

24 第1回報告書：Malcolm S. Knowles, *op. cit.*, "An Overview and History of the Field: Working Paper Prepared by the AEA Consultative Committee on Direction-Finding," pp.219-230. 第11回報告書：Malcolm S. Knowles, *op. cit.*, "Direction-Finding Processes in the AEA," pp.37-54.

25 Malcolm S. Knowles, *op. cit.*, "An Overview and History of the Field: Working Paper Prepared by the AEA Consultative Committee on Direction-Finding," pp.219-230.

26 「leadership in adult education」の訳である。

27 Cyril O. Houle, *op. sit.*, "Professional Education for Educators of Adults," p.133.

28 *Ibid.*, pp.133-134. の記述をもとに、筆者作成。

29 Malcolm S. Knowles, *op. cit.*, "An Overview and History of the Field: Working Paper Prepared by the AEA Consultative Committee on Direction-Finding," p.227. を基に作成。

30 *Ibid.*, pp.226-227.

31 *Ibid.*, p.227. の説明をもとに筆者が表にまとめた。

32 *Ibid.*, p.228.

33 *Ibid.*, p.230.

34 Cyril O. Houle, *op. cit.*, "Professional Education for Educators of Adults," p.132.

35 本論では「成人を対象とする教育者（educators of adults）」について「成人教育者」の訳を与える。フールは、「成人教育者（educators of adults）」とは、成人教育の十分な訓練の必要性がある位置づけにある人々を意味するとした（Cyril O. Houle, *op. sit.*, "Professional Education for Educators of Adults," p.132）。

36 Cyril O. Houle, "The Education of Adult Educational Leaders," in Malcolm S. Knowles, M.（Ed.）, *Handbook of Adult Education in the United States*, Adult Education Association of the U. S. A., 1960, pp.117-128.

37 *Ibid*., p.128. を筆者が翻訳し、引用した。
38 Cyril O. Houle, *op. cit*., "Professional Education for Educators of Adults," p.133.
39 *Ibid*., p.141.
40 *Ibid*., p.131.
41 *Ibid*., p.134. を筆者が翻訳した。
42 *Ibid*., p.132. を筆者が翻訳した。
43 フールは、専門的職業の一般的な基準を次のように示した。普遍的社会的に認識されていること、高度に複雑な知の体系をもっていること、行動基準を守ることを組織し、厳しい規律を訓練する機関が存在していること、を挙げている。
44 *Ibid*., pp.137-139. の内容をもとに筆者が翻訳し、表9を作成。
45 フールが使用するリーダーシップの意味については、論文（Cyril O. Houle, "Education for Adult Leadership," *Adult Education*, Vol.8（1）, 1957, pp. 3-17）に詳しい。フールが最も重視するリーダーシップの特性は、「リーダーとして自身の教育（self-education）に継続的関心があること」としている。
46 *Ibid*, p.17.

●参考文献

Adult Education Association of the U.S.A., "Work-book August 3rd and 4th Meeting" July 23, 1957. pp.1-2, Syracuse University, Special collections, Box1, Folder: Memorandum.

Adult Education Association of the U.S.A., committees/ executive committee, Nov.16-18,1957, Syracuse University, Special collections, Box10, Folder: Org Recs.

Houle, Cyril O. "The Co-ordination of Public Adult Education at the State Level," unpublished doctoral dissertation, Department of Education, University of Chicago, 1940.

Houle, Cyril O. “Professional Education for Educators of Adults,” *Adult Education*, Vol.6（3）, 1956, pp.131-150.
Houle, Cyril O. “Education for Adult Leadership,” *Adult Education*, Vol.8（1）, 1957, pp. 17.
Houle, Cyril O. “The Education of Adult Educational Leaders,” in Knowles, M.（Eds.）, *Handbook of Adult Education in the United States, Adult Education Association of the U. S. A.*, 1960, pp.117-128.
Houle, Cyril O. *Continuing Learning in the Professions*. San Francisco: Jossey-Bass, 1980.
Knowles, Malcolm S. “An Overview and History of the Field: Working Paper Prepared by the AEA Consultative Committee on Direction -Finding,” Adult Education, Vol.7（4）, 1957, pp.219-230.
Knowles, Malcolm S. “Direction-Finding Processes in the AEA,” *Adult Education*, Vol.8（1）, 1957, pp.37-54.
Knowles, Malcolm S. *The Adult Education Movement in the United States*,（New York, Holt, Rinehart and Winston, Inc., 1962）. 邦訳：マルカムＳ・ノールズ／岸本幸次郎訳『アメリカの社会教育――歴史的展開と現代の動向――』財団法人全日本社会教育連合会、一九七五年）
Stubblefield, Harold W. and Kean, Patrick, *Adult Education in the American Experience: from the Colonial Period to the Present*（San Francisco, Jossey-Bass Publishers, 1994）. 邦訳：ハロルド・スタブルフィールド、パトリック・キーン著／小池源吾・藤村好美監訳『アメリカ成人教育史』明石書店、二〇〇七年。
安藤真聡「モーティマー・Ｊ・アドラーの成人教育論」『日本社会教育学会紀要』四三号、二〇〇七年、一一～二〇頁。
岩崎久美子「『学び直し』に至る施策の変遷」『日本労働研究雑誌』七二一、二〇二〇年、四～一四頁。
大串隆吉「第八章　労働者の権利と社会教育」『講座　現代社会教育の理論Ⅱ　現代的人権と社会教育の価値』東洋館出版社、二〇〇四年、一五二～一六五頁。
倉内史郎編『日本の社会教育 第一四集 労働者教育の展望』東洋館出版社、一九七〇年。
廣森直子「労働の場における排除と非正規専門職女性の力量形成の課題――図書館司書を事例に――」日本社会教育学会編『日本の社会教育 第五七集　労働の場のエンパワメント』東洋館出版社、二〇一三年、一〇六～一一七頁。
堀本麻由子「人材育成に対する社会教育的アプローチの再検討――女性管理職研修を題材として――」日本社会教育学会編『日

本の社会教育 第六五集　ワークライフバランス時代における社会教育』東洋館出版社、二〇二一年、九九～一一〇頁。

堀本麻由子「合衆国成人教育協会の研究――職業教育を中心とした成人教育の成立過程――」博士学位論文（早稲田大学）、二〇二三年九月。

堀本麻由子（印刷中）『アメリカの成人教育――求められた「成人教育者像」とは何か――』晃洋書房、二〇二四年。


［付記］本研究はＪＳＰＳ科研費JP21K02223の助成を受けたものです。

夜間中学校における学齢超過者の教育機会をめぐる諸相

学校教育と社会教育との狭間で

大多和雅絵　OTAWA Masae

Aspects of Educational Opportunities for Students over School Age for Compulsory Education in Evening Classes at Public Junior High Schools
——Between School Education and Social Education

はじめに

近年、仕事をするうえでの更なるスキルの向上や技術の習得を目指すリカレント教育やリスキリングという「学び直し」が政府の政策としても打ち立てられ注目されている。特にリスキリングは「人への投資」政策として岸田文雄政権のひとつの柱となっており、仕事を続けながら学び直しが図られるよう企業側への後押しがなされている状況にある。こうした職業上のスキルアップやキャリアアップを目指した学び直しが注目を集める中で、本論が照準を合わせるのは、社会生活を送る上で必要となる義務教育修了程度の基礎的な知識やスキルを身に付けるために、夜間中学校で学ぶ人々をめぐる問題である。裏を返せば、夜間中学校で学ぶ人々の存在は、社会生活を送るうえで必須となる基礎的な知識やスキルをも身につけずに社会に送り出される人々が存在することの証左に他ならない。

社会的に学び直しという行為とことばが定着するなかで、夜間中学校においても形式卒業者の学び直しという表現が用いられることが見受けられる。しかしながら、夜間中学校での学びは、企業等で働く人々が仕事上必要とされるスキルの習得や向上を図るリスキリングと定義される学び直しとは性質が異なる行為であると考えられる。なぜなら、学び直しの前提にはそれ以前に学習行為等の実態や経験が伴うものと考えられるが、夜間中学校への入学を希望する形式卒業者は中学校の卒業資格は得ているが、「学ぶ」という行為自体を十全に経験していないケースが多い。不登校等により学校経験がほぼないケースでは、教師と学習者の「教える－学ぶ」という相互行為自体を夜間中学校ではじめて体験することになる。すなわち、学校教育における学習というものの初期体験であり、先行する学習経験を十全に有していない状態にある人たちの学習行為を学び直しと表現出来得るのだろうか、という問題があろう。

今日、義務教育における学齢超過者の教育機会を保障する公立の学校教育機関として夜間中学校(1)があげられる。文部科学省が各都道府県に少なくとも一校の開設を目指しその設置を促して数年が経過するなかで、二〇二三年一〇月時点では一七都道府県に四四校あり、今後も全国的に着々と開設の動きがある。そうしたなかで、近年では夜間中学校と呼称される学校が社会的にも認知されつつあるものと思われる。夜間中学校の教育対象は、文部科学省が指定する不登校特例校として開設され学齢生徒も対象として開校される夜間中学校以外は、基本的には義務教育未修了者と形式卒業者である。両者に共通するのは、学齢期を過ぎた人々ということになる。学齢期を過ぎた人々のなかには母国で日本の義務教育制度に相当する学校教育を修了していない外国籍の人々の入学もみられ、今日では日本国籍者の在籍を上回る状況となっている(2)。また、二〇二〇年に文部科学省がはじめて外国籍の子どもの就学状況の調査を公表し、およそ二万人の子どもたちが不就学状態にあるという実態が表面化し社会的問題となった。現状では日本の義務教育制度が適用されるわけではないが、就学の機会を逃した外国籍の子どもたちの今後の学びの機会を考えた際には、夜間中学校がそのひとつとなることが考えられよう(3)。

本論は、そうした夜間中学校で学ぶ義務教育における学齢超過者という存在に光をあて、学齢超過者の教育機会をめぐる諸相を夜間中学校の存立が孕む歴史的経緯を射程に入れながら詳らかにすることを目的とする(4)。それに先立ち、はじめに関連深いことば（「学齢超過者」「形式卒業者」「自主夜間中学」）の定義を示しつつ本論の立ち位置を整理したいと思う。

1 「学齢超過者」という存在

本論における「学齢超過者」とは学校教育法第一七条で規定される学齢期間を過ぎた義務教育未修了者を示す。夜間中学校を対象とした研究では「義務教育未修了者」ということばを用いる場合もあるが、本論ではなぜあえて「学齢超過者」ということばを用いるのか示しておく。本論では学齢超過者という存在自体が、義務教育制度の思わぬ不備を意味するものと捉えている。すなわち、学校教育法第一八条で「保護者が就学させなければならない子」として規定される「学齢児童」「学齢生徒」の単なる対概念として用いているわけではない。

日本国憲法第二六条では国民の教育を受ける権利、そして国民が「保護する子女」に普通教育を受けさせる義務が定められている。一九四七年に公布・施行された旧教育基本法では「国民は、その保護する子女に、九年の普通教育を受けさせる義務を負う」（第四条）と九年間の義務教育が定められ、学校教育法において就学義務の学齢期間が示されている。保護者は子が満六歳に達した日の翌日以後の最初の学年の初めから満一二歳に達した日の属する学年の終わりまで小学校に就学させる義務を負うが、それまでに小学校の課程を修了しない場合は、満一五歳に達した学年の終わりまでとされる。そして、子が小学校の課程を修了した日の翌日以後における最初の学年の初めから、満一五歳に達した日の属する学年の終わりまで中学校に就学させる義務を負う。つまり、教育基本法では義務教育の九年という「長さ」が定められているにすぎないにもかかわらず、学校教育法でその九年間の「年齢」までが「学齢児童」「学齢生徒」として定められたのである（第一七条・一八条）。保護者が就学させなければならない子を「学齢児童」「学齢生徒」として「学齢」と示すことは九年間の長さなのか、六歳から一五歳までの期間なのか曖昧である。

問題はそれにとどまらない。第一、不就学や長期欠席者への対応として、学齢期間中は「退学」という措置は取られることはないものの、学齢を超過した段階で校長が認めれば「退学」という措置が可能であり、学校の学籍から抜くことが可能となっている点である(5)。こうして、中学校の卒業資格を持たない学齢超過者は、義務教育段階の学校からいわゆる除籍されることで生みだされる。さらに、文部(科学)省は義務教育の学齢期間を過ぎれば子への就学義務は消滅するとし、就学義務の免除や猶予の措置を受けた場合や何らかの理由で原級留置の措置を受けた場合であっても、満一五歳に達した日の年度末で就学義務は消滅するという見解を示してきた。

第二に、学齢期間中は、就学猶予や免除の措置を受けた者を除き、未就学の学齢児童・生徒は原則的に存在しないため、制度的には義務教育未修了者は存在し得ないこととなる。そのため、その補償的な措置が制度的に用意されずに、学齢超過者は義務教育制度の枠外に置かれ潜在的な存在となり続けてきた。すなわち、学齢超過者とは、憲法で規定された教育を受ける権利が「学齢」という年齢で制限されたがために生みだされた存在であると捉えることができよう。

2 「形式卒業者」という存在

夜間中学校が対象とする人々のなかに「形式卒業者」という存在がある。先に定義した学齢超過者は中学校の卒業資格を持たない人々であるが、これにたいし本論では、中学校の卒業資格は持つものの(中学校は形式的に卒業したもの)、学齢期に不登校等の理由から十全に学校に通う経験を経ず、義務教育卒業程度の知識やスキルを身につけていない状態にある実質的に義務教育未修了の状態の人々を「形式卒業者」とする。中学校の卒業資格をもたない学齢超過者は夜間中学校の教育対象とされたが、形式卒業者は長らく夜間中学校が包摂する対象の枠外に置かれた存在となっていた。

戦後の日本の義務教育システムは基本的に同一年齢の子どもたちが学年を形成する「年齢主義」を採用しているため、留年(原級留置)というものはなく、欠席日数が多くとも学習に遅れがあろうとも卒業学年までエスカレーター式に進級する。卒業の認定は校長が行うため、欠席日数が一定以上ある生徒の卒業に関する判断も学校ごとに分かれる。同じ長期欠席の状態であっても卒業資格を得て社会に送り出されるのか、得られずに送り出されるのかは学校ごとの対応の違いに拠っていたといえる。そうした中で、一九七〇年代に形式卒業者が夜間中学校への入学を求める動きが起こった。これは、ひいては日本の義務教育システムや義務教育の補償・補充機能であることが期待される夜間中学校のあり方をも鋭く問う動きでもあったといえる。

一九九〇年代以降は、不登校問題が社会的な関心となることで文部省による政策が打ち立てられた。一九九二年九月には「登校拒否問題への対応について」という文部省初等中等教育局長通知が発出され、適応指導教室など学校外の施設で指導等を受けている場合も指導要録上出席扱いとすることができるようになった。つまり、不登校の状態で、十全に学ぶ機会を得ていない状況であっても中学校を卒業することが可能となった。より形式卒業者を生みやすい土壌が形成されたといえる(6)。このように、形式卒業者とは、まさに日本の義務教育システムや政府・自治体教育行政の政策を背景とし、本人の意志には拠らずに実質的に学びの機会を得ることなく社会に送り出された存在と捉えることができよう。

3　「自主夜間中学」とは何か

「自主夜間中学」とはその名称が示すとおり、人々が自主的に行っている夜間中学校であり、すなわち、一般の市民等が運営し公立の夜間中学校に類する教育内容を提供する学びの場を示す。筆者はかつて自主夜間中学をつぎのように定義した。

自主夜間中学とは、学ぶ機関を必要とする人々が存在するにもかかわらず、公立夜間中学校が開設されていない地域において、ボランティア等により運営されている社会教育機関であるが、公立夜間中学校の開設を目指す運動の母体となっていることが多く、その教育内容も公立夜間中学校に類する形態となっているなど、人びとへ義務教育程度の教育の機会を提供する重要な役割を担っている教育機関である(7)。

これにたいし、福岡市の自主夜間中学である「よみかき教室」で校長を務める教育史研究者の木村政伸は自主夜間中学の特徴についてつぎのように指摘している(8)。

自主夜間中学校の当事者としては社会教育を行っている認識はない。もちろん、教育行政的には私のかかわるよみかき教室は教育委員会の社会教育の管轄下で事務処理されている。しかし、運動の側から言えば、保障されてこなかった教育を受ける権利を実体化するための場の確保を目指している以上、自主夜間中学校はあるべき公立中学校への過渡的形態と考えており、その意味で学校教育の延長上に主観的には位置付けている。それが、例えば現在でも数多く存在する識字学級などとの違いであるし、「自主夜間中学校」と名乗っているいわれでもある(9)。

自主夜間中学に関して、これほどまでに的を射た説明はないものと思われる。夜間中学校の開設を求める運動（以下、夜間中学校の開設運動）の過程で「保障されてこなかった教育を受ける権利を実体化するための場の確保を目指して」作られる自主夜間中学は、公立の夜間中学校を必要とする人々を顕在化する（行政側にこれだけの人々が公立夜間中学校を必要としていることを示す）という側面もある。そのため、木村が「あるべき公立中学校への過渡的形態」と示すことに如実に表れているように、運動の過程では自主夜間中学の「公立化」という目標が掲げられることが多い。

本論で指摘しておきたいのは、このような自主夜間中学の存在というのは、人々の教育を受ける権利を保障する場を徹底して公教育・学校教育に求めることを表す一面もあるということである。江口怜は、公立夜間中学校の果たしてきた役割として「中学校卒業資格の授与」「基礎的な学習保障」「学校生活・学校経験の保障」の三要素を挙げ、この三要素をすべて同時に満たそうとすると公立夜間中学校以外では難しい場合が多いことを指摘する(10)。たしかに、夜間中学校の機能を社会教育で代替する場合には、卒業資格の面では卒業資格を得ることを念頭に置く時期に公立中学校に籍を置きそこで卒業認定を受けることが想定される。しかし、特に学齢期に十分に享受できなかった学校生活や学校経験の面を回復することを考慮すると社会教育では補いきれない学校教育としての夜間中学校の役割があろう。

実際は、公立の夜間中学校が開設されても自主夜間中学という学びの場の役割がなくなることはなく、公立の夜間中学校と自主夜間中学が併存して教育機会を提供することが多い。というのも、自主夜間中学は公教育の枠にとらわれない柔軟さを持ち合わせているため、特定科目を重点的に学びたいというニーズに対応することや修業年限の枠にとらわれずに長期間学びを継続することが可能である。そのため、学習者によっては公立夜間中学校が地域に開設されても、自主夜間中学での学びを継続する場合もある(11)。

1　夜間中学校を必要とした人々とは

一九四〇年代後半から五〇年代に夜間中学校の開設がみられた頃は、いわゆる「勤労青年」など家庭の事情で就労等を余儀なくされた不就学・長期欠席状態にある学齢期の子どもを対象としていた(12)。実態としては、開設されている夜間中学校に中学校の卒業資格を求めて学齢超過者の入学はみられたものの、六〇年代後半までは、夜間中学校はあくまでも不就学・長期欠席状態にある子どもたちを主対象とし、その開設も暫定的な措置（ゆくゆくは廃止されるもの）と教育委員会や文部省は認識していた。すなわち、学齢超過者の教育機会の保障は義務教育が対象とする枠外に置かれていたといえる。

後述するが、一九六〇年代後半には学齢超過者の教育を受ける権利の保障を求めて夜間中学校の開設運動が展開され、各地に新たに夜間中学校が開設されることになる。こうした運動により開設された夜間中学校は学齢超過者を対象として新たに立ち上がったものであり、教育対象者が学齢者から学齢超過者へと移行したことを示すものとなった。ちなみに一九五〇年代に開設され存続している夜間中学校も、七〇年代には教育対象を学齢超過者へと移行する。

このように、夜間中学校が対象とする人々へ視点を向けると、二つの大きな転機が浮かび上がる。第一の最も主要な変化というのは、学齢者から学齢超過者へと教育対象が移行したことである（逆に学齢者の在籍を公に認めなくなる）。夜間中学校が学齢超過者を対象としたことで、それまで公教育からこぼれ落ちていた人々が入学してくるようになり、引揚・帰国者や在日韓国朝鮮人、不登校経験者、ニューカマーの在日外国人など、社会状況を反映するかたちで多様な背景をもつ人々の入学がみられ今日に至る。

そして、第二の転機は、形式卒業者の入学が認められるようになったことである。文部科学省により、二〇一五年七月三〇日付で各都道府県教育委員会教育長、各指定都市教育委員会教育長宛てに「義務教育修了者が中学校夜間学級への再入学を希望した場合の対応に関する考え方について（通知）」（27初初企第15号）が発出された。この通知は「入学希望既卒者については、義務教育を受ける機会を実質的に確保する観点から、一定の要件の下、夜間中学での受入れを可能とすることが適当である」と明確に方針を示し、夜間中学校を開設する各教育委員会へ入学を希望する形式卒業者の受け入れを促すものであった。さらに、夜間中学校において一度中学校を卒業したことを理由に基本的に入学を許されていない実態のうえで、自主夜間中学や識字講座などにそうした人々が多く学んでいること、親による虐待や無戸籍等の家庭の複雑な事情等により未就学期間が生じている者が存在すること、不登校への対応で出席管理に関し柔軟な取扱いが広く行われているため、学校に十分に通わないまま卒業する者が今後も生じてくることなどの問題が背景として挙げられている。このように、文部科学省が「義務教育を受ける機会を全ての者に実質的に保障することが極めて重要」であると既卒者の入学について明確に方針を示したことで、これ以降、形式卒業者の夜間中学校への受け入れが漸次整備されていった。

夜間中学校が中学校を卒業したかどうかにかかわらず、義務教育の機会を実質的に保障する教育機関として舵を切ったことは重要な転換であったと考えられる。先述のように、形式卒業者の夜間中学校への入学をめぐっては一九七〇年代頃にはすでに入学を希望する動きがあったものの、長らく夜間中学校の入学資格として「義務教育未修了」（＝中学校卒業資格を有していないこと）を掲げる教育委員会が一般的であった。あくまでも学齢を超過した人々へ中学校卒業資格を与える公的教育機関としてその社会的役割を自覚的に存続してきたといえる。それゆえ、中学校の卒業資格を持つ形式卒業者は正式に夜間中学校への入学が叶わず、聴講生として在籍するか自主夜間中学等が学びの場となっていた。

横関理恵・横井敏郎は、夜間中学校への形式卒業者の正式入学は従来の年齢主義の部分的な緩和が図られたこと、学齢期の不登校生徒への夜間中学校入学も容認する可能性を開いたことを指摘する。このように、夜間中学校が形式卒業者も含めて学齢超過者への学びの機会を提供する教育機関として機能したことの意義は大きい。

2　学齢超過者の教育機会はどう保障されてきたのか

夜間中学校の存立をめぐる歴史を振り返ると、常に学校教育（公教育）と社会教育との狭間に位置してきた対象であるといえる(13)。このことは、夜間中学校が学齢期にある子どもを前提として成立した一九五〇年代よりも、在籍者の多数が学齢期を過ぎた義務教育未修了者へと移行した六〇年代後半以降、学齢超過者の教育機会の問題が浮上した際に鮮明に浮かび上がる。そこで表れた問題が「学校教育として保障すべきか、社会教育か」という教育機会を保障する制度的枠組みをどこに求めるのか、という二元論的な対立であった。本節では人々の教育機会の保障をいかにするか、夜間中学校の存立をめぐって対立した三つの事象に視点を置いてみていきたい。一つは、学齢超過者の教育機会の保障をめぐる政府の意向を主に国会審議での政府委員の答弁より示す。二点目は、夜間中学校の入学資格をめぐって浮上した形式卒業者の問題について取り上げる。三点目としては、学齢超過者の教育機会の保障を求めて展開された夜間中学校の開設運動から明らかにする。これらの視点から、学齢超過者の教育機会がいかにみなされてきたのかを示すこととする。

1　国会審議からみる政府の対応

一九六六年に行政管理庁による「年少労働者に関する行政監察」が行われ、労働省、文部省、警察庁にそれぞれ勧告がなされた。この行政監察は、夜間中学校の歴史では、これが契機となって夜間中学校の開設運動の動きが起こったことから、一つの重要な転機をもたらした事象と位置づく。もともと、年少労働者の不当な就労の問題の是正のために行われた行政監察であったが、義務教育就学者の就労問題との関連で学齢期の子どもが昼は働き夜に通う夜間中学校も監察対象となり、夜間中学校の存廃問題が派生することとなる。そこでは、文部省に「いわゆる『夜間中学校』については、学校教育法では認められておらず、また、義務教育のたてまえからこれを認めることは適当でないので、これらの学校に通学している生徒に対し、福祉事務所など関係機関との連けいを密にして保護措置を適切に行い、なるべく早くこれを廃止するよう指導すること」(14)という夜間中学校の廃止を促す勧告がなされた。勧告の説明では教育委員会や学校の対応の不備を指摘しつつ「このような義務教育の夜間制は変則で、学校教育法にも認められていない臨時的措置であり、また、生徒数が減少し一校二〇名~五〇名程度存続理由が薄くなっているので、これら夜間中学生に対し昼間の学校に通学できるよう保護措置を講じ、夜間中学はできるだけ早く廃止するよう指導する要が認められる」(15)と続く。夜間中学校は一九五〇年代を中心に主に都市部において次々と開設がみられたが、六〇年代後半にかけて漸次減少し、勧告が出された頃は夜間中学校の歴史上学校数・生徒数ともに最も低迷した時期であり、存続理由自体が危うい状況下でもあった。

ここで指摘しておきたいのは、この勧告の時点では政府の認識として夜間中学校自体が学齢者を対象として存立している学校であったということである。すなわち、実態としては学齢超過者も在籍していたものの、政府の認識としては学齢超過者の存在というのは学校教育として包摂すべき対象の枠外に置かれていた。学齢期の子どもが就労し中学校に通えない状況を福祉事務所等関係機関と連携を図って改善し、夜間中学校の必要性をなくし廃止することが適当であると考えられていたのである。学齢期の子どもへの教育機会の保障は、学校教育でなされるものであるという認識は政府のなかでもぶれることはないため、この意味では社会教育での対応という考えは示されはしない。

しかし、一九六六年の行政管理庁による勧告以降、夜間中学校の存廃問題が問われるなかで、ようやく学齢超過者の存在に光があてられるようになる。一九六八年四月一二日に行われた参議院予算委員会第四分科会では、山高しげり議員（第二院クラブ）より、行政管理庁の勧告を受けての文部省の考えが問われたが、文部省初等中等教育局長天城勲により、つぎのように語られている。

年齢超過者の問題につきましては、これはあるいは制度といたしましては、昔の尋常小学校あるいは国民学校の初等科六年の時代、義務教育六年の時分に修了した方々が、いまの時代だから自分も中学校教育を受けたいということをあとで考えて勉強されている方があるわけでございまして、これは実は制度的には新学制に移り変わるときから十分予想されたことでございまして、いわゆる中学校の通信教育という制度を残しておるわけでございます。（中略）高年齢者の問題につきましては、だんだん数が減るとは思いますけれども、いまこの中学校を開いている段階で、これらの人を拒むということもできませんので入れておりますが、行く行くは成人講座、あるいは先ほど申しました通信教育その他の方向にだんだん解消していかなきゃならぬのじゃないかと、このように思っております(16)。

また、ここでは、中学校卒業程度認定試験の受験資格の問題も挙げられている。義務教育の就学猶予・免除の措置を受けている者に限定されている状況から、将来的には何らかの事情で義務教育を修了できなかった人々への拡大の方向性について肯定的な姿勢が示されている。しかしながら、この時点でも夜間中学校の存廃はあくまでも学齢者の教育機会の問題として認識されており、学齢超過者へは中学校の通信教育課程や成人講座で対応する方向性が示されている。成人講座での対応はまぎれもなく社会教育での対応が示唆されているものといえる。

一九七〇年代に入ると、夜間中学校の開設運動が全国で草の根的に展開されるようになり、さらに日中の国交が回復され東京都では日本語が不自由な引揚・帰国者が夜間中学校に入学してくる状況となるなかで夜間中学校のあり方が学齢超過者への教育機会の問題から問われるようになる。

一九七〇年代初頭には、学齢者は昼間の中学校に通えるように措置するという方針はかわらないものの、夜間中学校の在籍者の大半が学齢超過者であること、さらに中央教育審議会答申でも生涯教育の観点から学校教育を見直す方針が示されたことをうけ、政府委員の国会答弁でも生涯教育の観点から夜間中学校を捉える発言がみられようになる。そして、一九七〇年代中頃から八〇年代にかけては、夜間中学校のあり方をめぐり学齢超過者の教育を受ける権利と国の義務が問われることとなる。

一九七四年四月四日の予算委員会第四分科会では、佐々木静子議員（日本社会党）より夜間中学校への予算措置や社会への広報活動を含め人々の教育を受ける権利を保障するため国も何らかの措置をとるべきではないか問われたが、国の方針は奥野誠亮文部大臣のつぎのような答弁に明瞭に示されている。

やはり積極的には六歳から十五歳までの方々について全国的に教育を受けさせる努力をするということ、それがもう中心でなきゃならぬのじゃないか。それ以後の問題につきましては、私は義務教育という見地でとらえるんじゃなくて、社会教育的な見地で考えていくとかいう性格のものではなかろうか。しかし、幸いにして従来から夜間中学で、六歳から十五歳の人で通えなかった人たちをそこで救ってきたわけでございまして、それが今日では、もう義務教育の年限は過ぎたけれども、進んで学びたいという人のために門戸を開いているわけでございます。ですから、これはやはりそういうかっこうでそういう施設は残したいし、また、国も義務教育と同じような対応策でそれについて経費負担をしていくということでよろしいんじゃないかという感じを持っているところでございます(17)。

つまり、学齢超過者への教育機会は本来的には社会教育で対応するものと考えられるものの、夜間中学校がその受け皿として機能している現状は容認するものであり、義務教育と同程度の予算的措置は行うが、それ以上の何らかの法制度的な整備を行うつもりはないということが述べられている。あくまでも現行法の中で夜間中学校を容認するという方針が明瞭に示されているといえる。国・政府としては学齢超過者の教育機会を保障するために積極的な策を講じることは考えていないという消極的な姿勢が示されているといえよう。

2　夜間中学校の入学資格をめぐって

先述のように、夜間中学校は一九五〇年代には学齢者を念頭に開設がみられたが七〇年代には教育対象者は学齢超過者へと移行した。五〇年代から夜間中学校の開設がみられた東京都では、都教育委員会が発行する学校要覧上で対象者が明記されるのは管見の限り一九七六年度からになる。一般学級、日本語学級(18)ともに学齢超過者で中学校（義務教育相当）の教育課程の未修了者を対象とすることが示されている(19)。このように、夜間中学校は基本的に義務教育修了の資格を与えることを目的に設定され、形式卒業者は正式に入学が認められない状況となっていた(20)。聴講生という形態で授業への参加を認める学校もあったが、対応は学校現場の裁量による状況であった。これにたいし、七〇年代には夜間中学校への正式な入学を求める動きが起こった。

一九七〇年一一月に開催された第一七回全国夜間中学校研究大会で夜間中学校の生徒が形式卒業者の正式な入学を求めて教員達の研究発表の場を占拠するという事態が起こっている。こうした生徒の行動は、その後一部の生徒と教員間の対立を生む事態ともなった。

その時に壇上に立った生徒Aにはつぎのような背景がある。北海道出身の生徒Aは「四歳頃から子守やコンブ拾い、農家、パチンコ屋、飯場の飯炊、バーのホステスなど手っ取り早く金になり、学歴を必要としない仕事」に就いて生活してきた。生活のために学校は休みがちであったが、中学校の卒業証書は受け取っていた。「空、山、川などの簡単な字以外は新聞も読めないし、九九もわからない足し算、引き算の計算は指や足でやればできるが、34－23式になると、前からやるのか後からやるのか全然見当がつかなかった。時計の見方や電話の掛け方など日常生活に必要な知識がなんにもわからず毎日苦しんだ」(21)という。そうした状態で、新聞で夜間中学校の存在を知った。どうしても入学したかった生徒Aは、中学校を卒業していないと偽り入学したものの、良心の呵責から学校側に既卒のことを打ち明けた。すると、学校側からは、入学条件として既卒者は入学させられない旨を告げられたという。生徒Aの訴えはつぎのように続く。


生活のために犠牲となった文盲の人達や形式卒業者も差別なく夜間中学に入学させろ！そして私のようなかけざん九九も時計の見方のわからないような形式卒業者をこれ以上一人もつくらないでほしい！そのために私や私の家族が食うものもくわないで働らいた税金をつかうべきだ！

最後に文部省、厚生省、労働省、教育委員会、全国夜間中学の先生に質問があります。

わたしのようなかけざんの九九もできないような人間を中学卒業者だとみとめますか？

私たち形式卒業者をなぜ夜間中学校に入学させないんですか？

以上の質問を私に分るようにこたえてください(22)

夜間中学校の入学資格をめぐる形式卒業者のこうした訴えは「義務教育未修了」というものをいかに捉えるのか、さらには義務教育の補償・補充機能を期待される夜間中学校でさえ、そこから排除される仕組みをつくり出しているという問題を鋭く問う動きであったといえる。

こうした生徒からの訴えを受け、次年度の第一八回大会の「大会宣言」の「決議」では「一、義務教育を形式的には修了しているものの、実質がともなわず、著しく学力の不足している者に対する教育について、特別な措置を早急に講ぜられたい」「一、小学校課程を修了していない者に対して、公共の教育機関を設置するよう措置されたい」という文言も示されている(23)。

他方、学校現場では形式卒業者は正式に入学が認められないがために、対応は学校ごとに判断が分かれる状況は変わらなかったとみられる(24)。東京都夜間中学校研究会が発行する『都夜中研ニュース』(三二号、一九七一年五月四日発行)では、つぎのように記されている。

いわゆる聴講生をどうするかについて校長間で意見が交換されたが、聴講生の中には明らかに特殊学級卒業とわかる学校名をきらっているものもあり、全くの形式卒業者もあるので、正式入学を認めるべきだとする校長もいたが、たとえ形式であっても卒業は卒業としたいという考えの校長、他の校長の卒業認定をいまさらくつがえすわけにもいかないという考えなどもあるほか、現場からは、すでにことしの入学者も多く、良心的な学習指導をするためには、これ以上の生徒の入学さえむずかしい。まして聴講生までは手がまわらない。もう少し校内の見とおしのつくまで、聴講を断っている学校もあるというのが現状だが、この問題、当分あとをひきそうである。

このように、夜間中学校が展開される過程では、形式卒業という問題が顕在化したものの、この問題にたいしても政府によって何ら積極的な対策が講じられずに、夜間中学校や自主夜間中学がその受け皿となっていた。しかし、夜間中学校において対象者が限定されることで、学齢者のみならず形式卒業者が排除されるという事態が生じていたといえる。学齢超過者の教育機会をいかに捉えるのかという問題に加えて、義務教育の「修了」というものをいかに捉えるか、という新たな問題が生起したと捉えることができる。

3　学齢超過者を対象とする夜間中学校の開設をめぐって

行政管理庁が夜間中学校の早期廃止を求めた勧告が発端となり、それに反対した夜間中学校の卒業生や関係者によって一九六〇年代後半から夜間中学校の開設運動の動きが起こり、全国各地で展開されるようになる。夜間中学校の卒業生の髙野雅夫等による運動を契機として各地に草の根的に広がりをみせたといえる。

夜間中学校や学齢超過者にたいする国・政府の方針は先に示したが、学齢超過者の存在が表面化し、義務教育制度の補償・補充機能の必要性が可視化されても何ら積極的な策を講じようとはしない国・政府の対応を背景に、夜間中学校の開設運動は中学校の設置主体である自治体・教育委員会にその矛先が向けられ運動が展開された。こうした運動は、学齢超過者の教育を受ける権利をめぐる動きと位置付けることができる。憲法第二六条の教育を受ける権利に第二五条に規定される生存権の思想が加わり、人が「生きる」ということと「学ぶ」ということを密接に結びつけ運動の理念が構築されたことに特徴がある。夜間中学校の開設運動を牽引した髙野雅夫の「文字とコトバを奪われていることは『空気を奪われている』のに等しい。だから夜間中学を創ることは人間としての生きる権利と学ぶ権利を主張することだ」(25)ということばにも明瞭に示されている。逆に言えば、学齢超過者を対象とした夜間中学校の開設は教育機会の保障のみならず生存の保障を求め運動理念が構築されねばならぬほど、行政側にその必要性を認めさせることは困難を要したことを表していよう。

たとえば、神奈川県川崎市には一九五〇年代には夜間中学校が二校ほど開設されていたが、六〇年代には生徒の減少を理由に廃止された。そうした状況下で、髙野雅夫の影響を受けた青年たちにより、一九七三年に「川崎に夜間中学を作る会」が発足し、「川崎に夜間中学を作ろう！」「二度と義務教育未修了者を生みださせるな！」というスローガンのもとで運動が展開され、一九八二年に西中原中学校に夜間中学校が開設された。しかしながら、運動が始められた当初、教育委員会は夜間中学校を開設するというよりも、社会教育を充実させることで対応する意向を示していた(26)。その背景のひとつには、行政側もどれだけの人々が夜間中学校を必要としているのか実態を把握していなかったことが挙げられる。そうした背景もあり、運動の過程では自主夜間中学が開設され、夜間中学校を必要とする人々の掘り起こしや顕在化が図られた。自主夜間中学の生徒のなかには、学齢期に就学猶予・免除となったハンディキャップを抱えた人や形式卒業者が含まれていた。運動としては、自主夜間中学の生徒の実情を踏まえ形式卒業者を含めて夜間中学校の教育対象とするよう求めたため、義務教育未修了者と形式卒業者双方の教育機会を「義務教育の中で考えるのか、社会教育の中で考えるのか」という点が問題となった。結論としては、九年という長きにわたる運動が展開され、義務教育未修了者へは夜間中学校が、形式卒業者へは社会教育として「社会人学級」が設けられた。このように、行政側としてはあくまでも中学校の卒業資格を与えることを夜間中学校の目的に据えたのである。しかし、「社会人学級」は専任講師一名の配置で、週二回、授業は国語のみというものであり、教育条件の面で公立の夜間中学校とは明らかに格差がみられるものとなった(27)。

おわりに

本論は、夜間中学校で学ぶ義務教育における学齢超過者という存在に光をあて、学齢超過者の教育機会をめぐる諸相を夜間中学校の存立をめぐる歴史的経緯を射程に示した。これまで叙述してきたように、学齢超過者の教育機会は行政側からは常に学校教育（公教育）か社会教育かその狭間に位置づいてきたといえる。一九七〇年代以降は、形式卒業者の夜間中学校への入学を求める動きも起こり、「義務教育未修了」というものをいかに捉えるのかという問題も浮上し、卒業資格の問題にとどまらず夜間中学校のあり方が問われることとなった。こうした学齢超過者の教育機会は夜間中学校関係者や市民による下からの運動や支えによって公教育として守られてきたといっても過言ではない。

一九六〇年代後半には義務教育制度における義務教育未修了者・学齢超過者の存在が顕在化したにもかかわらず、政府は主体的に施策を立案することはせず、夜間中学校の開設運動が市民レベルで広がりをみせたことも背景に、学齢超過者の教育機会を保障する教育機関として夜間中学校が機能する流れがつくられ、定着することになる。しかしながら、義務教育未修了者を社会に送り出す義務教育制度の問題を正面から議論し尽す機会がもたれることなく、夜間中学校がつくられさえすれば問題が解決するかのような風潮が生じた側面も見逃してはならないと思われる(28)。「夜間中学校」というイメージや形態に縛られることで、本質的な施策が生み出されず学ぶ機会や場をかえって矮小化することにもつながる危険性をも併せ持っていることは留意する必要があるのではないだろうか。

ここではさらに視野を広げ、公教育における学齢超過者をめぐる問題点として三点ほど指摘したい。ひとつは、二〇一六年に公布された「義務教育の段階における普通教育に相当する教育の機会の確保等に関する法律」では、第一四条において学齢超過者への教育機会が「夜間その他特別な時間において授業を行う学校における就学の機会の提供その他の必要な措置を講ずるものとする」と定められ夜間中学校の開設の根拠は示されたわけだが、本論で示した学齢超過者という存在を生みだす義務教育制度上の問題の解決には至っていない。一五歳を超えた人々の就学については、学校教育法では何ら示されていないままであり、就学義務の範囲は一五歳の年度末までの規定のままである。年齢に縛られずに、実質的に九年間の教育機会を得られるよう制度整備がなされるべきではないだろうか。関連して二点目として、小学校課程の内容から躓いている生徒も多い中で、本来は九年間で学ぶ内容を三年で学修することは困難を伴うものの夜間中学校の修業年限は基本的に中学校課程に合わせて三年とされていることが多い。本来享受すべき教育機会を回復するためには、義務教育学校として九年間の修業が可能となることが求められよう。三点目として、今日、学校教育においてもインクルーシブ教育という考えが示されているが、本論で示したとおりハンディキャップを抱えた人々が夜間中学校で学びを求める動きはすでに一九七〇年代からみられた。養護学校教育の義務制実施以降、逆に養護学校（特別支援学校）での就学を希望しないケースや一般学級での就学を拒まれるケースなど学齢期に不就学あるいは形式卒業となっている人々がいることも想定され、そうした人々の教育機会の保障も考慮する必要がある。義務教育のさいごの砦として夜間中学校においてさえ排除される人々が生じないよう制度設計が求められる。

さいごに、政府の介入が最小限（黙認状態）であったことや、夜間中学校が元々制度設計がなされていなかったことは、かえって夜間中学校に特有の「柔軟さ」を生みだしたとみられる。入学する多様な背景をもつ生徒の実情に応じて（想定外の生徒の入学にもその都度対応してきた）、柔軟に動態的に教育を提供することが可能であった。映画「学校」（一九九三年公開、山田洋次監督）やドキュメンタリー映画「こんばんは」（二〇〇三年公開、森康行監督）で描かれる温かな教育空間は、昼間の画一的で競争的な教育空間としばしば対比され、昼間の中学校のアンチテーゼと位置づくこともある。人々が「夜間中学校」に込めた思いというのは、こうした温かな教育空間であろう。これまでは、夜間中学校は一部の教育委員会に置かれ、歴史的な経緯を踏まえつつ維持され教育実践が育まれてきた。今後は政府の後押しもあり、行政の施策として計画され全国的につくられていくなかで、こうしたこれまで夜間中学校が育んできた教育実践における特有の「柔軟さ」や「しなやかさ」をいかに継承していくのかが課題となろう。

●註

1　「夜間中学」や「夜間中学校」という呼称が定着し広く用いられているとみられるが、正式名称ではなくあくまでも通称にすぎない。「義務教育の段階における普通教育に相当する教育の機会の確保等に関する法律」では「夜間その他特別な時間において授業を行う学校」と示されている。同法の成立前は学校教育法施行令第二五条で規定される「二部授業」として設置されてきた。

2　例えば、文部科学省が行った「夜間中学等に関する実態調査」（基準日：二〇二二年五月一日）では、全国一五五八名の生徒中、日本国籍を有しない生徒は一〇三九名となり圧倒的多数を占める。ちなみに、日本国籍を有する生徒の入学理由は「中学校の学力を身に付けたいため」が最も多いが、日本国籍を有しない生徒では「日本語が話せるようになるため」が最も多くなっている〈https://www.mext.go.jp/content/20230123-mxt_syoto02-100003094_1-1.pdf〉（最終閲覧日二〇二四年四月二八日）。

3　文部科学省総合教育政策局　男女共同参画共生社会学習・安全課「外国人の子供の就学状況等調査結果（確定値）概要」

（二〇二〇年三月）〈https://www.mext.go.jp/content/20200326-mxt_kyousei01-000006114_01.pdf〉（最終閲覧日二〇二四年四月二八日）。

4　本論は、拙著・大多和雅絵『戦後夜間中学校の歴史――学齢超過者の教育を受ける権利をめぐって』（六花出版、二〇一七年）をもとに、社会教育という観点を入れながら、加筆・再構成を行ったものである。

5　文部省初等中等教育局長通達「学齢簿および指導要録の取扱について」（一九五七年二月二五日）（文初財第八三号）。

6　小中学校で不登校を経験した生徒がサポート体制のうえで学ぶことができる高等学校も展開されているが、小中学校の内容から躓く生徒がさらに高等学校教育の内容を三年ないしは四年で修得することは難しく、問題が先送りされている状況にあるといえる。高等学校の内容についていけずに退学し、ひきこもり生活を経て、家族の勧めで夜間中学校へ入学するケースもみられる。

7　前掲書『戦後夜間中学校の歴史』五〇～五一頁。

8　自主夜間中学「福岡・よみかき教室」の二五年の様子については、木村政伸『教室の灯は希望の灯　自主夜間中学「福岡・よみかき教室」の二五年』（公益社団法人福岡県人権研究所、二〇二二年）がある。

9　（書評）木村政伸・前掲書『戦後夜間中学校の歴史』、中等教育史研究会『中等教育史研究』第二五号、二〇一八年、二一一～二一二頁。

10　江口怜「教育機会確保法制定後の夜間中学を巡る動向と課題」『和歌山信愛大学教育学部紀要』第一巻、二〇二〇年、七一頁。

11　自主夜間中学はボランティア等で運営されている場合が多く、財政基盤も脆弱であることもあり行政側がいかに支援していくのか課題となる。

12　夜間中学校の成立初期は、学校現場で教員たちが子どもたちの救済目的で自発的に夜間に授業を行うようになり、後に教育委員会が関与するような実態が先行したケースがみられた。これにたいし、文部省は義務教育段階で夜間に授業を行うことの法制度的根拠を問題とし、さらにかえって年少労働を助長することになる等を理由に、その開設には対外的には反対の意向を示していた。これに反し、設置自治体では「二部授業」（学校教育法施行令第二五条）として開設し、維持してきた経緯がある。

13　愛知県名古屋市では一九七〇年前後に学校外の施設を用いて「中学校夜間学級」をはじめた。こうした社会教育化につながる動きは、夜間中学校関係者等により長く批判されてきた経緯がある。江口怜「夜間中学政策の転換点において問われていることは何か」『〈教育と社会〉研究』二六号、前掲論文「教育機会確保法制定後の夜間中学を巡る動向と課題」、参照。

14　行政管理庁行政監察局『行政監察月報』（No.88）、一九六七年、一五頁。

15　同前、一五～一六頁。

16　『第五十八回国会参議院予算委員会第四分科会（科学技術庁、文部省、厚生省、労働省及び自治省所管）会議録』第三号（一九六八年四月一二日）、一七頁。

17　『第七十二回国会参議院予算委員会第四分科会（科学技術庁、文部省、厚生省、労働省及び自治省所管）会議録』第一号（一九七四年四月四日）、三八頁。

18　東京都の夜間中学校では一九六〇年代後半に韓国から、つづいて中国から引揚・帰国者が入学するようになり、日本語が不自由な引揚・帰国者への対応から七〇年代には都内八校中五校に日本語学級が開設されている。学校教育における日本語教育の問題は夜間中学校においては一九六〇年代後半からすでにみられた。

19　『昭和五一年度　東京都公立中学校二部要覧』東京都教育庁指導部、一頁。

20　学齢期間中に不登校となり一五歳の年度末を過ぎてすぐに夜間中学校への入学を希望する場合には、夜間中学校の入学資格の問題から退学（除籍）の措置のうえで（形式的に卒業とせずに）、夜間中学校に入学するように夜間中学校関係者が学校側や入学希望者へ働きかけることもあった。

21　髙野雅夫『자립』（修羅書房、一九七五年）八〇六頁。

22　同前、八〇七頁。

23　第十八回全国夜間中学校研究大会「大会宣言」（一九七一年一一月二七日）。

24　この時期、東京都では入学を求める形式卒業者のなかには学齢期には「特殊学級」に在籍した生徒もみられた。当時は作業が中心の教育内容が編成されており、義務教育修了程度の知識やスキルを身につけて卒業したとは言い難い状況で社会に送り出されたため、夜間中学校で学び直しを望む動きであった。

25　髙野雅夫『夜間中学生　タカノマサオ　武器になる文字とコトバを』解放出版社、一九九三年、一一二頁。

26　前掲書『戦後夜間中学校の歴史』に詳しい。

27　運動としては学校教育と社会教育という二路線を敷く方針を問題と捉え、公立夜間中学校開設以降は新たな課題として入学資格や修業年限の問題に取り組むこととなる。

28　例えば高齢であったりハンディキャップを抱える学齢超過者のなかには「夜間」よりも昼間の授業を望むケースや、子育て中や就労形態によっては通信教育課程での学びを望む場合もあろう。多様な教育機会が保障され学習者の側に選択肢があることが望ましいと思われる。中学校の通信教育課程は二〇二三年度では全国に二校にすぎず、さらに入学資格や卒業資格で検討すべき点はあるが、今後は新たなニーズが生じる可能性があると思われる。ちなみに、東京都の千代田区立神田一橋中学校の通信教育課程の入学資格は「A次のすべての条件に該当する者　①昭和二一年三月三一日以前の尋常小学校卒業者および国民学校初等科修了者　②高等学校に入学する資格のない者」「B次のすべての条件に該当する者　①戦後の混乱の影響等により、中学校で十分に学べなかった者　②令和六年四月一日現在、満六五歳以上の者　③都内に在住または在勤している者」とし年齢による制限も設けられている。また、大阪立天王寺中学校の通信教育課程では、主要五科目の授業のみのため卒業資格は得られない。（千代田区立神田一橋中学校ＨＰ〈https://www.fureai-cloud.jp/kandahitotsubashi-j/home/index/outline/tsuusin〉、大阪市立天王寺中学校ＨＰ〈https://swa.city-osaka.ed.jp/swas/index.php?id=j59240&frame=frm56550ad9=2dda〉より（最終閲覧日：二〇二四年二月二一日）。

研究ノート

異なる他者と共生するための学習理論の創出に向けた試論

――変容的学習論と障害概念を手がかりに

正木遥香

MASAKI Haruka

An Essay on Advocating a Learning Theory for Living in harmony with Different Others
――By Cross-Referencing Transformative Learning Theory and the Concept of Disability

1　学習理論を検討する意義

1　学習理論とは何か

これまで、社会教育・生涯学習研究においては、さまざまな学習理論が検討されてきた。本稿も、その流れを踏まえたものの一つであるが、本題に入る前に、まずは学習理論とはそもそもどのようなものだったのか、今一度、振り返りたい。

学習という営みは、日常生活のさまざまな場面に埋め込まれている。この見方のもとでは、あらゆる個人が学習の主体となり、学習が有する意味も多様化する。それゆえ、我々は学習について語る際に、特定の思想や価値観に基づき、何を学習としてみなすのかという範囲を絶えず選択する。学習支援の妥当性が論じられるのはその後であり、必然的に学習理論には特定の立場や価値観が含まれる。

特定の価値観に基づいて理論が構成されていることに無自覚なまま、あらゆる実践に理論が適応されると、本来は豊かな意味を有する学習を狭隘化させてしまう。他方で、学習理論の未成熟という状況は、学習の意義を所与のものとみなし、よりよい支援の手立てを考える道を断ってしまう。したがって、学習理論が拠って立つ本質的な価値観の問い直しによってその理論的射程を明らかにし、異なる文脈への応用可能性を探ることは、非常に重要な意味をもつ。

以上から、学習理論は、学習の望ましいあり方を規定する理念と、理念を実現させる方途としての学習手法、そして実際に生起する現象を把握するための分析視角が結合したものとして理解される。さらに、こうした学習理論が実践に耐えうるものとなるには、その理論が妥当な手続きで導き出されているのかという観点から、論者の思想と研究方法論の結びつきを吟味することも必要となる。

2　本稿の検討対象と問題の所在

本稿は、以上の学習理論に対する理解を踏まえ、数ある学習理論のうち、変容的学習論（transformational learningもしくはtransformative learning）を主たる対象として検討を行う。変容的学習論は、成人教育における代表的な理論の一つである。一九七〇年代の北米に端を発するこの理論は、他者との対話によって、成人が習慣化した自身の認識枠組み（frame of reference）を検討し、改めてゆく過程に焦点を当てている。そのため、複雑化・多様化する現代社会において、より柔軟な思考に基づく選択を行う力量を身につける学習として、多くの論者に支持されてきた（Markis and McWhinney 2003）。特に、自身の認識枠組みを問い直す際に、自らの行動選択の背後にある社会構造に目を向けさせ、社会変革を志向する具体的な行為につながりうる点が高く評価された（Taylor 1997）。

他方で、変容的学習が社会変革につながりうる学習といえるかどうかについては懐疑的な論者も多い。近年では、変容的学習論は権力構造を温存させ、状況への適応を志向するものにすぎないため、理論を放棄すべきという主張すら見られる（Newman 2012）。本稿はこうした批判に対し、改めて変容的学習論の持つ社会変革性に着目し、理論としての意義を示そうとする立場にある。

社会変革は個人の努力のみでは達成されない。一方で、社会変革の帰結は個人の社会生活に直に反映される。それゆえ、そこを到達点とするなら、社会変革は確かに個人の生活を起点としている。したがって、変容的学習論の社会変革性を問う際には、必然的に、個人と社会の関係性や、生活と学習の関係性を問うことになる。

本稿では、障害(1)概念を介在させて変容的学習論を捉え返すことが、これらの関係性を読み解く手がかりとなることを示す。障害者たちは、障害者運動において、生活を基盤としながら抑圧されてきた自らの意識を変容させ、健常者をはじめとする他者に波及させる試みを行ってきた。明らかに変容的学習論において課題とされた具体的な社会変革という行為を伴うにも関わらず、その評価は運動論の観点から行われ、学習としての分析は未だになされていない。そのため、議論を相互参照することで、変容的学習論をより今日に即したものへ組み替えられる可能性がある。

2　成人学習論における変容的学習論の位置付け

本節では、冒頭に述べた学習理論の考え方を踏まえ、変容的学習論が構想された経緯や評価を概観する。そのうえで、変容的学習論の再検討を行う必要性が、欧米における伝統的な成人学習論が有していた自立観のゆらぎから生じたことを述べる。

1　変容的学習論の成り立ち

先述のように、成人教育分野の先行研究において、変容的学習論は社会変革の可能性を有するものとして受容されてきた。これは、変容的学習論の提唱者であるジャック・メジロー（J. Mezirow）が、理論を構築する際に女性の大学再入学プログラムに関する調査を用いたことと関連している。同調査では、女性達が学習を通じ、夫に抑圧されたものとしての自らの役割を改めてゆく過程が観察された（Mezirow 1978a）が、メジローはこれを説明する際に、ユルゲン・

ハーバーマス（J. Habermas）による批判理論やパウロ・フレイレ（P. Freire）の実践との共通性を主張することで、自らの理論を解放の教育理論として位置づけた（Mezirow 1978b, 1981）。メジローの変容的学習論においては、成人が理性的な討議（discourse）を通じて認識枠組みを省察（reflection）する過程が重視され、自身の考え方のみならず、気づかないうちに自身の考え方に影響を及ぼしてきたものへの気づきに至る過程として学習が構想された。社会的な構造によって抑圧を受けている人々にとって、自身の持つ前提に目を向けることはエンパワメントにつながり、己の処遇に対して声を上げるための重要な契機となる。

変容的学習論が主要な成人学習理論としての位置を確立したのは、こうした社会変革への志向性が多くの論者に支持されたためであった（Brookfield 1985; Tennant 1988）。他方で、変容的学習論が有する社会変革性に対しては批判も多い。論者によってその根拠は異なるものの、変容的学習論が個人の認識に焦点化するあまり、集団的な社会的行為をうまく捉えられず、社会変革にはつながらないのでは、という指摘に集約される（Newman 1993, 1994 ; Connelly 1996 ; Hart 1990 ; Collard and Law 1989 ; Clark and Wilson 1991）。メジローはこれらの批判に非常に応答的な態度をとっており（Mezirow 1990, 1998）、議論の活性化を後押ししてきた。

社会変革性をめぐる論争の存在が示唆するように、変容的学習論の論者には多様な立場が存在し、提唱から半世紀以上経つ現在においても、理論としては未だ発展途上にある。他方で、学習者に焦点化して実践の過程を描き出すための分析視点としては一定の評価を得ており、実践に即した発展的な研究も生み出されてきた。特筆すべきは、女性や移民など社会的に不利な立場にある成人の自立を志向した学習を対象とする研究の多さである。これは、社会変革を志向する解放の教育理論としての側面が受容された結果だと考えられる。

より重要なのは、これらの具体的な実践を扱った研究が、いずれも個人的な経験をいかに社会的に意味づけるかという視点に裏打ちされていることである。こうした研究は、個人と社会という二分法を克服する視点を模索するものとして、変容的学習論の社会変革性を疑問視する論者たちへ反論を突きつけ、変容的学習の理論的な発展に寄与してきた

(Hayes and Flannery 2002)。

以上から、変容的学習論の社会変革性を評価するためには、個人の経験が学習活動にどのような影響を及ぼしているのか、また、学習活動の中で個人の経験と社会構造の関係性がどのように再構成されているのかを問う必要がある。

2　見過ごされた学習者としての障害者

先に触れたように、変容的学習に関する先行研究において、女性や移民の学習は重要な位置付けを占めていた。しかし、同じく社会的弱者と見なされがちな障害者を対象としたものは、これらの研究ほどは多くない。さらに言うならば、変容的学習論に限らず、成人教育の領域においては、知的／精神障害のある成人の学習についての言及は見られるものの、身体障害のある成人の学習についてはほとんど言及されていないという状況がある。

この要因としては、学習における身体性の軽視が考えられる。障害による困難と学習の関係性を捉えようとしたとき、精神／知的障害のある成人の困難は第一に自己決定にあり、学習はそれらを補う手立てとして論じられる。それに対し、身体障害をもつ成人の場合、自己決定の問題よりも、学習への参加における機能的な制約が問題視される傾向にあった。つまり、身体障害に対する言及がほとんどないのは、身体に由来する機能的な制約を補いさえすれば、成人一般の学習とさほど異同がないと認識されてきたと考えられる。しかし、実際には、身体の在り方は、個人の意思決定に大きな影響を及ぼす。例えば、優生保護法の時代の強制不妊手術とどのように向き合うかといった問題などが象徴的である。身体は社会から向けられる期待を映すものであり、自己の生き方を選ぶ際に、強い影響を与える媒介として作用しているため、機能的な制約のみを問題視した場合、実際の学習場面で生じる現象を捉えそこねてしまう。

このような身体性の疎外は、身体障害者のみならず、知的／精神障害者の学習を捉え損なう要因ともなりうる。実際に、特別支援教育の現場においては、身体感覚をどのように用いて学習を行うのかということが重要な課題となっている。具体的には、身体感覚の活用のほか、感覚過敏や感覚鈍麻といった特性にどのように対応するのか、見知らぬ他者と過剰な身体接触を行わないようにするための適切な距離のとり方をどのように学んでいくのか、といったことが学習課題として挙げられるだろう。このように、障害種に関わらず、身体は学習を捉える上で重要な概念であり、これらを無視して自己決定を考えることは困難といえるだろう。

身体を軽視する発想は、精神と身体を分離し、精神に優位性を認めるルネ・デカルト（R. Descartes）的な思想と共通している。しかし、近年の変容的学習論の議論においては、こうしたデカルト的な思想に基づく学習方法論は批判の対象となっている。デカルト的な思想のもとでは、身体は認知的な学習に向けて制御し、飼い馴らすべきものとみなされる（Stinson 1995）。したがって、学習は傾聴、観察、議論を中心に組み立てられ（Sellers-Young 1998）、理性を強調するあまり、身体や情動にほとんど注意を払わないものとなってしまう点が問題視されている（Matthews 1998; Michelson 1996 ; Tisdell 1996）。

3　障害のある成人を研究対象とすることの意味

変容的学習論の意義を社会変革性に置こうとするならば、障害者について検討が進んでいないことは非常に問題である。前項では、その背景に、理性偏重のあまり身体性を疎外していることがあったと指摘したが、ここではもう一つ、障害を介在させることで具体化できる変容的学習論の課題として、自立概念の問い直しを挙げたい。変容的学習論は、欧米の伝統的な自立した成人像を前提としてきたため、解放の学習理論を志向するには、新たな自立観に基づいた学習のあり方を提唱する必要があると考えられる。

従来の変容的学習論は、欧米発祥の他の成人学習論と同様、他者に頼らずに選択を行うこととしての意味合いの強い自立した成人像を無自覚に前提としていた。この前提は学習の結果としての理想的な在り方をも規定し、学習の目標を、欧米社会において望ましいとされた、自立した個人としての主体性を獲得すること（Mezirow 1991）へと固定化した。先行研究では、変容的学習は、男性・白人・キリスト教徒を念頭においたものであるという指摘がなされている（常葉

－布施 二〇〇四）が、こうした白人男性を中心とした見方は、自己を他人や周囲のものごととは区別される独立した存在とする相互独立的自己観的な色彩を強く帯びていた。相互独立的自己観のもとでは、人間関係は個人と個人の関係としてみなされるため、学習の到達点としての自立は、他者に頼らずに選択を行うこととしての意味合いが強くなる。そして、このような個人の意思決定は理性の範疇に属すると考えられる（Mezirow 1991）がゆえに、身体の多様性が学習に及ぼす影響も度外視されていたのではないだろうか。

以上の動向に対しては、変容的学習論で目指される自己決定（Self-directedness）が、社会的な諸条件との葛藤を十分に考慮しておらず、非白人男性が欧米社会で生きることの困難を看過している（Morrice 2012）という批判がなされている。少なくとも、一九九〇年代後半には、これまでマジョリティとしてその地位を確立してきた男性・白人・キリスト教徒以外の周縁的な存在として位置づけられた人々の学習を検討する必要性が認識され、こうした検討を通じて、これまでの変容的学習論が有していた自己の捉え方や自立観の読み替えが進められてきた（Caffarella and Clark 1999：88）。しかし、これらは固有事例の検討に留まり、理論の再検討には届いていない。

自立は、障害をめぐる研究においても主要なテーマであり続けた。実際、ロバート・マーフィー（R. Murphy）は、「自分で生き延びる能力、自分のことを自分で決定する能力」としての自立は、すべての社会的関係の普遍的な観点であり、それゆえすべての障害者は依存の問題に直面しなければならない（Murphy 1987：156）と述べた。しかし、近年になると、この自立観は欧米的概念の影響を多分に受けていて普遍的とみなすことはできないとされ、障害をめぐる研究における自立観は変容しつつある。愼英弘は、自立という概念そのものが、救済や援助の名のもとで行われる支援を否定的にとらえる動きと肯定的にとらえる動きのせめぎあいの中にあり、所与のものとみなせないと指摘した（愼 二〇一三）。障害者の自立はきわめて文脈依存的なものとみなされ、関係論的な議論が志向されつつあるといえる。

自立を関係論的なものとして捉えようとする障害学由来の視点は、非常に重要である。なぜなら、従来の議論で見られた依存の対義語としての自立は、よりよく生きるためのあり方を、当事者のみに関わる問題として還元する危険性をはらんでいたからである。これに対し、関係論的な自立は、当事者がよりよく生きる方法を、多様な身体を有する人々の相互作用を射程に入れようとするという点で、デカルト的な身体の疎外も克服しうるといえよう。

さらに、自立という概念の問い直しを志向してきた障害をめぐる議論を変容的学習論に組み込むことは、単に健常の白人男性という従来の成人像の問い直し以上の意味をもつ。このような検討をする際には、学習者たる障害者がどのような文脈におり、その上でどのような自立を志向するのかという、関係論的な視点への留意が必然的に要求されるからである。そして、こうした検討は、学習方法論にも変革を迫り、従来の変容的学習論が射程に入れていた学習のあり方を拡張する可能性をも有している。

3 障害のある成人の認識をめぐる研究に見られる課題

前節では、障害学の議論を援用し、これまで個別的な事例の検討に留まっていた変容的学習論における自立観を問い直し、関係論的な自立観という新たな見方ができることを示した。その際に考える必要があるのは、こうした関係論的な視点においては、自己 - 他者、個人 - 社会といったものが、いったいどのように整理されているのかという点である。これらは変容的学習の議論においても絶えず論争の的となってきた概念である（Clark and Wilson 1999）が、未だに明確な整理がなされているとはいえない。ここでは、こうした問題を整理するため、個人や社会が障害をどのように捉えようとするのかという障害概念を再び介在させる試みを行う。

1 障害の個人モデルと社会モデル

障害学研究においては、かつての欧米において主流であった個人の身体的・器質的な制約という捉え方を棄却し、むしろ社会的な視点から障害という概念を把握しようとする努力がなされてきた（Barns, Mercer and Shakespeare 1999 =

二〇〇四）。変容的学習論における個人と社会の関係性を整理する手がかりを得るため、まずは、障害学においてこうした発想が生じた経緯について概観したい。

障害は、時代や社会、文化によって構成される概念である（生瀬 一九九九）。そのため、障害概念についてはさまざまな研究が残されているが、これらの議論の進展を促したのが、「障害の個人（医療）モデル／社会モデル」という考え方である。

障害の個人モデルは、「医学的知識によって障害の診断や解決策を考える」アプローチであり、「身体的な〝異常〟、不調または欠陥、〝障害〟あるいは機能的制約の〝原因〟を探求すること」を焦点とするもの（Barns, Mercer and Shakespeare 1999＝二〇〇四：三七）であった。この発想は、産業化の進行により、障害者が労働力として劣るとされ、国家の手による救済の対象となったことと結びついている。この発想は、障害者を保護や医療の対象とみなし、障害を個人的悲劇として捉えるものであった。

障害の個人モデルに対し、異議申し立てを行ったのが、一九七〇年代の障害者運動であった。発端は、英国の「隔離に反対する身体障害者連盟（ＵＰＩＡＳ）」による運動であった。彼らは、障害をインペアメント（impairment：機能の障害）とディスアビリティ（disability：能力の障害）に分け、インペアメントの要因を身体に、ディスアビリティの要因を社会にあると考え、ディスアビリティの是正に目を向けることを強調した（長瀬 一九九九：一五）。すなわち、個人（医療）モデルのように個人の身体を問題にするのではなく、障害者を無力化しているのは社会であり、社会が変化すべきだと主張したのである。これが、障害の社会モデルの原型である。こうした運動の理念は、やがて理論化され、障害学という学問を生み出した（長瀬 一九九九）。

社会的に構築された概念として障害を把握する障害学の発想は、障害のある当事者の語りの重視につながった。なぜなら、個人が障害をいかに認識するのかは、その障害の種類や程度、その人の生育歴、周囲の環境など、多様な要因が関わっており、障害概念はこれらに基づいて生み出されると考えられていたからだ。これらの研究は、障害による困難を社会に訴えるための根拠を示し、自立のための支援を要求する運動へと方向づけた点で大きな意味があるといえよう。

2 障害の社会モデルにおける課題

障害学は、前項で示した出自から、政治としての実践性が争点となりがちな学問領域である。障害概念の研究を体系的に行った論者の一人である杉野昭博は、「社会モデルをめぐる議論を正確に理解するためには、それが障害当事者によるものなのか非障害当事者によるものなのかといった発話のポジションや、現状の障害者福祉を維持しようとするものなのかそれを変更しようとするものなのかといった発言の政治的意図を無視するわけにはいかない」と述べ、障害の社会モデルには政治性が伴うと指摘した（杉野 二〇〇七：一一五）。このような政治性と関わって、近年では、社会モデルという障害概念の妥当性を問い返す動きも見られる。

フェミニストの立場から障害者運動を検討したジェニー・モリス（J. Morris）は、障害者の身体的次元に属する否定的側面を語ることをしなければ、個人の自己承認を損ね、社会運動の目的を、困難な状況の改善ではなく社会運動の維持に変質させる可能性があると述べる（Morris 1991）。つまり、運動の過程で、障害による困難を是正するための社会的な環境の整備を訴えるという本来の目的を見失い、障害による困難を訴えることが主目的となる危険性が指摘されている。ここから示唆されるのは、障害の社会モデルがこのような言説として利用されないために、自身の身体に由来する困難として、インペアメントにも向き合うことが必要とされるということである。

このように、インペアメントとディスアビリティを統合的に捉えようとする目線は、軽度身体障害に焦点を当てた研究においても見られる。これらの研究では、障害者でもなく健常者でもないという立場のどっちつかずさから、障害の個人モデル／社会モデルという二分法とは異なる、スペクトラムとしての障害概念の提案がなされている（秋風 二〇一三）。この発想は、自己／社会という従来の発想とは異なる軸で障害を捉え直すことで、障害の重さ／軽さと、障害に起因するできること／できないこととの結びつきを解き解そうとする試みとして位置づけられる。

これらの研究が示しているのは、障害に起因する社会的障壁を完全に社会的な問題に分離して認識することは不可能だという考え方である。したがって、近年の障害概念は、個人モデルか社会モデルかという二者択一的なとらえ方ではなく、自身の身体に起因する「できなさ」と、社会の未整備に起因する「できなさ」の複合物として把握される。そしてそれに伴い、旧来の体制への異議申し立てという側面の強い自立とは異なる、他者との連帯のための新たな自立観へと転換しつつある。旧来の「体制」という捉えで敵を明確化する考えはわかりやすいが、目的が運動の維持にすり替わりやすいため、何と連帯するのかという発想が重要となっているのである。

以上のように、障害学においては、個人が障害をどのようなものとして認識するのかという問題が重要な位置を占めている。変容的学習論が個人の認識の変容に関わる過程に着目しており、かつ、個人と社会との関連を問う必要に迫られてきたという経緯を踏まえると、障害学と変容的学習論の議論を相互参照することには、一定の意味があるといえよう。

ただし、これまで用いた障害学の議論も、障害者というマイノリティの認識に着目したものが中心となっているため、マジョリティ側の認識枠組みはそのままであり、結局は権力構造を温存させるという変容的学習論に向けられてきた批判を乗り越えられないのではないか、という意見も考えられる。こうした指摘には頷ける部分もあるが、本稿では、メジローが出発点としたような、社会的弱者とみなされがちな当事者の認識枠組みをまずは重視する立場をとりたい。なぜなら、マジョリティの手によって外部からお膳立てされた社会変革は、本質的には「自分のことを自分で決める」という自立とは異なるからだ。抑圧されている当事者の認識変容がまず必要だと考えるのは、そのためである。当事者の認識変容を、異なる他者に広げるための方途については、これまで変容的学習論が十分に論じきれていなかった部分であり、豊富な実践の蓄積をもつ障害学から学ぶ点は多いと考えられる。

3　変容的学習論における障害概念の扱い

近年になって見られるようになった、障害について扱った数少ない変容的学習論の研究（Clark 2013；Kroth and Cranton 2014）に目を転じると、障害概念が個人の認識と結びついたものであるという障害学に見られる認識が反映されている。これらに共通する特徴として、事故や病で肢体不自由となった個人の一人称的記述に基づき、認識の変容が説明されているからである。こうした一人称的記述は、初期の変容的学習論には見られない特徴であった。実際、初期の変容的学習論の論文においては、研究者が自身の変容経験を架空の人物に仮託した記述が見られ（Cranton 1992＝一九九九、1996＝二〇〇四）、三人称的記述に拘っていることがうかがえるからだ。

しかし、これらの研究の主眼は、あくまで成人の語りが認識の変容といかに結びつくのかを問うことに置かれている。障害は数ある成人の属性のうちの一つとして扱われているにすぎず、障害概念について考えるうえで避けて通れないはずの自立観の問い直しは、成人としての成熟に還元されてしまっているという課題が残されている。実際、先述のように中途障害者の変容をとりあげたマイケル・クロー（M. Kroth）とパトリシア・クラントン（P. Cranton）は、他に虐待、事故、失業、離婚など、人生における困難を経験した様々な人々のライフヒストリーを並列して検討したのち、結論部において、彼／彼女らの成長は「自己の尊厳、アイデンティティの統合、自立を進展させること」「他者に頼らない決定を行い、自らのために立ち上がり、行動すること」にあるとまとめている（Kroth and Cranton 2014：73）。こうした欧米の伝統的な自立観を強調する学習の帰結の描き方は、先述のような障害学で見られた自立観の転換を踏まえておらず、表面的な分析に留まっているといえる。

個人の語りから社会的通念の構成などを読み解こうとする近年の変容的学習論に見られる分析視角は、十分評価できる。しかし、障害学に見られる自立観を重視するなら、「自分のため」だけではなく「他者のため」に、自己で完結する語りではなく、異なる他者にどのように語るかという視点を学習として把握しようとする理論としての構想が必要と考えられる。

4　むすびにかえて：異なる他者との共生に向けて

変容的学習論は北米を発祥とする理論であるが、日本においては社会教育・生涯学習の領域において受容されてきた。その際、変容的学習論は、社会的課題の解決に向け、これらの課題を意識化しようとする対話を学習として捉える発想に基づいて行われる、共同学習などの実践と共鳴するものとされた（豊田 一九九〇：一二一〜一二三；永井 一九九一：二九二；山澤 二〇一五：四）。このような「解放の教育理論」（永井 一九八九）としての受容は、すでに述べたような欧米圏における変容的学習論の展開と共通している。

ここで注意したいのは、共同学習をはじめとした伝統的な社会教育実践が、比較的同質性を有するメンバーで構成され、教師やリーダーを排した対等な関係を前提とし、互いの経験を聞き合う中で、経験に基づいた知を再構成するという構成をとっているということである。したがって、これらの実践における対話は、対等性や同質性が強調されたものとして理解できる。このような対等性や同質性の強調は、初期の変容的学習論に見られたものである。実際、メジローは、認識枠組みの変容を可能にする方途として、日常的な対話とは異なり、「考えの妥当性が仮説的とみなされ、問題として明確に考慮される対話」として討議（discourse）を設定している（Mezirow 1985：143）が、これが成立する条件に対等性や同質性を挙げている（Mezirow 1991：77-78）。こうした共通点があったからこそ、共同学習のような社会教育実践と、変容的学習論の共通点が見いだされ、理論の受容に至ったと考えられる。

しかし、今後の研究の方向性としては、これらの対等性や同質性を強調するものとは異なる形の対話を志向し、検討していく必要性があるのではないだろうか。というのも、共同学習のような学習は、「共同の基盤としての地域社会や他者との関係性が前提として存在」して可能となるものであり、「個人主義化が進んだ現代においては、これらの前提が崩壊し、個人の快復や、他者や共同体とつなぐ原理が求められている」（新藤 二〇〇四：六八）と指摘されており、対等性や同質性が自明なものではなくなっているからである。高橋満は、学習の場において生じる権力の不均衡を看過しているところに成人教育研究の課題があると指摘したが（高橋 二〇〇九：七八、二〇一五：八三〜八四）、これもまた、このような認識に依拠しているといえるだろう。

障害者運動の歴史を紐解くと、障害者は社会変革に向けて、権力構造に抗い、自身と異なる存在との対話を重ねてきた。二〇一六年四月に施行された「障害を理由とする差別の解消の推進に関する法律（障害者差別解消法）」は、その成果の一つである。ここでは、対話は障害による困難を除去する手立てとされている。特に、対話が、障害者と障害者支援に携わる専門家との間だけでなされるものではないとされることは重要である。障害による社会的障壁を除去する手立てとしての対話の実現は、すべての人に共有された課題として把握されている。障害者が少数派である以上、異質な者同士での対話の方がはるかに機会は多くなり、多くの人を巻き込まなければ現にある困難な状況を変えることは難しいからである。

変容的学習論は、社会変革を志向するものとして構想され、評価されてきた。しかし、理論が提唱された当時と現在では、理想とする社会の在り方そのものが異なっており、それに合わせて理論を構成する個々の概念の読み替えも行う必要がある。本稿では、障害という具体的な事例を媒介とし、それらを読み替える可能性を示したものの、具体的な検証としては不十分な点が残されている。これについては、今後の課題としたい。

●註

1　近年では「障がい」表記も用いられるが、本稿では、障害学に依拠した議論を展開する立場から、「障害」表記を用いる。

●引用文献

（日本語文献）

秋風千恵（二〇一三）『軽度障害の社会学：「異化&統合を目指して」』ハーベスト社。

愼英弘（二〇一三）『自立を混乱させるのは誰か：障害者の「自立」と自立支援』生活書院。

杉野昭博（二〇〇七）『障害学：理論形成と射程』東京大学出版会。

新藤浩伸（二〇〇四）「ワークショップの学習論」日本社会教育学会編『成人の学習　日本の社会教育第四八集』東洋館出版、五七〜七〇頁。

高橋満（二〇〇九）『NPOの公共性と生涯学習のガバナンス』東信堂。

高橋満（二〇一五）「看護の力をいかに高めるのか：労働の場における学びの方法と構造」高橋満・槇石多希子編著『対人支援職者の専門性と学びの空間：看護・福祉・教育職の実践コミュニティ』創風社、六一〜八七頁。

常葉－布施美穂（二〇〇四）「『成人』の学習論再考：メジロー理論の中の『女性の学習』に注目して」日本社会教育学会編『成人の学習　日本の社会教育第四八集』東洋館出版、八五〜九七頁。

豊田千代子（一九九〇）「アメリカにおけるCRグループ〔Consciousness raising groups〕の活動とその意味：被抑圧者の自己解放実践の視点から」日本社会教育学会編『成人の学習　日本の社会教育第四八集』東洋館出版、一二一〜一三〇頁。

永井健夫（一九九一）「認識変容としての成人の学習（Ⅱ）：学習経験の社会的広がりの可能性」『東京大学教育学部紀要』第三一巻、二九一〜三〇〇頁。

長瀬修（一九九九）「障害学に向けて」石川准・長瀬修（編著）『障害学への招待：社会、文化、ディスアビリティ』明石書店、一一〜三九頁。

生瀬克己（一九九九）『日本の障害者の歴史：近世篇』明石書店。

山澤和子（二〇一五）『女性の学びと意識変容』学文社。

（海外文献）

Barns, C., Mercer, G. and Shakespeare, T.（1999）*Exploring Disability: A Sociological Introduction*, Cambridge: Polity Press（＝杉野昭博・松波めぐみ・山下幸子訳（二〇〇四）『ディスアビリティ・スタディーズ：イギリス障害学概論』明石書店）

Brookfield, S.D. ed.（1985）"Self-directed learning: From theory to practice," *New Directions for Continuing Education*, vol.25. San Francisco: Jossey-Bass.

Caffarella, R. S. and Clark, M. C.（1991）"Development and Learning: Themes and Conclusions" in Clark, M. C. and Caffarella, R. S., eds., "An Update on Adult Development Theory" *New Directions for Adult and Continuing Education*, vol.84, San Francisco: Jossey-Bass, 97-100.

Clark, M. C. and Wilson, A. L.（1991）"Context and rationality in Mezirow's theory of transformational learning." *Adult Education Quarterly*, 41（2）, 75-91.

Clark, M. C.（2013）"Transformation as Embodied Narrative," in Taylor, E. W. and Cranton, P. eds., *The Handbook of Transformative Learning: Theory, Research, and Practice*, San Francisco: Jossey-Bass, 425-438.

Collard, S. and Law, M.（1989）"The limits of perspective transformation: A critique of Mezirow's Theory." *Adult Education Quarterly*, 39（2）, 99-107.

Connelly, B.（1996）"Interpretations of Jürgen Habermas in adult education writings." *Studies in the Education of Adults*, 28（2）, 241-252.

Cranton, P.（1992）*Working with adult learners*, Ontario: Wall and Emerson.（＝入江直子・豊田千代子・三輪建二共訳（一九九九）『おとなの学びを拓く:自己決定と意識変容を目指して』鳳書房）

Cranton, P.（1996）*Professional Development as Transformative Learning: New Perspectives for Teachers of Adults*, San Francisco: Jossey-Bass.（＝入江直子・三輪建二監訳（二〇〇四）『おとなの学びを創る：専門職の省察的実践をめざして』鳳書房）

Gadamer, H. G.（1960）"Wahrheit und Methode, Gründzuge einer philosophischen Hermeneutik."（1. Auflage）In : *Gesammelte*

Werke Bd.1, Tübingen: J. C. B. Mohr.（＝轡田收他訳（一九八六）『真理と方法Ⅰ（叢書・ウニベルシタス一七五）』法政大学出版局）
Hart, M.（1990）“Critical theory and beyond: Futher perspectives on emancipatory education.” *Adult Education Quarterly*, 40（3）, 125-138.
Hayes, E. and Flannery, D. D. eds.（2002）*Women as Learners: The Significance of Gender in Adult Learning*, Jhon Wiley and Sons, Inc.（＝入江直子・三輪建二監訳（二〇〇九）『成人女性の学習：ジェンダーの視点からの問い直し』鳳書房）
Kroth, M and Cranton, P.（2014）*Stories of Transformative Learning*, Rotterdam: Sense Publishing.
Markis, L. and McWhinney, W.（2003）“Editors' Perspectives: Auspice,” *Journal of Transformative Education*, 1（1）, 3-15.
Markus, H. and Kitayama, S.（1991）“Culture and the Self: Implication for cognition, emotion, and motivation,” *Psychological Review*, 98, 224-253.
Matthews J. C.（1998）“Somatic knowing and education,” *Educational Forum*, 62, 236-242.
Merriam, S. B. and Baumgartner, L.M.（2014）*Adult Learning: Linking Theory and Practice*, San Francisco: Jossey-Bass.
Mezirow, J.（1978a）“Perspective transformation,” *Adult Education*（USA）, 28（2）, 100-110.
Mezirow, J.（1978b）*Education for perspective transformation: Women's re-entry programs in community colleges*. New York: Center for Adult Education, Teachers College, Columbia University. With contribution by Marsick,V. ERIC no.ED 166369.
Mezirow, J.（1981）“A critical theory of adult learning and education,” *Adult Education*（USA）, 32（1）, 3-24.
Mezirow, J.（1985）“Concept and action in adult education,” *Adult Education Quarterly*, 35（3）, 142-151.
Mezirow, J.（1990）“How critical reflection triggers transformative learning,” In Mezirow and associates. eds., *Learning as transformation: critical perspectives on a Theory in Progress*, San Francisco: Jossey-Bass, 1-20.
Mezirow, J.（1991）*Transformative dimensions of adult learning*, Jossey-Bass.（＝金澤睦・三輪建二監訳（二〇一二）『おとなの学びと変容：変容的学習とは何か』鳳書房）
Mezirow, J.（1994）“Understanding transformation theory,” *Adult Education Quarterly*, 44（4）, 222-232.

Mezirow, J.（1998）“Postmodern critique of Transformation Theory: A response to Pietrykowski,” *Adult Education Quarterly*, 49（1）, 65-67.

Michelson E.（1996）“Usual suspects: Experience, reflection and the（en）gendering of knowledge.” *International Journal of Lifelong Education*, 15, 438-454.

Morrice, L.（2012）“Learning and Refugees: Recognizing the Darker Side of Transformative Learning,” *Adult Education Quarterly*, 63（3）, 251-271.

Morris, J.（1991）*Pride against Prejudice : A Personal Politics of Disability*, London : Women's Press.

Murphy, R. F.（1987）*The Body Silent*, New York: Henry Holt and Company.（＝辻信一訳（一九九七）『ボディ・サイレント』新宿書房）

Newman, M.（1993）*The third contract: Theory and practice in trade union training*, Sydney: Stewart Victor.

Newman, M.（1994）“Response to understanding transformation theory,” *Adult Education Quarterly*, 44（4）, 236-242.

Newman, M.（2012）“Calling transformative learning into question: Some mutinous thoughts,” *Adult Education Quarterly*, 62（1）, 36-55.

Sellers-Young B.（1998）“Somatic processes: Convergence of theory and practice,” *Theatre Topics*, 8, 173-187.

Stinson S. W.（1995）“Body of knowledge,” *Educational Theory*, 45, 43-54.

Taylor, E.W.（1997）“Building upon the theoretical debate: A critical review of the empirical studies of Mezirow's transformative learning theory,” *Adult Education Quarterly*, 48（1）, 34-59.

Tennant, M.（1988）*Psychology and adult learning*, London: Routledge.

Tisdell E. J.（1996）“Feminist pedagogy and adult learning: Underlying theory and emancipatory practice.” *Adult Education Conference Research Proceedings*, 37, 307-312.

Welton, M.（1991）“Shaking the Foundations: The Critical Turn in Adult Education Theory,” *The Canadian Journal for the Study of Adult Education*, 5, 21-42.

Whyte, S. R. and Ingstad, B.（1995）"Disability and Culture: An Overview," In Ingstad, B. and Whyte, S. R.（Eds.）, *Disability and Culture*, 3-32, London: University of California Press.（＝中村満紀男訳（二〇〇六）「障害と文化：展望」中村満紀男・山口惠里子監訳『障害と文化：非欧米世界からの障害観の問い直し』明石書店、一五〜五六頁）

Ⅱ 『教育学年報』編集委員・座談会

座談会

ポストモダンからビースタへ？
——教育研究の「新章」をめぐって

日　時：二〇二四年五月二日（木）
場　所：早稲田大学（東京都新宿区）

座談会の様子。（写真はすべて編集部撮影）

●参加者
下司　晶
丸山英樹
青木栄一
濱中淳子
仁平典宏
石井英真

石井（司会）『教育学年報』（以下、『年報』と記す）の第三期は、一一号の「教育研究の新章（ニュー・チャプター）」から始まって、およそ五年たちました。五号で一区切りというところで、改めて振り返ります（教育学年報編集委員　第一期＝一～五号、第二期＝六～一〇号）。

『年報』一一号では、一〇号の刊行から一〇年ぐらいたっての第三期ということで、その間の教育研究の展開をそれぞれの分野ごとに整理しました。その上で、今回改めて座談会を行ない、第三期一一～一五号の約五年間というか、実際には六年間を振り返りたいと思います。

それぞれの分野ごとに振り返るということではありますが、今回は下司さんのほうから、教育哲学・教育思想史分野において、現状はどうなっているのかという基調報告をお話しいただいて、そこで共通する部分が各分野にあるかと思いますのでそれに絡んでいく形で、進行したいと思います。

では、下司さんよろしくお願いします。

問題提起1＝
近代教育学批判の忘却／歴史の忘却

下司　はい。ではひとまずたたき台を提示させて頂きます。以下、使い分けがややこしくなるので「先生」は使わず皆さん「さん」付けで失礼します。

『年報』一一号の刊行は二〇一九年でした。ご承知の通り翌年、新型コロナウィルスの感染拡大があり、コロナ以前／以後で、社会のあり方も、学会や研究のあり方も大きく変わりました。現在からみれば大きな断絶でしたが、当時は全く先が見えませんでした。一二号の刊行は一年遅れましたし、第三期の『年報』は、ある意味では、社会の変化と併走してきた気がしています。このことと関係するのかどうかはわかりませんが、私には『年報』を再開した時点と現在では、五年、六年という実際の時間以上に、ずいぶんと隔世の感があります。

はじめにかなり悲観的なことをいうと、これも『年報』一一号以降といってよいか、ポスト・コロナといってよいかどうかわかりませんが、最近の教育哲学・教育思想史研究に、私は自閉的な傾向があるように感じています。もちろん、この間の学会の開催形態が、対面からオンラインへ、そして再び対面へと変遷したことの影響もあると思いますし、あるいは私がここのところ学会に積極的に参加できていなかったために偏った見方になっていたり、単に年をとって最新の動向をフォローできていないだけ、という可能性もあります。「老害」化してはいけませんが、あえて批判的な観点を示し、皆さんにご修正頂くという前提で、話を進めます。

『年報』一一号で私は、「批判の後に何が来るのか？」というタイトルで教育哲学の動向をまとめました（「教育哲学――批判の後に何が来るのか？」『教育学年報一一　教育研究の新章』二〇一九年、七～三五頁）。補足を加えながら、内容を簡単に確認しておきます。戦後教育学は教育や教育学の自律性を主張しつつ、規範を語ることによって、教育学を他の学問分野に対して自閉的にしてしまった。こうした状況を問い直したのが、一九九〇年代の近代教育学批判、具体的には『年報』と近代教育思想史研究会、現在の教育思想史学会です。特に近代教育思想史研究会は、「近代教育学批判」を掲げ、センセーショナルな運動となりました。この近代教育学批判は、教育学のポストモダン思想受容の一形態だと思いますが、第一期第二期の『年報』の基調にもなっていました。一九九〇年頃から二〇〇〇年頃までの教育哲学は、従来の教育学の規範性や自閉性を批判し、他分野の研究成果を積極的に取り入れ、研究の水準は向上したといえると思います。

ところがその後、二〇〇〇年代に入ると、近代教育学批判を担っていた研究者も、批判だけではダメだと、再び理想や規範を語り出した。一番分かりやすい例が田中智志さんです。田中さんは、九〇年代には近代教育学批判の急先鋒だったのですが、二〇〇〇年頃から「批判」をやめて新しい教育の「構築」に進もうとします。いつも田中さんの名前に出して申し訳ないのですが、ただ絡んでいるわけではなくて、教育哲学者のなかでも一番わかりやすいし、私は実際にそれをみてきたから、目撃報告みたいなものなんです。私は九〇年代半ばから二〇〇〇年頃まで、教育思想史学会とか『教育思想事典』の幹事として、田中さんの近くにいましたし、森重雄さんと田中さんが主催されていた「モダニティ研究会」にも出席していました。その頃の近代批判は勢いがあったし、端的にかっこよかった。でも、モダ研はそのうち活動を停止してしまって――森重雄さんがその後も研究を続けていたら、どうなったんだろうなあと今でも思います――、私は上越教育大に就職して東京から離れて、そして二〇〇九年に日大に異動して東京に戻ってくるんですが、その秋には田中智志さんが教育思想史学会の会長になり、私が事務局長になりました。まあいってみれは神輿を担いだのですが、この時には、田中さんはすでに、現在まで続くような規範的存在論の研究、という表現でいいのかな？　ともかく、ある種の規範を語るようになっていて、で、違和感があって、あれ？　っていう感じで。二〇〇九年は、ちょうど『教育思想のフーコー』

（勁草書房）が出た年で、院生と読んだのですが、このあとがきには、新たな教育を構築するぞ！　という決意表明のようなものが書かれています（「二〇〇〇年頃、私が教育の批判から教育の再構築に研究スタンスを変えたとき、何よりも必要だと感じたことは、世界への信頼であった」、「日本でも、アメリカでも、ヨーロッパでも、教育学者は、フーコーの思想を近代教育批判として読んできた。この本で試みたかったことは、そうした読み方とは違い、基本的にフーコーの思想のなかに〈人が生きる〉ための存在論的な条件を見いだすことである」二五四頁）。もちろん、それ以前に『他者の喪失から感受へ――近代の教育装置を超えて』（勁草書房、二〇〇二）は出ていたのですが、その頃はちょっとスタンスがよくわからなくて。で、新潟から東京に戻って浦島太郎状態で、「なんだか変わっちゃったなあ」と感じました。ただ、二〇〇〇年代のこうした転回は、人文社会科学系はわりと一般的に見られた傾向ではないかと思います。

それで、二一世紀に入って教育哲学のトレンドは、近代教育学の批判から、批判ばかりしていてもダメなので規範を語るべきだ、というように「批判から規範へ」と移行したと、一般にはそう捉えられていると思うのですが、この二者択一、批判と規範という二項対立自体がおかしいのではないかと私は考えました。

ですので、どこまで読者に伝わっていたのか疑問なのですが、「批判の後に何が来るのか？」というタイトルは皮肉で、「批判の後に何かが来る」というのではなくて、「何も来ることはなく、批判が続いていく」という話を私は書いたつもりです。つまり、批判の後に（再び？）規範が来るのではなく、批判を行うことと規範を語ることと矛盾しないし、批判を「諦めて」はいけない、と主張したつもりです。とはいえ、こうした整理はおそらく教育哲学界隈では少数意見で、全体的な論調としては、近代教育学批判を離れて、規範のようなものを定立するというような方向に行ったんだと思います。

ただ、私がどうしてもこだわりたいのは、「批判」を忘れて「規範」といったときに、戦後教育学に回帰してしまうのではないか、あるいはその変奏となってしまうのではないかという危惧があるからです。私が学部から大学院生の頃の中央大には堀尾輝久さんがおられて、なぜか大学院の授業は駿河台でやっていて、東大の院生ばかり出ていたんですが、なんというか、肌感覚で、戦後教育学にせま苦しさっていうか、「ヤダ味」感というか、そういう感覚がまだ拭えないんです。文部省（当時）とは別の意味ではあるけれども、「役に立つ」研究しか認めないような息苦しさがあって、この経験はいってみれば十年遅れで東大史哲を体験していたようなもので。あと、中央大には長尾十三二、中野光、金子茂の各先生という、教育史学会の歴代会長もおられて、茗渓の雰囲気もなんとなく体験して。そちらはそちらでせま苦しく感じて。それで、当時、そういう教育学への違和感を上手く言い当てたのが『年報』だったり教育思想史学会だったりして、そこから教育学が面白くなってきて、実際に教育学の学問としての水準も上がったと思うんです。

だから、九〇年代の批判的な運動を積極的に継承していくべきではないか、と。いや、戦後教育学を再評価して継承していくのは、自覚的にやれば別にいいと思いますが、近代教育学批判が戦後教育学をリセットしてしまって、そしてその後、近代教育学批判がリセットされてしまうと、歴史の継承はどうなるのだろう、と。今では、理想を語ることに全くためらいがなくなった。でもそれは「批判をしていても仕方がない」からじゃなくて、若手は近代教育学批判を単に知らないし、年長の世代はそれをなかったことにしているしで、それで素朴に理想を語っているように感じますし、それを発展といえるかどうかといえば悲観的で、歴史の忘却じゃないかと思います。

批評の世界ではすでに一九九〇年代にしばしばいわれていたことですが、「〈大きな物語はない〉という大きな物語もない」という状況が、教育学にも、言葉の上だけじゃなくリアルに到来したというか、リゾーム化じゃなくてアノミー化というか、現代の教育思想や教育哲学研究はそういう、根っこがないという状況にあると思います。

この動向には、近代教育学批判で重要な役割を果たしてきたスターたちの世代交代の問題もあると思います。教育思想史学会（近代教育思想史研究会）ですと、原聰介さん（一九三五年生まれ）や宮寺晃夫さん（一九四二年生まれ）、森田尚人さん（一九四四年生まれ）が立ち上げの中心ですが、大学での職としてはすでにリタイヤしています。しかし実は、この次の世代がボリュームがあって、思いつくまま名前をあげれば、矢野智司さん（一九五四年生まれ）、今井康雄さん（一九五五年生まれ）、鈴木晶子さん（一九五七年生まれ）、西平直さん（一九五七年生まれ）、松浦良充さん（一九五八年生まれ）、田中智志さん（一九五八年生まれ）、松下良平さん（一九五九年生まれ）、小玉重夫さん（一九六〇年生まれ）などです。この世代は、一九九〇年代に「若手」として大きな舞台にデビューして、それ以降、ずっとトップランナーでした。上の世代が戦後教育学の呪縛を解いてくれたことで、早い時期から自由に動けたという面もあるでしょう。そして、多くは研究大学に所属し、後進を育成してもきました。この層が大学から離れつつある。そして彼らの教え子の世代は、二一世紀に入って、指導教員も近代教育批判を離れて、その論調が下火になってから研究を始めました。近代教育学批判の忘却はこのような世代交代とも関係すると思います。

話を戻すと、二〇〇〇年を過ぎたころから、先ほど触れた近代教育学批判第二世代なのかな？　の研究者たちは、それぞれの独自の方向性にシフトしていきます。それで、結果として相違が顕在化してきます。

最近の例でいえば、近代教育学批判が同床異夢であったことを典型的に示すのが、教育思想史学会で二〇二一年に開催されたシンポジウム「応答する教育思想史研究」です（『近代教育フォーラム』三一号、二〇二二年に掲載）。このシンポジウムでは、近代教育思想史研究会（教育思想史学会の前身）の発起人でもあった田中智志さんと鳥光美緒子さんが久しぶりに登壇して、教育思想史研究とは何だったのか、あるいは近代教育学の批判とは何だったのかという議論をすることになっていたのではないかと思うのですが、少なくとも私から見て、議論に全く共通点がなかった。近代教育学の批判というところからスタートした人たちでも共有される土台がなくなっている。そうするとやっぱり、彼らの教え子の世代とか、彼らから学んできた世代というのは、共通の土台がそもそもないというところから研究をスタートしていると思うんです。それが冒頭に述べた歴史の忘却と、それに伴う自閉性につながっていると思います。

石井　途中ですみませんが、田中智志さんと鳥光美緒子さんとの間で共通の土台がない、というところもう少しどういう状況だったのか教えてもらえますか。

下司　田中智志さんは、「人間性の自然性――人新世における存在論的思想史へ」というタイトルで、最近注目されている「人新世」という概念を提示し、それに応答するようなフュシス（自然性）の思想の系譜をたどっています。田中さんはこの方法を「存在論的思想史」といっています。この存在論っていうのが、先ほど出した『教育思想のフーコー』あたりからのキーワードで、以降田中さんは、「存在」、「自然」、「愛」といった、通常は日常に紛れて完全には顕現しないであろうもの、名付けがたいが人間存在の根底にあるであろうもの、潜在的なものを語るようになります。この論文では「フュシス」です。引用すると「ハイデガー、メルロ＝ポンティにとって、フュシスというすっかり忘却されている概念は、人を根底的に支えているもの、つまり生動性（生き生きと在ること）としての「存在」（sein/seyn, être/sous-être）を指している」（九八頁）。それにともなって、「交感」という概念が鍵になって、「交感が『社会的なもの』の基底である」、「交感は、（中略）人と生きものが、〈存在＝生命＝自然〉という根底において通じ合うということである」（一〇一頁）、と。ただこの方法は、コメント論文で山内紀幸さんが指摘しているように、思想史といっても、コンテクストを全く考慮していません。なので恣意性の問題が拭えません。

（写真：下司　晶）

　鳥光さんの報告タイトルは、「ケンブリッジ学派と教育思想史――教育言説史の方へ」です。このシンポジウムでは、ドイツのペスタロッチ研究者、トレーラーの今世紀に入ってからの研究に即して、ケンブリッジ学派、特にポーコックの思想史の方法論が検討されます。鳥光さんがトレーラーの主張をまとめていうには、一九九〇年代は、近代教育学のなかで神格化されてきたペスタロッチの「脱神話化」がはかられた。ペスタロッチのテクストは、それまで歴史を超えた真理を示しているかに読まれていたのですが、それをコンテクストの重視という、いわば思想史として当たり前の前提から読み直すこと、それを研究の前提として確認するものだった。にもかかわらず、このコンテクスト重視の姿勢は、その後、継承されていない。そこで再度、過去の思想を脱コンテクスト化し、永遠の思想を求めるような方法論を批判し、コンテクストを重視することが重要だと再度確認する、というのが鳥光さんの発表です。これは、思想史の方法論としては近代教育思想史研究会の原点を確認するような作業です。とはいえ近代教育学批判という側面はみられない。あるいは背景に退いている。それに対して、田中智志さんの発表は、まさにトレーラー‐鳥光が批判する、特定の概念をコンテクストから引き剥がし、「真理」や、それに類するものの系譜を引き出す手法です。そこには完全な対立があると思います。

石井　そういったところで、共有するものがないというか、同床異夢状態といったものが顕在化して、見えてきたということですか。

下司　そうですね。本当に、一時期見ていた夢から覚めてしまった、というような感があります。以前、仁平さんが「教育社会学会は反省してばかりだ」という話をされていたと思うのですが、教育思想史学会こそ反省してばかりで、近代教育学批判とか、教育思想史の有効性を確認するようなことを定期的にやっています。このシンポジウムでは、近代教育思想史研究会の創設から三〇周年を迎えて、教育思想史や近代教育学批判のアクチュアリティを示すことを目標としたのだと思いますが、結局は、当初の構想からかなり遠くにいる、拡散しているということが確認されたと私は思います。コメント論文がこれにつきます。私と同世代の山内紀幸さんがコメントを書いているのですが、山内さんにとって鳥光さんと田中さんの繋がりは、鳥光さんが広島大時代の指導教員で、田中さんが山梨に来てからの後見人というような、自分が若手だった時に二人に学んだ、というだけで、その思想も方法論も立場も、きちんと整理できていない。

石井　結局そこが共有するものがない、ということですね。山内さんは鳥光さんが指導教員なんですね。で、山梨学院大で田中さんと一緒だった。

下司　そうですね。田中さんが（東京）学芸大の頃から付き合いがあったように思います。その流れで田中さんが山梨学院大に移るので。

石井　結局、それぞれ考え方とかスタンスが違うんだけれども、とりあえず教わったということで、それだけで繋がっているという。

下司　そうですね。鳥光・田中の両論は、山内さんの中でも統合されていないと私は思いました。あるいは、両者を止揚した第三項として自分の立場を示すとか、二項対立を脱構築するとかすればよかったのかもしれませんが、そういうふうにはなっていないですね。

仁平　専門外で話が分からないため、少し確認したいんですけれど、田中智志さんは、近代教育批判からスタートしたはずなんだけれども、なぜかベタな人間の自然性みたいなものを追究する方向に行ってしまった。というのが下司さんの理解でいいですか？　鳥光さんは、どういう位置づけなんでしょうか？

下司　鳥光さんは、講座としては広島大の幼児教育に所属していたのですが、ペスタロッチ研究からスタートしています。先ほど述べたように、一九九〇年代半ばまでのドイツでは、それまで国民教育の基礎づけとされてきたペスタロッチを「脱神話化」する試みが多く現れました。その影響を強く受けています。また社会史的な教育史・子ども史研究も並行して行っており、その際、特にフーコーやアリエスを批判的に摂取しています。ドイツの教育学におけるポストモダン思想の受容のまとめもしています。もっとも、フーコーやアリエスを取り入れた社会史には、当初から方法論的な限界を感じてもいたようです。いずれにしても方法論にかなり自覚的な方です。

その後、人間形成論研究という、社会学とも心理学とも異なる方法での人生の語りかたを模索するビオグラフィー研究を進めます。これはドイツで二〇一〇年頃かな？　に盛んだった方法です。その枠組みは、危機的状況に直面した際、その人がそれをどのように乗り越えたかというもので、ビルドゥングスロマン（教養小説）やヘーゲルの弁証法がベースになっています。この観点から、インタビューを用いた研究も一時期されていました。

このシンポジウムでは、そこからもう一度思想史研究に戻り、ケンブリッジ学派の思想史の方法論が検討されます。ケンブリッジ学派は、スキナーもそこに含まれるのですが、先ほどいったように、過去の思想を脱コンテクスト化し、永遠の真理がそのなかにあるかのように読む立場を批判し、そのテクストが書かれたコンテクストを重視する立場です。だから、鳥光さんは変遷がありつつも一周して戻ってきて、田中さんは変わって戻らなかった、といえるのかもしれませんが。しかし鳥光さんでも、近代教育学批判という点は、前面に出てはいない。

仁平　個人的には『年報』一一号の岩下さんの論文とそれに伴う議論が重要だったと思います。そこでの問題提起は次のようなものでした。アリエスの研究を思想史が受容して、そこにいろんな理論的・思想的合意を乗せたけど、肝心なアリエスのテーゼの中核が実証史の中ではもう否定されている。それなのに思想史研究は何やってるのというのが、岩下さんの批判でしたよね。

それに対して下司さんは、「いや、思想史ももうその次のステージに行ってますよ」っていう話をされたと思うんですね。

じゃあ、その後に何が来たのかっていうところは、確かに興味深いところなんですけれども、結局、近代教育批判という形では、学問として照準が絞りきれなくなったから、それぞれがいろいろやっているみたいな感じになってるってことですか。

下司　そうですね。もしかすると、もともと全然別のことをやっていたのに、一つの近代教育学批判という括りになっていたのかもしれません。敵の敵は味方みたいな。

近代教育学批判は、戦後教育学のもっていた規範性や、その規範性にともなう方法論的な限界の乗り越えだったと思います。それがなぜ思想史という形で顕在化したのかというのは、戦後教育学が、丸山眞男や大塚久雄のような市民社会派的な、あるいはもっと唯物論的な思想史を基盤としていたからでしょう。その書き換えですね。『年報』一一号で岩下さんは、「なぜ哲学が歴史にこだわるのか」と疑問視されていましたが、そういう理由があります。

それからアリエスのインパクトは、実体的な子ども理解を覆す、言語論的転回の問題です。社会学であれば社会的構築主義にあたると思います。そうした新しい見方から、子どもや教育というものを問い直すという意味があったんだと思います。だから、岩下さんからは、アリ

（写真：仁平典宏）

エス風の社会史は歴史学としてはもう古い、乗り越えられているという話がありましたが、教育哲学や教育思想史では言語論的転回のインパクトとして今では前提となっているので、教育史とは別の次元で、アリエスの痕跡は刻まれていると思います。

仁平　二点あります。一点めは、戦後教育学の乗り越えのための重要な枠組みとして、ポストモダンが当時はあって、構成的外部としての戦後教育学に対してまとまったように見えます。でもそれはアンチ戦後教育学っていうだけでしかなくて、その中を貫く要素っていうものは、実はそんなに強固ではなく、時代ともにほどけていったということでしょうか。

二点めは、アリエスに関して言うと、おっしゃったように構築主義の位置が気になります。多分田中智志さんとか、ご存命のときの森重雄さんは、かなり構築主義と通底するお仕事をされていたと思います。その田中さんが存在論のほうに行ったということを興味深く聞きました。例えば社会学でも、私が院生の最初の頃は構築主義がすごい流行ったんですけど、最近何が流行ってたかっていうと、アクターネットワーク理論（Actor-network-theory）とか、新しい実在論系なんですよね。

マルクス・ガブリエルとかメイヤスーとか、そういう新実在論系の人なんかを片目で見ながら、人間が意味付けするものの外部に、ものの世界が実態としてあって、そこをどう捉えるかという問いに取り組む若い社会学者も増えてきました。その変化ともしかしたら何かしらパラレルなのかもしれないなっていうのを少し感じました。

一点めに戻ると、政治的な戦後教育学の乗り越えのために、ポストモダンを使ってきたプロジェクトが、「戦後教育学批判自体がなかったんじゃないか」っていうところまで否定され、ベタな戦後教育学用語が回帰しているということを、感じられているということですか。

下司 そうです。戦後教育学への回帰ですね。ただ、その話の前に、田中智志さんの話の続きをしてもいいですか？ 戦後教育学への回帰とはちょっと違う気がするので。さっきいった山内さんは、田中さんはもともと「破壊的にやれ」といっていていたのが、二〇〇〇年頃に「壊すことに飽きた。作っていかなきゃダメだ」といいはじめたと書いていています（『近代教育フォーラム』三一号、一一八頁）。先ほど触れたように、私も多少は近くで見ていたので、いわんとすることはなんとなくわかるつもりです。でもこれは、戦後教育学への回帰より極端だと思うんです。

以下はちょっと踏み込んだ内容になるので、私一人の責任というか独り言のようなものですが、田中さんはシンポジウムの論文で「自然性としての人間性」、ハイデガー的な存在論的思考を称揚するのですが、自説を肯定しない立場に対する物言いが本当に乱暴なんです。引用します。「なるほど、この［ハイデガー‐田中的な］存在論的思考を『妄想』『本質主義』と呼び、論難する人もいる。（中略）そうした人は、例えば、幼くして他界した子どもの遺影が呼びかける声なき声を、またその遺影に話しかけ呼びかける母親を嘲け笑う人である」（『近代教育フォーラム』三二号、一〇二頁）。

仮にもフーコーやデリダに学んだ者がこのような物言いをすること自体が私には信じられないし、自分の説に首肯しない者を「人非人」のように扱うっていう態度は、ポストモダン思想だけでなく、田中さん自身が主張する「人間性の本態」や「共振する自然性」に反すると思いますよ。私も過去に幼かった家族を亡くしていますが、故人への向き合い方まで誰かに規定されたくはないし、ましてやそれを他人の説の補強のためになんか用いられたくないです。勝手にレペゼンすんなって話で。まあ、遺影と会話する人もいるでしょう。その思いは当然否定できないと思います。でも、親しい人を亡くした人のなかには、その死に向き合うことができない人もいると思うし、反対に、なんか家族を理想化してますけど、DVとか、家族に死んで欲しいと思ったり、時には死んで喜ぶ場合もあるし、苦しんだ末に本当に家族を殺してしまう人も現実にいるわけで、そういう人からみれば、「お前のいってる親子関係なんてガチャが当たっただけ。自分とは全く別の世界」と嘲笑するしかないでしょ。望まない妊娠や出産もあるし、子どもを望んでも願いが叶わない人もいるし。そもそも、そんな話自体したくない人もいるし。そういう複雑な事情への想像力を欠いたままに、全部一緒くたにして、人間とか生命とか自然とか他者とか家族とかと向き合う「理想的な態度」を示して、それに反するものは「人間の本態」に反すると断罪するって、そういうデリカシーのなさこそ、ポストモダン思想が批判してきたものじゃないですか。しかも例は母親っていうジェンダーバイアス。それじゃ「本質主義」だって批判されても仕方ないですよ。悪い意味でハイデガー的というか。

戦後教育学は啓蒙運動ですから、反対する者をとりこもうとする。特に戦死者に対する態度において真摯であることを求めて、それが反国家主義という立場や運動に直結するといった論法を用います。例えば誰かが戦後教育学に異を唱えた場合、彼らはさまざまなテクストやコンテクストをもって、その「他者」を内部化しようとする。笑い話ですが、私は「堀尾輝久の修士論文を読め」と何度もいわれてきました。読めば納得して仲間になるという前提ですね。聖書のような？　それに対して田中さんの場合、彼の説を支持しないものこそ、田中さんにとっての「他者」なのだと思いますが、むしろ他者を切り捨ててしまってる。これは、「共振」する相手としない相手を自分で線引きしているのだから、自分の説を裏切っていると思います。

戦後教育学への回帰？

下司　すみません。長くなりましたが、戦後教育学に話を戻します。現在の教育学では、民主主義とか、シティズンシップとか、経済格差や不平等とか、教育機会とか、学校のあり方の問い直しとか、教育や教育学の自律性（自立性）とか、わりとオーソドックスな議論がされていますが、こうした論点は、もともと戦後教育学が内包していたものだと思います。ただ、その論じ方に限界があるということで、それを近代教育学批判が一度ひっくり返すわけですが、現在はその「ひっくり返した」という歴史を忘却して、「シティズンシップ大切だよね」とか、「新自由主義にからめとられちゃいけないよね」みたいな、素朴な議論になってるんじゃないかっていう気がします。例えば、教育哲学では小玉重夫さん、教育社会学ならば広田照幸さんなどは、近代教育学批判を担ってきた人だし、本当はもっと複雑な理論的背景を持つ人ですけれど、意図的にそのような、戦後教育学を継承するような振る舞いをしているところもある気がして。でも、受け取る側はそれをベタに受けてしまう層もあって……。

仁平　私が『年報』一一号で書いたのが、教育社会学におけるその流れだと思うんですよね（「教育社会学――アクティベーション的展開とその外部」二八五～三一二頁）。私はそこで、大内裕和さんを取り上げてるんですけど、九〇年代は山之内靖さんの議論を踏まえて階級社会からシステム社会へ、要は総動員体制批判という枠組で捉えておられました。だから、戦後の福祉国家的な――まあ、福祉国家じゃなかったけど――、公教育も含めて総動員体制の産物ですという根底から問い直す議論をされてきました。ところが、新自由主義になり、公教育が危機に陥ってるっていう視点の下で、公教育は大事だという論客になっていくプロセスがあった。そのような中で、かつてのポストモダンっていう教育社会学で行われていた問題設定はどう引き受けるのかという問いがありました。藤田英典さんが創刊号を書いたときには、「最近はみんな実証主義やらないで、計量とかやらないで……」みたいなこと言ってるのが、もう本当に隔世の感があって、今はいかに因果推論をちゃんとやるかみたいな研究が多いです。なぜそうなってるかというと、教育の職業的地位的達成の効果をちゃんと推定しなきゃいけないっていう文脈があるわけです。その中で忘却されたのが、森重雄さんのようなポストモダン的な批判です。私はそれは前近代とか近代の外部みたいなものをベタに想定するんじゃなくて、今のワークフェア的に人的資本論が福祉国家を領有していく中で、ケア論とも結びつく論点として、かつてのポストモダン的な批判を引き受けるっていうような道があるんじゃないかという話をしました。かつてのポストモダン批判はどこ行ったのかっていうところは、下司さんと非常に近い問題関心を持っているなと思いました。岩下さんもそれと同じような――方向性はだいぶ下司さんとは違ったとは思うんですけれども――、それは何だったのかという問い自体は共有されていたように は思います。

下司 そうですね。大内さんは分かりやすいですよね。ただ、大内さんはもとから左派親和的だったのか、転折したのかは分からなくて……

仁平 左派的でいいとは思うんだけど、批判の方向性が、かつては近代教育自体が我々を統治支配していくみたいな、規律社会批判だったのが、「公教育や奨学金は大事」という方向になるロジックは何なのかなと。政治的な立場性を問題にしたいのではなく、どういうふうにその二つの論理が整合するのかっていうところが興味深いというか。

下司 大内さんは典型的な……戦後教育学そのものではないにせよ、冷戦期の言説みたいなものを繰り返しているような気がするんですけど。

仁平 個人的には別にそれ自体は問題でないと思ってます。つまり、下司さんから見ると、戦後教育学――自分たちが一回乗り越えたはずの戦後教育学的な問題設定が、ともすればベタに回帰しているような気がしちゃうわけですよね。でも考えてみたら、格差・貧困問題が来て、二〇一〇年代には国家が問題化します。つまり、第二次安倍政権の中で排外主義や集団的自衛権が問題になる中で、国家からの自由や貧困などの問題に対して向き合っていた戦後教育学的な問題設定が、継承性はないにせよ、問題設定のレベルで似たようなものが出てくるっていうことは、それは分かるという気はしてます。

石井 結局今、議論になっているところは、歴史の忘却っていうところで、ポストモダン経験というのは、さまざまな分野がぐぐっているわけですけれども、そういったものが忘却されて、世代の交代みたいなものも手伝って、結局今――どの世代くらいからというようなことはあると思うんですけども――、下司さんの分野もそうですが、教育方法学の分野も似たようなところがあると思います。ポストモダン以前のものに一見回帰したように見える。しかもそれが非常に素朴な形で。もともと議論とか、歴史の厚みがあるんだけども、そういったものが全部忘却された形で、それこそ下司さんの言葉を借りて言うならば、「近代教育学批判は退潮して、今では理想を語ることにまったくためらいがなくなった」。

仁平 そうなんですけど、それは理想っていうより、忘却されていた対立軸が別の形に転移したような気がしています。例えば、以下のように教育学年報一一号で、下司さんが引用されていたと思います。

今井重孝は『年報』の創刊にもふれながら、ルーマンのシステム論を援用して堀尾輝久を批判する。「社会の機能的分化の進展は、社会主義を崩壊に導き、保守／革新という古い二項図式の不十分さが白日のものにさらされることになる。ここに至り、教育学は、改めて学問的な現状把握の必要性を悟ることになる」（「教育学研究の多様化の中で」ＰＥ七一：二七、一九九五）（下司晶「教育哲学――批判の後に何が来るのか？」『教育学年報一一号　教育研究の新章』二〇一九年、一一頁）。

面白いなと思ったのは、少なくとも私が学部の時、多くの同級生は右翼左翼がどっちがどっちかも分からなかった。私も、野球のシフトのことかと思ってました。でも、今あんな古臭い言葉を、みんな知ってるじゃないですか。若い子も含めて。保守革新、リベラル保守みたいな。

もちろんネットスラングみたいなものでどこまで正確かは別問題ですが、日本保守党とか、戦後直後っぽい名前をつけた政党が出てくるなんて、夢にも思わなかった。そういう二項図式的な古臭い図式がどんどん解体していくという風な時代診断とは全然違うとこに現在住んでいて、ルーマンっぽい議論で世相を切るみたいなスタンスが逆に古臭く見えるような感じになってる。だから理想を求めるかどうか以前に、社会を観察するコードみたいなものが、一九九〇年代のポストモダンが流行っていた頃とは、まったく違う状況になっちゃってるんじゃないかな。

回帰ではなく、違う形に転移している
――近代の未完のプロジェクト

石井　もう少しそこを詳しく共有していただいたほうがいいかなと思います。結局、そういった、図式が違った形に転移しているということもそうですし、先ほどの新実在論的なものっていうことで言うと、たとえば、教育

社会学と教育方法学との接点で言うと、マイケル・ヤングの動きをどう見るかっていうこととか。

仁平　教育思想史のありようが、ポストモダンの想定から変わってきたっていう話との関連だと、一つが政治の話ですね。「堀尾輝久を再評価？　まじかよ」みたいな話がでてきて、この何十年間、何だったんだみたいな。

もう一つは、言語論的転回によって、ベタな人権やらは、全部、言説の産物だっていう風になって来ていたはずなんだけれども、実践的にもそれがすごく重要になっている。今のガザの状況に対する抗議を、アメリカの大学の学生たちがすごいやってるけど。結局、子どもたちとか脆弱な人たちがどんどん殺されてるっていうことを、学生たちはすごい言ってるわけですよね。子どもは保護しなくてはいけないという考えの基礎にある人権とか、そういうベタな近代的理念っていうものがめちゃくちゃ力を持っている。と同時に、方法論的には人間の意味というものに回収されないようなものも含めた存在の位相みたいなのがあって、それをどう社会学の枠組みの中で捉えていくかっていうことが、結構、この二〇一〇年代の理論社会学の中では重要なテーマでした。そのような点で方法論の枠組みも、かつてのポストモダンの時とは違っている。

石井　その辺の背景ですよね。構造的なさまざまな言説の変化っていったのが各分野に起こってる。つまり、何らかの構造的な社会変動が、そういう言説の変化を生み出してるっていう風に考えられるんじゃないかと思うんですが、それをどういう風に考えたらいいでしょうかね。

先ほども、ルーマン的なものを古臭く感じてしまうというか。時代を見る上ではどうもしっくりこないっていうあたり、これをどう考えたらよいのでしょうか。

仁平　社会学者、北田暁大さんの『嗤う日本の「ナショナリズム」』（ＮＨＫ出版、二〇〇五年）――もう二〇年前の本になっちゃいましたけど――が指摘するように、全共闘で失敗した後、どんどんあえてそういうものから距離をとるっていうのが抵抗であり、時代精神になって……みたいなのが九〇年代ぐらいに底を打って、まず保守の方がベタに道徳回帰していたんだけれど、それに抗うためにリベラルの方も人権などの理念をしっかり受け止めて、反差別運動に使えるようにしていったという過程があります。右も左も、その意味では、積極的に規範にコミットしていった。その帰結の一つとして、かつては逸脱でもなかったものが許されないものになってきている。その意味では言説が力として作用しているようなところはあるかとは思いますね。
　今はどんどん規範が解体・弛緩していくっていうことは、私が学部時代に学んだことで、社会学はそれを分析するのに適してますよと言われていました。でも実際に社会が向かったのは、「それは個人の自由じゃん」って言われてたものが、そうじゃなくて、それはハラスメントとして権利を侵害しているから、きちんと規制しなきゃいけないっていう方向です。それが身体感覚で追いつかない人がハラッサーとして炎上したり浮かび上がる状況になってきている。九〇年代がやっぱり一つの底でそこから反転してきた部分があると思う。
　鬼畜系なんかがかっこいいと思われていた九〇年代っていうのは、やっぱり教育思想史学会にしても、何にしても、ポストモダンの気分が浸透していたのかなと思います。
　しかしその後は一進一退しつつも、民主主義や人権の価値観がよりミクロなコミュニケーションレベルでも実装化されて、より徹底してきているっていうのは、多分、私も含めて多くの人が当時想定もしていなかった変化という気がします。
石井　なぜそういうふうにこの変化が生じているのか。この変化を概念化するとしたらどういうことになるんでしょうか。
仁平　逆に言えば、かつて、女性や障害者がマジョリティの男性とか健常者から、やゆ・いじめ・いじり、いろんなものの対象になっていたっていう状況が、「それは困るよ」「おかしいよ」と言えるようになってきたっていう意味で、近代の未完のプロジェクトが順当進化したとも言えると思います。その意味では近代の初期に埋め込まれた理念が徐々に実質化しつつあるだけとまずは思うんですよね。ただ、もちろん、いろんな解釈とか考え方があるような気もしますけれども。
濱中　若手にとってはそれが普通になりつつあるなか、私たちの世代は、研究者として年齢を重ねるなかでその変化が起きたから。とにかくすごいスピードでしたよね。
仁平　まあ、ねえ。まさか、句読点までハラスメントといわれるようになるとは思わなかった（＊チャットなどのＳＮＳの文章で文末につける句点「。」が相手に圧力を感じさせてしまうこと。マルハラスメント：マルハラ――編集部注）。

濱中　この一〇年二〇年、驚くような変化があったわけですけど、二〇〇〇年代以降とその前の違いを語るキーワードの一つは「ネット社会」であって。

仁平　可視化しやすくはなりましたよね、すごく。

濱中　そう。可視化しやすくなってる。議論の仕方も大きく変わって、可視化されるからインパクトも大きくて。そして大事なのは、研究者にとってもそれは影響を及ぼすところが多分にあって、発信する際の戦略というか、自分の見せ方というか。さきほど大内さんの名前が出ましたけど、「公教育は大事」という転換以降の活動は、メディアの影響というか、立ち位置に関する戦略というか。少なくとも、二〇一〇年代後半の大学入試改革を、大学入試センターの教員という立場でみていた私からして、大内さんがいきなり大学入試改革問題についていろいろ発信されたのは、さすがに驚きました。

仁平　政治的な方向性は一貫してると思います。

濱中　多分、そういう役割が期待もされてるんだと思うんですよね、周りから。それで期待されるなかで、十分な考察ができないまま、とにかく発信してしまう。その姿に思慮深さの欠如みたいなものを第三者が感じてしまっているというところはあるような気がします。

〈近代しぐさ〉の問題

石井　近代の未完のプロジェクトがある意味完成されているという部分に関して言うと、逆に、ハラスメント一つとっても、海外と今日本でハラスメントの受け止め方って、ちょっと違うというか、これは何でしょうかね……成熟した人権感覚っていう部分があってのハラスメントであるのかどうか。この間、多様な教育機会確保法とかの関係でもちょっと思うことではあるんですが、インクルーシブにしても同じ言葉を使っていても、海外の、例えばヨーロッパ圏とかのそれと、日本で展開してるこって、結構、似て非なるものとして展開してるような気もしないでもないんですよね。

だから、近代というプロジェクトの日本的な展開に関わって、たとえば、うちの分野、教育方法とか、あるいは教育政策の流れを見ると、特にコロナ禍を経て、日本の議論がガラパゴス化していないかということが結構あるんですよね。

ICT活用とかにしても、海外はそんな風に展開してないんじゃないかなと。まさに圧倒的に遅れてたんですけれど、キャッチアップしていこうって言った時に、極めてドメスティックな展開をしていると。この辺りのことは、苅谷剛彦さんが『追いついた近代 消えた近代——戦後日本の自己像と教育』（岩波書店、二〇一九年）で指摘していたこととも関係しますが、それは、非常に、教育実践とか、教育政策を見てる人間からすると、よく分かるんです。たとえば、一九九〇年代に示された個性尊重や個性化っていうのも、もともと個を育てるというニュアンスというよりも、香山健一の言説を取り上げながら、自助努力みたいな形で日本的なものの延長線上に生み出されてきたと。それが九〇年代以降の教育改革の一つのルーツだっていう風なことで、まさに現在展開していることもそうなんですよね。個別最適、寺子屋みたいなイメージですよね、と。また、インクルーシブっていった時も、結局本体とは別立てで細かくオプションを増やしていくことにばかり目が行くとか。むしろ、メインストリームの方の文化とかあり方を変えていくっていうことが、本来のインクルーシブっていうことだと思うんですけども、それとはまったく違う形で、割と日本独自の展開をしている。そうした日本的な展開が、学校や教育実践とかもそうなんですけども、なんだか社会を非常に苦しくさらに生きづらくしてるっていう風な状況があると思うわけです。

だから、一見、近代的なものの進化・徹底っていう風にも見えるんだけど、それが極めて日本的に展開しているというあたりが、ちょっと気になるところですね。

ICT活用にしたって、海外だったら工学屋さんだけじゃなくて、社会学とか政治学、倫理学の専門家も加わって、批判性を伴ってメディアリテラシー的な観点も大事にしながらやっていくっていうことが普通なわけですけども。最近の日本の議論では、下手すれば「紙と鉛筆は禁じ手にしましょう」みたいなそういうこと言う人もいるわけです、ICT活用でいうと。そんな極端なことしているところはあんまないんじゃないかな、と。

濱中 石井さんはいま、初等とか中等教育のことをおっしゃっているんだと思いますが、高等教育の世界でも「日本独自の展開」っていうのはみられます。大学評価とかはひとつの例ですよね。もともと海外を参照にして制度を作り上げたのに、いま海外の関係者に日本の評価の現状を話すと、「そこまで徹底してやってんの？ びっくり」みたいなコメントがかえってくるわけで。

石井 だから、徹底して真面目にやるんですよ。基本、真面目。ヨーロッパで近代っていうのは、ある種、フィクションみたいなものだと私は思ってますけども。ヨーロッパにおいては、近代社会っていうのはあくまででもフィクション――フィクションはとても重要ですけど――、実態はそうはなっていない。たとえば、ドイツなども、階級社会的なところがずっとあるわけで。その上で近代っていう物語があって、だからこそ逆に、近代という未完のプロジェクトの意味は実は失効はしていないっていうか。

それが日本においてはそのまんま真面目に、かつ根本の思想性を十分に根付かせずに形だけその通りやろうとしてしまって、でもまったく違うような形で展開してるっていう状況があるように思うんですけどね。

だから一つはそういった、現在起こっている変化っていったものをどう捉えていくのか。それが日本のこの間の、研究とか、あるいは実態みたいなものとも関係するのかなと思って聞いていました。

仁平 近代というものの捉え方で、今のお話を伺ってて、重要だなと思うのは、「近代的なしぐさ」を儀礼として捉えるという視点です。社会学でいうと、新制度派のジョン・マイヤー（John W. Meyer）のディフュージョン・セオリーとかそうだと思うんだけれども、後発国とかだと、「近代しぐさ」に正統性が込められ、みんな模倣していくっていうものです。そもそも何をするためのものかっていうところが置き去りにされて、そのしぐさをいかに上首尾にやるかっていうことを真面目に競い合うゲームが発展しちゃうっていう。その議論は、近代批判研究の中で非常に重要なパースペクティブを提供してくれたと思うんですよね。

今も、そういった模倣としての近代は、いろんなところにあって、いろんな問題を生んでるわけだから、それはかつての近代批判研究からちゃんと受け継いでいく必要があるのかなと思います。教育借用の話なんて、まさにそうですよね。

問題提起を受けて——比較教育学

丸山　石井さんの話も、本当にそうだと思います。二つ共有したいポイントがあって、一つは正に教育借用の部分です。借用するとき、誰が何のために輸入するのかという点。特定の目的で輸入され、それが正当性を伴って普及していく。その例は、ＯＥＣＤなどで示される能力だったりする。そして、二一世紀型の能力なんだと言説の幅が小さくなって。特定の能力が、これからの時代に必要なんだみたいに強化されていく。そこはすごく見ていてもどかしい。

二点めは、キャッチアップする側の日本っていうのがベクトルとして強くて、常にＯＥＣＤの平均、あるいはトップじゃないといけないというようなところも多分そうでしょう。日本型教育の輸出もしばらく公的に行っていますが、ある意味、劣等感の裏返しかもしれません。日本の支援を求められて、初めて乗り出す要請主義っていうロジックにはなっているんですけども、本当にそれは二一世紀にふさわしいのか？　と。例えば、中東に輸出してるわけですが、統治したい側が求めてるわけではなくて、その国民が必ずしも求めてるわけではなくて、統治したい側が求めてる。日本国民が教育のおかげで政府に従順そうだからと期待されているかもしれない。そこに、日本の政府開発援助も、いわゆる途上国の統治や不平等な構造の強化へ加担することにもなりかねない。そういう意味では、比較教育学からすると、海外の状況や国際機関の言説を、自分を振り返るための鏡として、本来使うべきかもしれない。鏡で「一番美しいのは誰？」とたずねて、答えが日本じゃないとキーっと怒っちゃうみたいな形の使われ方は怖いかなと。

だから、石井さんおっしゃったみたいなフィクションやファンタジーを含めてでいいと思うんですが、ある種の共通目的というか、方向性というのがあってもいいんですけど、理想とのギャップがあること自体が実は現実的に意味がある。グッドプラクティスだけ取り上げていくっていうのはすごく苦しいと思います。べき論に陥ってしまう。

コロナ禍で、それは加速したのではと私は思ってます。コロナ禍で、途上国なんかは教育アクセス・保障が二〇年以上、時間が戻ってるんです。教育アクセスって二〇〇〇年でクリアされたって国際社会みんなで喜んでたんですけど、起きてることは、インターネットやパソコンを持ってる家庭は教育の質は保証されたけど、そうじゃない人はたくさんいた。これが改めて顕在化した。それはじゃあ誰が悪いのかって言ったら、九〇年代の議論に戻ってしまって、お金がない、インフラが足りてないっていうレベルの議論に戻った。それは本来乗り越えていたはずだった。人権としての教育って乗り越えてたはずなのが、現実はやっぱり全然乗り越えていなかったというのが、見えたのがコロナの時期。これからも実質的な側面を扱うことになるので、本当に大変な時期になる。

（写真：丸山英樹）

仁平　そうすると近代に対する向き合い方としては、人権とか教育へのアクセスみたいな、近代のプロジェクトにかんしては、思ってたよりも進んでなかったから、それをもっと十全化しましょうと擁護する。他方で、こうしたら近代っぽくてかっこいいからやってくださいねみたいな「しぐさ系」の方は批判する。つまり、擁護しつつ批判するのが、リベラルな研究者の方向性っていう感じですか。

問題提起を受けて――教育行政学

青木　教育行政学でいうと、いくつかの国内の変化が学問の在り方を変えてきたと感じます。下司さんの今回の問題提起は、教育行政学にもかなり当てはまると思います。補助線になりそうなのが、京大の曽我謙悟さん（行政学）と待鳥聡史（政治学）さんなんですよ。

まず、行政学の世界では、行政学者の七〇、八〇歳代くらいの世代（おおよそ一九六〇年代から一九七〇年代後半に研究を開始。だいたい年報第一期・第二期世代と重なる）、曽我さんから見るとお師匠さんの西尾勝さんぐらいの世代に、学界としてオーラルヒストリーをやったんです。その成果物の書籍を曽我さんが書評していますね（曽我謙悟「安定成長期の行政学――『オーラルヒストリー日本の行政学』」に寄せて」『法学論叢』一九三（五））。社会の動向が学問の在り方を規定するという図式は、行政学とは研究者の世代区分が少し違うかもしれないけど、おそらく教育学にも当てはまっているんじゃないかな。さっき下司さんが近代教育学批判という言葉で捉えたあの世代、教育学年報の世代もおそらく安定期の教育学だったと言えるのでは。

一方で、待鳥さんがここ最近言ってるのは、平成の三〇年間の日本は、憲法改正と匹敵するようなレベルで、政治も行政も変わってる、ということなんですよね（待鳥聡史『政治改革再考――変貌を遂げた国家の軌跡』新潮社、二〇二〇年）。衆議院の選挙制度が小選挙区になったり、地方分権改革、中央省庁等改革も行われました。そういう大きな変化があった。しかも二〇一一年の東日本大震災から、日本は明らかに大災害時代になりました。熊本や能登の大地震もありました。

そして、少子高齢化は医療費や介護費用がかさむだけではなく、深刻な労働力不足をもたらし始めました。移民政策をどうするかも喫緊の課題です。さらに、金融緩和などの恩恵を受けた一部の富裕層が登場するなど格差社会も問題になっています。

これらの国内社会の変化のなかで、教育行政学的に大事だなと思うのは少子化なんです。教育サービスの対象者が減ったことで、教育上の問題が見えやすくなって個々に対するまなざしが向けられやすくなっています。つまり、弱者に対する政策が届きやすくなっています。

例えば、今、公立高校の定員内不合格が問題になっていますが、かつて高校進学率がどんどん上がっていた時代であれば、高校の量的な提供すら危ういわけで、定員内不合格なんてありえなかったんです。ところが、いまや公立高校の定員割れは一般的なことになっています。そうなると、なんらかの困難を抱えた子が定員内不合格にされるのはけしからんという発想もでてきやすくなるし、実際そういう問題提起はされています。もともとこういう問題はあったわけですが、今になってようやく可視化されてきたということです。

　他にも、貧困に苦しんでいる家庭に対する教育費や関連費用（給食費など）はどんどん無償化がすすんでいます。さきほど紹介した高校教育でも私立高校の無償化にまで拡充されています。これらの動きに呼応するかのように、教育行政学は一気にサービスの受け手である子ども、特に弱者としての子どもにエフォートを振り向けるようになっています。

　こういう様子を眺めていると、教育行政学は明らかに先祖返りしていると思えます。（第一期・第二期の）年報世代が批判していたころの教育学に戻っているような印象を受けています。いわば、ディマンドサイドの教育行政学の復権です。もはや二〇一五年に大変化のあった教育委員会制度なんて関心すらもたれません。

（写真：青木栄一）

仁平　教育行政学において、第一期・第二期の『年報』世代が批判していた教育行政学ってどんなイメージなんですか？
青木　宗像誠也さんとか堀尾輝久さんとかです。黒崎勲さんは『年報』一号で宗像誠也の「内外事項区分論」を批判的に検討していますよね（「教育権の論理から教育制度の理論へ」『教育学年報1　教育研究の現在』一九九二年）。
濱中　あともう一点。「安定成長期」ってどういう意味でいっているのでしょうか。
青木　一九七〇年代から八〇年代にかけての経済成長のことですね。順調に経済成長しているあいだは日本の行政学は官僚制がそのエンジンだったとは思わなかった。反対に海外の研究者はそこに注目した。他にも、経済が順調だから行政に対する社会の信頼があった。だから当時の行政学は官僚制に対する信頼のメカニズムには関心を寄せなかった。それが官僚の不祥事があり、バブル崩壊やリーマンショックを経て、官僚（制）に対する信頼が失われて初めて、それが研究テーマになったんです。

教育学でいえば、年報が刊行された一九九二年は、前年にバブル崩壊を経験した日本が不安定になっていく時代の入り口だったんですよね。昭和も終わったばかりでしたね。つまり、第一期・第二期の年報は安定期から不安定期に転がり落ちていく時期と重なっていたんです。安定期を経験していたからこそ、その前の世代のやっていたことを乗り越えようとしたんでしょう。年報世代が批判した日本の近代教育学というのは、安定期を迎える前の騒然とした時代に合った学問だったんじゃないでしょうか。第三期の年報は不安定期まっただ中に刊行され、コロナ禍の直撃も喰らいました。でも本来は近代教育学的なるものの方がフィットする時代なんでしょうね。

たしかに、教育行政の制度でいっても九〇年代頃に仕込まれた改革の芽が、二〇〇〇年以降すごく具体的な制度改革につながっていて、教育委員会もこれだけ変わりました。教育委員会の歴史でいうと一九四八年に公選制の教育委員会ができて一九五六年に任命制になった。一九五六年から二〇〇〇年まではほぼ変わらなかった。そして、二〇〇〇年から改革の季節が始まって、しかも分権と集権が行きつ戻りつして、第一次安倍内閣で再集権的改革が行われたりして、そして二〇一五年に新教育委員会制度と言われるぐらい大きな変化があった。

こう考えるとものすごい制度改革も進んでいる。その中で少子化などがあって、簡単に言うと、問題解決型教育行政学とか、弱者救済型教育行政学というのがすごく強くなっている。これが教育行政学をはじめとした教育学の地金なんでしょう。ただ、しばらくしてまた安定期を迎えたら教育（行政）学の在り方も変わると思います。

問題提起を受けて——高等教育論

濱中　私はここ（教育学年報編集委員）にいて、ずっとアウェイ感でいっぱいでした。それは領域の特性にも理由があるのかなって思います。というのは、高等教育論って近代教育批判とかを経験していないんですよね。そもそも高等教育研究は、一九六〇年代末に起きた大学紛争を契機に離陸した学問であって、七〇年代、八〇年代に天野郁夫先生や喜多村和之先生などの世代が中心に、そもそも大学とは？　という関心で、比較、歴史という手法で成長していった領域です。そこにマーチン・トロウの発展段階説が紹介され、日本の高等教育システムを理解するための参照枠として機能して、そのあと九〇年代になると、今度は大学改革が始まるから、テーマがどんどん降りかかってくる状況ですね。

そうした中で、いま、閉塞感のようなものも生まれているようにみえます。学問領域として立ち上がり、徐々に高等教育が抱える課題が整理されはじめた途端、改革が進展するにあたって検討しなければならない課題も、役割も増えて三〇年。走り続けてきたけれど、理解が深化している状況でもないし、改革の効果はみえなくて、改革疲れの状況で、今度は内閣主導の改革も進むし、やることはたくさんあるんだけれども、行き詰まり感を覚えます。本来ならもっと大きな視野からの議論を展開というか、全体像の描写といったことに取り組むべきなのだろうけれど、細かい課題も多く、だから、さっき青木さんがおっしゃった問題解決型というキーワードに反応してしまって。

（写真：濱中淳子）

丸山　高等教育を例えば比較から見ると、すごくユニバーサルな分野っていうか。国民やコンテクストとか文化も。

濱中　本来はそうですし、実際そういう側面はあります。天野先生が大学はユニバーサルな存在であることが大きな特徴とかつておっしゃっていましたが、実際、制度を参照するにあたっても、海外の事例は土台になるし、国際的に質を保証するということになると、それは当然のことで。ただ他方で、さきほども話題に出た参照した先は「行き過ぎ」の側面が顔を出して、また大学と社会、仕事・社会へのトランジションに日本の独自性があるから、ここでもドメスティックな議論になりますよね。ユニバーサルだからこその魅力的な議論にたどり着いていないというイメージですね。

下司　すみません。青木さんの話に戻っちゃいますが、さっきの青木さんの話で面白いなと思ったのは、安定期ってやっぱり八〇年代までのイメージじゃないですか。で、第一期・第二期の『年報』は九〇年代だから、不安定な時代に応答しているようにも思っていたんだけど、実際には意外に安定期を前提にしていたということが……。

青木　たしかに、そこは端境期と言ってもいいかもしれないですね、九〇年代は。実際に年報の一号が出たのが一九九二年。一九九二年って、第二次ベビーブーマーが大学に入ったころですね。

濱中　大学進学志望者の数が一番多かったとき。

青木　人口変動があって、進学率だってこの頃……。

濱中　停滞していたのが徐々に上がり始めた。男子の進学率はもともと高かったけれど、目立ったのは女子の上昇で、それで全体的に上がったっていうのがこの時期。九〇年代は、大学とか研究者っていうのが、斜陽産業じゃなかった。

石井　学校とか教育とかね。私はどっちかというと学校教育とか初等中等になりますけども、量的拡大の先にそれなりのボリュームにもなり、九〇年代ぐらいまでのところである程度のフォルムというか、形っていったものが大体完成するわけですよね。

なぜ今、先祖返りしてるかと言えば、一つは、教育の制度の実態や状況との関係で言うと、一九九〇年代だとまだこのフォルムがはっきりしていたところがあるから、それを問い直すベクトルが生じるっていうのは、ある種自然なことだったと思うんです。しかし、それこそ制度改革が劇的に進められる中でフォルムがよくわかんないっていうことになったときに、これはこのままで大丈夫なのかっていうので、そこで論調がシフトしたっていう部分も一つはあるのかなって思うんです。

だから、社会のさまざまな変動の中で日本の状況を見たときに、実際の教育の現実自体がどういうふうになってきたのかっていうことも、論調の変化とかなり関係してるんじゃないかなって思うんです。

もう一つ言えば、問題解決型研究が強くなってるのは、やはり教育研究、教育研究者って、大学の中では、教育方法学分野のみならず、何らかの形で教員養成と関わったりしますから、教員養成制度がどう展開されてるのかっていうことも、相当影響があるかな、というふうには思います。

今だったら実践の問題解決にどう寄与するかってことは、教職大学院とかはもろにそうですけども、それを意識することが日々すごく求められる部分もあって、もともと教育学や教育研究は問題解決型の学問というか分野という性格は強いと思いますけれども、さらにこの間、即効性ではないですけど、つい目の前の問題にどう対応するのかということに流れがち。さらに言うと、教育方法学の分野でもすごく強くなってるのは、「国の政策がこうだから」っていうことを枕言葉にしながら、論文を書いていくみたいな傾向。そこに還元できないといけないんじゃないかっていう部分もすごく強くなってるところがある。政策や現実を対象化することは研究的に大事だけど、政策を自明視してそこに貢献する論調が強まっている感じ。研究活動も制度に規定されていて、今の教育制度、日本の教育制度の展開とかの中に教育研究っていったものが乗っかってるっていう、その文脈はちゃんと踏まえておいたほうがいいのかなっていうことを思ったりしたんです。

濱中　今の話は、教育学という学問領域にどういう意味があるのか、存在意義をアピールするためのアプローチという点でも大事になってきますよね。

石井　それもありますし、そういうふうにアピールせざるを得ないような、そういった制度的な条件が生じてきているというところもありますよね。

丸山　比較教育学と似ているところがいくつかあって、米国、欧州、日本でも、比較教育学を学ぶ人が少なくなってきている。役に立たない、就職できないから勉強しても仕方ないと。その結果、ラボ閉鎖や後任人事がなくなる。たぶん、哲学や人類学なども、勉強しても金にならない、学生が集まらない。最終的には、後継者がいない、予算がなくなるなどで規模がどんどん縮小していく。それらがつながっていくことになるんでしょう。

じゃあ、誰が役に立たないと判断するのか？　例えば、財界や産業界からのプレッシャーもあれば、それを根拠に政府も「やっぱりいらないよね」ということもある。

教育学は実践にフォーカスしてください、役に立つ形でプレゼンスを出してくださいといった圧力にさらされがちな領域なんだと思います。

でも、コロナ時では大学でも教育学の先生だから、ぜひ全学的にどうすればいいかというのを他学部の先生に教えてあげてくださいなども期待された。「教育」って肩書にあるからといって何でもできるわけではないけど、同時に期待に応えたいとも使命感も抱えてたりしますよね。そうした緊急時には駆り出されることはあっても、平時には切り捨てられる存在という矛盾も抱えてるかもしれないと思ったりもしますよね。だから石井さんの言葉で言うと、先祖返りは純粋に戻るっていうのではなくて、やっぱり再帰的な感じでの戻り方なのかなと思います。

「他者性」の後退?

仁平　今の比較教育学が役に立たなくなっているという話ですが、他者への感度みたいなものが、あれだけポストモダンで強調されていた割には、やっぱりそれもなかったことにされているのかどうか、というところがちょっと気になるところなんですけど。いかがでしょうか。

丸山　他者性自体が優先されなくなっているというのはやっぱりあるかも。また、その反動も。だけども、これは、青木さんがさっき言った、弱者救済型とすごくつながってくる。比較教育学の半分くらいは途上国や恵まれない状況の教育にどう介入して良くしていくか、どう検討するかという動機が強い。その意味での他者性というのが、最初は理想としては描かれる。でも、いざ、本当に自分が苦しくなる、リソースがなくなるといった状況に追い込まれた時、何が優先されるか。そこでは、あまり他者性が優先されないかもしれない。

自分の生存が先にあって、自分の研究にとって有利になるようなフィールドに注目するなどが考えられる。「フィールドに行けなくなった。でも論文は書かなきゃいけない」とき、都合のいいフィールドを選ぶという形での他者性の利用と読み替えられていく。なので、教科書的、社会的な望ましさとしての他者性を強調する。でもじゃあ、それはいったい何のためだったのかと追求すると、実はやはり自分のためだったと表面化していく。

そういうことになったんだと思います。

緊急事態に陥ると、リソースが減っていく。なので、残っているのが国連、その中でもユネスコあたりが本当に追い込まれながらも、他者性を全面的に出している。他方、ＯＥＣＤなんかは明らかに自分たちの他者性というよりも、自分たちの方の正当性の方を先に出しているようにみえます。

石井　他者性が後退しているというのは、世界的には共通の事象とみたらいいのですか。

丸山　その他者性の中に言ってみれば、自分のことを組み込んだ形の他者性という、マニピュレイト（manipulate）された形の他者性というのは十分あり得るんだと思います。

仁平　マイノリティとの関わりといったときに、二種類あると思います。一つは近代的なアプローチで、教育が足りていなくて、あるいはいろいろ貧しくて大変だからそれは保障してあげようという、スタンスがありますよね。子どもの貧困とか全部そうですが、そういう感じの教育開発的なやつ。

もう一つは、まさに他者性といった場合、そういうニーズも我々と同じかどうかわからないから、介入に対して、ものすごい慎重にならざるをえない。だから、まずその人のありようを捉えようというのが人類学的なアプローチじゃないですか。

どっちかというと、ポストモダンは、後者にすごく親和的だった。だから、ポストモダンの退潮とか、先祖返りみたいなのと今の話を重ねるならば、もしかすると、この人たち教育足りてないから与えてあげましょうねっていうのは、近代的なアプローチで理解されやすい。他方、ポストとかが奪われていくのは、「え、そんな人の

（写真：石井英真）

他者性を記述して何の役に立つの？」みたいな、ポストモダンと親和的な立場だったのかというのは、ちょっと知りたい。

丸山　根拠あるわけじゃないのが申し訳ないですけど、一般トレンドとしてコロナ前でも、――一一号で書いたんですけど、日本の比較教育学のアプローチは、他者あるいは対象となる地域や人のことをより相対的に捉えようとしてきた。そのため、今いろんな限界も含めて、量的なデータで現地を切り取ることに躊躇しながらアプローチしてきた。でも、国際的にはあまり理解されなかった。

仁平　コーネル大学とか、人類学が盛んなところは別としてということですか。

丸山　コーネルで今あれだけガザの反対運動ができているっていうのも、そういうことでしょう。要するに論文一本を書くのに何年もかけるより、とりわけ国際機関のデータを二次分析して論文にする、例えば博士論文にする行為。これは、他者を使っていくと言える。でも、若手にとっては多分仕方がない。それでも、あえて言うと、英語圏で展開される研究の少なくない部分には利用という印象が残る。だからといって、日本の方がどうというつもりはないんですが、日本はかなり慎重にやってきた。

石井　ちょっと興味があるのは、さっき、仁平さんがマイノリティとのかかわり方ということで、ある種、パターナリスティックに保障していくというような開発主義的な考え方がある一方で、そうした介入に関して、そもそもニーズと言ったものを本人たちがどう思ってるか分からない、ということもあるから慎重である必要があると。ただ、「慎重である」ということは、何もしないということでもないわけですよね。

仁平　でも、そこで何をしたの？　と突っ込まれると痛いという側面はあったと思うんですよ。結局、脱構築的な人類学にしても、構築主義にしても、自分の権力性を問い直すとこに集中する一方、無限後退に陥って、「お前ら何やってんの」って言われたっていう。「そんなことしているから、ネオリベに付け入られるんだぞ」という定番の批判もありました。だから、もっと人権というものをちゃんと掲げて保障していかないとダメだっていう議論に染め上げられたっていうのがこの二〇年間。

教育社会学もかつては、教育っていうものを与えたらみんなハッピーでしょっていうのに対して、いやでもそう簡単に言い切れないよねっていう、すごい健全な戸惑いみたいなものが、ポストモダンの一つの背景にあったと思います。でも、そんなことやってたら新自由主義の思うツボだよっていうことで、最近は教育社会学も、とにかく教育っていうのは必要なものだから、保障されてないのは大変だから、どういう人が保障されてないのか、調査しなきゃという研究が強くなっているところはあるのかな。

濱中　東大もいまはそっちが強くなっているの？

仁平　そう思いますよ。だって、計量をやろうっていう時点で、ジェンダーか階層などの変数と教育達成、職業達成との関連を測ろうという話になりがちですし。

濱中　私は九〇年代から二〇〇〇年代半ばまで、東大で金子元久先生や矢野眞和先生、小林雅之先生に教わりながら高等教育研究に携わっていたけれど、高等教育論の研究室って、いまもそうですが、教育社会学、比較教育社会学コースのなかにあるじゃないですか。ただ、当時から、コースの中でも少し距離があるところにいましたよね。コースとしての集団のなかにいるけれども、高等教育は外れ値のような。当時、金子さんが教育社会学に対し、批判ばかりでなにも生み出さないということを指摘されていたことを記憶していますが、もともと世銀だし、開発ということにも携わっていましたし、誤解があるかもしれませんが、近代的な発想ベースの政策提言に注力していたと見ていて。矢野さんも、人的資本論の考え方が土台にあるし、九〇年代の教育社会学のコースなのに、ポストモダンの色が見えない領域で。矢野さんの場合は、生活者の立場にたてば、教育投資は唯一の味方だという点で、人的資本論に意義を見出していて、私自身はすごくしっくりくるというか、大事にすべき視点だと思ったし、いまも大事にしているんだけど。

話を少し戻すと、金子さんのスタンスも、やはり当時の高等教育がおかれていた状況を抜きに理解することはできないはずで、東京大学で高等教育研究の教授という立場で、国立大学法人化とか、認証評価とか、そのあたりが出てくると、動きをリードするというか、自分が何とかしないと、とんでもない方向に行ってしまうかもしれない、というのは考えて当然というか。そこまでの立場になったことがないので、推測にしかすぎないけど、きっとそうだったんだろうって。使命感のようなものを抱いた教育研究者は、そういうふうに行かざるを得ないのかなっていうようなところはありますね。

石井 そこね。ちょっと思っているのは、広田照幸さんがもともとポストモダン的なスタンスでしたよね……そうだったのに、最近は規範論を語って、私からすればもう勝田守一に戻っているじゃないかと思うところがあるわけですよ。もちろん、だいぶ慎重に規範論を語ってはいますが。でも、それを見てて思うことはですね、教育現実に関する関心とか、やっぱりなんとかしないといけないという思いが強い。それをどのように表現するかの違いなのかなというふうに思ったりもするんですよね。

だから、私自身は割と政策提言的な部分を大事にしているところもあったりするんですが、そのときは確かに単純化をせざるを得ない部分もあるし、さまざまな力学の中で提案の仕方を考えるということになります。しかし、だからといって現実は変わるか、といったらそんな簡単に変わらないんです。いろんなアクターが複雑に関係しますから。

かつ、この間の改革論を見ていると、周知徹底の論理でなんとかなると思っているふしがある。でも実際に物事が変わるというのは周知徹底という形では実はなかったりする。実際には、ある物事について逡巡するというか、迷っている中で結果として変わっちゃうということが結構あるんじゃないかな、と思ったりするんです。

常に問いかけられ、みんなが現実と向き合って問い続けている状態が実は一番変わる可能性がある。それでいうと、介入に慎重という形で、常に中断を促すというか、「いやいや、それで本当にいいの?」みたいなことを、でもそのときに単に相対化するんじゃなくて、そのものごとを本気で真剣に考えている――心を砕くケアではないですが――、関心があるからこそ、だからこそ慎重にならざるを得ないということによって、何もしていないように見えて、結果としてマイノリティの問題でマイノリティの人たちにとっていい方向で実は動いていた可能性もあるんじゃないかな、という気もするんですよね。

もちろんそこは多分両面あると思うんですが。

濱中 石井さんのおっしゃったことはその通りだと思いつつ、逆に、違いもみえてきて。というのは、石井さんの指摘って初等中等教育の世界のことですよね。高等教育の場合、初等中等教育と前提が違っていて、初等中等の先生方って、教育に対してすごく熱心じゃないですか。高等教育は、教員の教育に対する意欲の低さの改革がまず問題視される世界で。だいぶん状況も変わってはきていますが。

「撤退戦」の焦りとパターナリズム

石井　中等教育あたりは、割と今濱中さんがおっしゃった高等教育の状況と似ている部分もあるので、まず動かすためにある程度、劇薬的なものが必要なところがあるかもしれません。ただ、そのときも周知徹底というロジックで政策を組むと、結構しんどい。それしかないとね。だからそこはうまい具合に問いを投げかけるというので、揺さぶりはするけども、一方でちゃんとそこで考え熟成することを促す、という風なことを個人的には大事にしたいわけですけども。

　他者性のことに少し話を戻すと、結局、関心を持ち続けられること、相対化するということもそうなんですけども、今、日本の中で、まさに他者性の問題でいうと、他の人に関心を持ってない状態なんじゃないかな、と思ったりもするんです。だから、そこが結構しんどいのかなと。

　なぜかといえば、先ほど青木さんから安定期の話があったのですが、安定期というのをどのように解釈するかということはあるにしても、安定期の先に今はある種撤退戦の局面だと思うんですよね、日本は。「撤退戦」と呼ぶということ自体が、これまでの考え方というか、社会像みたいなものを前提にして現状をネガティブに捉える響きがあるわけですが、撤退戦というふうに思う人が少なからずいるような状況があるように思うわけです。やっぱり富やリソース等の面で退潮していっている。だからリソースも奪い合いになってくる。成長期でいろいろと潤沢であれば、分配の問題を考えなくてよかったけれど、減少し続ける限られたパイを奪い合うような現状においては分配の問題を考えざるをえないという中において、みんながサバイバルで窮々としている。こういう社会に向けてこういう風に社会のシステムを持っていきますよみたいな、具体的な社会像や戦略を政府も明確に提示するわけでなく、大学の状況もそうですが、自助努力でもってがんばらせて、でも、結局は自分たちで首を絞めあって、それでじわじわ退場させていくという、そういう風な局面になってきているように思います。政策自体の妥当性も問われなきゃいけないと思うんですが、人口減少が一番核になるような退潮という局面——衰えていると見るんじゃなくて…という見方は大事だとは思うんですけど、しかし全体にリソースが萎んでいっている、縮小しているというこの局面において、どうしてもサバイバルに走りがち。かつ、そうなったときに他者なんてそんなもの関係ないよ、という風に無関心が広がる。

そういうことっていうのは、確かに一定合理性はあるというか、仕方ない部分もあるというか、そういう中において、この座談会でも議論しているような様々な——日本の教育制度とかもそうなんですけども——、日本の諸状況があるのかなと。

だから、悠長に、無駄なことできないというんですかね。じっくり考えるのではなくて、その前にちゃんと動けよ、みたいな。空気感として、実用だけじゃなくて、今や、「動けよ」なんですよ。動いたもん勝ち、動いてなかったらダメって言われる。

そもそも研究とかって基本動く前に考えようって話なんですけども、もっともっと政治的・経済的・社会的なアクターとかになっていきなさいよという、そういう圧力が強くなっているように思います。

こういった状況の中で、特にコロナを経て、夢からみんな覚めて——コロナだけではないですけども、今まで見えなかったこと、国際的な地位の低下であるとか、状況は一部の人たちには客観的に見えていたけれども、より広くその現状が具体的に知られるようになり、夢から覚めた瞬間に、いかん、えらいこっちゃっていう風なことで、焦ってる状態のように思われる。

だから、不安だし、それで危機感ばっかりがあって、しかしその先が本当に見えないというか、それを問う余裕すら与えられないみたいな。そんな状況があるのではないかと……

下司　ちょっと話が戻っちゃいますけど、さっき仁平さんがおっしゃってた、ネオリベで、最初に保守がガッと出てきて、それに対するカウンターを左派というかリベラルの側はしなきゃいけない。で、その焦りって最初に言った、教育哲学の「批判から規範へ」という方向に関係するような気がするんです。なんだか焦ってる。それで、それこそ大内さんみたいに、昔ながらの言説に戻るような気がする。

ただ、その時にちょっと気になるのは、例えば今いっている人権とか民主主義と、かつて戦後教育学が唱えたそれが一緒なのかどうか。例えば広田さんなんか、それこそ「堀尾さんは間違ってなかった」とかいってるんですけど、ちょっとそこは反省したほうがいいんじゃないかな、と。

仁平　両方あるとは思うんですけど、さっき私がいった他者って話が、ちょっと石井さんと私が言ってることが別の側面捉えてるなっていう気がしています。私が言ってた他者っていうのは、例えば子どもの貧困を問題視して教育が必要って言ってる人すら、その子と私は同じ効用関数を持っていて、同じようなニーズを持っていて……という前提を持っているわけですよね。他方で、ポストモダンが賭け金としていたのはこの人とこの人のニーズ自体が違うかもしれないから、躊躇するっていうことだったと思います。もっと古いタイプのポストモダンだと、別様の支配されてない価値体系をベターっとイリイチみたいに出しちゃうんでしょうけれども、そんな前提は持てなくなってくると、別の多様な生の在り方を可視化するみたいになってきます。それもちょっと出しづらくなってくると、介入は必要なんだけれどもこの介入していいかな……ってところで「中断」しようっていうので、（ガート・）ビースタが流行るっていう流れになってる。躊躇を思想にしていくのがビースタですよね。

だからポストモダンのある種の引き受け方なんだけれども、別のものを外部に出さないで、とりあえず大事なんだからやんなきゃいけないけれども、とまどうことを思想まで鍛え上げていく方向がすごい刺さるんじゃないでしょうか。

下司　その「中断」って小玉さんも言ってますし、結局、ビースタもそうなんですよね。

仁平　他者に無関心が広がるといっても、弱者を切り捨てって話ではなくて、弱者へのアプローチの中で、自分とは違う存在かもという、かつてポストモダンの中にあったその戸惑いがなくなって「必要だから、学習支援ね」って言えてしまう。その衒いのなさみたいな意味で、他者性への感度の低下が見られるかなっていうイメージ。

下司　いま仁平さんがおっしゃった「衒いのなさ」って、実は私、今回のキーワードとして考えてたんですよ。あと、ためらいのなさ。仁平さんの話とちょっとずれるかもしれないですけど、例えば発達障害って、あれこそパターナリスティックに、違うものに名付けて馴致していくようなことですよね。ある種のコントロールというか。じゃあ、そういう人、全然ケアしないでいいのかっていうと、ケアは必要だと思うんですけど、それでいいのかっていうためらいがいまなくなってるような気がしていて。

仁平　そこでビースタ（笑）

下司　ビースタ。全部ビースタ。

仁平　石井さんも焦らされてるって話に対して中断という概念が、めちゃくちゃ強力なカードになってるみたい。

石井　そこをさらに下司さんが相対化すると（笑）

仁平　ただの流行りじゃなくて、コンテクストはあるのかなって今聞いていて思った。

石井　さっきの仁平さんがおっしゃった、誰が焦ってんのかということでいうと、多くの若者って――ひと括りにいったらだめだけども、わりと若い世代とかかって、そんなに焦ってないかも。でも、私とかおじさんは焦ってる。リベラル派じゃないですけど、なんかそういう人たちが焦ってる感はあるかなと。

濱中　私たち世代がみてきたものと、若者、一九九〇年代とか、二〇〇〇年代以降に生まれた世代は、あまりにも経験が違いすぎますよね。学生たちと話をしていても、この状況が普通なのでと、焦りようがなさそうで。

丸山　逆に、さっきの石井さんがおっしゃってた撤退戦の根拠になってる部分っていうのが私たちの中に内在化されてる。この焦りはやっぱり落ちていってるからこその焦りでは。

仁平　若者でいうと、ベタな話をすると、今就職がいいわけですよね。AI失業なんかも、日本の場合は高齢化があるから、それで相殺できる。むしろ、人口縮小があるから――「ディープブルーの神話」論文（『年報』一三号、二〇二一年）に書いたけど――、すごい緊張感がない。なんだかんだ言って、失業率は全然あがらないし。安い賃金で留め置かれているから、放っといたらジリ貧なんだけど、いまいち切迫感がない。

濱中　それに、なんだかんだいって、生活できないわけじゃない。

仁平　茹でガエル状態。焦ることもできてないというようなところはある側面で感じる気がします。

濱中　円安に対する捉え方も、世代によって違いますよね。私たちは一ドル八〇円だった時代を知っている。ちょうどそのとき、海外などにも行ける年齢に達していて、一ドル八〇円が何を意味しているのかも経験的にわかる。焦るのは、昔を知っていて、まだ現役で仕事をしている世代……。

仁平　昔は昔で、失われたなんとか、みたいにいわれていて。円高不況で物が売れないから、金融緩和したりとかして為替いじって円安に寄せなきゃいけないっていうことが言われていたんですよね。

石井　一方で若い人、今の中高生とかもそうだけど、総合的な学習の時間とか、ああいったものであおっているところもありますけれども、社会起業家的なというか、ソーシャルビジネスとかへの道を、これは一つの雇用政策だと思いますよ。だから、人材はそっちの方にっていう国の政策と絡んで、そっちの方にプロパガンダ的な感じで行ってる流れもあると思います。割とそっちの人たちがさっきの仁平さんの話で言うと、「他者に関心があるんだけども、他者ってこうだよねって」パターナリスティックにいくところがあるのかなと。

仁平　なるほど。

石井　そこの関心を持つということがどういうことなのか、「他者はこうだよね」っていったときに、私はその切実性や具体性に疑問を感じる時があるんです。

濱中　私よりずっと若手の研究者に近いところにいる仁平さんに教えていただきたいんだけど、研究者の若手も「こうだよね」とか、パターナリスティック的な思考をするとか、そういう傾向がみられるんですか。

仁平　だから学習支援とか、下に手厚い教育を擁護するスタンスでは、同じ人間像を前提にしないと研究がそもそも進まないというところがありますよね。

でも、その人たちはどういうニーズを抱えているんだろう、そもそもどういう存在なんだろうというところを、ちゃんと記述していこうというのは当然あるだろうと思う。

濱中　そこは守られているわけね。

仁平　そうそう。岸政彦さんがあんだけ流行るのも、やっぱり他者の可能性みたいなものをしっかり記述したいというニーズがあるからだと思います。かつてはポストモダンが一大受け皿だったのか、十分機能してないのでエスノメソドロジーへ行ってみたり、岸政彦に行ってみたり、っていう感じのイメージはあると思います。

青木　パターナリスティックなるものは教育行政学でも非常に強くなっていて、困ってる人がいるんだから、助けなきゃいけないということなんですね。さっき言った少子化は社会的な背景ですが、政治的な背景としては財政的に今、ジャブジャブだということです。コロナで財政規律が完全に緩んでしまった。もとはといえば、その前から安倍さんはアベノミクスでジャブジャブとお札を刷るっていうのがあるんですけど、もう一つは国債発行しちゃえっていう。もちろん、安倍さんには消費税増税分の一部を全世代型社会保障のために使うように財務省と戦ったという功績もあります。

いずれにせよ、教育学的・教育行政学的にというよりは、政治学的になんですけれど、制度とか財政・財源を巡る争いが今始まってると理解できるかもしれない。「今だったら、獲得できる」財がある、ということです。石井さんの少子化論はもちろん同意できますが、他の見方でいくと、うまみ、レントみたいなものが生まれてますよね。こんな少子化なのに、あるいは少子化だからこそ、教育に投資対象として魅力があるみたいな、そういう認識がある。そうすると、パターナリスティックな思考に根差した人は、今こそ弱者「救済」を旗印にそういう制度を作っちゃえ、という戦術になるでしょうね。

これは、戦後教育学といわれる世代が参入していった争いとはちょっと違うわけですよね。あの時は、量的に子どもがどんどん増えていって、それで戦後の教育制度どうするかという争いでしたが、今回は少子化で低成長時代なのに、なぜか財源はジャブジャブという時代の争いなので、背景は違うんですけど、ただ、制度を巡る争いという意味では、結構共通しているところもあるんじゃないかな。

仁平　日本のネオリベラリズムについて、一四号で書かせてもらったのですが、やっぱ子育てや教育に関する支出は、二〇一〇年代以降微妙に上がっている。少子化が財政問題と直に接しているからだと思いますが。

一方でイギリスの二〇一〇年代の新自由主義で教育は

バカみたいに減らされてきました。日本においては教育学の中でも新自由主義って言葉がたくさん出てくるんだけれども、おっしゃられたように海外の新自由主義論のような迫力がないのは、財政削減っていう文脈が限定的にも関わらず、新自由主義概念をいろいろ使い回してるから、空中に浮いてるように見えているという側面もあると思います。

一方、一見、子育てばかり力を入れているように見えるから、国民の分断を生んで……。

青木　子持ち様？

仁平　そうそう。子どもが、国の再生産において重要だっていう視点で、そこの負担を減らそうっていう政治的判断が、子ども持ってなかったり、持たなかったり、いろんな人たちの負担増に感じられてしまうっていうような亀裂が入っている。その意味では、今の教育学は勝ち馬に乗ってる業界かもしれないですよね。子どもは減っているけれど、だからこそ重要だっていう政治的なカードが切れるので。

石井　一方で、それが教育政策と呼ぶべきものかっていう、中身が何かっていうことがある。一四号の特集「公教育を問い直す」で、その危惧を指摘したところでありますけど。子ども政策イコール公教育政策とは限らない。つまり、保育政策とか、いろいろなバウチャー配ってみたいな形で、従来の公教育政策とは違う形でのお金の流れがあったり。

濱中　少子化政策と教育政策は別物ですよね。

石井　基本別です。だから、少子化政策ってことで、子ども政策という形で、その辺が繋がって。でも、子ども政策っていったときに、基本的には学校教育のこととか、あんまり話題にのぼってこないというところがあります。それでさらに言うと、公教育っていった場合でも、学校じゃなくて、それ以外の学びや生活の場への注目もすごく広がっていて。そういった視野自体は大事だと思いますが、他方で、政策的な様々なインセンティブがあったりするのに合わせて、研究のトピックが影響されてるんじゃないかなって思うんです。特に教育行政あるいは教育計画の観点で言えば、ザ・教育政策みたいな、そういうふうな研究って……最近どうですかね。私が見るところ、割と、子ども食堂も含めて、福祉政策みたいなものを扱う人は増えているけども……。年報一四号への感想で、市川昭午さんが同じようなことを言っていたように思うんですけど、「公教育を問い直す」とあるけど、「これって福祉政策と違うの？」みたいなのが相対的に多いというか。

青木　おっしゃる通りで、今日は教育行政学会の年報を持ってきたんですけれど、課題研究のネタが子ども政策とか、弱者救済系ネタが柱の一つになっているんですよね。ウィングを拡大するっていう意味ではいいことかもしれませんけれど、石井さんおっしゃるようにメインストリームというか、本来基礎研究でやらなきゃいけない、教育委員会制度研究などへの関心がどんどん失われている。二〇一五年にあれだけの変化があったのにもかかわらず、盛り上がったのは二〇一五年まで。結局、教育委員会を「私たちの」ものにできるかどうか、制度設計どうするかって争いにだけ参入したので、そういう議論が多かったんですよ。よく言えば、教育の民主的統制はいかにあるべきかという規範論みたいなのがあったとは思います。ところが、新しい制度が実行された後にどうなっているのかという実証研究がない。これは実証研究者としては、非常に問題です。学界としてのエフォートが基礎研究にいかなくなるんですから。目の前の困っている人をどうするかという方に行くという、それはいくらなんでも社会政策学会とかでやればいいじゃないかという気がします。教育行政学会はもともと融通無碍なところが魅力としてはあって、やっぱりそういう地金が出ちゃっているのかな、と思います。

濱中　「作るまでが楽しい問題」「作るまでは一生懸命議論する問題」ってほかの領域でもそういう側面はありますよね。すごい勢いで政策が動いた高等教育もその傾向はあって。検証は少し時間が経ってから、というのはわかりますが、時間が経ったら、もう他のことで忙しいみたいな。教育社会学はどうですか。

仁平　教育社会学は作るっていうより、教育や階層などの効果の検出をするだけでずっとお店を開けるから、作ろうという気概はあまり感じないですよね。学会大会で理論部会がなくなって久しいし。高等教育の方が面白いんじゃないですか。

濱中　なるほど。階層ね。

仁平　やってることは新しみないじゃないですか。コロナでどう格差が広がったのかとか、そういうので……。

濱中　いつまでも飯が食える……。

仁平　高等教育に関するお話を聞いて思ったのは、福祉国家研究も基本的に近代化論なんです。同じ近代化論同志、なぜ接近しなかったのですか？　北欧では成人教育がアクティベーション政策と結びついています。一方で、ポストモダン的に考えたとき、別に成長って子どもの専売特許じゃないよね、ずっと一生を通じて成長するよね。なんなら死後も魂は成長するよね……（笑）という議論もあるくらいですから、例えばあの辺と接続することで、大学もシェア少なくなっていくということだけじゃなくて、もっとじいさんばあさんも含めて教育の対象にしていくという手口もあったような気もするんですけど、高等教育はそういう展開はしなかったんですか？

濱中　生涯教育？　ＯＥＣＤがリカレント教育を高等教育政策に結び付けた一九七〇年代以降、しばらくは議論も盛んだったけど、一九八〇年代までで、そのあとは下火になったというか、一九九〇年代以降は大学改革の時代に入って、生涯教育、成人の学びどころか、ストレート学生の学びをどうするかが最重要課題になって。大学教育改革が始まっても、「生涯」を軸にした議論に変わらず積極的だったのは、矢野眞和さんぐらいでは……。

仁平　そうなんですか？

濱中　矢野さんは年齢主義を批判しているけれども、他の高等教育研究者は基本的に年齢主義を前提にした議論を重ねていて。

仁平　ポストモダンのところは我田引水しちゃえばよかったですよね。

濱中　おっしゃるとおりだと思う。でも、結局、九〇年代から始まった改革、制度をどうするか、それが何を意味するかに精一杯で、そのあとは大規模調査が走り、ＩＲとか、あとは教授法。けれども生涯教育の方には行かなかったというか、再びそこに視野を向けなかった。いまでこそ、大学院におけるリカレント教育がホットな課題になりつつあるけれど。

仁平　スタートアップ企業が学会内に生まれなかったってことですね。

濱中　うん、生まれなかった。少なくとも目立たなかった。

仁平　スウェーデンみたいに、アクティベーションの枠組みで労働者をより高次産業にバージョンアップさせていくときに大学も使ってみたいな選択肢は、日本の場合は多分教育学なんかからも反発が強いと思います。G（Global）型大学、L（Local）型大学みたいなところにその兆しがあったとはいえ、早々に潰されました。逆に社会的左派みたいな人が、産業界に教育の論理が押しつぶされるだけではなくて、労働者のためにもなるよねとか……そういう論陣はる人がいてもよさそうだったんだけど、あまりいなかったですね。

濱中　うーん、というか、たぶん九〇年代の大学進学率が、まだ五〜六割で、まだ伸びる余地があった。それに教育の質がやはり低いことは否めなくて、「量より質」がキーワードに、どう実質化するかで手いっぱいで。日本高等教育学会が、二〜三年前に紀要（『高等教育研究』）で「大学は生涯学習社会に参加できるか」という特集が組まれたのだけど、この時期になってやっとという感じだし、そもそも「参加できるか」という消極的な文言がすべてを語っているような…。

下司　『年報』九号の「大学改革」の論調とどう違うんですか。

濱中　年報九号は二〇〇二年の刊行ですよね。認証評価導入の直前の時期になるんですよね。大学設置基準大綱化を経て、シラバスやTA、オフィスアワーといったものが導入され、それでも教育は良くならない。大学に任せておけないので、政府介入が始まるというタイミングのときの号ですよね。

下司　（国立大学の）法人化前ですよね。

濱中　そうそう、法人化前のタイミングでもあります。二〇〇四年が法人化なので。

青木　しかも、いまだに大学数増えてますよね。

濱中　増えてます（笑）。話を九号に戻すと、政府介入もあるんですけど、一方で「市場化」をキーワードにした議論もみられたころですよね。近代大学から、大学自身がサービスの対価の獲得を通じて資源を獲得するように変化する。大学生の学力低下も騒がれていた時期でした。二〇〇〇年前後に、京都大学の西村（和雄）先生などが「分数ができない大学生」「小数のできない大学生」という問題提起をして。当時はまだ問題がどんどん噴出するし、まだ打つ手が残っている時代だったけれど、いまはもう行き詰ったというか、そのうえで大学教員の多忙化も言われるようになり。昔は、実態としてどうだったかは別として、大学教員はカネはないけど時間はある。でもいまはもう忙しすぎて。みなさんも実感していらっしゃることだと思いますが。

下司　教員も忙しいし、学生も忙しくてかわいそうですよね。早稲田に来たら、時限の変わり目だったのか、学生たちが列をなして歩いていてびっくりしました。今日は五月二日で飛び石連休の中日ですよ。

青木　休講なんか、怒られちゃうから。

仁平　大学がどんどん忙しくなって教員も忙しくなってくると、研究のあり方もこれでいいのかみたいな問い直しで、人類学の中で最近、パッチワークエスノグラフィーっていうのがあるらしくて、昔は人類学者って何年も入らなきゃいけなかったけど、そんなのライフバランスが壊すじゃないかということで、もっと子育てとかと両立するような人類学的研究が模索されるとか。そういう風になってくるから、その辺の環境は、年報の編集委員の第一期とは全然違うわけですよね。

濱中　数日から一週間のフィールドワークを何回かやりますっていうものですよね？　最近よくみますよね。もちろん行かないよりは行った方がいいに決まっているけれど、難しいところですよね。とにかく、時間の価値が全く変わった。これは確かですよね。

問題提起2＝「ビースタ使い過ぎ問題」から見えてくるもの

石井　歴史の忘却とかポストモダンをどういう風に引き継いでいくかとかということを出発点にして、いろいろと話してきたと思うんですけども。さらに下司さんの方から問題提起をお願いします。

下司　はい。では。先ほどの歴史の忘却の問題に加えて、私が最近の研究を自閉的に感じてしまう理由は、ドメスティックというか、出身研究室内やその近辺に閉じこもる傾向があるからです。要するに「手近ですます」というか。これを象徴するのが、先ほども名前が挙がったガート・ビースタとの距離の取り方だと思います。私は勝手に「ビースタ使いすぎ問題」と呼んでいます（笑）。『年報』一一号の教育哲学をめぐる座談会で、青木さんから、教育哲学分野で二〇一〇年代にブレイクスルーを果たした論文はどんな論文ですか、という質問を頂いたのですが、その時、私は答えることができませんでした。しかし現在であれば、明確にガート・ビースタだ、といえると思います。ビースタは、オランダ生まれでイングランドやアイルランドで活躍する教育哲学者で、アメリカ教育哲学会の会長も務めています。たぶんビースタを初めて日本で紹介したのは、小玉重夫さんの『学力幻想』（ちくま新書、二〇一三年）だと思います。その後、上野正道さんたちによる翻訳（『民主主義を学習する――教育・生涯学習・シティズンシップ』勁草書房、二〇一四年）が続き、以降、多くの著作が翻訳されています。田中智志・小玉重夫の東大グループでも翻訳を出しています（『学習を超えて――間的未来へのデモクラティックな教育』、『教育の美しい危うさ』、ともに田中智志・小玉重夫監訳、東京大学出版会、二〇二一年）。教育哲学会が国際交流にも力を入れていることもあり、二〇一八年には教育哲学会で彼を中心とした課題研究（理事会主導シンポジウム）も開催されています。

では、どういう流行り方をしているかというと、三〇代くらいまでの研究者が、先行研究としてもビースタの枠組みに乗ってしまうし、結論としてもそのまま乗ってしまうパターンがありがちなんです――もちろん、そうでない研究もありますが。私は、ビースタの論自体にはさほど異論はないんですけど、ビースタを先行研究として用いて、ビースタが引用している思想家を一次資料として用いて、それでオリジナルな研究といえるのか、と。閉塞感を感じるのは、ビースタを引用すると、一見グローバルにみえるんだけど、研究室周りで内輪の議論をしているような、親戚のおじさんの話をしているような気がして。

もちろん、社会学などで大規模なチームで行う調査であれば、枠組みを共有していた方が良いと思いますけど、個人名で発表する論文で内輪の議論はないだろう、と。これだけネットも発達して、検索も容易だし、クリックするだけで海外の研究が入手できるのに、どうして手近ですませようとするのか。これはビースタ自身の思想とは別の、コンテクストの問題ですね。小玉重夫さんは、もともとビースタと似たようなことを言っていたので、小玉さんの読者ならば使い勝手がいいのだとは思いますが、安易な気がして。学会でそのような発表があると、社交の場に部屋着で来てしまった人に出会ったような、こちらが気恥ずかしさを感じてしまいます。

宮寺晃夫さんが『教育哲学研究』(一一九号、二〇一九年)上でビースタの『教えることの再発見』の書評を書いているのですが、そこで宮寺さんは、出版年が新しく、思想としての評価が定まっていない本は、使用言語、向き合っている社会状況や教育現実の違いが無視できないと指摘しています。全くその通りで、ビースタが直面している問題と、私たちが日本で直面している問題は、重なる部分も異なる部分もあるでしょう。これにはもう少し慎重になるべきでしょう。あるいは、もうキャッチアップする時代は終わっていて、世界と同時代性があるといえるのかもしれませんが、であればなおさら、それこそ丸山さんが『年報』一一号で述べたように、海外と日本の差異として、どの部分を比較するのかを明確にすべきでしょう。その手続きをせずに、海外の研究に依拠しているようにみえる。しかも邦訳に頼っているので、議論が内向きに閉じてしまっている。あ、話していて気づきましたが、「海外」というのはカテゴリーとしてはおおざっぱすぎますね。すみません。特定の国や地域です。

先程、ビースタ自身の思想については割と納得いく部分も多いといいましたが、もう一つ、先ほど石井さんがおっしゃったことと関連するのは、ビースタって教育哲学としては理論構成が非常にシンプルなんです。だから非常に実践性が高い。使い勝手がいい。しかしそれは半面では、民主主義が大切だ、教えることが大切だ、というように答えが決まっているということでもあるので、そうなるともう運動論になってしまうんですよね。だから、そういう意味で即応性が求められる現代の研究状況に適合的だと思うのですが、そういう使い方こそ、ビースタ自身がいっている、「中断」に反するというようにも思うんです。私は、教育哲学は、もっと小難しいこと、すぐに実践には結びつかないことを研究していいと思います。『年報』一一号で石井さんが言っていたように、矢野智司さんの議論は抽象的だからこそリーチが長い、というように。

で、今の「ビースタ使いすぎ問題」は、手近のところで済ませて議論が内輪になってしまっている問題ですけれども、ならば反対に、海外の最新の動向を「輸入」すればよいかというと、そちらはそちらでやっぱり自閉的な傾向があって、これも、冒頭に述べた歴史との断絶ともつながる問題ですが、コンテクストの無視です。

現在の教育哲学では、若手がポスト構造主義以降の現代思想とか、社会思想とか、これまで教育哲学の俎上に載ってこなかった思想や理論を研究をすることが多くて、それはもちろんいいんですけれども、今度は、それを日本の研究の文脈に乗せる手続きを怠っていることが多い。ありがちな手法としては、まだ日本ではあまり紹介されていない、ある思想家のある概念を提示して、こういうところが現代日本の教育や教育学では足りないですよね、考えられていないですよね、だからこの研究には意味があるのです、というストーリーで組み立てるものです。でも、例えばその概念や、それと関連する概念を――主体とか、他者とか、市民とか、民主主義とか、何でもいいんですけど――過去の日本の研究者がどう考えてきたのかを顧みることをしない。自分の研究がどのようなコンテクストに接続されるのかということが全く自覚されない。「これまでやられていない」というのは消極的理由で、積極的にどのような意味があるか示す必要があるのに、教育学の先行研究をきちんと検討していないから、何が新しいのかわからない。でも、そのものズバリの研究はなくても、たぶん似たような研究はあると思うんですよ。私がフロイト派を研究しはじめたときの西平直さんのエリクソン研究くらいには。親学問コンプレックスみたいなものがあって、あえて教育学に触れないのかもしれないけれども、単に調べてないだけのような気がします。学会発表とかをみると、その、従来の説を乗り越えるから新しいのに、教育学に触れないことが新しいことと勘違いしてるようなものが多い。

もっとひどい場合は、一次資料として引用する思想家が、どういう文脈でその概念を使ったのか、例えば主体とか他者とかをどう論じているのかっていうコンテクストを完全に無視して、翻訳語として一緒だと一緒にして、安易に継ぎ木しちゃっているような印象があって。でも、主体でも他者でも自然でも、何でもいいですけど、そこには歴史的に、幾重にも折り重なった意味のつらなりがあるわけだし、それがまた他の言語からの翻訳であるわけだから、同じような言葉を用いているからといって一緒くたにしてしまうわけにはいかないはずで。

たぶん、こうした自閉的な傾向はそれぞれが関連していて、最初にいった、近代教育学批判の忘却にみられたような歴史との断絶。二つめに、「ビースタ使いすぎ問題」のように、外を向いているようで実は内を向いているという問題。三つめに、新しい思想を研究していて、外に手を伸ばしているようだけど、教育学から遊離して、自分がどのような地盤、というか文脈に立っているのかもみていないという問題。ついでに、四つめなのかこれまでのどこかに含められるのかわからないけれども、一次資料とか、先行研究を読んでも、そのコンテクストにまで目が行かない。自分が何をつかんだのか、実は全然みえていないから独りよがりにみえる。えっと、なんか年寄りの繰言みたいになっちゃうとあまり良くないなと自分で言っていて感じたんですけれど……。

石井　ビースタの消費のされ方というのは、日本と他の国って違ってるんですかね、どうなんですかね。

青木　あとビースタの使い方なんですけど、例えば日本の院生がビースタを引用して、英語ジャーナルに投稿するということはありえるんですか。

下司　どうだろう、院生の状況はちょっとフォローできないから分からないですけど……。さっきいった翻訳者の上野（正道）さんは、自分の英語の著書でビースタを使っていたと思います（Masamichi Ueno, *Manabi and Japanese Schooling: Beyond Learning in the Era of Globalisation*, Routledge, 2020. 同書の序文はビースタが書いている）。もちろん翻訳されていないものを日本で使っているという人はいるんですが、今は翻訳がたくさんあるので、まずは邦訳で読むのが当たり前になっちゃった感じがしますね。

青木　英語論文で海外のジャーナルの査読を突破するのであれば、ビースタを良い意味で相対化して使っているということになるでしょうけど、そうでもないんだったらまさに下司さんのおっしゃるように、外向きに見えている内向きになるということですよね。

具体的な制度でいうと、学振に提出する科研の報告書を今書いていますけど、科研を使って国際共同研究とか、国際シンポをしたかどうかって書かされるじゃないですか。まさにそういう時に来てくれる海外研究者がいるのはとても助かる。

下司　そうですね。それは実感として非常によくわかります。でも仮に、国際化を求められることが自閉性に帰結してしまうとすると、本末転倒というか……。

規範論の空白を埋めるもの

石井　ちょっと、同じようなことを思うことがあって、ビースタってわりと教育方法学とか、こっちの分野でもよく引くんです。私も引きますし、「教育の学習化（learnifcation）」とか。この現代において、やはりある程度、実際に厳密には違うんだけども、共通の事象とか問題みたいなものってそれなりに各国あるんですよね。多分同時代性の一つの表れだと思うんですけども、「教育の学習化」で言えば、根っこのところは新自由主義改革やそれに伴う「行為遂行性（performativity）」の文化とか、そういった問題状況があるわけですけども、それをこういう形で概念化してるんだっていうことで。そういうので使い勝手はいいなというか、自分が見ている風景や問題状況を「なるほどこういうふうに概念化するのか」と。でも、そうは言っても日本とは違う部分もある。今井康雄さんなどが、もともと教育の心理主義化というふうなことを、九〇年代以降の個性尊重論とか、そういった「力」言説の関係で議論していて、そうした議論はビースタの議論とはちょっと違う。

さらに言うと、アメリカのタブマン（Taubman, P. M.）とかの議論でいったら、似たようなこと言ってるけども、アメリカは教育心理学の展開が深く関係していて、固有の社会的・政治的文脈を持っている。だからその辺の文脈は考慮し総合しながら検討するというようなことにはなると思うんですけども。

それに、概して使いやすい概念をたくさん出してくるんですが、論立てを見れば、例えば、ビースタが教育の機能として挙げる資格化、社会化、主体化なんて、これ、勝田守一が似たようなことを言ってる。

下司　そうなんですよね。

石井　これ、一緒じゃんと思って。ただ、主体化の中身っていったものは、確かにポストモダンをくぐってるので、主体そのものを本質主義的に規定するみたいな話じゃない。単純ではないという感じはあるんですけども、しかし基本的な論立てってわりとなじみやすくて、ビースタって本当、教育思想っぽい教育思想、教育学っぽい教育思想みたいで、割と教育実践とかでも使い勝手がいいんですよね。教えることとの再発見云々みたいなところもね。多分、宮寺さんがビースタの書評で言っておられることはそんなところだろうなと。でも、下司さんはそこはちょっと違うっていう話なんですよね？　もう少し現在から距離を取るじゃないですけども。

下司　ビースタの評価については宮寺さんの書評に納得したけれど、私の研究スタイルは宮寺さんとは違いますね。宮寺さんの仕事のように、概念を提示して、それを社会学のような他分野が引き取ってくれるというのは、教育哲学のあり方の一つとして重要だと思いますし、確か『年報』一一号では、仁平さんがそのような発言をされていましたね。宮寺さんのような問題提起や、もっといえば運動や啓蒙みたいなのもあってもいいと思うんです。例えば、シティズンシップ教育とか、子どものための哲学とか。私はそのあたりはやりませんが、道徳教育や教員養成の問題などは論じていますし。ただ、実践に関係すると、どうしても話が単純になりすぎて、据わりが悪い気がしています。教育哲学は、もっと現実から距離を取って仕事をしてもいいと思うんです。テクストを読んでいるだけでも、どうせ時代の影響は受けざるを得ないし。

仁平　ちょっとさっきの話との関係でいくと、かつてのポストモダンが積極的に外部を立ててたけれども、立てにくくなってきたから、偶有性を可視化していくっていう状況をやってたら、新自由主義がボーンときちゃって、とりあえず今は教育を擁護して足りてない人に足さなきゃっていう風になってきたときに、介入に対する戸惑っていうものがどうしても生じる。だから、これをやることが確かに良さそうなんだけれども、本当にいいかわからないっていうその感覚にうまく刺さったっていう部分は、中断のような概念にはある気もするんですよね。積極的にポストモダンで外部ウエーイって言えなくなったときに、待つことを思想化する思想的なニーズっていうものがあったからこそ、わりと若い子にも刺さった部分はあるのかなっていう気がします。

私全然詳しくはないんですけど、小玉（重夫）さん自身が、その前にアガンベンやってたときも、わりと線のどっち側にも落ちないっていうところで、決定不可能な瞬間みたいなことを大事にされてましたね。決められないというか、その瞬間をむしろ肯定していこうっていうのが、今のリベラルな感覚と結構合うところがあって、確かに今支援が必要なんだけれども、でもそれって同化じゃないかなっていうその気持ち悪さみたいなところをうまく拾ってる。これがかつてのポストモダンの一つの進化なのかどうかわからないけれども、行き着いた先としては、すごく外部から見るとわかりやすいというか、社会学にも結構刺さる人が多いんじゃないかなっていう気はしないでもないですね。

下司　その通りですね。先ほど「衒い」、「ためらい」というワードがでましたが、ビースタ自身には、ある種のためらいがある。小玉さんにもある。でも、それを……なんて言うんでしょう

仁平　やるほうは、ためらわずに決断しちゃう。

下司　そういう気がするんです。例えば東大出版会から出ている田中智志・小玉重夫グループによる翻訳は、デモクラシーはデモクラシーのまま訳しています（『学習を超えて――人間的未来へのデモクラティックな教育』『教育の美しい危うさ』、いずれも二〇二一年）。それはもちろん、これまで日本で用いてきた民主主義とdemocracyの差異をあきらかにするためだと思うんですが、そうはいっても、カタカナにしたから、かつての戦後教育学が用いていた意味での民主主義とか市民とかいった概念自体と切断できるかといえば、そうは思わない。もっともこれは邦訳自体の問題ではなく、それを読む読者の問題ですが、その相違をきちんと踏まえているかどうか。もちろん、戦後教育学とビースタでは使い方が違うわけですが、石井さんおっしゃったように似たようなことをいってるんですよ。そこに触れないで、あえてはっきりさせないで、過去はなかったことにしているような気持ち悪さがありますね。それが最初に話した歴史の忘却と一緒で。

仁平　でもね、お金つくのは教育的介入に関する実証的研究だという現実はあるわけでしょ。それに対して違和感を感じているけれども、それがちょっと言語化ができないみたいなところに、思想とか哲学とかがちゃんと言葉を与えてくれる。こういうことだったのか、ってというのをこっちとしては求めるところなんですね。

下司　なるほど。

仁平　なので、ビースタはみんなやってるからいかんと

言うご指摘ですが、我々としては新しい古い問わずなんかそういう指針を分かりやすくこっちにも教えてもらえるとありがたいっていうニーズはある。
下司　あるシンポジウムで、まったく同じことを広田照幸さんがいってました。教育哲学には規範を語って欲しいと。そう矢野智司さんにいったけれども、矢野さんはまったく答えなかった。広田さんがしつこく詰め寄っても、全く口を割らない（笑）。
仁平　なるほど。
下司　でも、それが小玉重夫さんだったら多少は答えたと思うんですよ。だから、哲学のスタイルの違いだと思います。
仁平　なるほどね。
下司　で、教育哲学の場合、よく「役に立たない」といわれるから、なんか有用性を示さなきゃと焦って、即効性とか実践性の問題もあるし、現代思想とか同時代の海外の研究のフォローもあるんですが、他方で、古典を読むということも仕事として大切だと私は思っていて。ただ、何が古典かというと難しくて。過去には、いわゆる選集ものとかが出ていて、それこそ神格化してきたんだけど（梅根悟・勝田守一監修『世界教育学選集』明治図書出版など）、今は別にそこに「真理」があるとは考えている人はいないだろうし。……そういえば、研究じゃないけど、村上春樹の『ノルウェイの森』には、作者が死後三〇年？　たってない本は原則手に取らないという永沢というキャラが出てきますが……。
仁平　でも読んだ方はご承知の通り、永沢っていうのはネオリベの権化みたいなやつで。要は三〇年経たないと、いいものかどうか分からないから、その選別のコストを自分はかけたくないからっていう、すごい合理主義的な発想なわけですよね。
下司　確かにそう。時代のふるいにかけちゃう。それと古典とは違うか……。
仁平　そうそう。その基準が、コスパ重視のやつと同じっていうのはいいのかな？　例えば教育学では古典ではないと思いますが、ロールズの議論があります。でも、最近の教育学でのロールズ読みって児島博紀さんのように、一番めぐまれない人の状況を改善するかというときの根拠としては、ロールズの議論の中に自尊とか自己実現っていうのがあって、そのための改善なんだよっていいう論理を駆使して、もう一度教育学の議論が介入する余地を作ったりもしてるじゃないですか。

こういう議論は教育社会学ではあまり考慮しませんが、こちらにとっても重要だと思います。また、アマルティア・センのケイパビリティのように、人にはいろんな充たされるべきものがあって、その基準はもっと多次元的でいいんじゃないかっていう議論がありますよね。それをもっと教育社会学の実証研究にも活かしていくことができそうなんだけれども、そこは全然まだ言説としても研究の道筋としても整備されてないわけなんですよ。だから、むしろそういったことをきちんと道筋つけてくれるような教育哲学、規範理論みたいなものがあると大変ありがたいなと思っています。

下司　それで、ビースタが流行ってるというか。

仁平　ビースタは「待ちなさい」以外のことも言うんですか？

下司　でも学習じゃなくて教育だっていうところとかも……。

仁平　なるほど。いずれにせよ、何の平等かっていったときに、機会の平等っていう教育社会学的な答えだけではない、もっと平等って多次元的なもので、そういったものをもちろん操作的に定義はできるんだけど、なんでその変数を持ち込むのかっていったときに、規範理論とちゃんとつないでくれるような言説が教育哲学の中にもあると、嬉しいなっていうのは思ったりはします。

石井　むしろ問題は、「中断」っていう点でビースタが受けてるのかどうかですよ。ビースタは確かに、中断って言うことは言ってるけど、ビースタが受けているポイントについて、私はそうじゃないんじゃないかと。よい教育とはみたいな、苫野一徳さんと同じようなテンションで、結局、規範論の空白を埋めてるっていう部分があるんじゃないかなと。

下司　そう思うんです。

コスパ重視の研究？

仁平　何が「よい教育」って言われてるんですか？

石井　よい教育って、教育の機能みたいなことで、それこそさっき言った資格化と社会化、主体化。で、主体化っていうところとか、よい教育って何なのかみたいなことを、苫野さんよりは、もう少し原理的に検討された形で提示しているということではあると思うんですよね。教えることも大事だよねとか。それくらいのわかりやすい部分で捉えられていると私は見てるんです。

仁平　なるほど。

石井　特に教育実践研究に近いところで言うと、そういう捉え方かな、というふうに私は見ています。こっちも確かに大事だよね、と。学びじゃなくて、教えも大事だよねとかね。私自身も『年報』一一号の中で教育方法学研究を総括して、学びの履歴だけではなくて計画としてのカリキュラムや教えるということにも改めて光を当てることを強調し、論調としてはよく似ているところもありますが、それらをさらに単純化する形で受け取られているように思います。しかも、哲学思想っていったものも、いつも難しいことを言ってるけども、結局、指針を示してくれないと。これに対して、苫野さんの大元じゃないですけども、大枠としてわかりやすく、かつもっとグローバルなものとして……。

仁平　権威づけできる。

石井　そうそう。たぶん、中断性が……というのを、ビースタの核心という形で受け取っている教育研究者がどれだけいるかな……みたいな。

仁平　それはどっちかというと、小玉さん寄りの解釈なわけですよね。中断に注目していく。

石井　そうそうそう。

下司　だから、さっきの仁平さんの話だと、要するに、モダンとポストモダンがあったらビースタは両方持っている。

仁平　なるほど、なるほど。

下司　でも、他分野とか海外の研究はわからないけれども、少なくとも日本の教育哲学の一部は、ビースタのポストモダンの方は見ないで、モダンの方だけ受け取っているんじゃないか。

仁平　そうか、それがその「ためらいのなさ」につながっている。

下司　そうですね。ためらいがない。

石井　受け取り手がビースタのモダンな部分を見ようとするところがある。ちなみに、自閉傾向に関わって、さっき下司さんが言ってたブレイクスルーの話は、私も青木さんから問いかけられて、十分に答えられなかったんです。ブレイクスルーの研究って何なんですかという点では、その後、教育方法学でいうと、ビースタの影響も若干見えますけど、一時期ジョン・ハッティ（John Hattie）なんてのが注目されたんですが、もう一つブームにはなりきらなかったかなと。

仁平　ハッティって何をした人ですか？

石井　ハッティっていうのは、この方法がこの程度ワークする、効果的ですよっていうのをメタメタ分析して、ハッティ・ランキングにまとめたっていう人です。

仁平　エビデンスベースと親和的なんだ。

石井　そうです。それの極みたいなのがあって、そういうのが何冊か翻訳もされて……なんですけども、日本の中でそんなに流通しなかったというところがあるんです。まあ、ハッティがブームみたいになったらなったでいろいろと問題もあるわけですが。

結局、教育方法学でいうと、自閉という点では、もともと佐藤学さんの言説が非常に強かったものですから、「学び」論という観点から一面的に世界を見ているような、そういう世界観を、例えば計画論とか教えとかいう観点から、同じものを違う形で読み直すみたいなことも多くなっているように思います。佐藤さんにバッサリと切り捨てられた戦後授業研究や諸外国のカリキュラム設計論やら、戦後教育学に近いところの実践や言説の再評価であるとか、実践や人物の掘り起こしみたいなものは、特にこの五年くらいですかね、若い世代にはそういう傾向も割とあるかなと。でも、逆にそれって自閉しがちなところもあるというふうに思っているんですよね。

結局何かっていうと、その背景にあるものっていうのは、今の大学院生、すぐに成果を出さないといけない、まさに生き残りかけてね。割と手っ取り早く業績にしたいみたいなところがある。このパターンにはめ込んでいくと、うまく書けるみたいな。そういうふうなパターンが、教育研究の各分野において、割と出来上がっているんじゃないかな、と。

仁平　各分野って、ディシプリンごとにってことですか。

石井　そう。業績上げて学振なりに挑戦していくような、そういうのがあるから、たとえば、ビースタに注目することで、論文化しやすいなとか。先行研究も、それから結論のところもビースタにのっかっときゃ無難にそれらしくまとめられる、というふうなことになってくると、教育研究者も、切羽詰まってるというか、それこそ余裕ないっていうかね。

下司　中断できない。

石井　そう、中断できない。研究者も中断できない感じになってるから、そうしたときに成果・業績が手っ取り早く上がるためのフォーマットを探ったときに、それぞれの分野でいろいろと形はあると思うんですが、その一つとして教育哲学・思想分野でいうと、ビースタっていうのがハマってる部分もあるんじゃないかなっていうふうに思ったりもしますけど、どうなんでしょうかね。

下司　そう思いますね。

濱中　ハマってる部分があるというのもそうですし、下司さんがおっしゃった「他にもあるのに」っていう、それを院生も調べる時間がないとか？　業績づくり等で忙しくて。

下司　でも、就職したらもっと時間がないわけですからね。じゃあ、腰を据えた研究はいつやるの？　って話じゃないですか。院生の場合、業績づくりや博論に追われてるのはわかるんだけど、それで手近なところで済ませちゃったりすると、もったいないというか、自分で伸びしろを潰しちゃってるようなもので。で、本当に時間がないのかなっていう気もするんですけど。

石井　やろうとしないとか。

濱中　やろうとしないっていうのはあると思うけど、若手も業績が強く求められるようになっているから、とにかく論文を、ひとつでも多くの業績をと、焦る気持ちが出てきて、使いやすい海外の議論があるのであれば、それに手を出すというのは、悩ましいけれどわからなくもない。

石井　確かにね。

仁平　教育社会学で、最近の若い衆がやるパターンの一つに、どこかから数十万円くらいをお金を取ってきて、サーベイ実験するというのがあります。

濱中　どこから数十万円も取ってくるの？

仁平　民間の助成金とかにいろいろアプライして、単発で取って、調査モニターで。サーベイ実験をやるわけです。実験的手法なので、因果推論に適合的な、自由な設定でできるし。ただ一方で、コンテクストとか制度的な文脈とかっていうものも全部設定に落とし込んじゃって、そもそもその制度的文脈は何なのかみたいな問いに、時間をかけられなくなってきてるかなっていう気もちょっとします。

濱中　データ自体も、ウェブ調査会社とかに頼んじゃうと、本当に一週間くらいでデータベースができあがっちゃうしね。お手軽感はでてきていますよね。

仁平　そうなんですよね。どんどん競争で調査モニターも安くなってますしね。

青木　下司さんの分野でいうと、ビースタっていう具体的な研究者がいて、その人をうまく使うと論文が書きやすくなるっていうことですよね。教育社会学だとサーベイがそうですよね。論文ミル的なもの。

仁平　そうですね。

青木　そういう捉え方をすると、教育行政学だと政府に対する批判的なスタンスが、今言ったような論文ミルなんでしょう。サーベイとか計量じゃないんですよ。サーベイとか計量が、ここ最近、教育行政学系の学会誌でほとんど掲載されません。むしろ、レビュアーがもう嫌いなんじゃないかっていうレベルで載らない。

仁平　そういうことか！　青木さんや村上さん、橋野さんをはじめとして、若い世代の教育行政学は計量も使いこなすし——とか、そういうイメージだったんだけど違うんですね。

青木　今、載っているのは歴史研究なり、スモールＮや単一事例の質的な研究が多いです。

濱中・仁平　えー！

石井　え、例えばどんなものですか？

青木　ちょっとデフォルメしていうと、何かの教育政策上の問題の源はどこにあるんだろうとか言って、一九五〇年代を調べてみたりするみたいな、そういうノリなんですね。

仁平　へー、面白いですね。

青木　でもそこには政府に対する批判的なスタンスだとか、政府や政策の失敗に対しての原因探しみたいなのを、歴史の研究の形でやるんですよ。もちろん、比較という名の外国の事例紹介だったり、現在の教育行政上のトピックに取り組んでいる自治体なり学校をとりあげる質的研究もあるにはあります。総じて、仮説生成としては面白いはずですけど、エビデンスの強度としては低いんですよね。サイエンスとしての循環がないという気がします。

仁平　ここでもまた戦後が回帰してるんですね。思想ではなく研究対象として回帰してるんだ、面白いな。

青木　それはやっぱり、内向き自閉の動きにかなり近い。『年報』一一号で私が指摘したように、教育行政学は二つ柱があって、地方教育行政の研究と比較。地方教育行政って言っても、やっぱり歴史研究が根強い。その反面、比較の研究もほとんどなくなってます。やっぱりこれ、コロナが原因だなと思ってる。

濱中　なるほど。でも、コロナも落ち着いてきたし、そろそろ復活してきてもいいのでは？

青木　コロナが落ち着いても、今度は円安だから行けないっていう。つまり、そう考えると分かってきたのは、教育行政学の比較研究って、訪問調査で教育委員会とか校長に話を聞いてきましたっていう研究なんです。そうすると行かないと難しいことになります。ただ、アメリカなど、日本よりデータセットが整備されている国はあるし、そういう意味での比較研究は日本にいながらにしてできるはずなんですけど、やろうとはしない。やるインフラというか、知的な基盤がない。模索中なんだと思いたいです。

丸山　言い出すのがつらいんですけど、私、ビースタ使って論文書いてるんです。

仁平　それでずっと黙ってたの？

下司　でも、石井さんも使われていましたよ。

石井　もちろん使いますよ。使うのが悪いってわけじゃないですよね。

丸山　でも、私が知ったビースタは、日本じゃなくて海外だったんです。海外の評判みたいなことで言えば、比較的使われてて、環境教育・ＥＳＤ関係で言うと頻繁に出てくるという印象で、やっぱり使いやすいんだと思いました。シンプルにまとめちゃってて、ツールとして使われる。切り取られ方がそれぞれで。全部、私もわかってるわけじゃないんですけど、ここでもビースタいるんだ、みたいなことがあって。

濱中　シンプルかつどのテーマにもつながる論点で、再発見的となると最強ですよね。

仁平　苫野さんなんかがむしろそれに近い。

下司　でも、今回のために調べてきたんですけど、本当に苫野さんみたいなタイトルなんです（以下主題のみ）。
『民主主義を学習する』（勁草書房、二〇一四）

『よい教育とはなにか』(白澤社・現代書館、二〇一六)
『教えることの再発見』(東京大学出版会、二〇一八)
『教育にこだわるということ』(東京大学出版会、二〇二一)
『学習を超えて』(東京大学出版会、二〇二二)
『教育の美しい危うさ』(東京大学出版会、二〇二一)

石井　もともと多分、苫野さんは、オランダでビースタと関わりがあったんじゃないですか。

仁平　ビースタは、東京大学出版会からも出てますね。

下司　上野正道さんのグループと、田中智志さん・小玉重夫さんのグループが出版してます。

仁平　すごいですね。

濱中　東京大学出版会が二〇二一年に三冊も出してくれてるんだ。

石井　そうそう。次から次へとビースタの翻訳が出てきてね。

仁平　これはしばらく、まだ持ちますね、きっとね。再生産されていくから。若い子たちが院試のためにも勉強したりとかするからね。なるほど、ここまでとは思わなかった。

丸山　二〇一九年にWERA世界教育学会を学習院大学で開催したとき、基調講演で誰を呼ぶかってとき、やっぱりビースタは呼ぶよねとなった。講演も淡々と概念やキーワードを説明しながら丁寧なプレゼンで、ファンがいましたね。

仁平　省察とか言ってる人はだれでしたっけ?

石井　ショーン(Schön, D. A.)です。

仁平　その人はどうなんですか。一時期、よく見たけど。

石井　ショーンはもともと経営学とか組織学習論等で根強いインパクトがありますよね。日本だと、さっき言った佐藤学さんのインパクトではないけど、省察的実践家っていう概念が教育学や教育実践に広く受容されて、省察ブームっていうか、特に教師教育に関しては、批判的に対象化されることもなく、何でも「省察」って感じで、「省察」って言葉がちょっと使い古されてきたかなと思ったら、「リフレクション」と言ってみたりとか。まあ、結局リフレクティブな社会ですから、リフレクションという概念が入りやすいのは当然のことではありますが。

濱中　訳したのって秋田さんでしたっけ。

石井　最初は佐藤学さんと秋田さんで、その後、福井大学の柳沢昌一さんとか社会教育にルーツのある人たちが訳していて、柳沢さんは、生涯学習とか、もともと成人の学習論を研究してきているので、彼が訳すのは専門性からして順当なんですね。もともと教育学の議論というより、ショーンは経営学の組織学習論ですから。

ポストモダンの漂流先

仁平　近代教育批判の後、どこに行ったのかっていう問いとの関連で、それだけ人気を博しているものが一つの指標だとすると、ビースタとショーンに向かったということは、結局、どっちに向かっているってことなんですか。

石井　面白いのは、ショーンにしても、ビースタにしてもルーツはデューイなんですよ。デューイが受けるっていうことかなと思います。

仁平　近代、やっぱり近代だから。

石井　近代です。勝田守一の教育的価値論にしたって、デューイの「民主主義と教育」を読めば、あのロジックそのものなんですよ、実は。通底している。

仁平　結局、世界レベルで近代教育に戻った、戦後教育に戻ったということですか?

石井　それで言うとね、思うのは、世界的には、ビースタが使い勝手いいっていうふうなことで言うと、一つには、最近の研究っていうのは特にね、スーパーレンガは焼いても、でも藁の家しか建てられない問題で言うと、やっぱり藁じゃなくて、レンガでもなくて、その中間くらいでそれなりにしっかりした家が欲しい（注：『年報』一一号の西洋教育史に関する座談会にて、「れんが」を焼く基礎研究と、それを応用して新たな教育を構想する「家を建てる」研究、という区分が話題になった）。そういうニーズが一定あるということ。ザ・教育学的なものっていうか、そういうもののニーズも、おそらく世界的にあるんだろうなっていうことの表れかなと思います。ペスタロッチにしたって、ヘルバルトにしてもそうですし、フレーベルとか、そういった近代教育の輪郭を創っていった教育思想がいろいろありますけども、そういうザ・教育学的なもの。教育実践の方で手法化、方法化されていく現実も一定念頭に置きつつ一方で、人間理解とか教育の本質的な理解みたいなところを深めていくっていう、この接点のところで生まれていたもともとの教育学のルーツの位置取りみたいなもの、中間理論じゃないですけども、あれくらいの規模感の理論が欲しいんですよ。細分化された部分やパーツだけだと、なんのこっちゃわからないから、自分では統合できない。だから一定の中間理論みたいなものがあった方がいいよねっていうのはあって、教育っていうのは何らかの形で実践の不確実性と向き合うので、大づかみなビジョンや指針や枠組みへのニーズがおそらくあるんでしょう。

濱中　いまおっしゃったのは、社会学でいう中範囲の理論に近い？

仁平　中範囲の理論は方法論だと思うんだけれども、結局、一巡したあと、機能主義が戻ってきたみたいな。そういう感じなんでしょうね。だから、教育をやると何かの目的を達成できるみたいなのって機能主義じゃないですか。あれはポストモダンの時に批判されていたけれども、一巡して、新自由主義に対して教育を擁護しなきゃいけないってなった場合、やっぱり教育に機能がなかったら擁護しようがないので、それをちゃんと特定していく効果検証というか、因果推論モデルで教育の効果を見る動きが強くなる。これは機能主義とはまりやすい枠組みだから、そういう意味でも回帰しているとは言えるのかな、という気はします。

そうすると、結局、ちょっと再帰的な味付けをしながら、つまり戸惑いとかためらいとか、その辺を味付けしつつ戻ってきたっていうような感じです。今日の座談会が、「ポストモダンからビースタへ」みたいなタイトルだとしたら、それがどういう方向性を持つのかっていう問いに対する一つの我々の回答——それを良しとしているわけではなく、そういう方向に向かっているっていう時代診断としては、そういう感じなんですかね。ポストモダンの後にどこに行ったのか、っていう問いの一つの答えとして。だから、下司さんはビースタを出してきたわけですよね。

下司　そうですね。批判的な意味で。本人に罪はないのでとばっちりですが。

濱中　ただ、教育学部で教育学のことを専門にしようって考える人って、教育に強い疑問を持っている人も多いですが、教育がものすごい好きだという人も多いじゃないですか。いずれにしても教育に思い入れがある。それで教育が好きな人の方を考えると、強い理論や枠組みがなくなって束ねるものがなくなったとき、で、危機とか言われちゃったときには、やはり教育はいいものなんだからというロジックでの議論、近代の方、機能主義の方に依拠した議論をしがちだというのは、学問の担い手的に自然なことともいえるような気がしますね。

仁平　社会福祉も、新自由主義が本気で「削減するぞ」って来た時に、やっぱちょっと待ってとなってポストモダン的な福祉国家批判を過去のものにしたっていう文脈があったように思いますね。

他の領域、例えば環境でもかつては環境保全も近代の価値だから自明視できないみたいな批判もあったけれど、やっぱりこんなに地球温暖化が進んでくると、もう四の五の言っていられないから、二酸化炭素を削減しろという声に一元化されてく。やっぱり、危機がこんだけ可視化されると、やっぱり近代の理念に戻りたくなるっていうようなところは、分野を超えて共通の部分もあるのかなっていう気がします。

濱中　そう考えてると、やっぱり青木さんの「安定期の〜」とかっていうのは、キーワードになっていますよね。

仁平　ルーマンにしてもフーコーにしても、やっぱり近代システムの安定期に出てきた思想なんですよね。福祉国家が拡張していく予期があったからこそ、あの批判が必要だった。逆にそれが削られているときどうするのかというのは本当は難しい課題で、フーコディアンの人たちなんかは、新自由主義の中でフーコーをどう生かすかみたいな問いに取り組んでて、偉いなと思います。単純な先祖返りをしてないですし。でも、その分、どう乗り越えるかというハードルが高くなっちゃうんですよね。目の前の人にどうするかとかいう話は出てきづらいので、その空白部分を、近代的な理念を拡張するっていう路線が埋めてて、リベラルを吸合しているところがあると思います。

経済／政治との向き合い方

青木　コロナの時に、私はニューヨークにいましたけれども……。

仁平　そうでしたね。いい経験しましたね。

青木　本当にね。おかげさまで今も生きてるし、思い出話もたくさんいえるんだけど、今も鮮明に覚えているのは、あの時ニューヨークはホームレスを高級ホテルに収容したんですよ。それはやっぱり、非常時だから全員収容しようとしたんだろうと思います。別にホームレスに贅沢させようとしたわけではない。そもそも金持ちはアップステートといわれるマンハッタン島の外の別宅に避難していたし。ホームレスをホテルに収容することで感染が防げるっていう考え方をしたわけですよね。この例からわかるのは、コロナ禍を経て、弱者支援っていうようなことに対して社会の合意は得られやすいということです。広い意味での社会の安定みたいなのを、弱者支援を通じて実現できるんだと。これが一つ思っていることです。

もう一つは、私の分野では、近代っていう場合に民主性と効率性両方の議論があるはずなんです、本来は。ただ、日教組の運動を見ても民主性の方は大好きなんですけど、効率性については全然意識しないんです。日教組とタッグを組んでいた戦後教育行政学も、効率性の良さは全然考えていないんですよね。民主性ばっかり議論していて、それは今もそうかなと思います。いろいろな困難を抱えている人向けの施策って非効率ですよね。一方でいわゆる大量生産型の学校モデルで、文句も言わずに授業を受けている子も現実にたくさんいるわけです。そっちの方が明らかに安上がりです。それこそ近代公教育の精華です。でも、あの子たちにもっと手厚くっていう議論がなくて、不適応って言い方がいいかどうかわからないですけど、近代公教育システムに不適応を起こしている子には手厚くっていう議論があって。効率性に注目すればもっと面白い研究ができるのにって残念に思います。

仁平　効率性っていうのは、どういう意味の……。

青木　つまり、安上がりで授業をするっていうのは近代の公教育の理念というか、特徴の一つだったから。そうじゃない議論がかなり主流を示しはじめている。

石井　例えば佐藤学さんは、国家主義・産業主義に対するスタンスの違いに注目して、四象限で新教育、進歩主義教育を類型化したりするわけですよね。そして、子ども中心主義の系譜は、国家主義、産業主義の両方に対して対抗的な位置にあると。産業界、それから国家っていったものは当然批判的に見ていく必要はあるんだけども、完全に悪みたいな形のそういう論立てが教育学には強いように思う、野党的発想ではないですけどども。でも、実際に制度設計とかをしていこうと思ったときには、効率性とかも含めて、合理的に考えていかなきゃいけないところがあるわけですよね。だから、大人の思想じゃないですけども、与党的発想みたいなことも一方で持っていないと、現実はリアルに見えないところがあって。本田由紀さんが言うような、さまざまな自助努力の循環構造ではないですけれども、国もそうだし、企業・家庭・学校、この辺の自助努力の構造がそれなりにうまくいってたときには、その既存の安定した体制に対して、保守的なものに対して民主的な、経済合理性に対してそうじゃないっていうことを言っておれば、それでよかったんですけども。これが崩れ始めて新しく構造・システムを作っていかなきゃいけないという局面になったときに、リアルな議論が必要になってきていると。でもそのときに、それをちゃんと考えるための概念措置が十分構築しきれていないということは、特に、何らかの形やシステムをつくっていくことに関わる、行政学であるとか、教育方法学とか教育実践研究においてもあるのかな、ということを思ったりします。

近年の教育政策を見ていると、中間層みたいなものっていうのは割とほったらかしで。マイノリティの声が大きくなるのはすごくいいことなんだけども、ネット世論として声が大きくなっているというのも影響していると思うんですが、めちゃくちゃしんどい、それから逆にめちゃくちゃ飛び抜けている、この両極の声が大きくなって、さらには中間層のところを掘り崩すような、おおもとの船自体を潰していくような力学が働いているような気がして。全体の制度設計ということを考えずに局所的に対処しているように見えて、そうすると結果としてこぼれ落ちる子たちとかがもっと増えるんじゃないか、というのを私はすごく危惧しているんです。おおもとの構造をしっかりといじる、組み替える、というふうなことを、本来ならばそこをしないといけないんと思うんですけども、そうじゃなくて、そこはしっかりと考えずに周辺のところで対処療法的に対応策を考えている。

濱中　教育政策の枠組み、おおもとの構造をどうするかっていうのは、教育経済学では古くから議論されていたかなと。教育経済学者のサカロポリスは、教育政策で解決しなければならない問題は、内部効率性と外部効率性と機会均等だって言っていて、それこそアメリカなんかは、一九六〇年代の格差問題とか、八〇年代の「危機に立つ国家」問題などは、教育経済学を取り入れた施策が探られた。でも日本って、八〇年代ぐらいまでは、効率性も機会均等も、大きな問題にならなかったじゃないですか。少なくとも総中流だと思われていたし、学歴主義の文脈で大学進学を目指す人は勉強するし、高卒で就職する層も、実績関係というものがあったし。だから、教育経済学の議論を参照した政策を成長させていく必要がなかったんですよね。市川昭午さんや、矢野眞和さんが、このあたり詳しく論じていたと記憶しているけど。

最近では、日本にもアメリカ帰りの教育経済学者が活躍してはいるけれど、社会をどうつくっていくかということよりも、もうちょっと違う教育経済学の発展の仕方をしちゃったので、例えば……。

青木　ミクロな。

濱中　そうそう、よりミクロな関心になってしまった。いずれにしても、日本において、あの時の全体的視点、広い視点を持った教育政策を本気で考えるという経験のなさが、いま、局所的なものしかできないというところにつながっているような気がしますね。

丸山　教育借用の話も、結構そのへんと関わってますね。例えば、フィンランド・モデルがあって、良いところだけ日本に輸入すれば日本もうまくいくに違いないって。それって下司さんがいうところの文脈とかコンテキストをすっ飛ばして直輸入っていう話。でもそれは、日本は繰り返してきたことなんじゃないかな。かつ、フィンランド贔屓な人たちが持ってきて自分たちを売り込むみたいな感じにもなったかもしれない。日本の教育の全体とうまく橋渡しできない形で、例えば比較教育学者なんかも関わった。その辺の反省っていうか、そういう場がもっと必要だとすごく思います、比較教育の中では。

濱中　戦後教育学、そしてそれに対しての批判、ポストモダンの文脈での議論をしているあいだに……その議論は大事だったのだけど、ほかの国は教育に大きな課題を抱えていて、教育政策を成長させていった、その残像がいまもある、みたいな。

仁平　元々モダニズム芸術というのは、近代のエッセンスを特化、デフォルメ化して特化させる可視化させるという、その意味では批判が含まれていますよね、近代自体に対する。だから近代主義って近代的な価値の擁護と批判が元々二重に織り込まれているものだと考えると、戦後教育学でも、先ほどの青木さんの指摘だと、人権とかそういったところは、ある種、近代の価値というのをベタに擁護しつつ、もう一つの近代の側面である効率性は否定の対象にしかしない、そういう二重性を持った近代への距離感があったのだと思います。

効率性批判みたいな部分は、そのままポストモダンの議論とも、地続きだったところですよね。戦後教育学とポストモダンの議論が。でも簡単に批判しすぎちゃったのではないかというのはまったくその通りだと思っていて、そもそもベンサムの効率主義って人道主義的に思想ともつながっていました。要は資源の効率的分配ということ自体が弱い立場の人にとってもプラスであるという考えです。だから鞭とか打つのではなく、本人も傷つけず、いい人になったら本人も嬉しい、社会も嬉しいっていう。そのために、みんなが同じ効用関数持ってるっていう前提が出てくるわけだけれども。

だから、それを乗り越えるためにフーコーであり、ロールズであり、いろんな批判理論が苦闘していくわけです。ところが、多くの教育言説では、ちゃんと正面から理論的に戦って乗り越えたっていうより、それは経済主義的で、「国の論理、文部省の論理だからダメ」っていう、すごくシンプルな形で片づけてきたように思います。多分、資源配分がいかに社会とか弱い立場の人にとっても、本当は重要な価値なんだっていうところを敵の奥底まで踏み込んで近代経済学を自分で勉強して乗り越えるっていう、アマルティア・センみたいな議論はなかったのではないでしょうか。それはだからこそ新自由主義になって、ベタなアレが出てきたときに、虚を突かれたっていうか、無防備だったたっていう部分はあるんじゃないかなっていう。

もし、功利主義と本気で戦った上でつかみ取ってきたものだったら、もうちょっといろいろ戦いようがあったのかもしれないっていう気はしますね。

石井　近代の飼いならしじゃないですけどね、結局、近代っていったものは毒にもなるし、薬にもなると、それを飼いならすっていうことが社会科学の基本的な使命だと思うんですが、そういう部分がちゃんとできてたかどうかっていうことは、これは戦後教育学もそうですし、その後の戦後教育学批判においてもちゃんと問われなきゃいけないことなのかもしれない。逆に言うと、ビースタ現象とかもそうですけど、今のこの局面において、そこを問わざるを得ないような状況になっているというあたりは、教育研究が、今だからこそしっかりと向き合うべきものっていうのが、逆に見えているっていうふうに考えることもできるかもしれないと思って。でないとネガティブにしかならないから。

青木　確かに未来志向ですね、石井さんの展望は。仁平さんが言っていたように、経済に対する向き合い方みたいなのが、やっぱり本気で戦ってこなかったという側面が戦後教育学にあると思うんですけど、一方で政治に対する向き合い方もまったく一緒で、特に教育行政学とか教育行政の文脈でいうと、政治的中立性というのは非常に強い規範になっていて、言ってみれば思考停止になるわけですよね。ただ、このあいだ、教育長に関するあるイベントで、任命する側になったある首長が「教育長というのは政治的には中立的に振る舞うべきだ」って言い切りました。これこそが政治的な議論のとっかかりです。要するに首長は政治的任用職である教育長に対しては「自分の寝首を掻くな」と警告しているんです。首長から見たら、「教育長は政治的に議会を動かして予算を獲得するようなことはゆめゆめしないよね」っていうことを釘刺すわけですよね。だけど、やっぱり政治学の議論などを見れば、教育長って政治的任用職ですから、教育長のふるまいは政治的になるはず。そういう議論をするためにも、政治学っていうのは教育行政学にとって大事だろうって、我田引水ですけど、そう思うんです。それなのに、このままいくと、教育行政学は政治的中立性を愚直に叫びながら、首長にいいようにされてしまうかもしれないし、もうなっているかもしれない。

この座談会は未来志向でまとめになっていくんだと思うので言いますが、第三期の年報で政治学的なものを少しでも教育行政学に移入した方がいいってことは記録されてるわけですよね。今後また政治との向き合い方で困ることが教育行政学はあると思うから、その時に第三期の年報を参照してもらえればいいかな、と思います。教育行政学全体の情勢をみるかぎりいったん伏流水になりますが、いずれまた地表にでていくと思う。

仁平　向き合ってこなかったっていうのは、割と野党的なポジションを自明視してたってことも含めてってことですか？　いまお話しされた教育研究、戦後教育というのは。

青木　そうですね。そこで野党っていうのは、非自民ですよね。なので私の認識だと、民主党政権になった時の教育学は、正直浮かれていたんです。「自分たちの時代が来た」っていうのはありました。なので、民主党政権でやった教育改革も、批判的な評価みたいなものはあまりないんだと思います。ただ、やっぱり考えてみると、民主党政権でやったことっていうのは、広い意味では政治主導じゃないですか。ところが自民党に復帰した時に、政治主導をやり始めたら、良い政治主導と悪い政治主導があると……。

仁平　良い核兵器と悪い核兵器みたいな(笑)。

青木　そうそう。あれはかなりですね、機会主義って言うんですかね。そういうふうな印象を持ちました。

仁平　文部科学省が蓄積してきたことを、もうちょっときちんと踏まえた上でという方が良かったんでしょうか？　……官僚ぎらいだったじゃないですか、割と民主党って。そういうしたたかさみたいなものが必要だったんですか？　民主党が政権取った時にどうすべきだったんですかね。

青木　財源はある意味確保できて、その象徴は高校無償化。ただ、高校無償化も含めてだと思うんですけど、官僚をうまく使えなかったという感じで、自民党は官僚をどう使えばいいかというのを、野党であった間学習してたんだなと思うんです。その違いがまずあったと思います。政策ってやっぱり作るまでじゃなくて、できてから動かすっていうところが大事だから、それを考えるとフィージビリティ（Feasibility）みたいな話になるんですけど、官僚がうまく回ってくれなきゃいけないし、教育政策でいうと地方自治体がうまく回ってくれなきゃいけないので、制度を作るだけじゃなくて、「作動学」と東大の牧原出さんが言ってますけど、そういうものが必要だったと思う。やっぱり政権を取ったっていうところで終わったんだと思う。

仁平　考えてみたら、アメリカでいうと二大政党制の民主党共和党——それを作る上で、日本の民主党はまだ一回目じゃないですか。自民党は五五年から歴史があって、対する民主党は一年生。だから経験値が足りないのは当然です。だから本当だったら、今回失敗したね、でもまた政権交代して二回目は一回目よりうまくやって、みたいな、そういう形で成長して二大政党制が成熟していくといいなと思ったんだけど、もう一回の失敗で、生きの根を止められたっていうのが……。

青木　悪夢とまで言われるんですよね。

仁平　そうそう。

丸山　私は、そこらへんは日本的かなと思う。田中眞紀子が、「有権者は、野党を育てないといけませんね」みたいなことを言ってて、「でも私が生きてるうちは無理よ」とか。そこは、そうかもと思った。日本だと一回失敗したら二度目は無いみたいな。私たちが本当に学校教育でずっと身につけてきた価値観がそのまま社会を作ってるのかなって。

濱中　安倍さんは一回失敗しても、二回目あったけどね。

丸山　確かに。戻っていくっていう話でいくと、比較の単位っていう、何と何を比較するのかっていうのを比較教育学では大切にしてきてて、九〇年代ぐらいでは国が単位になってきたんですけど。グローバル化が進んで、もっと調査手法も精緻化して、フィールドにも入りやすくなり、もっと細かいミクロな話もできるようになった。そこで、比較のユニットを大切にできるようになったけど、ところがコロナ禍で国などのシステムが、ユニットとして圧倒的に強くなった。結局、私たちがネットワークや市民社会がどうとやってきたのは無駄ではなかったですが、でも最後は制度なんだと再認識した。

仁平　コロナの時は完全に閉鎖することで、危機を乗り切るっていうことを、全人類が一回経験をして、織り込み済みになっちゃったというところが、かつてと違うところですよね。ネットワークを止めるっていうことがセキュリティに繋がるっていうことを、保守・リベラル問わず一回学習しちゃったわけですもんね。

石井　日本の場合はネットワークを止めるのもそうですが、みんなで忖度するっていうのはかなり大きかったように思います。ルールじゃなくてみんなで忖度して何となく収めたっていうのがあった。結局、ステイホームとか、しっかりとしたルールがあったわけではなくて、お互いを見ながらそれぞれやりましょうって。だからこそ最近、逆に同調圧力みたいなものが強いように思います。

一遍やっちゃったから、日本社会全体でも。それが実は日本社会の生きづらさといったものとも関係するんじゃないかなと思ったりしますけどね。

仁平　そうですよね。国がすごい規制してふざけんなって市民が戦って、でも、力で封じられたってわけじゃなかったですもんね。

石井　自分たちである意味主体的に、マスクもそうですし、黙食とかもそうですしね。

青木　コロナの話題でいうと、学校で、ＧＩＧＡスクール構想も含めて、ＩＣＴ機器があれだけ配備されたというものの、例えば、この間の冬に大雪になったときにオンライン授業にならない。

仁平　そうそう。

丸山　本当にそう思う。

青木　今、コロンビア大学でデモやったり学内占拠してるじゃないですか。オンライン授業に移行してます。この違いは何なの、と。あれだけ何万人も人が死んでるのに、そういう意味で日本社会全体が学習をしてない国だと思う。

仁平　大学は学習してくれましたよね。

青木　それはかなり、ですよね。でも、うちは一五回のうち七回まではオンライン授業にしていいっていう腰が引けた対応です。

濱中　そして一二四単位のうち六〇単位まで。でも、結局、みんな忖度して対面でやるから、あんまり使えてない。

青木　訴訟リスクまでね。

丸山　極論すれば、なんで満員電車でっていう風になりますよね。しかもみんな同じ時間に乗ってっていう。あの辺から作り直してもよかった。あるいは、作り直しても誰も文句言わないかなっていうタイミングがあったのに、みんなそれを見逃しちゃってるんですよ。

仁平　だんだん私も、雑談っぽくなってきた。

丸山　すみません。

仁平　いやいや、コロナで確かに一回ネットワークを切って……みたいになったんだけど、同時に対面の関係性とか身体性みたいなものが希少価値っぽくなってきて、それで、それが尊いみたいな言説が出てきましたよね。失われて初めて気づく的に重要視されていくみたいなところは、ありますよね。

濱中　いつでも会えるんだから、別に会わなくてもいいじゃん、と。

仁平　そうなんですよね。だから、意外とそういうベタなものが回帰してるっていうのは感じるし。コロナになってからストレッチをやるようになった丸山さんだって、同じように身体と対話するようになったわけじゃないですか。

青木　コロナの話で言うとですね、若手の院生はコロナの時に可哀想だったなっていうのはやっぱりあります。私たちは、この年報を作るのを、コロナ下でオンラインでやれたんですけど、それは多分、以前に会ったことがあって、ラポールができてたんですよね。若手院生は誰も知らない。だから研究がなかなか進められない。

仁平　まったくそうですね。調査にも行けないし、相談も気楽にできないし。

そういう中で、さっきちょっと批判的に言っちゃったけど、お金を取ってサーベイ実験するみたいなのも、適応戦略としてあったのかもしれないですね。

石井　逆にそれが、さっきのワークライフバランスの観点からしても、新しい可能性かもしれないし。

仁平　確かにね。

濱中　ワークライフバランスも大事ですし、効率の話もオンラインって結構大事だと思っていて。特に大学の講義ってオンデマンドにしてしまっていいところはかなりあるはずなんです。そして一回作ってしまえば、それが何年間か使えたりするじゃないですか。その時間を、少人数の方に回したりとか、院生の指導だったりとかに回すとか、そういうことができるはずなのに、それをやらせてくれない雰囲気がある。オンライン、オンデマンドにする理由を書かなくちゃいけないですしね。対面にする理由は書かなくていいのに。対面第一主義みたいなところで、いまだに大講義だって対面でやってるし。そういう話、どうしても日本は行かないなと思うんです。これが海外とかに行くと、結構オンデマンド普通にやってて。

仁平　むしろポストモダンって、それを批判する学問でしたよね。その声のその場の一回性みたいなものは、そんなものはなくて、全部反復で……みたいな。そういう観点からオンデマンド授業を擁護するみたいなのってあまり聞かないですね。

逆に、身体性とか対面みたいなものを擁護するみたいなのが深い思想みたいな感じになって、デリダとかが批判していた一回性とかみたいなものが、結局、人間の回帰みたいになってる。

下司　そうなんですよ。教育哲学会の『教育哲学研究』は、二年に一回、特集を組んで投稿論文を募集するんです。最近だと、「異質なものとの共在と教育哲学」（二〇二三年）、「〈ふれる〉ことの教育哲学」（二〇二一年）とか。コロナの影響もあるでしょうけれど、それこそ一回性とか、他者性とか、身体性といったテーマが続いていますね。

仁平　実存主義でいいじゃん（笑）、そうなってくると……。

下司　ポストモダン以前にもどっちゃった（笑）。まあでも、実存主義かどうかはともかく、ハイデガーは流行っていますね。

仁平　昔はポストモダンの人間がいない戦争みたいな議論がありましたね。でもウクライナでやってることって塹壕戦で、ほとんど第一次世界大戦と変わらないじゃん。意外と肉体が必要なんだっていうのが、すごい衝撃でした。もうハイテク化したから、徴兵とかもされないでゲーム的に決まるのかなって思ったら、めちゃくちゃ身体動員するんだな、今の戦争もっていう。「本当にポスト近代？」みたいなことがいろんな場所で起こってるような気がする。

石井　回帰なのか、やっぱり逃れられないのか……。

仁平　逃れられないっていうことですよね。そうすると、二五世紀くらいの歴史家に、この時代はまだ近代主義の時代で、ポストモダンみたいな思想もあったけど、結局デューイで済んでましたみたいに書かれるのかも。

（一同、笑い）

下司　でもデューイは、現代では民主主義とかシティズンシップ教育の先駆として評価されていて、まあそれは『民主主義と教育』ですけれど、そもそも『学校と社会』って産業化論なんですよね。つまり、「社会が変わったので、それに応じた教育を行おう」という。そこで学ぶ内容は最新の科学ではなく、文化史的な内容ですが、資本主義に適合的だった。だから明治図書『世界新教育運動選書』の「学校と社会」（一九八五）では、訳者の毛利陽太郎さんが、かなり厳しく批判してるんです

(「『子どもの発達における自我の主体性』を認めているにしても、(中略)デューイはそれを工業化社会の発展に向けての教育の論理という文脈のなかで語ってきたのである」四一頁)。また、私が学部の時に学んだテキストの長尾十三二『西洋教育史　第二版』(東京大学出版会、一九九一年)も、やっぱりデューイには批判的でした(「デューイの思想はアメリカ民主主義の危機的な事態のなかで、これを克服する粘り強い知性への信頼の人々に教えたものと言ってよい。ただしそれはやはり体制の自己更新とそれへの適応の反復を無意識のうちに前提していたことは否定できない」三三六頁)。人物紹介としても、今から考えると非常に少ない字数しか割いてない。現代では、デューイは社会改革を志向しているとして理想的に捉えられていますが、かつてはそう読まれなかった。冷戦期には、東西対立を前提にしているので、アメリカの思想だったから厳しい評価だったという面もあって、イデオロギー的かもしれないんですが、逆に、政治思想まで視野に入ってる。

で、何でこんな話をするかというと、教育学のデューイ受容って、基本的に方法論レベルで、まさに教育学が、産業とか経済の問題を排除してきたということを示していると思うんです。デューイにしても、ショーンにしても、教育学はその思想を「教育」という閉鎖領域に閉じ込めてしまって——それが教育の「自律性」の別の側面でもあるんだけれど——その思想の外郭までは取り込んではいないんですよね。

石井　ショーンって、もともと経営学ですからね。教育関係で受容する際に、そういうことまでの検討はされていませんよね。デューイにしても、科学主義で成長・開発が基調になっていますからね。そういう部分にはあまり目を向けずに、それも含めてのデューイ思想なんだろうと思うんですけれども。

政治にしたって、デューイ解釈でいうと、もともとそんなに注目されてこなかったところを、美学とかもそうですけども、それを最近、小玉さんとかの政治学的な関心もそうだし、あるいは上野さんなら美学的関心で読み直しているというところがあるじゃないですか。これまで、「教育」という規範的枠組みにも制約されながら、読み手の側の解釈枠組みによって、結構単純化されて取り上げられてきたところがあるのかな、という気がします。

まとめ
――第三期『教育学年報』とは何だったのか

石井　ここまで、『年報』第一期・第二期とか、その前の戦後教育学も含めて、全体の流れをどう見るかという議論になってきたかなと思うんです。最後に、少し未来志向の話も見えてきたところで、それぞれ一言、第三期の『年報』の編集にかかわっての感想とか、今後の展望とか含めてお話しください。

濱中　私から言っていいですか？　一一号から五回分やったけど、さきほども言ったように、まず、アウェイ感でいっぱいだった。力不足とともに、高等教育研究の特徴に理由をみることもできるかもしれない。そしてもう一つ。投稿論文とかに実証研究とかがほとんどなかったっていうのも大きいかなと思います。基本、私はデータで語ることを生業にしてきたところがあって、だから年報の査読担当を決めるときに「私はどれ担当するの？」っていう気持ちにいつもなって。

となると、この問題は別角度から、この年報の読者は誰だったんだ、という問いにもなるような気がするんです。名古屋大学の院生さんたちは、一一号を丁寧に読んでくれていました。教育社会学も、高等教育の章も。でも、私の周りの教育社会学の人たちはどれだけ年報を読んでくれていて、そもそもどのように年報を見ているのか。私たちが第一期・第二期の年報をみていたような目でみてはいなかったのないか。さらに高等教育研究者にいたっては、そもそも存在すら知らないのではないか……。この年報は、いろんな領域が戦えるアリーナにしたいみたいな感じで始まったんだけれども、読者が部分的にとどまっていたであろうことは、私の中での反省点というか、第四期があるならば、実証分析や高等教育研究を専門とする研究者にも届くようなものに、ぜひしてほしいなと思っています。

仁平　今のお話と関係すると、そこを乗り越えるヒントっていうのが、岩下さんがちょっと言ったことの中にあって、レビューが大事っていうことです。分野を越えたレビューって意外とないじゃないですか。当然だけど、半端ない力量が多分必要だから。高等教育だったら、大学に関係する高等教育研究だけではなくていろんな分野のやつをレビューをして位置づけていくみたいな、メタアナリシス（meta-analysis）の全分野版みたいなようなものがあれば、初めて共通言語のフォーマットを築けるってことになったとは思うんですよね。ただ、それは難しいですよね。

濱中　難しい。一方で、高等教育研究に携わっている人が、例えば一一号の他の領域のレビューを読むか。ありえなくはないんだけど、とくに大学院生にまでなると、さっきも話題になった早く論文出さなきゃいけない問題が絡んできて。大学院生の指導をしていると、レビューの範囲の狭さに愕然とすることもあって。

仁平　他分野の研究をあえてレビューして、「俺の研究載ってるじゃん。こういう文脈に位置づけられてる！ふざけんな‼」とか、そういうふうに手広くいろんな領域の人に目配り利かせながら、一回地図の中に収めちゃうっていうことを、こっちが完全にメタ化してやればよかった。メタレベルから位置づけて、逆に批判されるという循環が、多分、共通言語を築く一つの方法だったかもしれないけど。それこそ、人間じゃなくてＡＩじゃないと無理かもしれない。

濱中　地図のなかにおさめちゃうっていうのが大事なんだけど、たしかにＡＩじゃないと、いまはね……。

仁平　知識人がいろんな分野を切るみたいな、〈知識人しぐさ〉みたいなのはもう無理なわけですよね。でも、徹底的にいろんな領域をサーベイして、地図を描いていくみたいな。それこそＡＩがやるような仕事が、今後、もし本気で共通言語を築くのであれば、それぐらいのハードルが今は課せられているっていうのが、第一期と違うところですよね。

濱中　そうだよね。第一期はポストモダンっていう共通言語があったから、繋がれたけれども。今、細分化しちゃった以上、難しい。

石井　それに近い仕事ができてる人って言ったら、田中智志さんとか、広田照幸さんとか、あの辺の時代だったら多少共通の土台があるから。共通に読んでたものも結構ありましたよね。今大学生、大学院生とかに教育学や教育研究に関して、何読んでる？　って聞いても「うーん」みたいな。ないんですよね、本当にね。カノンがない状態なんで。
仁平　ビースタ、ありがたいじゃないですか。
石井　ビースタにしても、多分、読んでないですよ。
濱中　孫引きみたいな感じ?
石井　そうそうそう。
仁平　じゃあ、苫野さんありがたいじゃないですか。
石井　逆にね〜。でもそれがナレッジベースとしてどうか、共通言語としてどうかって話ですよね。
青木　じゃあ、いいですか。五冊、今年含めて出せると思うんですけど、私自身でいうと書きたいことを書けた。そういう意味でいい媒体と巡り合えたなと思いました。他方で濱中さんがおっしゃるように、投稿論文がまず少ない。一一号に載ってる第一期・第二期の目次をみると、当時は投稿論文が多いんですよ。それは今はもう院生が減ってしまっているっていうことかもしれないし、あと当時より投稿先が増えているからかもしれない。でもまあ、それにしても少ないなと思います。
下司　わからないですけど、第一期・第二期は、有望筋に声をかけてるんじゃないでしょうか。だって一般投稿にしては、明らかにここから出てくる人が多すぎますよ。(第一期だけでも(一)広田照幸、大田直子、今井康雄、(二)小玉重夫、森重雄、矢野智司、(三)苅谷剛彦、松下良平、鳥光美緒子、田中毎実、(四)斎藤孝、西平直、牧野篤、川本隆史、(五)秋田喜代美、清水宏吉、吉見俊哉等々。)
青木　それにしても、今、業績主義なのであれば、もっと投稿してくれてもよかったなあと思います。これは分析してもいいところかもしれないです。一方で、教育学年報を含めてこれまで私が書いてきた文章に対する教育行政学の受け止めというのがわりとありました。アンチなんですけどね。アンチはファンだからいいんですけど。
そういう意味では、年報という媒体で書かせてもらったことは、一定の受け止めをされているという意味もあるんですけど、ただ考えてみれば実証研究が増えてるわけでもないし、計量分析が増えてるわけでもないし、政治学を使った分析で政治学の方で評価される研究が必ずしも増えてないということを考えると、まだまだ伏流水にすらなりきれない。まだ、しばらくは継承を考えなきゃいけないという感じですね。あんまり景気のいい話じゃないので申し訳ないんですけど。
仁平　逆に、ここって本当にいろんな立場というか、ディシプリンも含めて、こういうふうに共通の議論ができた。そういう意味でも面白かったですよね。

石井　ここでどういう言葉で語るかっていうことは、相当考えますからね。例えば、私は、教育実践とかに近いところの研究で、教育実践に関わる言語と理論的な言語との往還はありますが、基本的に教育方法学とか授業研究とかの閉じた空間ではあるんですよね。まあ、親学問のようなものがない分、教育方法学研究って中身やアプローチはいろいろで、人物研究とか、歴史研究とか、実証研究とかもあります。実証と言ってもフィールドでの量的・質的研究みたいなもので、心理学的なものが多いですが。でも、そういう中で、最近気になっているのは、若い人の中で「教育方法学的」とかっていう言葉を使う論文を見たりして、それはちょっと違うんじゃないかと思う。おおよそ教育方法学関連のジャーナルに掲載されているような感じで書けば、この分野の論文なんだっていう風な、そういう感じに見えてしまって。佐藤学さんの授業研究批判じゃないけど、もともと教育方法学って、ディシプリンとしてちゃんとあるわけではないと。領域学問みたいなものですし。でも、教育方法学研究者というアイデンティティや分野としての学問的固有性を目指し続けること自体には、意味があると個人的には思っています。授業を研究するにしても、諸学問のアプローチの束には解消されない、教育実践をまるごと捉える志向性を探り続けている感じ。それくらいのものなので、実体的にこういうもんだという感じで教育方法学が存在するみたいに論文を書いちゃうことに対しては、非常に私は違和感があるんですよね。それをしていくとその中でしか通用しない議論でジャーゴン化していくっていうか。

でも、ここでお話しするときには、緊張感がある。共通に何を読んでいるっていうところは割とあって、この辺の世代であれば、それこそ第一期・第二期の年報とかも一定読んだことがあったりと、ある程度のりしろみたいなものもあるのかなと思うんですけど。そうはいっても、やっぱり仁平さんが使われる概念とかは、なるほどと聞いて、その場ではうんうんと言ってますけど、後でちゃんと調べるみたいなことがたくさんあるわけです。

仁平　私も今、自分のパソコンでビーイタ調べてたとこでした。

石井　だから、この年報の編者の間でも通じる議論やディスコースっていうんですかね。この場に参画することによって、議論の中である種メタ化はされてるんだろうと思うんですよね。今期の年報で言うと、やっぱ『年報』一一号で、分野ごとでもこういう形でメタ分析というかね、手作業の。それまで、こういう分野を概観する作業はしばらくされてなかったと思うんですよ、本当に。細分化してるからこそ分野ごとにね、どういう分野があるのかっていうふうなことで、取り上げる分野自体の漏れみたいなものもあるとは思うんですけども、そうは言ってもね、結構、網羅的に整理したっていうことは、とても重要な仕事だったんじゃないかと個人的に思ってますし。うちの院生の本棚を見ても、自分の個別研究の文献、それから一方では教育学とかの概論書というかテキスト。テキストといっても概論ではなくて、本当に教職テキストみたいなものとかが並んでる。真ん中がないんです。先行研究は基本、私は同心円状に拡大するものだと思ってますけども、あなたは何研究者ですかっていうふうに言ったときに、どういうふうに自分をアイデンティファイするかが大事だと思うんですよね。そういうので言うと、広く、自分の立ち位置っていったものを相対化してほしくて、自分の授業の中では、『年報』一一号のレビュー論文を一つ一つ読んで、読み合わせてみたいなこともしてたんですけれども。やっぱり最終的に本人たちは自分のテーマに関わる論文も書かないといかん。でも、一方で、こういう形で色んな分野のものを見ることで、視野が広がったとか、参考になったというふうな意見もあったりするので、やはり諦めずに……そこは鬱陶しいおっさんかもしれませんけども、もうちょっと広く見ていかないと、逆に今自分が捉えようとしているものをちゃんと読み解けないよっていうことは、投げかけていきたいなということも思いますし。

それで、さっきの超メタ分析じゃないですけど、メタるということで言うと、今期の年報でちょっとでもこういう形でそれぞれの分野のレビューもあり、それを巡って議論する中で、その中での議論自体がちょっとメタな言葉というか、そういうものを生み出すきっかけになったらいいなというか。今回の座談会もそうですけども、そういうふうに学んでもらえるといいなということは、改めて思ったところです。

仁平　本当にそうで、近代教育学への距離感とか、ポストモダンへの距離感とか、経済への距離感とか、それぞれ違うと思いますし、私はこの中でも、戦後教育学に対して甘い評価だと思うんですよ。逆に、教育学を全然勉強してこなかったから丸山眞男の弟子とかすげえなという程度の感覚なんですけれども。ただ、立場が違うから、議論するときも、石井さんがさっき「言葉を選んだ」というふうにおっしゃいました。言葉を選ぶって大事だと思うんですよね。共通の翻訳をする作業だから、そこに多分重なり合う合意みたいなのができてきて、これがとっても大事だなっていうことは思いましたね。だから、惜しむらくは今回やって本当によかったんですけど、本当だったら一二、一三、一四も、今回の特集の論文をみんな読んで集まって、それぞれ議論してたら、全然違ったものになっただろうなって思いました。

石井　それはまったく同じように思いました。

仁平　今日、すごい痛感しました。議論いいな、やっぱ対面いいなって。

（一同、笑）

仁平　対面はやっぱり、余剰があるからいいですよ、本当に。冗長性が大事……みたいになると田中智志さんみたいだけど（「冗長性のコミュニケーション：ルーマン・教育理論・ポストモダニティ」『近代教育フォーラム』九巻、二〇〇〇年、一四七〜一五五頁）。

石井　やっぱり緊張関係じゃないですけど、身体を晒してるから、そこで、うろたえた感じとかも含めて反応が全部見えるし、そこの緊張感の中でめっちゃ言葉を探るじゃないですか。これが対面じゃなくて、オンラインやったら本当に放談になるんですよ。相手の顔色見ないから。そうすると、逆に言葉を擦り合わせるっていう作業が甘くなるっていう気がしますね。

青木　余談ですけど、政府審議会オンラインになってるじゃないですか、ほとんど。あれ、放談になってますよね。

石井　そう思います。

青木　意思決定の場として、かなり変質しましたよね。

石井　そうですね。

青木　放談の方が事務局的にはまとめやすいなって思います。

石井　だから、こちらも発言しやすいです。分かりますね。

青木　必ず回ってくるし。「手あげる」ボタンだから。
石井　政治的な駆け引きじゃないんですよ。
青木　発表会。
石井　そうです、そうです。
濱中　私、オンラインになってからしか参加してないんですけど、昔は雰囲気が違ってたんですね。
青木　やっぱり、会議前後とか、会議中の目線も含めて、政治的なストラグルがあったと思います。
青木　さっき、下司さんが冒頭におっしゃった近代教育学批判みたいな話って、あれもしかしたら――空中分解したって話ですよね。
下司　空中分解か忘却か。
青木　一瞬だけ惑星直列したような……。
（一同、笑）
青木　であるなら、やっぱりそこに欠けてたのは、レビューとかじゃないですか。レビューとかビッグクエスチョンみたいなものはなくて、対抗する何かでかい話とか、存在があっただけだったってことだとすると、やっぱり今後、共通の土俵づくりのためのレビューとか、共通の問いを探すっていうのも大事じゃないですか。
石井　それが、政策にどう対応するかとかじゃなくて、もっとちゃんと、まさにエッセンシャルクエスチョンじゃないですけど、本質的な、学問として深めるべき論題をしっかりと見極めるってところですよね。
丸山　比較教育学の方では、『年報』はスルーされてきたように思います。もともと、第一期・第二期に比較教育学が明示的に組み込まれてなかったという意味では、私もプレッシャーを感じながらやってきたと思います。国内の教育学ではそういう議論なのかと思ったり、正直、違和感もあった。でも、国内の議論もとても大切な空間だと理解できた。
基本的に想定読者は、院生を含めて比較教育学者という設定があった。でも、全然関心持ってもらえないんだろうなっていう論点も含まれてて、それは、比較教育学の研究者に準備が整ってないという反省もある。例えば、自分は海外に関心がある、国際開発に関心があるけど、日本のことは関心ないと堂々と言える姿勢。いざ海外に行くと「日本どうなんだ？」って質問されて、「すいません、知りません・わかりません」って帰ってくる。そこでようやく比較が始まる。でも、全員がそれをできるとは限らない。比較教育学者は育つ場合もあるけど、生まれる部分もあるように思う。「私は、その国の専門家になりたいんです」と同時に、いずれ自分が日本で生まれ、育った日本人なら、日本人として物事を見てるっていうこと自体に無自覚であってはいけないと気づくときが来る。

教育学の一部として位置づけられた研究という点では、どの教育○○学の中にも比較の手法は必ず組み込まれて、比較教育学はどこでも用いられるべき手法をより高める役割を担うのだとも思う。比較教育学と呼びつつ、社会学研究だとみなされるなら、そこは学問としての教育学を、もう少し鍛える必要があるように思う。売れるポップ学問としてのアプローチもありなんでしょうけど、もう少し落ち着いた議論、時代を越えて長く読んでもらえる議論をすべきだと毎回痛感しつつも、さまざまな限界で十分にできなかったような、反省するような五年六年でした。

下司　私は第一期『年報』のインパクトをもろに受けて、それで教育学をやろうと思ったところがあるので、どうしても「先代」と比較してしまうのですが、思い出と喧嘩をしてもどうしたって勝てないですよね。でも今回の準備のために『年報』一一号を読み直してみたら、なかなかいい本じゃないですか。狭義の教育「学」に留まらず、各分野の若手理事クラス？　を集めてレビュー論文を書くという企画は、自画自賛になりますけれど、意味のある仕事だと思いました。また第三期全体としてみると、私は力不足であまり貢献できていないことをお詫びしなければならないのですが、かなりチャレンジングな作品になっていると思います。編集委員の皆さん各分野を代表する有名人なので、私は本当に勉強になりました し、他方で、自分なんかが教育哲学を背負っていていいのかな？　という疑問もあって、正面では編集委員の皆さんと対峙しながら、背後には教育哲学者の視線が突き刺さるような、そういうヒリヒリ感がありました。そしてさっき、濱中さんがアウェイ感があったというお話があったんですけど、私もすごくアウェイだと思っていて……。

濱中　みんなアウェイだったんだ！

下司　というのは、第二期までの『年報』は「史哲」の頭で読めたんですよ。でも第三期だと、「史哲脳」では理解が難しい論文が多かった。もちろん単に私の勉強不足なのですが、知らないことも多くて、毎回、オンライン会議中に検索してました。だから、先ほど濱中さんが第三期の『年報』には「実証」がないという話をされていましたが、まあ、哲学も思想史もそれなりの「実証」ではあるわけで、社会調査的な意味での「実証」だとは思うのですが、そういったものもない、史哲も少ない、とすると何が第三期『年報』の核となってきたのか。その辺は、もう少し考えてもよいかもしれません。

いずれにしても、第二期までのように戦後教育学批判のような共通項がないなかで、どういうふうに共通の言語を探っていけばよいのというのが第三期のテーマでしたが、今日は久しぶりに皆さんと対面で話ができて、とても刺激的で面白かったですし、やはり共通の言語を探っていく作業は重要だと感じました。青木さんが一二号でなさったような若手との座談会はそういう試みかと思います。

それで、第三期が終わるという最後に企画を思いついてしまいましたが……この会議の前に石井さんが新しい本を出されましたよね（と、テーブルに出す。『教育「変革」の時代の羅針盤――「教育DX×個別最適な学び」の光と影』教育出版、二〇二四年）。例えば、こういった編集委員が書いた本や論文を肴に議論する、という企画があっても面白かったかな、と。

濱中　確かに。

仁平　これは……売る気で来てますね。

石井　売れるかは微妙ですが、インパクトは割と考えましたね（笑）。

下司　やっぱり発言力があるなっていうか。

青木　経済と向き合ってる感じが……。

（一同、笑）

石井　かつて経産省界隈と喧嘩して、私もえらいめにあいましたから。本当に、いろいろなところから何かぐちゃぐちゃ言われて……。

下司　ニュー・チャプターは石井さんが開いてるっていう。

濱中　確かに、毎回座談会やると面白そうですね。

下司　と、いろいろ企画を思いつきながら、そろそろ着地しなければなりませんが、ひとまずニュー・チャプターは開かれた、と。

仁平　開いたら、戦後教育学があった。

（一同、笑）

下司　――で、終わってしまうと寂しいのですが（笑）、第三期『年報』は第一期・第二期とはまったく別物、という評価もあったと思いますし、ある意味ではそれを目指したのですが、結局のところ、意外に断絶してないというか、過去と未来を繋いでいく作業のような面がありましたね。

仁平　本当ですね。

青木　繋ぎとか、種まきみたいなことはできたかもしれないですね。ニュー・チャプターが意味するところが、当初と違うかもしれないけど、私はもともと教育行政学が出自ですけど、政治学とかばっかり勉強してたので、教育学のことはあんまりわからないけど、門前の小僧みたいな感じで、教育学にも広がりがあるみたいなことで……そういうようなメディアだったんだとすると、ニュー・チャプターなんだろうなって。ただ、ちょっとネガティブな話をすると、日本教育行政学会の投稿論文をデータにつかって年報一一号のレビューを書いたんですよ。やっぱりこの時も兆しがあったんですけど、いま手元にもってきた過去二号（四八号四九号）見ると、政治学なり行政学なり、経済学でもなんでもいいんですけど、他分野の引用がほぼないんですよ。

それから『年報』第三期の空間では教育学各分野の相互参照もできたと思います。そういう種はまいたけど、さあ、どう発芽させるかみたいなことは、まだまだ心配になります。

丸山　同じようなことはすごく思っていて、内向きとか、閉鎖的に感じることがある。ある学会では、紀要掲載論文のみ相互参照してて、せっかくいいことを言っているのに、同じことの繰り返しになってたり。きっと、その学会だけじゃないように思います。忙しすぎるとか、レビューが若手のあいだでちゃんと指導されていないとか。そういう意味でも教育学というくくりで、他の学問体系からすれば、価値の低い学問とみなされてしまうかもしれない。今後はもっと連携があっても良いと思います。

濱中　レビューの指導ってどうなっているんですかね？　私は特段受けた記憶がなくて、学会の紀要の論文を参照しつつ、見様見真似みたいなかんじだったんですけど。

青木　海外だったら、オックスフォードではＤ１で関門がある。オックスフォードに行ったとき教育社会学の院生が言っていたのは、社会学なんかでも「一〇〇年前の文献も必要ならレビューリストに入れる」と。そしてレビューをしっかりしないとD2になれない。

石井　その辺が下司さんが言っていた、それって本当に新しいのか問題ね、そことも関係するんだろうなと。今の中高、特に高校の課題研究とか探究とかでも、オリジナリティばっかり言われて、トレースすることしないんですよね。だから、「巨人の肩に乗る」っていうことをあまり知らないというか、そういう発想じゃなくて、「やってないからそこを調べました」みたいな。「やってない」っていうことは、あまり意味がないからやってないってこともあるんだけど、そういうことを考えずに、新規性みたいなことばかり追求して、対象や問いに正面突破で挑んで、巨人の肩に少しでも乗って、その先に見晴らしが違ってきたときに自分なりのものが出てくるっていう、そういう発想じゃなくなっているのかなっていうことも思います。

結局、レビューできないからその肩に乗れないわけで、それってのは先行研究をちゃんと検討できてないっていうことになってくると思うので。自分の中に他者をたくさん住まわせるっていうことができないから、やはり議論の厚みもそんなにない、と。そう思うと、確かにレビューの指導って大事ですよね。本当に。

仁平　なるほどな。そのためのメディア、他分野にも扉を開くためのメディアに、今後もそういう感じで使われていくといいなっていうことですね。

下司　だから私たちは、まだ死んでませんが、先行研究という屍になって、次の世代は私たちをガシガシ踏みつけながら、道を切り開いていって欲しいですね。

仁平　肥料に。

青木　そうすると、投稿論文もなんだけど、レビュー論文も受け付けるとかね。

一同　それはいいですね。

仁平　この期に及んでアイデアが出るという。

青木　企画会議みたいになっちゃった。

濱中　記録として残しておけばね。

下司　拾ってくれる人がどこかにいると期待して、ボトルに詰めて海に流しましょう。

ということで、教育研究のニュー・チャプターのニュー・チャプター（?）として、皆さんがそれぞれに研究を発展させていって下さることを祈念しつつ……その際には『年報』を無視しないで、踏み台にして頂ければありがたいです。というところで、これにて、第三期『教育学年報』のまとめに代えさせて頂きます。ありがとうございました。

（一同、拍手）

Ⅲ 研究論文・ほか

「異種混淆性」は教育実践の理解に何をもたらすか

馬場大樹 BABA Hiroki

How Does "Heterogeneity" Change Our Understanding about Educational Practice?

1. はじめに

本稿の目的は、「異種混淆性」の概念が教育実践の理解をどのように更新するかについて、当概念をめぐって近年展開される人文社会科学における諸議論を踏まえて検討することにある。本稿における異種混淆性とは、ある主体を周囲から独立した自律的な存在ではなく、その主体を取り囲む他者と相互に関わり合い、混ざり合う存在としてとらえる概念を指す（鈴木 二〇二〇）。またここでの他者とは、人間に限らず、「モノ」や自然といった非人間を含めたものを指す。

今日我が国の教育学では、教育実践における主体の変容を志向する議論が注目を集めている。例えば、ビースタ（2010＝二〇一六）による「主体化」としての教育論がそれにあたる。彼は、教育の目的を「社会化」、「資格化」、「主体化」の三つに区別した上で、前二者を既存の秩序に帰順するために規範や能力を獲得させるための営みとして位置づける。これらに対して「主体化」とは、既有する意味範疇では理解できない存在に子どもを出会わせることによって、現在位置している世界や秩序の内部で生きることを中断させ、それまでとは異なる主体へと変容させる営みを指す。

同様の議論を展開した国内の議論としては、次節において検討する「生成としての教育」論（矢野一〇〇八）や、安喰（二〇二二）などが挙げられる。ビースタも含めこれらの特徴は、「他者との出会いを通して自己同一性が問い直される」という他者論に沿った主体変容の筋立てを共有している点にある（安喰 二〇二二：一二三）。

しかしながら今日において、この筋立ては他者論ではなく異種混淆性の概念に依拠して語られる傾向を強めている。冒頭に述べたように、異種混淆性とは、ある主体を他者と相互に関わり合い混ざり合った存在として把握するものであり、他者の存在やその出会いを通じて主体が変容する様態をとらえる点で、前述の筋立てを共有している。両者の差異は、他者論が他者との出会いによって変容する主体を「人間なるもの」として保持し続けることに対して、異種混淆性は主体が他者との出会いを通じてその他者と混ざり合う側面を強調し、「人間なるもの」それ自体を解体する方向へと向かう点にある。なおこの差異については本論内において詳述する。

例えば『教育学年報一三』に掲載された遠藤（二〇二二）や杉田（二〇二二）は、教育現場に普及する科学技術をめぐって、それらを自律的な意志を有する人間によって使用される客体とみなすのではなく、両者の出会いによって人間と科学技術とが部分的に繋がり合い変容していることを論じている。例えばスマートフォンを手にして以来スマートフォンが生活の一部として完全に浸透している状況を鑑みれば、我々の存在が他者（ここではスマートフォンという科学技術）と出会うことによって、混ざり合い変容しているとみることに大きな違和感はない。

さらに近年では、人間と科学技術の関係に限らず、教育実践における非人間のもたらす作用に着目したKusumi（2024）や呉（二〇二三）などの心理学分野における経験的研究も着手されつつある。これらの研究は、従来の教育実践研究において見逃されてきた「モノ」の作用に目を向け、「モノ」と人間とが相互に関わり合う中で教育実践を成立させている様態を明らかにしている。このように、異種混淆性の概念は教育実践を分析する枠組みとしても採用されつつある。

そこで本稿ではこうした研究潮流に沿う形で、近年の人文社会科学において当概念をめぐってさらなる発展的な議論が展開されていることを踏まえて、異種混淆性の概念が教育実践の理解をどのように更新するかについて検討したい。この検討からは、教育実践を理解する上での新たな視点が提示されるのみならず、異種混淆性の概念自体を対象化する見方も同時にもたらされるであろう。なお本稿は、我が国の教育学における異種混淆性概念の受容を考察の対象とするものであることから、必要に応じて国外の議論を参照しつつも、それらを取り入れた国内の諸議論に焦点を当てることとする。

2. 他者論を理論的視座とする諸議論の特質とその限界

前述した検討作業の準備段階として、異種混淆性の概念が今日の教育学において着目される必然性を有することを示しておきたい。結論を先に述べれば、異種混淆性の概念は、従来の主体の変容をめぐる議論に内在する理論的課題を克服しうる概念として産出されてきたものであり、それゆえに広く受容される必然性を有している。

前節で述べたように、教育学における主体の変容は、E・レヴィナスに代表される他者論を理論的視座として主に論じられてきた（安喰 二〇二二）。また同様の議論を展開した国内の研究としては矢野（二〇〇八）がある。矢野（二〇〇八：一二三）に従えば、「『発達』と『社会化』とは、（中略）、どちらも有用性の原理を基準にしている点では同じである」。ここにおいて「発達」という目標概念は既存の秩序においてより高次の自己へと成熟させることを含意するものとして退けられ、新たに「生成」が掲げられる。「生成」とは、それ以前の生とその後の生が「共約することが不可能」になるような「変態・変異・変身」とも呼ぶべき事態であり、両者の優劣を比較することのできないような創発的な主体の変容を指す（矢野 二〇〇八：三）。その上でこの「生成」としての変容は、人間の意を大きく超えた他者（例えば大自然など）と出会うことによって生じるとされる。

それではなぜ今日において、他者論ではなく異種混淆性の概念が注目されなければならないのであろうか。その理由として本稿では、他者論に依拠した議論が「人類学機械」という包摂と排除をめぐる理論的課題から免れていないことを指摘したい。

人類学機械とは、J・アガンベンによって定式化された「人間の内に人間ならざるものとしての自然的な生を見出し、その包摂と排除を通じて人間なるものを産出する知的な装置」を指す概念である（里見・久保 二〇一三：二六六～二六七）。近代の教育とは、「人間なるもの」を規範的に規定することで「人間ならざるもの」を社会の中に見出し、その人間化を通じた包摂（と同時に人間化されないものの排除）を伴う営みである。矢野の議論は、「発達」という語において「人間なるもの」を規範的に規定し、子どもの特定の変容のみを価値づける作業を人類学機械として問題化した上で、子どもの創発的な変容をみとるための概念として「生成」を対置したものとして理解できる。

しかしながら問題の焦点は、前述の他者論に依拠した諸議論についても人類学機械という理論的課題を回避できていない点にある。なぜならば、そこにおいて提示される成長モデルには「他者の現前を経て、自分自身を問いただし、反省することを通して結果的に倫理的により卓越した自己へと至る」という規範化された主体変容の道筋の存在が指摘できるからである（安喰 二〇二二：一八六）。この指摘に従えば、これらの議論は、他者という認識の限界を超えた外部さえをも自己の反省の材料として活用しながら倫理的により高次の自己をめざして変容し続けるべき存在として、「人間なるもの」を規範的に規定する構図を免れていない。

なお、他者概念に依拠しつつも「人間なるもの」の規範的規定を回避する議論として丸山恭司による一連の研究がある。丸山（二〇〇〇）は、L・ウィトゲンシュタインに従って、言語ゲームを異にする絶対的に共約不可能なものとして他者を規定した上で、教師をそうした他者としての子どもに関与する存在としてとらえ直している。この共約不可能な教師と子どもの関係性ゆえに、子どもを「人間なるもの」へと同化することはできない。と同時に、他者の存在を活用して倫理的により高次の自己をめざして変容するという道筋も存在しない。

しかしながら異種混淆性概念に着目する本稿の立場からすると、丸山の議論は共約不可能な他者としての子どもがいかにして変容しうるのか、もしくはその変容に他者がどのように関与しうるのかについて積極的に語りえない点に困難を残している。さらに言えば、言語ゲームの異同という観点から共約不可能なものとして記述される教育関係は、いかにして独我論を免れうるのであろうか。この問題をめぐって丸山（二〇〇〇：一一八）は、「他者を他者として放置しておく」のではなく、「〈他者〉を理解できないものとして描きつつも、そのことが致命的な問題とはならない」ような営みとして教育をとらえようとする。言い換えると、他者としての子どもと共約不可能ながらも共生するという「困難に立ち向かう教師の努力」と「倫理的な態度」を要請するのである（丸山 二〇〇一：四九）。このように、丸山の議論に関しては、「人間なるもの」についての規範的規定を避けながら教育をとらえ直す点において学ぶところが大きいものの、その反面、教師に対してはより強力な形式で規範的な一つの人間像がもたらされることとなる。

以上より、丸山の議論のように異種混淆性概念の対極に立つことで人類学機械という課題を免れる立場もみられる一方で、今日の教育学が主体の変容を語る上では、「人間なるもの」の再規定を回避するような理論的視座が求められていることがわかる。そこで次節以降では、こうした要請に応えるものとして異種混淆性の概念が産出され、教育学においても受容されてきたことをみていきたい。

3．異種混淆性をめぐる諸論とその展開

本節では、人文社会科学の諸分野において当概念がどのように展開されてきたかについて整理する。そもそも人間の活動を道具や置かれた環境、文脈によって拡張ないしは縮小されるものとしてとらえる着想の淵源としては、M・ハイデガーの道具哲学やL・S・ヴィゴツキーの心理学など、様々な古典的議論を挙げることができる。ただしここでは、現在の人文社会科学諸分野に対して大きな影響をもたらし（鈴木 二〇二〇）、かつ人類学機械という理論的課題をより直接的に扱う方向へと発展していることから、アクターネットワークセオリー（以下、「ANT」と記す）を起点として

異種混淆性の概念を辿りたい。

ＡＮＴとは、「社会現象を人間とモノ、知識、技術といった非人間という異種混淆の「アクター」が取り結ぶ関係である「ネットワーク」の過程や結果として捉える理論」である（金二〇二一：二八九）。ＡＮＴがもつ理論的な先鋭性は、人間と非人間という二分法を乗り越えようとする点にある。例えば、銃による殺人事件は、人間と銃のどちらに帰責されるであろうか。この問いに対してＡＮＴは、「銃を扱う人間」と「銃という技術」のどちらにも責任を求めない。ＡＮＴは、人間と銃が出会うことによって、「銃人間」とでも呼ぶべき人間と非人間が混淆した新たな存在が生じ、その存在が創発的に変容すると考える（例えば銃人間は殺人者になるかもしれないし、猟師になるかもしれないし、銃規制運動のリーダーになるかもしれない）。その変容を規定するのは「人間であると同時に銃であり、より正確には、両者が他の膨大なアクターを巻き込みながらおりなす相互作用」なのである（久保二〇一九：六八～六九）。

以上のようにＡＮＴは、人間と非人間とをフラットにとらえ、ある主体を特定のネットワークの中で他のアクターと繋がり合ったものとして理解する点で異種混淆的な立場に立つ。その上で鈴木（二〇二〇）によれば、ＡＮＴの着想は、「ポスト・アクターネットワーク理論」として、主にフェミニズム科学論や人類学の分野において大きく発展している。以下に両分野での展開をみておく。

フェミニズム科学論とは、科学という営みをフェミニズム的視点から再検討する諸議論を指す。フェミニズム科学論は、科学を客観的、価値中立的なものではなく、特定のネットワークにおいて成立している営みとしてとらえる点で、その関心をＡＮＴと共有している。その上でフェミニズム科学論においては、そのネットワークに内在する既存の秩序が単に人間と非人間の結びつきにおいて生じているというだけではなく、ジェンダー的な観点から問題化されることになる。

こうして既存の秩序の動揺を企図して設定される視座が、「サイボーグ」という異種混淆的な形象である。サイボーグとは、「機械と生体の複合体であり、社会のリアリティと同時にフィクションを生き抜く生き物」として与えられるイメージである（ハラウェイ 1991＝二〇一七：二八七）。この形象は、特定の「人間なるもの」についての姿形を退け、それが絶えず非人間との関係の中で流動的に生成し続けてきた様相を浮かび上がらせる。言い換えれば、人間は他者と出会うことではじめて新たな自分へと生まれ変わるのではなく、つねにすでに他者と混淆してきた存在としてとらえ直されるのである。こうした議論を牽引するハラウェイは、人間が人間以外の存在ともネットワークを構成していることを主題化するANTに対して、「人間なるもの」と「人間ならざるもの」との境界線を解体し、人間それ自体を非人間化する方向へと向かう（逆巻 二〇二三）。

このハラウェイの議論は、人類学に対しても大きな影響を与えている。近年の人類学は、「マルチスピーシーズ人類学」としてさらなる発展をみせている。マルチスピーシーズ人類学とは、人間という「単一の生物種」ではなく、「複数の生物種」が協働して世界を作り上げ、相互に関係を結んで世界を再編する様子に目を向ける諸議論を指す（奥野 二〇二二：二二三）。例えば、マツタケがマツや菌類、農家の人、その高価な贈答品としての価値という異種のもの同士のネットワークの中で成立しているように、そこでは人間と自然との相互の絡み合いを通じて成立する世界が描かれる（チン 2015＝二〇一九）。同様に人間もまた、固有性・単一性を有する「人間 - 存在（human beings）」ではなく、周囲の環境と絡まり合いながら、個体としての本性をもつことなく、刹那刹那に生成する「人間 - 生成（human becomings）」としてとらえ直される（奥野 二〇二二：二二八）。この「人間 - 生成（human becomings）」とは、人間と人間以外の多種同士の関係性が継続したり途切れたりしながら生み出される「アッサンブラージュ」という恒久的な生成過程にあるものとして主体を理解する概念である。

以上の議論に従えば、自然を客体として支配する特権的な人間という立場はもはや存在しないし、これまでにも存在してこなかった。もしくは、自然という他者との出会いを資源として漸進的に成長し続ける人間という固定的な身分も存在しない。「人間なるもの」と「人間ならざるもの」とは「伴侶種」としてつねにすでに結びつき、互いに侵襲的に変容させ合いながら、協働的に共生してきたのである（ハラウェイ 2008＝二〇一三）。

異種混淆性をめぐる議論はここに挙げた諸論に限らず多岐にわたり、その全てを網羅することは筆者の力量を超えるものである。そのためここでは本稿の関心に照らして、異種混淆性の概念が、つねにすでに人間が異種のものと結びついてきたという点に立脚し、規範的に規定される「人間なるもの」の解体を通じて人類学機械という理論的課題を乗り越えうる性質をもつことを抑えておきたい。

4. 教育学における異種混淆性

前述のように展開されてきた異種混淆性の概念は、特に欧米を中心に、「ポスト・ヒューマン」や「ニューマテリアリズム」、「ポスト現象学」といった語において教育研究に援用されている。例えば、異種混淆性の概念に依拠して教育における主体の変容を再把握することに取り組んだものとして、「ポスト・ヒューマン」の立場に立つSnaza & Weaver（2015）やCeder（2019）を挙げることができる。これらは本稿と同様に、教育に内在するヒューマニズムが「人間なるもの」と「人間ならざるもの」を産出する人類学機械として作用してきたことを問題化し、その二分法を乗り越える手がかりとして異種混淆性の概念を参照している。また異種混淆性の立場から教育実践を探求した心理学的研究として、Lenz Taguchi（2011）による「ニューマテリアリズム」の研究や、Rosenberger（2014）やAagaard（2017）の「ポスト現象学」の研究を挙げることができる。

それでは、我が国において異種混淆性の概念はどのように受容されているのであろうか。今日、我が国の教育現場においては、ＧＩＧＡスクール構想としてタブレット端末が全児童生徒に配布されるなど、情報技術が教育現場に上意下達で急速に普及している。こうした現況に応じて、情報技術と教師や子どもとの関係性を把握し直す枠組みとして異種混淆性の概念が参照されている。例えば遠藤（二〇二二）は、情報技術と人間との異種混淆的な関係性に言及し、人間と情報技術とが混淆し合うプロセスの中で相互に「善き状態」を発見していく「ケア」の関係性を構築する必要性を指摘している。

さらに注目すべき点は、異種混淆性の概念が単に情報技術と教師や子どもとの関係性のとらえ直しをもたらすだけではなく、教育における「人間なるもの」への問い直しの契機を有するものとして着目されていることにある。例えば杉田（二〇二二）は、先述した欧米の教育研究の動向に従い、ブライドッティ（2013＝二〇一九）を参照しながら、「人間とは何か」を反省的に定義する人文科学が、定義された人間にいまだ達していない存在に対する啓蒙運動を生み出し周縁化された存在を包摂する方向へと向かってきたこと、すなわち教育学における人類学機械の問題を指摘する。その中で、「分割不可能で単一の個人（individual）ではなく、関係の中で様々な接続／切断を暫時的に更新し続ける」という異種混淆的で可変的な人間像が論じられている（杉田 二〇二二：二〇一）。このように異種混淆性の概念は、「人間ならざるもの」の産出を不可避とする「人間なるもの」の規範的規定ではなく、異種のものと接続／切断しながら可変的に存在する「人間であること」の記述へと我々を方向づける点で、人類学機械の問題を乗り越える視座として把握されているのである。

さらに心理学分野においては、異種混淆性の概念による「人間なるもの」の問い直しを射程に収めた上で教育実践についての経験的研究に取り組むものもみられる。例えばKusumi（2024）は、単に教育実践における「モノ」の作用に着目するだけではなく、特定の関係性が継続したり断続したり途切れたりしながら多様なアクターが絡み合う「アッサンブラージュ」として教育実践を記述することに取り組んでいる。人間が「モノ」と出会う中で創発的に生成される様相として教育実践を描き直す試みは、まさしく「人間なるもの」についてのあるべき姿を解体し、創発的に人間が変容するプロセスとして教育実践を記述することになるであろう。

このように異種混淆性の概念は、単に人間の活動を置かれた文脈や状況、道具の作用を受けるものとしてとらえるのみならず、「人間なるもの」の解体を通じて、他者論が解決することのできなかった人類学機械という理論的問題の解決をもたらすという点で、今後の教育学においても拡がりをみせる必然性を有している。

実際、異種混淆性の概念を教育学として引き受け、より一般的に教育実践を理解し直す論考もすでに発表されつつある。例えば藤本（二〇二三：二三二）は、今日進められる協働的な学びの内実が、「自律・自立した個がそのオリジナリティを発揮しあいながら利害を調整」する場として把握されてきたことを指摘する。こうした従来の教育実践理解に対して藤本（二〇二三）は、自律・自立した個とは異なる異種混淆的な主体像に依拠して、例えば他の子どもの間違いを共感しながら指摘する子ども同士の関係性にみられるような、共に支え合う中で互いに作用し変容させ合う空間として授業をとらえ直すことを主張している。また筆者（馬場 二〇二三）は、子どもの政治的主体性を育てる授業構成を検討する中で、従来はそれが自律的な個人の内面にのみ帰属すると考えられてきたため、注入主義の観点から子どもの政治的主体性への関与が妨げられてきたことを指摘している。その上で異種混淆性の概念に依拠して、子どもの政治的主体性を他者の影響に満ちた関係性の中でこそ形成されるものとして再定位することに取り組んでいる。

このように異種混淆性の概念は、自律的で独立した存在としての人間像に基づく従来の教育実践理解とは異なり、つねにすでに互いに作用し合い影響を被りながら変容し続けている子どもの姿や授業の様相を積極的に記述しうる視座として教育学において拡がりつつある。一方、近年の人文社会科学の諸分野においては、異種混淆性をめぐる議論はより発展的に展開されると同時に、当概念自体を対象化する視点も生み出されている。そこで以下では、そうした先端的な諸議論を参照することで、教育実践理解をさらに更新する新たな視点（５節）や、異種混淆性の概念自体を対象化する作業からどのような思考が要請されるか（６、７節）について示したい。

5．視点①――存在の「多重性」について

一つ目の視点は、ＡＮＴを発展させたモル（2002＝二〇一六）によって提起される存在の「多重性」についてである。モル（2002＝二〇一六）は、医療行為における人間と人工物と諸機関から成るそれぞれのネットワークを通じて、一つ

の「痛む足」という疾患が、病いという個人的な意味経験に基づく主観的存在であると同時に、特定の疾病という客観的存在としても実在していることを記述した。重要な点は、「痛む足」を様々に理解する複数の観点が存在することではなく、各ネットワークの中でそれぞれの「痛む足」が実在し、時には重なり合いながら存在しているということにある。このように、一つの「痛む足」という存在は、疾病と病いという異なる仕方で同時に実在する「多としての身体」という多重性をもつのである。

この多重性という視点に依拠した他の研究として、根本（二〇一八）がある。根本（二〇一八）は、インドにおいてマジョリティであるヒンドゥー教徒とマイノリティである仏教徒の間の改宗関係を描いた民族誌の中で、激しく対立するはずのヒンドゥー教徒と仏教徒としてのアイデンティティの相違が、ある人の生活世界において顕在化したり顕在化しなかったりする様子を記述する。反差別運動の中では互いの排除を伴って明確な境界線が引かれる二つのアイデンティティであるとしても、ある仏教徒の人間は具体的な対面関係において、対面する相手がヒンドゥー教徒であるからといって一方的に退けることは難しく、友人関係といった他の関係性に依拠することで対面関係を成立させている。このように、人間はあるアイデンティティを有するからといって必ずしも一枚岩の存在ではなく、同時に異なる側面を両立させる多重性をもった存在として生きているのである。

さらに根元の研究の力点は、アイデンティティの二重化された多重的な人々の姿の中に、アイデンティティの異同に基づいて自己と他者とを排他的に区別するアイデンティティ・ポリティクスを乗り越える方途を見出す点にこそある。根本（二〇一八：五）によれば、アイデンティティ・ポリティクスは「『われわれが誰であるか』を排他的に決めることで所属先を与える」点に限界がある。それだけに生活世界から生じる多重性を考えることは、本来相容れないアイデンティティを有する人々同士による共生可能性をもたらすのである。

以上述べてきた多重性という視点は、教育実践の理解をどのように更新するであろうか。我々はこれまでに、他者との出会いを通じて子どもや教師が変容することを論じてきた。が、そこにおいて一度変容した後に以前の姿に戻ることや、以前の姿を未だ同時に保持していることが想定されてきたであろうか。例えば、今日一般的にみられるような、子ども相互に意見の交流を求める授業において、交流した他の子どもの意見がある子どもの意見を変容させるかもしれない。しかしながら、多重性の視点に立てば、我々は明示的に表明される子どものアウトカムやその変容にのみ着目するのではなく、その子の中に未だ残存するかもしれない以前の意見や、その意見と変容した後の意見がいかにして両立しているのかという内面の機微に目を向けることができる。そして、こうした多重性にこそ相容れない主義信条を有する人々同士の共生可能性が見出されるとすれば、子どもが自身の多重性を足場として、どう意見の異なる他者と対話を繋ぎ共生しようとしているのかを描き出すこともできるかもしれない。このように、教育実践における子どもの姿を多重性という視点からとらえ直すことは、相互理解のあり方についてもより有益で新規的な理解と記述をもたらすように思われる。

6. 視点②――「ポスト関係論」の見地から

次の視点は、異種混淆性概念を対象化する「ポスト関係論」という見地をめぐるものである。先述した通り、異種混淆性の概念は、自律的個人としての人間像に代わって、人間と非人間とがつねにすでに混ざり合う存在様態を提示してきた。この全てのものが一元的に関係し合う存在様態に対して、里見（二〇二二）は人類学の立場から、全てのものが部分的に繋がり合うことを意とする議論においてはその関係の外部を思考することが困難になるという問題性を指摘する。その上で、「『ネットワーク』（中略）といった用語に象徴される拡張的・一元的な関係論とは異なる議論のモード」として、ネットワークからの切断とその外部を思考する「ポスト関係論」の必要性を提起している（里見 二〇二二：一六六）。

この「ポスト関係論」の視点は、教育実践を理解する上でどのような思考を要請するであろうか。例えば先述した藤本（二〇二三）や筆者（馬場 二〇二三）は、授業において相互に依存する主体同士がつねにすでに作用し合う様相として授業を記述しようとする。しかしながら「ポスト関係論」の視点に従えば、一元的な関係性を前提とする異種混淆性の概念は、子どもが授業というネットワークから切断される契機や可能性、その自由を考えることから我々を遠ざけているのではないか。このように異種混淆性概念を対象化し、ネットワークへの接続と同時に切断を射程に収めようとする視点は、「対話的」や「協働的」な授業が求められる今日において、逆にその空間から切断されることの重要性を再提起するという、積極的な意義を有している。

なおこの「ポスト関係論」の提起に対しては、一元的な関係性を免れて接続／切断を記述しうる超越的な立ち位置がいかなるものでありうるかについて問いを付すことも可能であろう。この問いに対して、里見（二〇二一：三六四〜三六五）の立場に従えば、超越的な立ち位置は存在せず、切断を記述することによってはじめて外部が産出される。このように記述という営みは実践的な意味合いを有するがゆえに、教育実践をめぐっても一元的に関係し合う様態のみを記述することは、その切断の可能性を弱めかねない。

その意味では、一対多の対話である一斉授業の特質に関して、中田（一九九六：一八五）が「子どもたちは、教師の直接的なはたらきかけからある程度自由になって、自分なりの仕方で事柄について考えをめぐらすことができる」と言及していることについては、切断の可能性を拓くものとして理解できる。このように、異種混淆性概念の対象化作業から得られた「ポスト関係論」の視点は、これまでに言及され記述されてきた教育実践理解の蓄積についても再評価を迫ることになろう。

7．視点③――「関係的自由」としての教師の意図やねがい

最後に三つ目として、異種混淆性の概念を踏まえた上で教育実践における意図やねがいをどう位置づけることができ

るかについて検討したい。これまで参照してきた議論は、例えばアッサンブラージュといった形で、いずれも教育実践を人間と他者とが出会い、接続／切断する生成変化の場としてとらえてきた。その一方で、教育実践とは教育する側の意図やねがいを不可欠とするものである。とすれば、生成変化の創発性と教育実践に内在する教師の意図やねがいとはいかにして両立しえるのであろうか。異種のもの同士の出会いによって生じる創発的な変容こそが生成変化である限り、特定の変容のみを価値づけることは許容されえない。であるならば、その教師の意図やねがいは生成変化の創発性に委ねられるしかないのであろうか。

このように、異種混淆性の概念は、教育する側の意図やねがいを教育実践の中心に置く思考を遠ざける可能性をもつ。この点について考える上で、異種混淆性に依拠しつつも、同概念の対象化をも射程に収める「ポスト現象学」の議論が参考になる。

ポスト現象学とは、人間の志向性がつねにすでに技術と結びついていることを踏まえた上で、その志向性の水準から行為や世界を記述することをめざす立場である（フェルベーク 2011＝二〇一五）。ここにおける志向性とは、人間の知覚や行為の地盤であり、それらが世界に対して特定の仕方で差し向けられていることを指す概念である。例えば、ある教師がつい行ってしまう子どもへの声かけはその教師の志向性を表したものと考えられる。このようにポスト現象学は、ある行為を外形的な形式ではなく、人間の志向性という背景的次元から記述する点で、教育実践についても教師の意図やねがいを基点とした記述の可能性を有している。

しかしながらここにおける問題は、異種混淆性に依拠する限り、その意図やねがいが技術の作用を受けた受動的なものとして措定されざるをえない、という点にある。例えば先に述べたように、今日においてはＩＣＴ教材と教師との関係性について再考を迫られているが、この状況において子安（二〇二一）は、教師は自身の自律的な意図や判断に基づき授業におけるＩＣＴ教材の使用法を選択可能であり、選択すべきであると主張している。こうした従来の教育実践理解に対してポスト現象学に従えば、そもそも教師が授業へと向かう志向性自体が情報技術の作用を受けており、それゆえに教師の意図や判断は自律的なものでありえず、ICT教材との出会いによってつねにすでに変容させられていることを認識できるであろう。

この意図やねがいが被る受動性という問題に関して、ポスト現象学の立場に立つフェルベーク（2011＝二〇一五）は、技術と人間の間の異種混淆的な関係性を踏まえつつも、その主体の能動性を考えるために「関係的自由」という概念を提起している。関係的自由とは、技術との出会いによって変容する自身のあり方を自覚し、そのことが望ましいかどうかを配慮することを通じて、単に生成変化の創発性に身を委ねるのではなく、可能な限り技術との間に能動的な関係性を図ることを指す。

関係的自由の概念に依拠すれば、教育実践の理解をどのように更新することができるのであろうか。例えば教師がICT教材との間に築きうる自由とは、ICT教材を単に使用しないことでもなく、かつ教師の自律的な意図に従って使いこなすことでもない。教師とICT教材における関係的自由とは、自身の教育活動への志向性がその技術との出会いによって影響されていることを自覚した上で、そのことが教師として望ましいかどうかを可能な限り考慮しながらICT教材を使用していく（場合によっては使用しない）ことに他ならない（馬場・呉二〇二二）。

フェルベークはこの関係的自由という概念を人間と技術のより望ましい関係性として規範的に提起している。それに反して本稿では、関係的自由という概念に記述的枠組みとしての意義を見出したい。言い換えれば、ある人間が技術と出会い、悩みながら対峙した様相を記述可能にする枠組みとして、関係的自由の概念をとらえ直す。例えば、ICT教材を使用することによって協働的な学びを実施できるようになった教師の変容はどのように記述されうるか。「教師が従来からめざしていた協働的な学びがICT教材を通じて実現できるようになった」という教師の意図に還元した記述になるかもしれないし、「ICT教材の機能が教師に協働的な学びを実施させた」という技術に還元した記述となるかもしれない。しかしながら関係的自由という概念に依拠すれば、教師がICT教材と出会う中で従来から有していた自身の志向性を変化させつつ、その中でより良い教育実践を実現しようとして苦悩しながらICT教材に対峙する（場合によっては苦悩していない）姿がみえてくるのではないか。このように、教師の教育実践やその変容を、教師の意図やねがいを中心に置きながら、それらへの技術による影響も含めて子細にとらえるための視点として関係的自由は大きな意義を有している。

以上、異種混淆性は教育実践における教師の意図やねがいを捨象する可能性があり、そのことを対象化するポスト現象学の議論をみてきた。そこで産出された関係的自由の概念を、教育実践やその変容の実態をより細やかに記述するための視点として提起しておきたい。

8．おわりに

本稿では、異種混淆性の概念を通じて教育実践の理解がどのように更新されるかをみてきた。異種混淆性は、人間を異種のもの混ざり合う存在としてとらえる概念として産出されてきたものであり、「人間なるもの」についての規範的規定を回避するという点で教育学において受容される必然性を有していた。それゆえに教育実践を理解する上でも、当概念は、自律的個人ではなくつねにすでに互いに作用し合う中で変容し続ける存在として子どもや教師をとらえる視座として拡がりをみせている。その上で本稿においては、異種混淆性概念をめぐって今日展開される人文社会科学上の諸議論を踏まえて、教育実践の理解を更新し、新たな思考を要請する視点として、「多重性」、「ポスト関係論」、「関係的自由」の三つを析出した。

なおこうした異種混淆性概念についての検討が求められる事由は、人類学機械という理論的課題の克服に留まらない。今日、文部科学省令和三年答申「令和の日本型学校教育の構築を目指して」の内容にもみられるように、「個別最適な学び」等を通じた自己調整学習の実現が喧伝されて久しい。一連のカリキュラム改革において求められる子ども像は、不確実な状況においても自ら定めた目標に応じて自己選択・自己決定し、自身を的確にマネジメントできるアントレプレナー的主体として理解されるものである（竹内 二〇一五）。このことの問題性は、その「個別最適」な自己管理が既存の秩序において勝ち抜くため競争原理を内包したものであり、自己の変容を迫るような他者との出会いを困難にしてしまう点にある。

こうした社会的動向に抗するものとして、主体の変容をめぐる諸議論は重要度を増しており、異種混淆性という概念が注目を集めていることも同じ流れの中に位置していると考えられる。それだけに今後一層拡がりをみせるであろう当概念について、教育実践を理解するという教育学固有の立場から、先んじて理論的な検討を加えた点を本稿の成果としておきたい。

●引用文献

Aagaard, J.（2017）Introducing postphenomenological research：A brief and selective sketch of phenomenological research methods. *International Journal of Qualitative Studies in Education, 30 (6)*, 519-533.

安喰勇平（二〇二二）『レヴィナスと教育学』春風社。

遠藤薫（二〇二三）「「フランケンシュタインの怪物」との「善き社会」をめざして」石井英真・仁平典宏・濱中淳子・青木栄一・丸山英樹・下司晶編『教育学年報一三　情報技術・ＡＩと教育』世織書房、二一～四七頁。

奥野克己（二〇二二）『絡まり合う生命』亜紀書房。

金信行（二〇二一）「解説論文　経験的研究においてブリュノ・ラトゥールの理論はいかなる意義を持つのか」ラトゥール、B.&ウールガー、S.／立石裕二、森下翔監訳『ラボラトリー・ライフ』ナカニシヤ出版、二八九～三〇六頁。

Kusumi, Y.（2024）Actualizing concept without language：a diffractive analysis of educational practice for children with disabilities with handmade manipulative materials in Japan. *International Journal of Qualitative Studies in Education, 37 (4)*, 927-943.

久保明教（二〇一九）『ブルーノ・ラトゥールの取説』月曜社。

呉文慧（二〇二三）「教師はどのようにＡＳＤのある生徒と社会的相互作用を成立させているのか」『質的心理学研究』二二、七〜二四頁。

子安潤（二〇二一）『画一化する授業からの自律』学文社。

逆巻しとね（二〇二三）「「とんでもなくもつれあっているのに全然違うし」」『現代思想』五一（三）、青土社、一三七〜一五〇頁。

里見龍樹・久保明教（二〇一三）「身体の産出、概念の延長」『思想』一〇六六、岩波書店、二六四〜二八二頁。

里見龍樹（二〇二二）『不穏な熱帯』河出書房新社。

Ceder, S. (2019) *Toward a Posthuman Theory of Educational Relationality*. London & New York : Routledge.

杉田浩崇（二〇二二）「情報技術社会における統治性に接ぎ木されない主体像」石井英真・仁平典宏・濱中淳子・青木栄一・丸山英樹・下司晶編『教育学年報一三　情報技術・ＡＩと教育』世織書房、一九三〜二一一頁。

鈴木和歌奈（二〇二〇）「実験室から「相互の係わりあい」の民族誌へ」『年報　科学・技術・社会』二九、三一〜二九頁。

Snaza, N. & Weaver, J. (eds.) (2015) *Posthumanism and Educational Research*. New York & London : Routledge.

竹内常一（二〇一五）「生活指導におけるケアと自治」竹内常一・折出健二編『生活指導とは何か』高文研、七三〜一〇八頁。

チン、Ａ．（2015＝二〇一九）赤嶺淳訳『マツタケ』みすず書房。

中田基昭（一九九六）『教育の現象学』川島書店。

根本達（二〇一八）『ポスト・アンベードカルの民族誌』法藏館。

馬場大樹・呉文慧（二〇二二）「教師とＩＣＴ教材の関係性を再考する」『神戸大学大学院人間発達環境学研究科研究紀要』一六（一）、四七〜五八頁。

馬場大樹（二〇二三）「社会的論争問題学習において子どもの政治的主体性はいかにして育つか」『教育方法学研究』四八、一三〜二三頁。

ハラウェイ、Ｄ．（1991＝二〇一七）高橋さきの訳『猿と女とサイボーグ』青土社。

ハラウェイ、D．（2008＝二〇一三）高橋さきの訳『犬と人が出会うとき』青土社。

ビースタ、G．（2010＝二〇一六）藤井啓之・玉木博章訳『よい教育とはなにか』白澤社。

フェルベーク、P．P．（2011＝二〇一五）鈴木俊洋訳『技術の道徳化』法政大学出版局。

藤本和久（二〇二三）「「教室での学び」の問いなおしと教育方法学研究の課題」日本教育方法学会編『新時代の授業研究と学校間連携の新展開　教育方法五二』図書文化社、二四～三七頁。

ブライドッティ、D．（2013＝二〇一九）門林岳史訳『ポストヒューマン』フィルムアート社。

丸山恭司（二〇〇〇）「教育において〈他者〉とは何か」『教育学研究』六七（一）、一一一～一一九頁。

丸山恭司（二〇〇一）「教育・他者・超越」『教育哲学研究』八四、三八～五三頁。

モル、A．（2002＝二〇一六）浜田明範・田口陽子訳『多としての身体』水声社。

矢野智司（二〇〇八）『贈与と交換の教育学』東京大学出版会。

Lenz Taguchi, H. (2011) Investigating Learning, Participation and Becoming in Early Childhood Practices with a Relational Materialist Approach. *Global Studies of Childhood, 1* (*1*), 36-50.

Rosenberger, R. (2014) Multistability and the Agency of Mundane Artifacts : from Speed Bumps to Subway Benches. *Human Studies*, 37, 369-392.

座談会

教育哲学・教育思想史・教育人間学
——線を引くこと、その線を消すこと

●参加者
下司　晶　本誌編集委員
関根宏朗　明治大学
尾崎博美　東洋英和女学院大学

はじめに

下司　『教育学年報』第三期の編集委員会において、「教育哲学と教育思想研究はどのように異なるのか?」が何度か話題になりました。このような疑問が出るのももっともなことで、私が『教育学年報』一一号で教育哲学分野の動向をレビューした際には、教育哲学・教育思想史・教育思想研究を明確に区分しませんでした——この整理だけでかなり紙面を割いてしまいそうでしたので。その反省から、この度の一五号という区切りに、教育哲学関連領域の区分と特徴について読者にイメージしてもらいたいと思い、この企画を立ててみました。また同じく、一一号の教育哲学を巡る座談会では、編集委員の青木栄一さんから「教育哲学分野で優れた論文とはどんな論文でしょうか。たとえば、二〇一〇年代にブレイクスルーを果たした優れた論文はどんなものですか」という

問いかけがありました(1)。本書に収録した編集委員の座談会では、一例としてガート・ビースタの名前を挙げているのですが、国内では、突出した一本が殻を破るというのではなく、比較的若い世代による注目すべき研究が同時多発的に数多く生まれてきており、全体として概観すると、二〇一〇年頃までと二〇二四年現在では、教育哲学の趨勢が大きく変化しているのではないかと思いましたので、そうした動向も紹介していきたいと考えました。

とはいえ、いずれの問いも私一人では手に余るので、勝手ながら関根宏朗さん（明治大学）と尾崎博美さん（東洋英和女学院大学）にお力添え頂くことにしました。関根さんは『教育学年報』一四号に丸山眞男論を寄稿して下さいましたが(2)、これはまさに教育思想史的な手法のお手本になるような論文だと思います。かたや尾崎さんが二〇二三年の教育哲学会の研究討議「ヒトから教育を問う」で展開した論は、教育哲学の一つの範型といえると思います(3)。

もちろん以上は私の理解ですので、関根さんと尾崎さんには、教育哲学、教育思想史、教育人間学といった関連分野の特徴と差異について、また、ご自身の研究をどのように位置付けるかという話も含めて伺っていきたいと思います。お二人とも、どうぞよろしくお願いします。

関根・尾崎　よろしくお願いします。

下司　研究分野の話題に入る前に、はじめに研究の「器」である学会の話をしたいと思います。

主な関連学会は、教育哲学会（一九五七年創設、会員数六〇〇名程度）と、教育思想史学会（近代教育思想史研究会として一九九一年創設、一九九七年学会化、会員数三〇〇名程度）の二つです。また、教育思想史学会創設以後は減ってしまいましたが、かつては教育史学会も一定程度、教育思想研究を含んでいました。大まかにいえば、教育哲学会―教育思想史学会―教育史学会の順で歴史寄りになっていきます（日本教育学会のような包括的学会や、日本デューイ学会、日本ペスタロッチ・フレーベル学会などの特化型の学会は割愛します）。教育思想史学会は、設立当初は教育哲学と教育史の架け橋のような存在でしたが、現在では教育史研究者は減ってしまって、教育哲学研究者が多くを占めています。理事や編集委員も、教育哲学会と教育思想史学会で重複している方が多いです。ただし、教育思想史学会は理事を六五歳で定年としていますので、理事会は教育哲学会より少し若いですし、研究会から出発したこともあって議論を大切にする気風があり、教育哲学会に比べるとフランクというか、敷居が低い印象があります。教育哲学会は、そこに所属することが教育哲学者としてのアイデンティティになっている面もありますが、おそらく教育社会学会や教育史学会もそうだと思うのですが、そこで発表をして投稿した論文が学会誌に掲載されることで専門家と認められるという、若手にとっての登竜門的な意味もあります。

私も関根さんも尾崎さんも、教育哲学会、教育思想史学会を中心に活動していますが、両学会員には、海外の学会で発表を行う人も少なくありません。尾崎さんも海外の学会に積極的に参加されていると思います。尾崎さん、海外の関連学会についてお教え頂けますでしょうか。

尾崎　国際的には、まず各国の教育哲学会があります。イギリス教育哲学会（Philosophy of Education Society of Great Britain : PESGB）、アメリカ教育哲学会（Philosophy of Education Society : PES）等です。また、国の枠を超えた教育哲学の学会があり、International Network for Philosophers of Education（INPE）やThe Philosophy of Education Society of Australasia（PESA）等では日本人研究者の参加、発表も増えています。PESA2023では、（日本の）教育哲学会から学会の各委員や若手研究者が参加して、日本の教育哲学研究の動向を紹介するSpotlight Panel presentation "Education in Japan: Activities, Challenges and Doing Philosophy of Future Perspectives" が開催されています。私も教育哲学会の「次世代育成企画委員会」の活動について報告をさせていただきました。また、二〇二四年は韓国教育哲学会が創立六〇周年のメモリアルイヤーを迎えて記念シンポジウムが開かれるということで、（日本）教育哲学会からも報告者が登壇します。近年、各国の若手研究者の交流の場にもなってきているようですね。

下司　少し補足をしますと、教育哲学会の「次世代育成企画委員会」は、いわゆる若手育成の委員会ですね。今井康雄代表理事（当時）の発案によって、小野文生さん（同志社大学）と生澤繁樹さん（名古屋大学）と私で立ち上げたのですが、学閥や年代を超えた交流の場をつくることを目指してきました(4)。現在は、尾崎さんが委員長を務めておられます。国際交流は学会での活動があることはもちろんなのですが、それに留まらない輪も広がっていきてますね。

関根 今年二月に明治大学でお二人とともにお目にかかりました教育哲学者のChoi Seung-Hyunさん（韓国・忠北大学校）が、近代教育思想やその後のポストモダンの両価性をめぐって日韓の教育哲学にはかなり問題意識を共有しているところがあるとおっしゃっておられました。ともすると相対的にドメスティックな傾向性が強かった教育思想の分野においても、そうした問題意識の重なりを足場に、国際的な交流がいよいよ進みつつある印象です。

下司 そうですね。いわゆる横文字を縦にするというような、「輸入学問」の時代ではなくなっているのかなという印象です。日本を論じる際にも、かつては先進的な西洋と後進的な日本・東洋という二元論から、オリエンタリズムを内面化したように、日本の特殊性、儒教や仏教や東洋的なるものに自分たちをはめ込んで語る論じ方がよくみられましたが、現在では諸外国とも、似たような課題を抱えた者同士ので対話が形成されつつあるのかなと思います。大変ありがたいことに、Choiさんは、拙著『教育思想のポストモダン』を韓国語に翻訳して出版して下さいました(5)。それはまさしく、私たちが近代化・近代教育という同じ課題を抱えるからこそなのではないかと思います。

専門分野とポスト

下司 次に、専門分野の話ですが、教育哲学、教育思想研究、教育思想史に加えて、教育人間学という分野もあります。

私自身は、教育哲学の看板を掲げていますが、方法論は教育思想史だと思います。博士論文では、一九世紀末から二十世紀中庸にかけて、精神分析における子どもを巡る言説がどのような変遷をたどったのかを示しました(6)。S・フロイトやユングにおいて、人類の先史時代との関係から捉えられていた子ども（期）やエディプス関係は、次第に父‐母‐子の家族関係に閉じていく。この際に意識していたのは、フーコー的な思想史です。思想史は、テクストの歴史的背景を重視しながら、時間軸を入れて思想のダイナミックな変遷を描くものだと私は考えています。テクストの書かれた歴史的なコンテクストにとらわれない、教育哲学的な論文を書くこともありますが、歴史を絡めないと少し決まりが悪く感じます。また、道徳教育や教員養成といった現代的テーマについて論じることもありますが、丸山眞男風にいえばそれらは「夜店」で、教育思想史が「本店」だとアイデンティファイしています。お二人は、ご自分の研究をどのように位置付けていらっしゃいますか?

尾崎　私も専門分野は教育哲学ですと説明することが多いです。教育の営みを対象として哲学を方法とするということになると思いますが、特に言葉・概念の使い方やそれらの仕様が教育の営みにどのような影響を与えているかという点に焦点を当てています。博士論文では、教育の営みにおける「教育目的」の位置付け、在り方、語られ方とその影響、機能や役割等を分析しました(7)。特に分析的教育哲学、ジェンダー論、多文化論、ケアリング論などから「教育目的」の概念的な問い直しを試みる中で、改めて「教育」を語る「ことば」がもつ、教育実践や教育理論に対する暗黙的な影響力を実感していま

す。もちろん、言葉・概念自体が歴史性をもつものですから、思想史的な視点は重要です。「教育目的」という言葉・概念の在り方を個人的視点から関係的視点への変遷として検討してもいます(8)。

関根　自身の研究の位置付けとあらためて問われると、これまで自己規定を疎かにしてきたツケが廻ってきたと申しますか、その厳密な言語化につき難しさを感じてしまいます。最初の学問的な訓練を教育人間学講座で受けたという経緯やその自由な学際性へのシンパシーから、所属先の大学ウェブサイトの教員紹介欄には専攻を教育人間学・教育思想と記載しております。また教職課程で道徳教育の授業を請け負っていることもあり、ここに道徳教育学と付け加えたりもしています。率直にいうと、ここで教育思想史ではなく教育人間学・教育思想と自認しているのは、そこに「史」の一文字を付けるほどに史資料の発掘・読解に深く向き合えているか甚だ自信がなかったからです。もともと大学院において私は、社会心理学者エーリッヒ・フロムのヒューマニスティックな人間形成論の哲学的再検討から研究をスタートしました。博士論文では理性と自然の葛藤というフランクフルト学

派的な構図を下敷きにしつつ、それらのあいだの政治的位相を問い直す思想としてフロムの著作群の再構成を試みたのですが、そこではフロムが示した人間学的な思考や諸概念のユニークさをテクスト・コンテクストのうちに読み出すことにこそ関心がありました。他方で方法論的には、公刊された著作のみならず遺稿や対話、講演録など、マイナーなテクスト群にも目を向けること、そしてとくに諸概念の位置づけに係りテクストとコンテクストを照らし合わせることには強く留意していましたし、全体主義批判への関心から考察の対象を丸山眞男やその周辺へとシフトした現在もその点は変わらないと考えています。その意味では、やや口幅ったいのですが、思想史的な手法を部分的に取り入れた教育哲学研究と言えるかもしれません。

下司　うっかりしていました。今の関根さんのお話を伺って気づいたのですが、専門分野については、いくつかのレイヤーがありますね。第一に、自称するところの専門分野。第二に、出身研究室。どのようなディシプリンを学んだか。第三に、現在所属する大学等でのポスト。いってみれば第二は研究者としての側面、第三は教育者としての側面で、両者のバランスを取ったものが、第一の自己規定、アイデンティティになるのではないかと思います。

ポストと専門分野の関連はかなり重要で、旧帝大などは専門科目だけを担当すればよいかもしれませんが、教育学者の多くは教職課程科目を担当しますから、私立大学の教育学科等、国立等の教員養成学部、他学部の教職課程など、所属組織によって立てられる看板も異なります。せっかく就職できても教育哲学関連の授業を担当できない、というか、そもそもカリキュラムに教育哲学関連科目が存在しない大学も少なくありません。教育哲学者が担当する教職科目は、「教育の理念及び歴史」、「道徳教育の理論と方法」などが多いので、関根さんのご専門の一つに、道徳教育学とあるのもそういう理由でしょうし、私もお二人と一緒に、道徳教育のテキストをつくらせて頂きました(9)。ポストによっては、幼小中高の教育実践にも関わることもあります。ただ、教育哲学の場合、教員養成における立ち位置がかなり悩ましいですよね。教育社会学や教育心理学であれば、実証的なデータを出せるわけですが、教育哲学は何ができるのか？

といわれると苦しい。だからこそ、教育哲学のアプローチが多様になっている面もあると思います。

教育哲学と教育思想

下司 さて、本論の中心的な問いに入っていきましょう。まずは教育哲学から。お二人は、教育哲学とはどのようなものだと考えておられますか。

尾崎 「教育哲学」とは何か、という問い自体が研究者のなかで自覚的に問われてきた、という点を指摘しておく必要があるかと思います。二〇二三年に教育哲学会編の『教育哲学事典』が刊行されましたが、同書では「教育哲学には明確なディシプリンがない」[10]と述べられています。こうした捉え方は、「教育思想」と「教育哲学」の関係性から惹起されているとも言えます。たとえば、教育哲学会初期に代表理事を務めた村井実は、「教育」や「教育問題」の「問い方」には二種類あるとして、一つは「どう教育するか」と問う形であり、もう一つは「教育とは何か」と問う形であると分類します。そのうえで、前者を「思想的態度」、後者を「科学的態度」と呼びます。ここでの「科学的態度」は、「教育についての論、あるいは教育思想についての論」を展開し、「教育思想」を論じる対象とした、すなわち「メタ的性格の議論」とされています[11]。ここで村井は「教育哲学」という言葉ではなく「教育の科学」という言い方をしていますが、論じる対象としての「教育思想」と、論じる方法としての「教育哲学」という捉え方は、その後も引き継がれていくように思います。

下司 対象としての教育思想と、方法としての教育哲学という対比はわかりやすいですね。とはいえ、例えば分析哲学や現象学などの哲学を方法として用いて、教育概念や教育実践を研究の対象とする場合もあるかと思います。それらは教育哲学ではあるけれども、教育思想研究や教育思想史研究ではないということになりますね。また、村井がどのような意味で「科学」という言葉を用いたのかについては、戦後教育学における「科学」という用語の位置づけなど、当時の文脈を踏まえて考える必要があるかと思います。では、研究の方法としての「教育哲学」がもつ特徴とはどのようなものでしょうか。

尾崎 「教育哲学」自体の捉え方が変遷していることを

踏まえてになりますが、シンプルに言えば、「教育」を論じる上で「哲学」の手法をとる点にあると思います。例えば、デューイは著書『民主主義と教育』（1916＝一九七五）のなかでヨーロッパの哲学思想の流れが教育実践の理論として生じたとみなし、哲学と教育とは密接な関係を有するがゆえに、「教育哲学」は、根本的に異なる起源と目的を持つ実践体系に、既存の諸概念（ready-made ideas）を外的に適用することではないといいます。そして、それは「その時代の社会生活の諸困難との関連において正しい知的および道徳的習慣を形成するという問題を明瞭に示」すとし、「哲学」を「教育についての一般的理論」（the general theory of education）であるとさえ言います(12)。ハーバード大学で教鞭をとったI.シェフラーは著書『教育のことば』（1960＝一九八一）のなかで「本書の目的は、哲学的な手法を用いることによって、教育の思想や議論のある一般的な特徴を明らかにする」ことであるといいます(13)。さらに近年のケアリング論で知られるN.ノディングズは著書『教育の哲学』（1998＝二〇〇六）のなかで「教育哲学は教育とその問題についての哲学的研究である。……教育哲学の中心的な題材は教育であり、その方法は哲学の方法である」と明言しています(14)。「哲学」の一分野としての「教育哲学」という独立したディシプリンがあるというよりは、「教育学」のなかに「哲学」を手法とする「教育哲学」があると捉えられるかと思います。

下司　「教育哲学」のアイデンティティに関わる非常に重要な観点ですね。『教育学年報』一一号で日本教育史の動向をまとめた柏木敦さんは、教育史研究者は歴史学ではなく教育学の鍛錬を積むとのべてますが、教育哲学者も、哲学を学んでその応用として教育を語るというより、最初から教育学の一部の「教育哲学」を学ぶことが多いと思います。それに対して、例えば教育社会学は、sociology of education か educational sociology かという区別はあるものの、方法論としてはほぼ社会学の基準を用いている。educational sociology が教育学的な実践性や有用性を求められるのに対して、sociology of education は、あくまで社会学の立場から教育を対象とするもので、教育学としての実践性や意義を求められることはない。だから、うがった見方かもしれませんが、教育社会学者は社会学コンプレックスが根深い気がしていて、教育学部（学科）の教育社会学のポストではなく、文学部や社会科学部などの社会学のポストに就いてsociology of educationをやる方が偉い（?）、と暗に思っているようで、実際、そんな話を聞いたこともあります。それで、そういうポストに就くと、教育とは別の対象を研究しはじめたりしがちで。

しかし教育哲学は、「親学問である哲学の教育という対象への応用」とは必ずしもいえません。教育哲学は、国民国家によって学校教育制度が形作られ、教員養成制度が整備されるなかで、独自の発展を遂げてきたからです。この事情を、山名淳さんは「ガラパゴス化」と称しています(15)。もっとも、哲学がパルマコンであるように、教育哲学は一方では教育学自体の根幹でもありうるし、同時に獅子身中の虫ともなりうるので、教育学のなかでの立ち位置は微妙ですね。敬して遠ざけられている印象があります。いや、教員養成学部に教育哲学のポストがなかったりするので、敬われてはいないかもしれないですね。それはそれで若干のアウトサイダー感があって私の趣味には合うのですが。あ、愚痴になってしまいました。すみません。

気を取り直して、尾崎さんは、教育哲学、あるいは哲学的な手法を用いる教育学とはどのようなものだとお考えでしょうか。

尾崎　もう一度シェフラーをひくと、彼は「哲学的研究という概念は、一方で哲学的問題の研究、あるいは哲学的手法を用いることを意味することもあれば、また他方では哲学的問題を探究する者あるいは哲学的手法を用いる者のなし遂げた仕事についての歴史的研究を意味することもある」として、前者を自身の研究（教育哲学）としています。ひょっとすると、この後者が「教育思想史研究」と言えるかもしれません。また、分析的教育哲学で知られるR．S．ピーターズは著書『現代教育の倫理』（1966＝一九七一）のなかで、哲学研究の方法は「諸概念のきびしい境界設定、知識の諸概念の執拗な解明、さまざまな言説形式の諸前提の根気強い解明」としています(16)。こうした点からすると、「一般化」と「概念の分析」が哲学的手法の中心にあるといえると思います。だからこそ、「一般化」や「分析」の捉えられ方自体が変化する中で、「教育」を対象とする「哲学」的手法も変化している（きた）といえます。

下司　どのような変化でしょうか。

尾崎　教育学のポストモダン状況を専門的に論じられている下司さんにお伝えするのは釈迦に説法もいいところなのですが、まさに「一般」「普遍」「中立」といった世界の説明の仕方自体が疑義を呈されたことが大きいと思います。村井が説明に使用した「科学」という手法さえもが、現在では世界を説明する万能の視点ではなく、特定の文脈を必要とする語り方の手法として捉えられているでしょう。この状況を踏まえると、日本における「教育哲学」研究が「教育思想史」研究と接近または重複してきたことは必然的であるとも言えます。なぜなら「哲学」的手法で問われる対象であった「教育思想」自体が、多様な解釈や文脈に立脚するものであり、歴史的視点なくして概念分析は成立しえないことが共有されつつあるからです。それは、たんなる概念史の年表づくりではなく、概念の変化や新たな概念の創出を伴うような「教育思想史」研究であり「教育哲学」研究であると考えます。近年、日本の教育哲学とイギリスの〝Philosophy of Education〟との比較を踏まえ、ピーターズらの分析的教育哲学を再検討する、三澤紘一郎さんらの研究がありますが[17]、こうした展開もまた、「概念」や「分析」を問う研究の再提示であるといえます。

下司　確かに哲学は、特に分析哲学などに典型的なように、概念や言語の使用を厳密にすることで、普遍的な世界記述を目指してきたわけですが、現在では、そうした概念や言語さえも歴史的なものであるというふうに理解が変わってきたわけですね。であるとすると、やはり教育哲学と教育思想史との違いが問題になりますね。

尾崎　あくまでも「あえて」ですが、方法論としての「教育思想史」研究は、やはり教育思想（家）の関係性や系譜の検討・捉え直しを踏まえた、教育思想家によるテクストの分析に力点があるように思います。これに対して、方法論としての「教育哲学」研究は、「教育」や「教育思想」の捉え方がより広い（あるいは曖昧）です。村井は、「教育思想とは、基本的に子どもたちを『善く』しようとする人間の意欲から始まる、その意味での、万人のものでもあり、多種多様でもありうる、きわめて開かれた思想と考えなければならない」といいます。その意味で、「教育哲学」研究は、実践・臨床・言説等を対象として、それらを語る（分析する）ことで、新たな言語・概念を創出していく試みであると言えます。結果的には、「語られざるもの」や「特定のルールや領域のなかでのみ語られてきたこと」を「語りうる」ものとするという意味での「一般化」を通して、対話の可能性を拡げていくところに、「教育哲学」研究の役割の一つがあるように思います。

教育思想史という方法

下司　ありがとうございます。では次に、教育思想史について議論したいと思います。教育思想史学会は、「教育思想史の独自性とは何か」を常に問い直していて、定期的にそういったシンポジウムが開催されます。教育哲学会に比べて教育思想史学会の方が後発だから、差別化が必要なのだと思います。教育思想史の前身である近代教育思想史研究会の初代会長だった原聰介さんは、会の創設から約一〇年を経てのシンポジウムにおいて、「教育思想史は方法的に固有の専門性を持つ研究領域である」と、ディシプリンとしての教育思想史の独自性を確認しています(18)。そして創設約二〇年のシンポジウムでは、教育哲学（会）と教育思想史（学会）の線引きが曖昧になっている点を危惧して、以下のように述べています。やや引用が続きますがお許し下さい。

第一に、方法論としては、「教育現実にいきなり切り込んでいくことは、仮に教育哲学会の仕事ではあっても、思想史学会の仕事ではない。教育思想史は、思想史へ迂回する方法である」とされます。「教育哲学はさまざまな通説的根拠を奪いながら縦横に新しい思考を構築していく作業（中略）であり、その内容もさまざまでよい。しかるに、教育思想史学はそのうち歴史的根拠を問う仕事であり、そこに研究を特化していくためにあるはずだった」。ここで「はずだった」といわれているのは、この時点で教育哲学（会）と教育思想史（会）の区別が曖昧になっていることに危機感を抱いての発言ですが、さらに興味深いことに、ここでは教育思想史は教育哲学のブランチのように位置付けられています。第二に、学会としては、教育思想史学会の会員の多くは教育哲学会にも所属していることから、二つの学会の差異を明確にする必要がある、と。しかも、それは教育哲学会ではなく、教育思想史学会がなすべき仕事であるとのべています。

「本学会［教育思想史学会］の存在理由は、とりわけ、筆者［原］もその会員であるところの、教育哲学会との関係において問われてくる」。「棲み分けは、教育哲学会にとっては必要ではないとしても、教育思想史学会にとって必要なのだ」(19)。以上のように、ディシプリンとしても学会組織としても、教育思想史のアイデンティティ・クライシスをかなり懸念しています。

私自身は、教育思想史の方法論としての独自性は認めつつも、現実を捉え直す観点が強ければ教育哲学でもあるだろうし、実証主義的側面が強ければ教育史研究でもありうると思うのですが、それは作用としての側面かもしれません。いずれにしても、思想を歴史的文脈で捉えることが特徴だと思います。もっとも、何を教育思想史と考えるかは、研究者によって異なるでしょう。

なお、思想史といった時に海外の研究でまず思い起こされるのは、クエンティン・スキナーやアーサー・ラヴジョイだと思いますが(20)、現代日本の教育思想史研究は、そうした海外の手法の輸入ともいえない。というのも、明治期に輸入された教育学自体が、教育思想史を含んでいたからです。開国した日本が西洋に学んだ教育学は「史哲」（教育史・教育哲学）でした。今でいえば教育方法学に位置付けられるような研究も、ペスタロッチやヘルバルトの思想でした。また、教育学の自己規定自体が、ヘーゲル流の精神史のように、過去から現在に至る発展史として描かれます。これが後の教育思想史研究につながると思いますが、このあたりはもう少しきちんとした検証が必要なので、それは別稿とさせて下さい。

では改めて、教育思想史とは何か。現代の教育思想史研究者は、教育思想史をどのようなものと規定するか。これは一般にはあまり知られていないことだと思いますのであえて開示しますが、教育思想史学会では毎年、理事たちが一堂に会して、この問題をかなり熱く議論します。しかし、それはクローズな場であるために一般にはあまり知られていません。というのも、教育思想史のアイデンティティを、それ相応のキャリアのある理事たちがかなりの熱量を持って議論するのは、奨励賞の選定の場においてだからです。教育思想史学会にも教育哲学会にも若手研究の奨励賞があるのですが、教育哲学会では、『教育哲学研究』に掲載された論文だけを対象にします。ですから候補作は最初から教育哲学研究に限定されているわけです。それに対して、教育思想史学会の奨励賞は発表媒体を問いません。賞としては教育思想史学会の方が歴史がありますが、教育思想史学会の機関誌である『近代教育フォーラム』に掲載される投稿論文が少ないこともあり、『教育哲学研究』掲載論文が受賞することも少なくありません。

教育思想史学会奨励賞の選考には、候補者と指導関係にない全ての理事が関わるのですが、「この論文ははたして教育思想史研究といえるのか」がいつも問題となります。二〇二四年の選考には私は前出の理由から参加していないのですが、講評で「教育思想史とは何か」に対する学会の考えが比較的まとまって語られているので、紹介したいと思います。「授賞に値する論文は、他ならぬ『教育思想史』学会の賞である以上、単なる『思想研究』ではなく、その思想が何らかの歴史的コンテクストにおいて検討されている必要があるが、加えて、その思想史的検討を通じて、何らかの大きな原理的な問いに関して新たな視角が開かれていることが望ましい」。加えて、近年の若手の研究がやや拙速になっているのではないかという懸念とともに、「思想史的検討を通じて大きな原理的問いに正面から挑む、いわばアンビシャスな論文」を求めているということが記されています（文責：選考委員会委員長［学会長］西村拓生(21)）。

関根　学会奨励賞のフォーマルな講評として学会長が執筆しさらに理事会・選考委員会が承認した文章において、図らずもこのように明確な自己規定が顔を出している事実は、とても興味深いですね。ある思想が①「歴史的コンテクストにおいて検討されている必要」とともに、②「何らかの大きな原理的な問いに関して新たな視角が開かれていること」まで求められるとなると、この両立はなかなか骨が折れそうです。純粋に②の視点だけだと、これは優れた教育哲学研究という位置付けになるのでしょうか。また①だけだと不充分な教育思想史研究ということなのか……?　いずれにしても、このマッチョな自己規定は、このところの『近代教育フォーラム』の採択率の低さとも関係しているようにさえ思われます。

下司　確かに、『近代教育フォーラム』の採択率は低いですね。三一号（二〇二二年）一本、三二号（二〇二二年）掲載なし、三三号（二〇二三年）掲載なし。年に一回の刊行で「掲載なし」が続くのは寂しいですね。教育思想史学会には一般研究発表が存在しないために、アドヴァイスがもらいにくいし、模範となる論文の母数が少ないという問題もあるかもしれませんが、やはり方法論上の問題もあって、思想研究でもあり、歴史的でもあるという両輪を成立させるのは、特有の難しさがあると思います。

それから、②「何らかの大きな原理的な問いに関して新たな視角が開かれていること」については、若干高望みのような気もしていて、ある程度のキャリアがあってシンポジウムなどに登壇する場合は、あまり緻密な論証をせずに大きなことがいえますが、若手が書く投稿論文では、そうそう大きなことはいえないですよね。むしろ大学院では論文作法として、問いを小さくすることを学ぶわけですから。「奨励賞」なので、もっとエンカレッジしてもよい気もしますが、最近の若手は業績作りに追われていて、大きな問いを掲げにくいという点を問題視していることも理解できます。私も、いわゆる若手の論文を読んでいて「小さくまとまろうとしてもったいないなあ」と感じることがあります。

また①思想が「歴史的コンテクストにおいて検討されている必要」という点でいえば、思想の歴史的検討は、教育思想史学会が成立する前には、教育史学会で発表されることも多かったですね。でも今世紀に入ってから、教育史学会では思想研究だけでなく西洋の研究自体が減ってしまったし、歴史的な思想研究も教育哲学会で発表されることが多くなった印象があります。

関根 さきほど学問のアイデンティティについてお話しになったときにも少し触れられていましたが、概して教育史分野が、より純粋に史料を追求するような傾向性を強めているのかもしれません。本誌第一一号で教育史家の岩下誠さんは、「歴史学にとって第一義的なことは素材を提供することで、新たな概念で歴史像を描き直したり、実証研究を参照しながら理論化したりするのは、実証研究とはひとまず別の水準の仕事で、たとえば教育思想史の仕事なのだと思います」とおっしゃっておられます(22)。

下司 教育史研究者はレンガを焼いているだけで家を建てない、という批判への応答ですね。でも「理論化」はともかく、「新たな概念で歴史像を描き直」すのは教育史研究の役割だと思いますが……。通説を問い直すというか。

関根　「レンガを焼く」のメタファーの初出は廣田照幸先生の論文でしたが、なんとも納得感があります。なおこの岩下発言に関連して、西洋教育思想史についての大部かつ包括的な教科書を編まれた真壁宏幹さんは、「教育思想史研究とは、その字面とは異なり、実証的な事実誌研究としての教育史にではなく（……）、教育哲学に属する教育研究なのである」と明快に整理されていますので。こうした理解に共通しているのは、先の「講評」のことばを借りるならば、①というよりもむしろ②にその本義が置かれているという教育思想史のイメージでしょうか。

下司　そうですね。とすると哲学寄りなのですが、②「何らかの大きな原理的な問いに関して新たな視角が開かれていること」という条件を満たすには、教育哲学でも、教育思想史でも、「一次資料の新しさ」とともに、「先行研究から構成する読解枠組みの新しさ」が必要だと思います。これは論文のイロハのようなものですが、一次資料――歴史学とは異なって、哲学者や思想家の書いたテクストという程度の意味です――は、海外の文献では邦訳だけ、日本の研究では著作集に収められているものだけでは十分ではなく、自分で新たな資料を開拓する必要がある。これまで使われていないレンガを自分で探して、どこかから持ってくる必要があると思います。また、分析の枠組み、いわば家を建てる工具も、海外の最新の研究を参照したり、注目されず埋もれている研究を発掘したり、複数の文献から視点を構成したり、いずれにしても先行研究の批判的な検討を通して、新規性を出す必要があります。いわばエッジを立てるわけですが、それは既存の研究を単に否定したり、最新の流行拙速に飛びついたりすることではない、というのがなかなか伝わりにくいのですが。

その意味で、『教育学年報』一四号に掲載された関根さんの丸山眞男論「丸山眞男の教育思想・序説」は(24)、思想史のお手本のようですね。

丸山眞男と日本の思想史

関根　「お手本」など、とんでもありません。本誌前号に掲載させていただいた拙論の執筆においては、なにより東京女子大学に附置された丸山文庫のスタッフによる精細な手稿の整理に多くを負っており、また同時代のコンテクストにたいする考察もかならずしも十分に深められておりません。そのため、タイトルも「丸山眞男の教育思想・序説」とし、意識的に「……教育思想史・序説」とはしませんでした。あくまで思想史的な方法論を一部取り入れた教育哲学研究であるという認識です。

「お手本」的な思想史研究と聞いて私が思い浮かべるのは、たとえば最近の著作だと桑嶋晋平さんの『勝田守一と京都学派』(25)です。戦後教育学および発達教育学の首魁たる勝田守一の思想形成のうちにいわゆる京都学派からの影響をていねいに読んだ労作ですが、その過程で桑嶋さんは、勝田が戦前期に松本高等学校に勤めていた際の講義録（一九三五年度）及び講義プリント（一九四〇年度）を当地の旧制高等学校記念館の所蔵資料のなかに「発見」し、それらを用いて見事に自説を補強されています（同、第三章）。

下司　歴史家がレンガを焼き、思想史家が家を作るとすれば、関根さんのように整理された資料（レンガ）に依拠してもよいと思いますが、確かに桑嶋さんの研究は、論理的に組み立てられているのは当然のこととして、その前提として「足で稼いで」資料を発掘しているところが説得力につながっていますね。レンガを焼いて家を組み立てている。

関根　先にふれた真壁さんも言及されているのですが、「（教育）思想史とは何か」という右記の論点によせて、丸山は一九六〇年一〇月、国際基督教大学にて開講されたオムニバス講座においておそらく初めてメタ的に思想史の方法論的な縁取りを図っています――「これまで思想史とは何ぞやとか、思想史の方法の問題について論文を書いたこともなければ、実はそういうテーマについて公の席で話をするのもこれが初めてなのです」(26)。ここで丸山は一九六〇年当時の日本にて大学に「思想史」講座のポストが少ない状況を嘆きつつ、キリスト教やマルクス主義などの「教義史」、進歩だとか「いき」の構造」などといった「観念の歴史」、近代イデオロギーや国民思想などの「時代精神の歴史」の三つの系譜を手際よく類型化するとともに、この二つ目と三つ目の類型のうちにこそ「固有の意味での思想史」の自覚を看取っています(27)。顧みれば、近代教育批判という「思想運動」を自認して始まった(28)わが国の教育思想史学会は、丸山のこの類型の三つ目に足場を置いており、他方で伝統的に思想家の観念の精緻な読解へと重きを置く教育哲学会では相対的にこの二つ目の方が重く見られてきたと、ひとまず大まかな区分けを行うことができるかもしれません。

下司　非常に興味深い話です。というのも、教育思想史学会の前身たる近代教育思想史研究会が目指した「近代教育学批判」とは、丸山眞男や大塚久雄に代表される戦後市民社会派、そしてそれを引き継いだ戦後教育学の近代観への異議申し立てだったからです。つまり、近代観としては異なるのだけれども、方法論としてはむしろ丸山に近い？

関根　私もそう考えます。丸山の論点は多岐にわたるのですが、ここでぜひ触れておきたいのは丸山が括りだしている「思想論」というユニークな対抗概念です。「過去のいろいろな歴史的な遺産を単純に素材として扱い、その歴史的な文脈をまったく抜かして、主観的な関心に従って自由に操作すること」を丸山は「思想論」と名指し、それ自体に意義を認めつつも、史資料へと厳密・厳格に即した構えと質的に対置しています(29)。そのうえで彼は、広義の思想史研究をこの中間的なものとして位置づけているのです――「私は、思想史の研究者ないし思想史家の仕事というものを、歴史的思想を素材として自分の哲学を展開する「思想論」と、一般的歴史叙述との、ちょうど中間に位するものと考えます」(30)。ここで思想史研究を「再現芸術家としての演奏家」による「追創造」(31)へとなぞらえる丸山の認識は、実証主義と懐疑論のあいだにあって史資料を「歪んだガラス」と見立てた歴史家カルロ・ギンズブルグの言とも通じるものがあるかもしれません(32)。いずれ、教育学に引き付けて言うならば、一方の史料主義的な教育史研究（レンガを焼く）ともう一方の文脈自由な教育思想論（設計図を描く）との「ちょうど中間」にて、「アンビシャス」なバランスの妙が問われることになる、ということでしょうか。

下司　ものすごく納得です。でも「ちょうど」と「アンビシャス」まで入れてしまうと教育思想史のハードルが上がりすぎてしまい、『近代教育フォーラム』の投稿数や採択率がさらに下がってしまいそうなので、「中間くらい」と、間口を広げておきましょうか（笑）。

関根　教育・研究の安定的生産性を考えるなら、そのほうが現実的かもしれないですね（笑）。他方で、なんとなくではなくあくまで「ちょうど中間」とした丸山のこだわりから、あらためてその「思想史」観を厳密に読みなおしてみたいという思いも膨らみます。

教育人間学と京都学派

下司　話がさらにややこしくなりますが、教育哲学・教育思想史に加えて、はじめに関根さんがご自身の出身講座であり専門分野として紹介された「教育人間学」という区分もあります。このあたり、関根さんに簡単にご説明頂けませんでしょうか。

関根　さきほど尾崎さんが「教育哲学には明確なディシプリンがない」という事典項目の記述に言及されていましたが、さらに後発の教育人間学においてもまた、学問的方法論がひとつに定まっていない点が強く自覚されている向きがあります。日本における当該分野の代表的なおひとり、西平直さんは、「教育人間学にはディシプリンがない」というテーマで一本エッセーをお書きになっているほどです(33)。西平さんはそこでご自身の研究史をふりかえりながら、教育人間学について、「ディシプリンのない『あやしげな研究領域』に冠した便宜的な名前にすぎない」とか「〈ディシプリンの縛りの強い学問には馴染まない研究〉を受け入れる居場所」たる「制約の少ない工房」であるといったように、その良し悪しを超えて縁取りを図っておられます(34)。

例えば東京大学教育学部・大学院教育学研究科基礎教育学コース（旧名称：教育学コース）のパンフレットには、教育学の方法論として、哲学、歴史学、人間学、臨床哲学が挙げられていますが、「人間学的な方法」の特徴は次のように述べられています。「教育とその担い手であり対象でもある人間を、人間諸科学の成果を摂取しながら、生きることの、特に人間が変化し生成していくことの意味と条件を考えていくという方向で研究しています。人間諸科学とは精神分析学、発達心理学、認知科学、文化人類学、言語学、精神医学などを連携させた複合領域の総称ですが、広義には環境学、宗教学、生命論、遺伝学、法学、経済学、政治学、公共哲学など人間と人間が作る社会を対象とする学問全般をも指しています」(35)。このように、なによりその学際性がストロングポイントとされる傾向があります。

下司　確かに教育人間学は、方法や素材の選択や用い方に自由度が高いと思います。哲学的・思想的な研究でも、そのテクストが書かれた時代背景から切り離して、自由連想的に思考を紡いでいく印象があります。ところで、「ディシプリン」と「精神分析」というワードで、余談のような本論につながるような話を思い出しました。私が学振PD(日本学術振興会特別研究員・PD)として東大に草鞋を脱がせて頂いていた時は、今井(康雄)ゼミの所属だったのですが、他大学の研究者からはよく西平(直)ゼミだと思われていました。精神分析というテーマだったら確かに西平ゼミですし、実際にゼミにも出させて頂いてフロイトなども読んでいたのですが、当時の私は、まさに教育人間学的な自由さより、教育思想史のディシプリンを求めていたんです——これはもちろん優劣ではなく嗜好の問題ですが。私は中央大の森田(尚人)ゼミ出身で、歴史寄りの「森田思想史」を学んでいたので、もう少し別の、哲学寄りの「今井思想史」も学びたいと思ったんです。しかしそう考えると、お二人とも思想史ではありますが、丸山のいう意味での「ちょうど真ん中」から微妙にずれるかもしれません(笑)。

話を戻すと、教育人間学という言葉で私がイメージするのは、やはり京大ですね。西田(幾多郎)の影響を受けた哲学的人間学。さかのぼれば、カントの人間学の系譜でしょうか。それとは別に、(西)ドイツをはじめとするヨーロッパの教育人間学も戦後日本では受容されています。しかし、「教育人間学にはディシプリンがない」というと、読者はイメージしにくいと思いますので、補足して頂けますでしょうか。

関根　わが国において、教育人間学は英語ではしばしばAnthropology of Educationないしは Educational Anthropologyという表記をされますが、二〇世紀後半に英語圏で隆盛した教育分野への人類学的アプローチというよりはむしろ、ボルノウやランゲフェルトら西ドイツやその周辺を中心としたヨーロッパの哲学的人間学の伝統が汲まれているように思われます。教育学のいわゆる「ポストモダン経験」以降は、やはりドイツの歴史的教育人間学による脱普遍化・学際化を志向する研究群が積極的に摂取されており、たとえばCh．ヴルフが編んだ『歴史的人間学事典』など重要な成果物を日本語で読むこともできます(36)。ちなみに教育への人類学的アプローチの方に対応するものとしては、藤本浩之輔さんによる「教育人類学」や本田和子さんの「異文化としての子ども」論などを思い浮かべることができますが(37)、これらは思想・哲学的な研究というよりも教育社会学・文化学に近いものではないでしょうか。

ところで日本版「教育人間学」の独自性を考えるうえで、おっしゃるとおり、京都学派から森昭へと至り田中毎実らに受け継がれた人間学的な伝統を忘れるわけにはいきません。田中さんの退官記念論文集のタイトル副題が示唆的ですが（『教育人間学――臨床と超越』(38)）、先にみた学際性・歴史性に加えて、いまやここに臨床と超越というキーワードを付け加えることができるかもしれません。なにより子ども達の生活や現場の物語に耳を傾けながら発達援助の可能性を模索する、民間教育団体とのかかわりのもと練り上げられてきた伝統的な臨床教育学（日本臨床教育学会）のそれとはまた一風異なった「臨床」のイメージです。こうした流れの特長は、たとえば『教育学のパトス論的転回』の諸論稿や(39)、まだ若手ですが浅井健介さんや森田一尚さんらの意欲的な研究などにたしかに受け継がれているように思われます。

下司　そうですね。「臨床教育学専攻」が京都大学大学院に設置されたのが一九八八年だそうです。「京大」で「臨床」というと、どうしても臨床心理学とそのアイコンたる河合隼雄を思い浮かべがちですが、教育学の側でも、和田修二さんや皇紀夫さんをはじめとする臨床教育学の展開があり、教育人間学にも新たな地平が切り拓かれた印象があります。むしろ二〇〇〇年代以降、心理主義批判があり、社会格差などが表面化してきて臨床心理学ブームも一段落といったところで、今は教育学の方が大きな流れかもしれませんね。

最近の教育人間学の優れた成果として思い浮かぶのは、井谷信彦さんの『存在論と宙吊りの教育学』(40)です。教育学は基本的に、子どもや被教育者を「より有益な」存在へと引き上げることを目的としており、前出の村井実が「善さ」を教育学の中核においていたように、「役に立つか否か」、「良いか悪いか」という枠組みを前提としています。ボルノウは周知の通り、ディルタイの生の哲学とハイデガーの実存哲学の影響を受けながら人間学的な教育学を展開しましたが、その思想は「有益性」の枠組みにしばられ、哲学の豊かさを教育学の偏狭さに追い込んでしまっている。しかし同時に、不十分な形とはいえ、ボルノウには有益性の枠組みを脱する契機もあると井谷さんはのべて、ハイデガーに立ち返り、有益性を「宙吊りにする」教育学のあり方を模索します。有用性に絡め取られた教育学の内側にとどまりながら、その枠組みを揺るがせ続けるという試みです。

関根　同書の特筆すべき点は、なにより全体の構成であったように思います。その前半部にて、ボルノウ教育学が実存への「開かれ」を謳いつつも結局は「有益性」ないしは「有用性と意味」の志向性に回収されてしまっている点を鋭く批判しながら、つづく後半部ではハイデガー存在論との照応のもとにそうしたボルノウの錯綜・矛盾がむしろ再興の契機として前向きに読み返されています。こうしたどんでん返しの副旋律として、井谷さんは人間存在の豊かさを「有用性と意味」のうちに切り詰める狭義の近代的な教育規範への批判意識を一貫して把持されておりますが、ここには明確に作田啓一さんや矢野智司さんの「生成」論からの色濃い影響を看取することができます。その意味で同書もまた広い意味での「京都学派」の成果と言えるでしょうか。

なお、ここでいう「京都学派」という言葉について急いですこしだけ補足させてください。かつて宮寺晃夫さんは、西田幾多郎に源流をもつ哲学的な思考の連なりを「京都学派（A）」と、そしてより広く間口をとった「京都大学人文研の気風」を「京都学派（B）」とそれぞれ整理したうえで、両者のゆるやかなつながりを認めつつも、「教育人間学が、『京都学派（B）』として独自に展開してきた」事実を強調されました(41)。先ほどの私の言葉遣いは、このBの方を念頭においてのものです。

下司　失礼しました。そうですね。京都学派については、いま関根さんにまとめていただいたような整理が必要でした。他分野の教育学者に最近の教育哲学のトレンドを聞かれた時に、京都学派だと告げるとぎょっとされるのですが、それは「京都学派（A）」が戦争協力という点から、戦後教育学によって手厳しく批判されてきたからですね。かつての教育学者は、ガチガチの左派でなくても、「京都学派（A）」に対しては身構えることがハビトゥスになっていました。しかし冷戦期の縛りがほどけて、教育学が左右・保革の枠組みから自由になったこともあり、二〇〇〇年頃から、田中毎実さんや矢野智司さんといった「京都学派（B）」を体現する方々が「京都学派（A）」を再評価しはじめて、潮目が変わった印象があります。

だから、一九九〇年代だったら考えられなかったことだと思いますが、今では大学院生の頃から「京都学派（A）」というテーマに正面から取り組み、職を得ることができるようになっています。例えば、山田真由美さんの『京都学派の教育思想』(42)は、京都学派第二世代といわれる木村素衞と高坂正顕の思想を戦前から戦後まで読み解くものですね。先ほどの井谷さんは、「京都学派（B）」の系譜を体現しているのに対し、山田さんは研究対象として、ある意味ではクールに「京都学派（A）」を検討しています。

いずれにしても、京都学派は、（A）を対象とする者、自ら（B）を継承する者を問わず若手が一定数いるので、今後も研究が継続していくと思います。また、前出の桑嶋さんの研究のように、京都学派（A）が実は戦後教育学の伏流であったことも明らかになってきており、教育学という枠組み自体を問い直すための支点としての意味もありますね。

線引きを揺るがし続ける

下司　さて、せっかく盛り上がってきたのに、残念ながらそろそろまとめる必要があるようです。あくまで私の理解ですが、教育哲学研究は、教育思想史、教育人間学だけでなく、さまざまな研究と共存しているし、ある意味ではそれらを含んでいると思います。道徳教育や教員養成というテーマも扱いますし、先に触れた臨床教育学、あるいは分析哲学や現象学のような形で、教育実践と関わったりフィールドワークを行ったりもします。最後に、以上では論じきれなかった研究動向について触れておきたいと思います。

尾崎　大変貴重な機会をありがとうございました。お話しの中で、改めて近年の教育哲学研究や教育思想史研究がさまざまに展開されていることを実感しています。例えば、一般的にはウィトゲンシュタインの思想といえば

「言語ゲーム」といった一対一対応的な示し方がなされる傾向がありますが、実際にはそのような単純な思想ではありえないわけで、近年だけでも、渡邊福太郎さんや平田仁胤さんは思想の内実そのものを探究され、杉田浩崇さんは思想をツールに子どもの〈内面〉を読み解こうと試みられています(43)。また、教育思想を分析のツールとして教育実践・教育概念そのものを明示的に問うご研究として、佐藤邦政さんは「正義」、鈴木悠太さんは「教師の専門性」、宮川幸奈さんは「自律」を再提示されています(44)。実際に展開される研究手法は多様になりつつありますが、「教育（学）」において使用される言葉や概念自体が歴史性をもつ「問い」の対象であることを示す点は、生産的な議論や実践を探究するうえで、教育哲学研究が担い続けていると言えると思います。

関根　たしかに前世紀、「英語圏において、五〇年代半ばから七〇年代、分析哲学が教育哲学の主潮流を形成したことは周知の事実」(45)でありましたけれども、概念分析やその洗練可能性への欲求は今なお教育哲学をゆるやかに規定しつづけているのかもしれないですね。尾崎さんの豊かな例示を伺っていて感じたのですが、「ヘルバルトの〇〇概念について」とか「ペスタロッチの〇〇の再解釈」といったようなクラシックな人物研究にしても、もはやその人物やテクストにたいするオタク的な関心を越えて、思想の拡がりや深まりをひとつの道具立てとして教育、人間、さらにはこの世界をも多様なかたちで問い返そうとするところにこそ、教育哲学研究のプレゼンスがあるのだろうとあらためて思います。

なお先ほど「生産的な議論や実践」の「探究」のために、ということをおっしゃいましたが、当概念について一九三〇年代のジョン・デューイはこう定義しています。「探究（inquiry）とは、不確定な状況を、確定した状況に、すなわちもとの状況の諸要素をひとつの統一された全体に変えてしまうほど、状況を構成している区別や関係が確定した状況に、コントロールされ方向づけられた仕方で転化させることである」(46)。すこし硬い文章ですが、つまりはわれわれの「経験」のおさまりのつかなさ、不明瞭な部分にたいして加える操作的処理・還元のことだと解釈できます。日常のなかのさまざまな疑問や関心を反省的に洗練させることで、むしろ「経験」そのものを鍛えなおしてゆく。その過程においては、もはや

「経験」という概念は名詞ではなくあたかも動詞のように非常にダイナミックなイメージで捉えられます。そうしたダイナミックな循環を駆動するにあたり先人たちのテクストはわれわれに多くのヒントを与えてくれるわけですが、研究をひとつの「探究」活動と見立てるならば、扱う思想・思想家が多岐に渡れば渡るほどに、用いられる言葉や概念、さらには研究上の手法まで、多様に広がりを得ていくのだと思います。

下司　研究手法の多様化といえば、教育哲学では、テクストの検討だけではなく、一定のフィールドで調査を行う研究もなされています。例えば、大塚類さんは、施設で暮らす子どもたちのありようを現象学的に描きだしています(47)。この研究には、社会学や心理学の調査では、子どもたちの生が形式張った学術用語に回収されてしまうことへの批判が含まれています。この問題意識は非常によくわかるし共感するのですが、他方で、心理学や社会学などは調査方法がかなり精緻化されており、一定のメソッドがあるわけで、「調査屋さん」からみると恣意的な解釈にもみえるかもしれません。ただ、そうした研究枠組みの狭隘さを問い直し、拾いきれない部分を拾おうとする試みなので、それを「型にはまった」側から批判すること自体が、研究の意義を見失わせてしまう。なかなか難しいところです。

関根　大塚さんの研究は個人的にはとても面白いと思いますが、ご指摘のように、評価が分かれるというのもよく分かります。生のみずみずしさを記述するうえでの「間主観性」の問題は、現象学的な質的研究全般についてまわる問題と言えるのかもしれませんが……。

尾崎　とても重要なご指摘ですよね。奥井遼さんの『〈わざ〉を生きる身体』(48)では、人形浄瑠璃の稽古現場でのフィールドワークとメルロ＝ポンティの思想とが合わさって、当該の実践を読み解く試みがなされています。大塚さんや奥井さんのご研究は、「教育学」はいまだ実践を語りうることばを実践から立ち上げる方途を模索中であることを明示してくれていると感じます。そこには、既存の理論や概念を実践に当てはめて実践「分析」とすることの危険性に対する警鐘と、実践から生み出されうることばへの期待とその必要性とが示されます。先の下司さんのお話にもありましたが、従来の線引きに従って「これは○○研究ではない」と切り捨てるのではなく、「○○研究とはいかにありうるのか？」という問いと向き合い続け、研究領域や研究手法の線引きをも揺るがし続けるのが教育哲学研究や教育思想史研究の面白さだと感じます。

下司　その通りだと思います。「研究領域や研究手法の線引きをも揺るがし続ける」という言葉から私が連想するのは、小野文生さんの『「非在」のエティカ』(49)です。これは教育哲学とも教育人間学とも、あるいは批評ともカテゴライズしにくいのですが、お世辞抜きに、ここ二〇年ほどの間で最も刺激的な本でした。曰く言語化しがたく、「ガツンときた」とか、「ドカンときた」とか、およそ研究者らしからぬ評になってしまいますが、アーレント、レヴィナス、アガンベン、石牟礼道子、鶴見俊輔らの思想を往還しながら、人間の本源的な「弱さ」、「パトス（受苦）」の人間形成論的な意義を論じているものです。「パトスの知」については、先に関根さんが教育人間学の文脈で指摘されていましたね。

　小野さんの本は、先行研究を検討して問いを立てて一次資料を読み解くという、学術研究で一般的に必要とされる手続きをあえて採用していません。こういう定石を外れることはかなりのリスクがあるのですが、それが功を奏している。研究者にとって先行研究の検討とはそれ自体が防御壁であり、生身で無手勝流に対象に相対するとかなりのダメージを受けるので、自分を守る役割もあるわけですが、しかし小野さんはあえてノーガードで相手のふところに飛び込み「打たれ」に行く。それどころか、右の頬を打たれたら左の頬をあえて差し出す。だから「パトスの知」は探求の対象でもあるのですが、それを自ら体現もしているわけです。私には到底書けない本です。とはいえ、この手法は著者にかなり負荷がかかると思うので、どうぞご自愛下さいと……。あと、これは名人芸の類いなので、特に若い方々は真似しない方がよいと思います（笑）。

関根　小野さんの繊細で強靭な思考は、先にも言及した「京都学派（B）」のまさに正嫡というイメージです。

下司　まさにその通りで、教育人間学というより、京都学派といった方がしっくりきますね。

尾崎　研究動向のいずれにおいても、研究者同士、また領域を超えた対話や協働の機会が重要になってきていると感じます。大前提として研究は研究者という「人間」

が行うものですが、教育哲学会、教育思想史学会、また教育学に関連する国内外の学会のそれぞれにおいて、次世代に向けた継承や更新の場がいかに作られていくかによって、今後の研究動向も大きく変わっていくのではないでしょうか。何より、学術的な知見を通した交流の楽しさ、卓越性の向上などは、研究の質に大きく関わると考えます。こうした研究の「共同体」のあり方やその変遷が、教育哲学・教育思想という領域を形作っている一面もあると思います。だからこそ、多様な世代や状況をもつ研究者が参加しやすい環境づくりが研究の肝でもあるのかな、と。学問上の師弟関係はもちろん、下司さんのように、いろいろな機会に後輩を導いてくださる先輩研究者の存在は本当にありがたいです。私自身、下司さんや関根さんとのやりとりのなかで、また学会での活動のなかで本当に多くのものを学ばせていただいており、感謝しています。

下司　いえいえ、こちらこそお礼を申し上げなければなりません。私の方こそ、いろいろと学ばせてもらおうとウロチョロしていているだけで、皆さんにはお世話になりっぱなしです。そういう意味では、今期の『教育学年報』への私の関わり方も似たようなものかもしれません。ただ確かに、学問共同体のあり方は、かつての師弟関係・先輩後輩関係にはとどまらない形に変容しつつあるとはいえるかもしれません。教育哲学会で「次世代育成企画委員会」ができたのは、そういう流れとも関係すると思います。またコロナ禍では、大学・学会・研究どころか、社会のありよう、私たちが属する共同体のあり方自体が否応なく反省を迫られました。

尾崎　「共同体」を教育哲学の立場から論じた研究としては、生澤繁樹さんの『共同体による自己形成』(50)がありますよね。同書はデューイのプラグマティズムの再解釈や可能性の拡大、再検討を緻密に試みつつ、「共同体」(または「共同体主義」)とは何かという問いそのものを開いています。「共同体」という視座から「自己」、「政治」、「習慣」、そして「成長」と「教育」なるものが問われるなかで、「共同体」自体がその内部に同質性や同一性を前提したものではなく、多様かつ複合的なもの、またそれ自体が可塑性を持ち得るものであることなどの指摘は、現実のなかで接する共同体を見る上でも、多くの示唆を与えてくれます。

下司　そうですね。生澤さんは、社会・政治哲学の教育哲学への「輸入」ではなく、教育哲学と社会・政治哲学との狭間で問いを立ち上げています。「教育と共同体」というと、安直な居直り保守主義とそれに対する脊髄反射的な批判に辟易することが多いですが、だからこそ生澤さんのような真摯な研究が必要ですね。反・反知性主義というか。

「学問共同体」に話を戻すと、鈴木篤さんの『日本における教育学の発展史』をぜひ手に取って頂きたいと思います。この本は、明治期以降の大学・高等師範における教育学・教育哲学のポストから、学問としての教育学の形成を描き出すもので、まず驚かされるのは、圧倒的な情報量です。旧帝大・旧高等師範関係者に限ってですが、教育学者の各大学での在任期間・役職、略歴などが網羅されています。研究テーマは何で、何年に助教授から教授になり、何年にどこに転出したとか。最初に手にした時、これは単著ではなく、編著ではないか？　と二度見してしまいました。細かなことをいえば、本稿で取りあげているような、教育哲学・教育史・教育思想研究といったカテゴリー分けはどのようになされるのか、検討する研究者は旧帝大・旧高等師範関係者だけでよいのか、といった疑問もありますが、私たち教育学者のアイデンティティの基盤、あるいは下部構造を浮き彫りにする大胆な試みです。鈴木さんには、今後は大規模な研究費を取得して、チームで取り組んでいってほしいと思います。

関根　確かに、日本学術振興会の科学研究費助成事業等をとおした共同研究のなかでもまた、そのような「学問共同体」が多元的に育まれていくことを、われわれは経験的によく知っています。あるいは学閥や世代継承という縦糸に加えて、科研費等の共同研究という横糸を考えてみるのも面白そうですね。優れた実例は枚挙に暇がありませんが、最近の日本の教育哲学分野では、たとえば先ほど話に出たパトスをめぐる研究会などは抜きんでた成果を残しているように思えます。また髙宮正貴さんを中心とした共同科研は学問的出自を超えてひろく国内中堅の教育哲学研究者を集め、分配、生‐政治、人間形成の三つの観点から「教育と政治」をめぐるさまざまな考察を展開しています(51)。蛇足ながら、分野を越えた横のつながりのためのプラットフォームとしては、科研やさまざまな学協会に加えて、講座本、さらには本誌のような意欲的な編集方針を掲げた雑誌媒体が果たす役割は決して小さくないと思います。願わくば、『教育学年報』には今後も長く続いていってほしいものです。

いずれ、教育哲学・教育思想研究においてもそのアイデンティティは多元的な共同性のなかで少しずつ形づくられてきたものかと思います。

尾崎　教育哲学・教育思想の研究とは何か、という当初の問いにも関わりますね。研究的思考を独りで行うことと、学問的共同体のなかでの対話を通して実践されること、さらにはより広い社会にそれを開いたり発信したりすることは、少なくとも連関のなかにあると捉える必要性を実感します。たとえば、平石晃樹さんはレヴィナスを援用して個と普遍、自己と他者のあり方、思考や善がもつ外部性や無起源性を分析しています(52)。それは、伝統的な個別と普遍、主観と客観といった二項的な図式を超えるための対話的生成を更に超えるような、真実や善を創造しうる知のあり方の模索を要請しているとさえ受け止めます。私は学問の師匠である生田久美子先生から「楽しくなければ研究じゃない」と言われて育っていますが、学問的な問いを共に探究し合う楽しさという原点は忘れたくないですね。この鼎談の試みもその一つだと思いますし、読まれた方との対話も是非行ってみたいところです。

関根　ほんとうにそうですね。自分自身、身を置いている学問分野について足を止めて反省的に考える、重要な機会になりました。この記録はまた指導院生たちとともに折にふれてじっくり読みなおしてみたいと思います。ありがとうございました。

下司　こちらこそ、いろいろと有意義なお話ができて本当に勉強になりました。どうもありがとうございました。「教育哲学とは何か」という問いに、この場で結論を出すことなど到底できませんが、読者の方々に教育哲学関連分野についてイメージを持って頂く一助になれば幸いです。

ついでに宣伝をさせて頂ければ、少し前の話ですが、教育思想史学会では、『教育思想事典 増補改訂版』刊行記念フェアを紀伊國屋書店新宿本店で開催しました。その際に配布したガイドブック『現代を解きほぐす教育思想――問い、希望するために』が、教育思想史学会ウェブサイトに掲載されております(53)。これは学会の専門性に閉じることなく、むしろ教育思想という分野のリーチの長さ、ウィングの広さを示す二二〇点のブックガイドです。教育社会学者の広田照幸さん、哲学者の納富信留さんや西山雄二さん、政治学者の田村哲樹さん、宗教学者の島薗進さん、編集者・ライターの斎藤哲也さんら、ここでは紹介しきれないくらいバラエティに富んだ方々が参加して下さっています。ぜひご覧下さい。

以上で論じてきたように、「何を教育哲学／教育思想史とするか」ということ自体が、教育哲学や教育思想史の問題でもあります。哲学は、対象を分析や理解するものでもありますが、そもそもが自分自身を問い直すものですし、思想史とは現代をリフレクトするものなので、答えを見つけようとしているのに、なかなか結論が出ないかもしれない。むしろ、最初に答えを知りたかった問いがその形を変えてしまい、別の問いとして浮かび合ってきたりする。でも、教育哲学や教育思想史の面白さはそこにこそあるのではないか……私はそう考えています。

●註

1 下司晶ほか「教育学の実践性とは何か――教育哲学をめぐって」『教育学年報』一一号、世織書房、二〇一九年、九一頁。
2 関根宏朗「丸山眞男の教育思想・序説――公教育における「政治的中立性」の問題を再考するために」『教育学年報』一四号、二〇二三年、二六七～二八六頁。
3 尾崎博美「「関係性」に基づく〈を通して・目指す〉「教育」の可能性――「問い」としての言語・ケア・卓越性『教育哲学研究』第一二九号、二〇二四年、一～六頁。
4 下司晶ほか「失われた「廊下」を求めて――次世代育成企画委員会（第一期・第二期）の記録」『教育哲学研究』一二七号、二〇二三年、一四五～一五二頁。
5 게시 아키라、〈포스트모던 교육사상〉、최승현（trans.）、박영스토리。
6 下司晶『〈精神分析的子ども〉の誕生――フロイト主義と教育言説』東京大学出版会、二〇〇六年。

7　尾崎博美『「関係性」を分析視点とする「教育目的」論の研究』東北大学、二〇一一年。
8　尾崎博美「「教育目的」を「関係性」から問うことの意義」『近代教育フォーラム』三〇号、二〇二一年。
9　下司晶編『道徳教育』学文社、二〇二三年。
10　教育哲学会編『教育哲学事典』丸善出版、五七二頁。
11　村井実『教育学入門（上）』岩波書店、一九七六年。
12　ジョン・デューイ『民主主義と教育（上）』松野安男訳、岩波書店、一九七五年。
13　I．シェフラー『教育のことば』村井実監訳、東洋館出版社、一九八一年。
14　ネル・ノディングス『教育の哲学――ソクラテスから〈ケアリング〉まで』宮寺晃夫監訳、世界思想社、二〇〇六年。
15　林泰成・山名淳・下司晶・古屋恵太編『教員養成を哲学する――教育哲学に何ができるか』東信堂、二〇一四年、八〇頁。
16　R．S．ピーターズ『現代教育の倫理――その基礎的分析』三好信浩、塚崎智共訳、黎明書房、一九七一年。
17　三澤紘一郎「分析的教育哲学の再評価と展望（課題研究「教育」をいかに構想するか――『教育哲学事典』の刊行を踏まえて）」『教育哲学研究』一二九号、二〇二四年、四一～四八頁。
18　原聡介「教育思想史の課題と方法――近代問題にどう接近するか」『近代教育フォーラム』一〇号、二〇〇一年。
19　原聡介「教育思想史の課題は何か――再び振り返りながら」『近代教育フォーラム』一八号、二〇〇九年、九五～九七頁。
20　クェンティン・スキナー『思想史とはなにか――意味とコンテクスト』半澤孝麿・加藤節編訳、岩波書店、一九九〇年。アーサー・O．ラヴジョイ『観念の歴史』名古屋大学出版会、二〇〇三年。
21　西村拓生「第二一回教育思想史学会奨励賞選考結果報告」『教育思想史学会ニューズレター』No.99、二〇二四年五月、四頁、〈https://www.hets.jp/_prise.html〉。
22　岩下誠ほか「教育〇〇学は親学問との関係をどう取り結ぶべきか」『教育学年報』第一一号、世織書房、二〇一九年、九八～九九頁。
23　真壁宏幹「教育思想史とは何のために――「星座」作成としての教育思想史研究」『哲学』第一三六号、二〇一六年、五頁。
24　関根前掲論文。

25 桑嶋晋平『勝田守一と京都学派――初期思考の形成過程と忘却された思想の水脈』東京大学出版会、二〇二一年。
26 『丸山眞男集』第九巻、一九九六年、岩波書店、四五頁。
27 同、五二～五三頁。
28 「近代教育思想史研究会設立趣意書（一九九一年六月二七日付）」『近代教育フォーラム』創刊号、一六五～一六七頁。
29 丸山前掲書、六九頁。
30 丸山前掲書、七〇頁。
31 丸山前掲書、七一頁。
32 Ginzburg, Carlo, *History, Rhetoric, and Proof : The Menachem Stern Lectures in History*, Waltham: Brandeis University Press., 1999, p.37.（＝『歴史・レトリック・立証』上村忠男訳、みすず書房、二〇〇一年、四八頁）。相馬伸一・関根宏朗・綾井桜子・岸本智典「〈教育思想史〉の誕生（４）」『近代教育フォーラム』第二九巻、二〇二〇年、一四九頁。
33 西平直「教育人間学の作法――「教育人間学にはディシプリンがない」をめぐって」田中毎実『教育人間学――臨床と超越』東京大学出版会、二〇一二年、一三五～一六三頁。
34 西平前掲論文、一三五、一五〇、一五三頁。
35 「基礎教育学コース（旧名称：教育学コース）」〈https://www.p.u-tokyo.ac.jp/de/c1〉、最終閲覧日二〇二四年七月八日。
36 Ｃｈ．ヴルフ編『歴史的人間学事典一・二・三』藤川信夫監訳、勉誠出版、二〇〇五～二〇〇八年。
37 藤本浩之輔編『子どもとコスモロジー――教育人類学と子ども文化』人文書院、一九九六年。本田和子『異文化としての子ども』紀伊国屋書店、一九八二年。
38 田中毎実編『教育人間学――臨床と超越』東京大学出版会、二〇一二年。
39 岡部美香・小野文生編『教育学のパトス論的転回』東京大学出版会、二〇二一年。
40 井谷信彦『存在論と宙吊りの教育学――ボルノウ教育学再考』京都大学学術出版会、二〇一三年。
41 宮寺晃夫「書評 田中毎実 編『教育人間学――臨床と超越』」『近代教育フォーラム』第二二号、二〇一三年、二八一頁。
42 山田真由美『京都学派の教育思想――歴史哲学と教育哲学の架橋』勁草書房、二〇二二年。

43　平田仁胤『ウィトゲンシュタインと教育――言語ゲームにおける生成と変容のダイナミズム』大学教育出版、二〇一三年。
渡邊福太郎『ウィトゲンシュタインの教育学――後期哲学と「言語の限界」』慶應義塾大学出版会、二〇一七年。杉田浩崇『子どもの〈内面〉とは何か――言語ゲームから見た他者理解とコミュニケーション』春風社、二〇一七年。
44　佐藤邦政『善い学びとはなにか――〈問いほぐし〉と〈知の正義〉の教育哲学』新曜社、二〇一九年。鈴木悠太『教師の「専門家共同体」の形成と展開――アメリカ学校改革研究の系譜』勁草書房、二〇一八年。宮川幸奈『自律を目指す教育とは何か――自然主義的な教育哲学の試み』春風社、二〇二二年。
45　松下晴彦『〈表象〉としての言語と知識』風間書房、一九九九年、一八一頁。
46　ジョン・デューイ『論理学』『世界の名著　48』魚津郁夫訳、中央公論社、一九六八年、四九一頁以下（＝原著、一九三八年）。
47　大塚類『施設で暮らす子どもたちの成長――他者と共に生きることへの現象学的まなざし』東京大学出版会、二〇〇九年。
48　奥井遼『〈わざ〉を生きる身体――人形遣いと稽古の臨床教育学』ミネルヴァ書房、二〇一五年。
49　小野文生『「非在」のエティカ――ただ生きることの歓待の哲学』東京大学出版会、二〇二三年。
50　生澤繁樹『共同体による自己形成――教育と政治のプラグマティズムへ』春風社、二〇一九年。
51　髙宮正貴ほか編『教育と政治を編み直す――規範的教育学の再構築』勁草書房、二〇二四年近刊。
52　平石晃樹「思考と外部性――社会を見いだす教育哲学」『教育哲学研究』第一一九巻、二〇一七年、二二一～三九頁。
53　教育思想史学会特別企画チーム編『現代を解きほぐす教育思想――問い、希望するために』、二〇一七年、〈https://www.hets.jp/fair.html〉。

あとがき

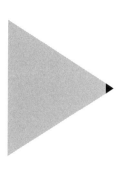

おかげさまで『教育学年報一五号　生涯学習』を皆さまにお届けすることができました。執筆者の皆さま、査読を務めてくださった外部委員の皆さまに、心から感謝申し上げます。

本号には、特集テーマに二本、自由テーマに四本の投稿をいただきました。いつも通り、編集委員のものを含むすべての原稿は、必要に応じて外部委員の方のご協力を仰ぎながら、複数名による査読を行いました。慎重な査読の結果、論文一本、研究ノート一本を採択し、「まえがき」に記したように、「Ⅰ　生涯学習」に研究ノート一本、「Ⅲ　研究論文・ほか」に論文一本を収録いたしました。今回、残念ながら採択に至らなかった方々による再度のご投稿を含め、今後とも皆さまからの積極的なご寄稿をお待ちしております。

実は、今号が『教育学年報』第三期の編集委員による最後の仕事となります。コロナ禍で第一二号の刊行が一年遅れたので、六年間、基本的にこのメンバーで仕事をさせていただきました。戦後教育学批判等の共通の問題意識や学問的基盤の上に立ち上げられた第一期・第二期の編集委員と異なり、私たちは、世織書房関係者により「集められた」編集委員であり（第一一号「あとがき」四四九頁参照）、問題意識や学問的方法論や教育研究へのスタンスにおいて多様で、第三期の年報を通して何を追求するか、何を打ち出すかというところから議論をはじめ、教育学、教育研究のアイデンティティはもちろん、年報という媒体の意味を模索し続けてきた六年間であったように思います。また、年々忙しさが加速する中で、毎号は無理でも時折論考を寄稿しつつ、毎号全体をオーガナイズする作業はなかなかにハードでした。

コロナ禍を経てオンラインでの会議が一般化したおかげで、いつも平日の夜や休日の朝などでしたが、定期的に会議を持つことはでき、世間話などもしながら、手際よく進めるべきところは手際よく進め、企画のコーディネート等では、問題意識や知見や意見を交流したりしてきました。その中で、さまざまな知的な刺激を得ることができましたし、ハードな仕事をともにやり遂げていった一体感のようなものも生まれたように思います。

今号に収録されている、年報第三期を振り返るために、久しぶりに対面で顔を合わせて議論する機会を得て、長時間の濃密な座談会となりました。座談会を通して、改めて、年報第三期の期間中の教育学や教育研究の動きを確認し、分野は違っても共通した状況が見られること、そして、その背景などについても多角的かつ自由に議論できたのではないかと思います。そして、ちょっとした異種格闘技戦のいい意味での緊張感や、そこで言葉や知の枠組みがすり合わせられて、議論の基盤が少しずつ立ち上がっていく感覚も改めて感じることができました。出そろってきた年報の論考等を読み合わせたりする座談会を、毎号積み重ねていたならば、編集委員の多様性の中から新たな展望も見えてきたのかもしれないと、最後になって気づいたりもしました。

反省点もありますが、何とかここまで年報の刊行を重ねていくことができました。座談会にあるように、自分たちなりの振り返りはなされ、この第三期の年報の刊行が、教育学や教育研究の進展にとっていい意味での踏み台になればと願うばかりですが、実際にいかなる位置づけを与えられるかは、読者の判断を仰ぎたいと思います。年報を出し続ける過程で、いろいろな場面で励ましの言葉をいただくこともありました。読者をはじめ、第三期の年報をいろいろな形で支えてくださった皆様に改めて感謝申し上げます。また、毎度作業がギリギリになりがちで、綱渡りの編集委員たちを励まし、的確に編集作業を進めてくださった世織書房の伊藤晶宣さん、門松貴子さんにお礼申し上げます。引き続き、

『教育学年報』をどうかよろしくお願いいたします。

『教育学年報』第三期・編集委員一同

『教育学年報一六号　教育の自由／不自由――新自由主義的権威主義の時代の中で』・原稿募集

冷戦が終わったとき、私たちは次の時代の新しい課題があるように考えていました。それは、国家対市民のようなマクロな権力関係よりは、個々のアイデンティティや立場の多様性に由来するミクロな権力関係が問題になるような、より複雑で、しかし確実に新しい世界の到来に思えました。教師は子ども達や若者に寄り添い、それでいながら啓蒙も支配もしない。革命ではなく、かといって伝統に固執するのでもなくしなやかに日々の現場で物事をよりよくしていくようなあり方。新しい時代の教育学はそうした行く先を示しているように思われました。たとえばガート・ビースタのペダゴジーにはそうした議論の最良の形が示されており、その価値は今でも変わってはいないはずです。

しかし、残念ながら私たちは現在、それとは別の、過ぎ去ったはずの問題群が再び頭をもたげるのを目の当たりにしているようにも思います。端的に言うと、近代化とともに獲得されてきたはずの様々な諸権利や自由が、少しずつ脅かされるような政治状況に再び直面しつつあります。フランスの政治学者、ユージェニー・メリオーによると、市場や企業の自由を拡大させる一方で個々の市民の政治的権利を弱めるような政策が、複数の国で取られる傾向にあるということです（Eugénie Mérieau, *La dictature, une antithèse de la démocratie? 20 idées reçues sur les régimes autoritaires*. Le Cavalier Bleu, 2019.）。

新しい専制はかつてのように統制経済を伴う全体主義国家の顔をしておらず、むしろ「市場の自由」を金科玉条に掲げつつ、巧みに様々な異論の声を封じていきます。この傾向は様々な名前で呼ばれます。たとえば、新自由主義的保守主義、新自由主義的権威主義、あるいは単に政治的な抑圧を高める側面にのみ着目して「イリベラル」（illiberal）と呼ばれることもあります。最後の表現は、億万長者でありながら中絶の権利を無効化することに熱心であった米国のドナルド・トランプ政権を思い出すとわかりやすいでしょう。あるいは少し違う視点ですが、「過激中道」(extreme center)という概念もあります(酒井隆史『賢人と奴隷とバカ』亜紀書房、二〇二三年)。これは新自由主義的な市場の論理を絶対視するあまり、反論には「極左」「極右」とレッテルを貼り、政策的議論や妥協を許さないような態度のことです。いずれも、権威主義的な強いリーダーを待望する言論と親和性が高いため、民主主義を危うくする傾向を併せ持っています。

こうした社会状況の中で、教育に今いかなる課題が突きつけられているのでしょうか。それを考えることを早急に始める必要があるでしょう。それが今回の特集を考えるに至った経緯です。無論、個々の関心により見え方は異なるのかもしれません。たとえば、高等教育では国家の介入により「学問の自由」(academic freedom)が脅かされ、冷戦期の1970年代と同様に危険な状態に後退したとの主張があります。また、大学のあるべき姿をめぐる対立も深まっています。国際人権規約で掲げられた高等教育無償化の理念があまりにも忘却され、高騰する学費が若者の教育の権利を奪っていると考える人々と、市場競争に勝ち抜ける学生を育てる場としての大学に関心が強い人々とでは相互理解が難しい状況です。しかし、初等教育や中等教育ではまた全く違う風景が広がっているかもしれません。

以上の背景を踏まえて、次号の特集では、教育における自由/不自由がどのような状況にあるのか、どう考えていけばよいのかなどについての、洞察に満ちた論稿の投稿をお待ちします。もちろん、上記で素描したとらえ方と異なる前提に立つものや、「自由と統制」についての古典的主題に関わるものでも結構です。なお、査読の結果、特集論文ではなく自由投稿論文のカテゴリでの掲載とする場合もあります。

『教育学年報』投稿要領

1　発行予定　二〇二五年八月
オープン・レビューによる査読の上、編集委員会で採択の可否を決定します。

2　募集原稿の文字数
【タイプ①　次号テーマ「教育の自由／不自由」に沿う原著論文】
一六〇〇〇字以内。原稿はA四判（横置き）で縦書き、一頁あたり三〇字×四〇行で作成し、図表・注を含めて、一四枚以内を一六〇〇〇字とみなします。なお、査読の結果、タイプ②の原著論文、あるいは研究ノートとして掲載することがあります。
【タイプ②　自由テーマの原著論文】
一六〇〇〇字以内。原稿はA四判（横置き）で縦書き、一頁あたり三〇字×四〇行で作成し、図表・注を含めて、一四枚以内を一六〇〇〇字とみなします。なお、査読の結果、研究ノートとして掲載することがあります。
【タイプ③　研究動向紹介・書評・エッセイなど】
一〇〇〇〇字以内（超える場合は応相談）。原稿はA四判（横置き）で縦書き、一頁あたり三〇字×四〇行で作成し、図表・注を含めて、九枚以内を一〇〇〇〇字とみなします。

3　原稿の形式と送付先
①「MS－Word」と「PDF」の二種類（同内容）の電子データで提出してください。

② 原稿とは別に、日本語による概要（四〇〇字程度）を付してください。
③ 原稿は、論文題目、原稿の種類、投稿者の氏名、所属、住所、電話番号、メールアドレスをお書き添えの上、世織書房メールアドレス〈seori@nifty.com〉へお送りください。メールでのご提出が難しい場合は、世織書房〈〇四五－三一七－三一七六〉までお電話ください。
4 投稿内容は未刊のものに限りますが、既発表の論文が部分的に組み込まれていてもかまいません。その場合は重複部分を明示し、投稿論文とあわせて参考論文をお送りください。
5 投稿論文は各号の採択が判明するまで、他の媒体へ重ねて投稿しないでください。
6 締め切り　二〇二五年二月二五日（必着）
7 問い合わせ先　世織書房メールアドレス〈seori@nifty.com〉

＊

一六号より教育学年報編集委員が次の方々になります。

浅井幸子（東京大学）、隠岐さや香（東京大学）、石井英真（京都大学）、仁平典宏（東京大学）、丸山英樹（上智大学）

執筆者紹介（執筆順）

丸山英樹（まるやま・ひでき）　【編集委員】

一九七一年生まれ。上智大学総合グローバル学部教授（比較国際教育学）。広島大学大学院国際協力研究科教育文化専攻博士課程前期修了。上智大学大学院総合人間科学研究科論文博士（教育学）。

著書に『トランスナショナル移民のノンフォーマル教育――女性トルコ移民による内発的な社会参画』（明石書店、二〇一六年）、編著に*Cross-Bordering Dynamics in Education and Lifelong Learning : A Perspective from Non-Formal Education* (Routledge, 2020)、共編著に『ノンフォーマル教育の可能性――リアルな生活に根ざす教育へ』（新評論、二〇一三年）、『共生への学びを拓く――ＳＤＧｓとグローカルな学び』（エイデル研究所、二〇二二年）、論文に「ＥＳＤ３・０で二〇五〇年の教育と社会を想像する」（『比較教育学研究』六八、二〇二四年）などがある。

濱中淳子（はまなか・じゅんこ）　【編集委員】

一九七四年生まれ。早稲田大学教育・総合科学学術院教授（高等教育論）。東京大学大学院教育学研究科総合教育科学専攻博士課程修了。博士（教育学）。

著書に『検証・学歴の効用』（勁草書房、二〇一三年）、『「超」進学校　開成・灘の卒業生――その教育は仕事に活きるか』（ちくま新書、二〇一六年）、共編著に『大衆化する大学――学生の多様化をどうみるか（シリーズ大学第二巻）』（岩波書店、二〇一三年）、『教育劣位社会――教育費をめぐる世論の社会学』（岩波書店、二〇一六年）、『大学入試改革は高校生の学習行動を変えるか――首都圏一〇校パネル調査による実証分析』（ミネルヴァ書房、二〇一九年）、論文に「入試改革の迷走――推進派と研究者それぞれの問題」（日本教育学会編『教育学研究』八七（二）、二〇二〇年）、「働く女性の自己学習――特性としての〈制約〉と〈複合学習本位制〉」（日本高等教育学会編『高等教育研究』二五、二〇二二年）などがある。

澤野由紀子（さわの・ゆきこ）
一九六〇年生まれ。聖心女子大学現代教養学部教授。東京大学大学院教育学研究科博士課程中退。修士（教育学）。
共著書に『みんなの教育：スウェーデンの「人を育てる」国家戦略』（ミツイパブリッシング、二〇一八年）、『改訂版・海外の教育改革』（放送大学教育振興会、二〇二一年）、『ウクライナ危機から考える戦争と教育』（教育開発研究所、二〇二二年）、論文に「ポスト社会主義諸国における教育改革の三〇年：旧ソ連を中心に」（『比較教育学研究』六七号、二〇二三年）、「グローバルな視点からの生涯学習研究の継承と発展」（『日本生涯教育学会年報』四一号、二〇二〇年）などがある。

田中茉莉子（たなか・まりこ）
武蔵野大学経済学部経済学科教授。東京大学大学院経済学研究科博士課程修了。博士（経済学）。
著書に『金融論への招待（ライブラリ経済学への招待6）』（新世社、二〇二二年）、論文に"The effects of large-scale equity purchases during the coronavirus pandemic"（福田慎一との共著／*Journal of the Japanese and International Economies* 71 (101303) 1-12 2024. 3.)、「リカレント教育およびリスキリングの促進をめぐる構造的課題の解決に向けて」（『日経研月報』（五三〇）、二〇二二年八月）、「リカレント教育の経済への影響」（『日本労働研究雑誌』七二一（八月号）、二〇二〇年七月）、「リカレント教育を通じた人的資本の蓄積」（『経済分析』（一九六）、二〇一七年一二月）などがある。

藤本　真（ふじもと・まこと）
労働政策研究・研修機構 副統括研究員。東京大学大学院人文社会系研究科博士課程単位取得後退学。修士（政治学）。
共編著に『日本企業の能力開発システム』（労働政策研究・研修機構、二〇二四年）、論文に「民間教育訓練プロバイダーにおける教育訓練サービスの改善活動」（日本労働研究雑誌六一九号、二〇一二年）、「「キャリア自律」はどんな企業で進められるのか」（日本労働研究雑誌六九一号、二〇一八年）、「日本のデジタル関連スキル養成政策の特徴と課題」（日本労働研究雑誌七五四号、二〇二三年）、「ホワイトカラー従業員に対する企業の中途採用行動」（共著、社会政策一六巻一号、二〇二四年）などがある。

荻野亮吾（おぎの・りょうご）

日本女子大学人間社会学部教育学科准教授。東京大学大学院教育学研究科博士課程修了。博士（教育学）。著書に『地域社会のつくり方——社会関係資本の醸成に向けた教育学からのアプローチ』（勁草書房、二〇二二年）、共編著に『地域教育経営論——学び続けられる地域社会のデザイン』（大学教育出版、二〇二二年）、共監訳書に『コミュニティを研究する——概念、定義、測定方法』（新曜社、二〇二三年）、共訳書に『ファシリテーター・ハンドブック』（明石書店、二〇二三年）などがある。

上原直人（うえはら・なおと）

名古屋工業大学大学院工学研究科教授。東京大学大学院教育学研究科総合教育科学専攻博士課程単位取得退学。博士（教育学）。著書に『近代日本公民教育思想と社会教育——戦後公民館構想の思想構造』（大学教育出版、二〇一七年）、共編著に『工科系学生のための〈リベラルアーツ〉』（知泉書館、二〇一三年）、共著に『教育法体系の改編と社会教育・生涯学習』（東洋館出版、二〇一〇年）、『共生への学びを拓く——ＳＤＧｓとグローカルな学び』（エイデル研究所、二〇二二年）などがある。

卯月由佳（うづき・ゆか）

国立教育政策研究所初等中等教育研究部総括研究官。ロンドン・スクール・オブ・エコノミクス博士課程修了。PhD in Social Policy。共編著に『公正で質の高い教育に向けたＩＣＴ活用』（東信堂、二〇二四年）、共著に『生活保護と貧困対策——その可能性と未来を拓く』（有斐閣、二〇一八年）、『「多様な教育機会」から問う——ジレンマを解きほぐすために』（公教育の再編と子どもの福祉②〈研究編〉）』（明石書店、二〇二四年近刊）、論文に「就学前から小学校一年時の発達と学習に及ぼす世帯所得の影響——データ分析と政策への示唆」（『国立教育政策研究所紀要』第一五三集、二〇二四年）などがある。

堀本麻由子（ほりもと・まゆこ）

東洋大学文学部准教授。早稲田大学大学院教育学研究科。博士（教育学）。共編著に『Japanese Women in Leadership』（palgrave macmillan, 2021）、ハリー・Ｃ・ボイト『民主主義を創り出す——パブリック・アチーブメントの教育』（共訳、東海大学出版部、二〇二〇年）、『ワークライフバランス時代における社会教育』（共著、東洋館出版、二〇二二）、論文に "From Tradition to Transformation: The Social Entrepreneurial Journey of Japanese Women" （共著／*New Horizons in Adult Education and Human Resource Development*, Vol.36, No.1, 2024）などがある。

大多和雅絵（おおたわ・まさえ）
川口短期大学専任講師。お茶の水女子大学大学院人間文化研究科発達社会科学専攻博士前期課程修了。博士（社会科学）。著書に『戦後夜間中学校の歴史——学齢超過者の教育を受ける権利をめぐって』（六花出版、二〇一七年）、共著に『貧困・障がい・国籍　教育のインクルーシブ化に学校はどう備えるか』（学事出版、二〇二〇年）などがある。

正木遥香（まさき・はるか）
大分大学教育マネジメント機構学生支援センター講師。広島大学大学院教育学研究科教育人間科学専攻博士課程後期中退。修士（教育学）。
共著に『社会教育経営の基礎』（学文社、二〇二一）、論文に「障害者運動における主体形成の学習論の構築に向けて：一九七〇年代・一九八〇年代の学習権利論を手がかりに」（『教育学研究紀要』第六五巻、二〇二〇年）、「変容的学習論における物語と身体：M.C.Clarkの自己概念を手がかりに」（『生涯学習・社会教育研究ジャーナル』第一二号、二〇一九年）、「相互作用性に着目した変容的学習論の再評価：『痛み』概念の変遷を手がかりに」（『教育学研究ジャーナル』第一九号、二〇一六年）などがある。

【編集委員】
下司　晶（げし・あきら）
一九七一年生まれ。中央大学文学部教授（教育哲学・教育思想史）。中央大学大学院文学研究科教育学専攻博士後期課程単位取得退学。博士（教育学）。
著書に『教育思想のポストモダン——戦後教育学を超えて』（勁草書房、二〇一六年）、『〈精神分析的子ども〉の誕生——フロイト主義と教育言説』（東京大学出版会、二〇〇六年）、編著に『「甘え」と「自律」の教育学——ケア・道徳・関係性』（世織書房、二〇一五年）、『道徳教育』（学文社、二〇二二年）、監訳書にデボラ・P・ブリッツマン『フロイトと教育』（勁草書房、二〇二二年）、論文に "Beyond the Trauma Principle in Education: Does Freud's Concept of Nachträglichkeit Imply the Possibility of Retroactive Education?", *E-Journal of Philosophy of Education: International Yearbook*

of the Philosophy of Education Society of Japan, Vol.6, 2021, pp.56-75. などがある。

青木栄一（あおき・えいいち）【編集委員】

一九七三年生まれ。東北大学大学院教育学研究科教授（教育行政学、行政学）。東京大学大学院教育学研究科総合教育科学専攻博士課程修了。博士（教育学）。

著書に『文部科学省——揺らぐ日本の教育と学術』（中央公論新社、二〇二一年）、『地方分権と教育行政——少人数学級編制の政策過程』（勁草書房、二〇一三年）、共著に『［改訂版］教育の行政・政治・経営』（放送大学教育振興会、二〇二三年）、編著に『文部科学省の解剖』（東信堂、二〇一九年）、『教育制度を支える教育行政』（ミネルヴァ書房、二〇一九年）、監訳書にジェフリー・ヘニグ著『アメリカ教育例外主義の終焉——変貌する教育改革政治』（東信堂、二〇二一年）などがある。

仁平典宏（にへい・のりひろ）【編集委員】

一九七五年生まれ。東京大学大学院教育学研究科教授（社会学）。東京大学大学院教育学研究科総合教育科学専攻博士課程修了。博士（教育学）。

著書に『「ボランティア」の誕生と終焉——〈贈与のパラドックス〉の知識社会学』（名古屋大学出版会、二〇一一年）、共編著に『共生社会の再構築Ⅱ——デモクラシーと境界線の定位』（法律文化社、二〇一九年）、『労働再審〈五〉ケア・協働・アンペイドワーク——揺らぐ労働の輪郭』（大月書店、二〇一一年）などがある。

石井英真（いしい・てるまさ）【編集委員】

一九七七年生まれ。京都大学大学院教育学研究科准教授（教育方法学・学力論）。京都大学大学院教育学研究科教育科学専攻博士後期課程修了。博士（教育学）。

著書に『再増補版・現代アメリカにおける学力形成論の展開——スタンダードに基づくカリキュラムの設計』（東信堂、二〇二〇年）、『今求められる学力と学びとは——コンピテンシー・ベースのカリキュラムの光と影』（日本標準、二〇一五年）、『授業づくりの深め方』（ミネルヴァ書房、二〇二〇年）、『未来の学校——ポストコロナの公教育のリデザイン』（日本標準、二〇二〇年）などがある。

馬場大樹（ばば・ひろき）

鳴門教育大学大学院学校教育研究科准教授。神戸大学大学院

人間発達環境学研究科博士課程後期課程修了。博士（教育学）。論文に「社会科におけるゲーム教材の活用がその後の授業に与える学習効果――ゲーム教材による「問題解決パースペクティブ」の形成に着目して」（『社会科教育研究』第一三六号、二〇一九年）、「社会的論争問題学習を通じて子どもの政治的主体性はいかにして育つか――「媒介された主体」が築く「関係的自由」に着目して」（『教育方法学研究』第四八巻、二〇二三年）、「政治的実践者への接近をめざした社会科意思決定学習――「制限時間」を踏まえた「開国」の授業を手がかりに」（『研究論叢』第二九巻、二〇二三年）、「ICT教材と出会った教師の変容に関するポスト現象学的研究――「ハイブリッドな志向性」に着目した語りの分析を通じて」（呉文慧・馬場大樹による共著、『人間性心理学研究』近刊）などがある。

尾崎博美（おざき・ひろみ）

一九七八年生まれ。東洋英和女学院大学人間科学部教授（教育哲学・教育思想史）。東北大学大学院教育学研究科総合教育科学専攻博士課程後期終了。博士（教育学）。

共著に『ワークで学ぶ教育学　増補改訂版』（ナカニシヤ出版、二〇二〇年）、『道徳教育』（学文社、二〇二三年）、*Philosophy of Education in Dialogue between East and West: Japanese Insights and Perspectives* (Routledge, 2023)、編著に『ワークで学ぶ教育課程論』（ナカニシヤ出版、二〇一八年）、共訳書にジェーン・R・マーティン著『学校は私たちの「良い生活（グッドライフ）」だった――アメリカ教育史の忘れもの』（慶応義塾大学出版会、二〇二一年）、論文に「「関係性」に基づく（を通して・目指す）「教育」の可能性――「問い」としての言語・ケア・卓越性」（『教育哲学研究』第一二九号、教育哲学会、二〇二四年、一～六頁）などがある。

関根宏朗（せきね・ひろあき）

明治大学文学部准教授。東京大学大学院教育学研究科博士課程修了。博士（教育学）。

共著に『教育と政治を編み直す――規範的教育学の再構築』（勁草書房、二〇二四年近刊）、『道徳教育』（学文社、二〇二三年）。論文に「フロムと大拙をめぐる教育哲学／教育思想史」（『近代教育フォーラム』第三三号、教育思想史学会、二〇二四年）、「丸山眞男の教育思想・序説――公教育における「政治的中立性」の問題を再考するために」（『教育学年報』第一四号、世織書房、二〇二三年）などがある。

教育学年報15　生涯学習

2024年8月31日　第1刷発行 ©

編　者　丸山英樹・濱中淳子・青木栄一・
石井英真・下司　晶・仁平典宏
装幀者　T. 冠着
発行者　伊藤晶宣
発行所　(株) 世織書房
印刷所　新灯印刷 (株)
製本所　協栄製本 (株)

〒220-0042　神奈川県横浜市西区戸部町7丁目240番地　文教堂ビル
電話 045-317-3176　振替 00250-2-18694

落丁本・乱丁本はお取替えいたします　Printed in Japan
ISBN978-4-86686-037-4

【教育学年報】第3期

教育研究の新章　教育学年報11号
下司 晶・丸山英樹・青木栄一・濱中淳子・仁平典宏・石井英真・岩下 誠＝編　5000円

国　家　教育学年報12号
青木栄一・丸山英樹・下司 晶・濱中淳子・仁平典宏・石井英真＝編　3400円

情報技術・AIと教育　教育学年報13号
石井英真・仁平典宏・濱中淳子・青木栄一・丸山英樹・下司 晶＝編　3600円

公教育を問い直す　教育学年報14号
佐久間亜紀・石井英真・丸山英樹・青木栄一・仁平典宏・濱中淳子・下司 晶＝編　4600円

教育勅語と学校教育●教育勅語の教材使用問題をどう考えるか
日本教育学会教育勅語問題ワーキンググループ＝編　2400円

教員の長時間勤務問題をどうする？●研究者からの提案
中嶋哲彦・広田照幸＝編　1600円

愛と創造の教育学●境界を開くためのレッスン
矢野智司　3400円

〈価格は税別〉

世織書房